THE FOREFRONT OF JUSTICE

THE LATEST CASES AND MATERIALS
OF BEIJING COURTS

审判前沿

新类型案件审判实务

总第62集

北京市高级人民法院研究室/编

法律出版社
LAW PRESS·CHINA
北京

图书在版编目(CIP)数据

审判前沿：新类型案件审判实务．总第62集 / 北京市高级人民法院研究室编．-- 北京：法律出版社，2022
ISBN 978-7-5197-7017-4

Ⅰ．①审…　Ⅱ．①北…　Ⅲ．①审判－研究－中国－丛刊　Ⅳ．①D925.04-55

中国版本图书馆 CIP 数据核字(2022)第151961号

审判前沿——新类型案件审判实务．总第62集 SHENPAN QIANYAN—XINLEIXING ANJIAN SHENPAN SHIWU. ZONG DI-62 JI	北京市高级人民法院研究室　编	责任编辑 朱轶佳 装帧设计 李　瞻

出版发行 法律出版社
编辑统筹 司法实务出版分社
责任校对 晁明慧　王　皓
责任印制 胡晓雅
经　　销 新华书店

开本 710毫米×1000毫米　1/16
印张 19.5　　**字数** 352千
版本 2022年11月第1版
印次 2022年11月第1次印刷
印刷 永清县金鑫印刷有限公司

地址：北京市丰台区莲花池西里7号(100073)
网址：www.lawpress.com.cn
投稿邮箱：info@lawpress.com.cn
举报盗版邮箱：jbwq@lawpress.com.cn
销售电话：010-83938349
客服电话：010-83938350
咨询电话：010-63939796

书号：ISBN 978-7-5197-7017-4
定价：68.00元
凡购买本社图书，如有印装错误，我社负责退换。电话：010-83938349

编 辑 部

目　录

案例研究

疑案探讨

案例分析

观点争鸣

参阅案例

热点问题聚焦

法律文书之窗

司法文件

【案例研究】

非法侵入自己合法所有的住宅的行为性质认定
——牛某非法侵入住宅案相关法律问题研究

白 宇*

裁判要旨

非法侵入住宅罪源于《宪法》第39条规定的“禁止非法搜查或者非法侵入公民的住宅”,意为住宅安宁不受侵犯。保障重点不在于住宅的物理性建筑结构或住宅所有权等财产性权利,而在于住宅权背后的实质利益,即居住者的生活平稳与安宁。即使不适法地占有住宅,事实上也存在需要保护的生活自由。不能因为不适法的居住而否认居住者享有居住安宁的权利。不适法的居住状态只能通过合法途径解决。因此,住宅所有权人非法侵入处于他人不适法占有状态下的住宅,同样构成非法侵入住宅罪。

最直接能感受和最有权利去评价住宅的平稳与安宁是否受到侵害的主体,不是居住在住宅之外的人,而是身居其内的居住者。住宅权人的许可与否是判断居住安宁是否受到侵犯较为直观的外在要素,并且与社会一般观念、进入目的、进入样态、住宅结构及进入时间等实质要素一起构成了住宅安宁是否受到侵犯的判断标准。因此,构成非法侵入住宅罪应当以严重妨害了他人的住宅平稳或者安宁为前提,通常对引发了一定实质性危害后果的行为才以非法侵入住宅罪来定罪处罚。

一、据以研究的案例

2004年,被害人马某及其夫李某购买了位于北京市东城区某小区的房屋,

* 北京市东城区人民法院刑事审判庭法官助理,中国人民公安大学法学博士。

并居住其中。2007 年,因某法院的错误判决,该房屋被法院通过强制执行程序予以拍卖,经 2 次转手,于 2016 年被本案被告人牛某通过合法途径购买,并进行了房屋所有权登记。马某、李某二人始终居住于该房屋当中,并持续对其民事案件进行申诉。2015 年该民事案件经审判监督程序发回重申,马某、李某胜诉,但法院裁定该房屋已无返还原物的可能。

牛某取得房屋所有权之后,多次要求马某及李某腾退房屋未果,遂于 2017 年 8 月 6 日纠集多人强行进入该房屋,并将该房屋门锁更换,致使马某、李某无法居住,后又擅自将二人的家具、家电等生活用品搬出。被告人牛某于 2019 年 6 月 3 日被抓获。

法院生效判决认为:被告人牛某明知其所侵入的住宅系被害人马某及李某用于日常生活的场所,而强行进入该房屋,并将该房屋门锁更换,致使马某、李某无法居住,其行为影响了他人的正常生活和居住安宁,侵犯了公民的人身权利,已构成非法侵入住宅罪,依法应予以刑罚处罚。被告人牛某虽系该房屋合法所有权人,但非法侵入住宅罪所保护的法益为居住者生活的平稳与安宁,被害人马某、李某虽然对该房屋存在不适法占有的情形,但其二人的居住安宁权仍应受到法律保护。被告人牛某在与被害人马某、李某就房屋所有权多次协商无果后,并未通过合法途径主张权利,而是在明知二人长期居住、生活于此,但未获得二人许可且无法律依据的情况下,强行进入房屋,并将房屋门锁更换,致使马某、李某无法居住,后又擅自将屋内生活用品搬出,被告人牛某的行为符合非法侵入住宅罪的犯罪构成要件,应当以非法侵入住宅罪对其定罪处罚。据此,法院判决被告人牛某犯非法侵入住宅罪,判处有期徒刑 1 年,缓刑 1 年。

二、相关法律问题研究

牛某非法侵入住宅案的争议焦点主要在于牛某作为住宅所有权人,对于处于他人不适法占有状态下的“自己的家”是否存在非法侵入的可能。对于这个问题的回答,不仅体现出在文义层面对“他人住宅”的理解,更涉及从体系解释出发对非法侵入住宅罪所保护的法益为人身权利而非财产所有权的推导,而这背后反映的实则是对保障居住安宁这一重要立法目的遵循。

(一)类案检索:法律适用不一

在北京市 2019 年至 2020 年以非法侵入住宅罪提起公诉或刑事自诉的 70 余件一审刑事案件中,涉及行为人侵入自己合法所有住宅的案件仅 6 件。其中,涉及房屋合法所有权人将不适法居住者驱逐出住宅的案件为5件,[1]基本行为方式、适用程序及裁判结果等如表1所示。

表1　相关类案情况

案件编号	基本行为方式	适用程序	裁判结果	裁判理由
A	房屋产权存在纠纷,合法所有权人将拒不腾房的居住者驱逐出住宅	公诉	房屋合法所有权人构成非法侵入住宅罪	房屋所有权人侵犯了居住者的居住安宁
B	房屋产权存在纠纷,合法所有权人将拒不腾房的居住者驱逐出住宅	公诉	房屋合法所有权人构成非法侵入住宅罪	房屋所有权人侵犯了居住者的居住安宁
C	房东将租赁期满而拒不腾房的租户驱逐出住宅	公诉	房东构成非法侵入住宅罪	房屋所有权人侵犯了居住者的居住安宁
D	房屋产权存在纠纷,合法所有权人伙同他人,将拒不腾房的居住者驱逐出住宅	公诉	房屋合法所有权人构成寻衅滋事罪,其余同案犯构成非法侵入住宅罪	进入自己合法所有的住宅不构成非法侵入住宅罪
E	房东将租赁期满而拒不腾房的租户驱逐出住宅,租户提起自诉,认为房东构成非法侵入住宅罪	自诉	驳回起诉	进入自己合法所有的住宅不构成非法侵入住宅罪

由此可见,相关司法解释的缺位导致同一地区对于“侵入自己合法所有的住宅”是否构成犯罪以及构成何种犯罪的裁判结果大相径庭。还有一些案件因追诉机关持“进入自己合法所有的住宅不构成非法侵入住宅罪”观点而未被立案或不予起诉,因而未能进入刑事诉讼程序。

牛某非法侵入住宅案在审查批准逮捕阶段,检察机关便以“不构成犯罪”为由作出不予批准逮捕的决定,后经公安机关申请复议,检察机关仍以“无逮捕必要”为由不予批准逮捕。追诉机关的犹豫与分歧也正体现了司法实践中基于不同的价值考量,对“侵入自己合法所有的住宅”是否构成非法侵入住宅罪所形成

① 其余1件案件为房东在房屋内安装摄像头偷窥租户,法院以非法侵入住宅罪对房东判处刑罚。

的不同的理解。

(二)体系解释:住宅权的权利属性

之所以首先探讨住宅权的权利属性,是因为只有从体系上对住宅权的概念及权利属性进行梳理,非法侵入住宅罪中的一系列问题才能迎刃而解。例如,犯罪对象的问题,即何为"他人住宅";又如,保护法益的问题,即非法侵入住宅罪所保护的法益为人身性权利而非财产性权利,进而便能解释为何"侵入自己合法所有的住宅"同样构成非法侵入住宅罪的问题。

1. 住宅权系宪法性权利

住宅不受侵犯权利的历史可追溯到1627年英国颁布的《权利请愿书》,到了18世纪60年代,形成了"风能进,雨能进,国王不能进"的概念。《世界人权宣言》第12条规定:"任何人的私生活、家庭、住宅和通信不得任意干涉,他的荣誉和名誉不得加以攻击。人人有权享受法律保护,以免受这种干涉或攻击。"住宅不受侵犯,是指公民的居所、生活或休息的场所不受非法侵入或搜查。这一宪法位阶的权利已得到世界各国的普遍认可,成为基本人权的一项重要内容。

我国《宪法》第39条规定:"中华人民共和国公民的住宅不受侵犯。禁止非法搜查或者非法侵入公民的住宅。"该条文规定了公民的住宅不受侵犯,为公民的居住安宁提供了根本法保障。与此同时,我国通过民事法律、刑事法律和行政法律等一系列立法及司法活动,对公民的住宅权进行具体的法律保护。若失去了对住宅权这一项基本权利的保障,其他的基本权利便无从谈起。①

2. 住宅权系复合型权利

综观各国立宪,"住宅"一词在宪法中主要出现在3个层面:一是住宅的所有权。如《乌克兰宪法》第47条规定:"除非根据法律按照法院判决,任何人都不能被强行剥夺住宅。"二是保护居住安宁不受侵犯。如《比利时宪法》第10条规定:"住宅不受侵犯;非在法定场合按照法定手续,不得对住宅进行搜查。"三是享有住宅的权利。如《波兰宪法》第75条规定:"政府应当制定政策以有利于满足公民住房需求,特别是减少无家可归者,促进低收入住房的发展和支持旨在满足每一公民的住房需求为目的的行为。"这3个层面的规定,目的和所关注的对象各不同,从而使宪法中的住宅概念也具有多样性,成为一个复合概念。

由此,宪法意义上的住宅权应当是一种广义上的住宅权,是财产权意义上的

① 参见杨英文:《住宅权研究》,吉林大学2009年博士学位论文,第2页。

住宅权、人身权意义上的住宅权及社会保障意义上的住宅权等诸多权利的集合体，包含了多种权利的价值体现，拥有较为立体的权利属性。

3. 非法侵入住宅罪保护的是人身权意义上的住宅权

我国《刑法》第245条第1款规定的非法侵入住宅罪正是源于《宪法》第39条的规定。《宪法》第39条规定的“住宅不受侵犯”体现的应当是广义上的住宅权，既包括财产权意义上的住宅本身，又包括人身权意义上的居住安宁，还应当包含社会保障意义上的公民住房需求。《宪法》第39条规定的“禁止非法搜查或者非法侵入公民的住宅”实际上是住宅权的消极属性，意为住宅安宁不受侵犯。宪法中的住宅安宁保障的重点不在于住宅的物理性建筑结构，而在于住宅内的居住者的人身安全以及对住宅这种载体所寄予的安全感。公民的人格精神和身体存在于私密且安宁的物理空间当中，而免予公权力或他人的干扰，有利于公民的私生活在其中无阻碍地自由展开。

作为对宪法权利的部门法承接，《刑法》中的非法侵入住宅罪保护的不是住宅权的全部内容，更不应仅从财产所有权的层面来理解该罪所保护的法益。此处的住宅权承载着比财产所有权更为重要的人身性权利。财产权意义上的住宅权关注住宅的物理形态，而人身权意义上的住宅权则将注意力转移到了居住者的身上。

“非法侵入住宅罪是指非法强行闯入他人住宅，或者经要求退出仍拒绝退出，影响他人正常生活和居住安宁的行为。”①侵入住宅是形式，本质上影响的是住宅内的人的活动自由、居住安全及隐私等人身权利，因此才使住宅不受侵犯的权利具有人身自由的属性。我国《刑法》将非法侵入他人住宅罪规定为侵犯公民人身权利犯罪，保护的并非住宅本身所代表的财产利益，而是居住者的居住安全、居住自由、隐私等具体人身权利问题，统称为居住安宁。居住者对住宅没有所有权并不影响其享有居住权。

（三）文义解释：何为“他人住宅”

在我国，非法侵入住宅罪的犯罪对象是他人住宅。对“他人住宅”内涵及外延的确定则由本罪所保护的住宅权的人身权属性所决定。

1. “住宅”与“户”的一致性

我国的立法并没有专门对住宅的概念进行规范，但最高人民法院2000年11月22日发布的《关于审理抢劫案件具体应用法律若干问题的解释》中对“户”

---

① 张明楷：《刑法学》（第5版），法律出版社2016年版，第905页。

进行了解释。[1] 有学者认为，“刑法规定入户抢劫的目的在于更加有力地保护公民的居住安全、人身安全，体现从严惩治严重危及公民居住安全、人身安全的抢劫犯罪，户应该理解为私人住宅。”

在刑法学的语义下，“户”应该是一个特殊的地理单位，其核心在于强调地域范围，强调的是物理上的性质，应该是具有家庭性质的一定的物理空间，以及具有法律性的特殊地域空间。“住宅”一词在此意义上与“户”是一个对等的概念，都可以理解为法律确认或社会公认的用于私人生活的、固定并相对独立的地域空间。“入户抢劫为进入他人住宅实施抢劫犯罪。”[2]非法侵入户就是非法侵入住宅。

基于此，刑法意义上的“住宅”应当具备以下基本属性：

第一，从功能上来看，住宅是为一定的生活所用。住宅应该是为人们家庭生活服务的，是人们起居饮食、休养生息、存放财产、进行私人活动的私人空间。与单纯的工作、经营、学习场所不同。住宅只要求事实上供人从事日常生活使用，而不要求居住者一直生活于其中，因此即便居住者暂时不生活于其中，也应认为是住宅。

第二，从设施上来看，住宅应当具有一定的日常生活设备。“一定的日常生活设备”的判断，则应以一般人的认知为标准。据此，住宅不限于普通建筑物，如果具有一定的日常生活设备，供人居住的山洞、地窖、防空洞等也不失为住宅。而由于没有一定的日常生活设备，诸如单位办公楼、教室、公共娱乐场所等则不属于“住宅”的范畴；天桥下、野外的土洞、寺院的檐下等地方，即使是乞丐、流浪者从事日常生活的场所，也不能认为是住宅。[3]

第三，从物理属性来看，住宅要具有相对独立性和相对封闭性。住宅的物理空间必须是与外界相对隔绝独立的地域空间，该空间足以阻止外界窥视或者探知私人生活、经济、人身秘密，具有人身财产安全保证载体的性质。因而像门卫值班室等尽管常有集生活、休息和工作于一体的情形，但由于长期处于人来人往

---

① 最高人民法院在2000年11月22日发布的《关于审理抢劫案件具体应用法律若干问题的解释》对《刑法》第263条第1项中的“入户抢劫”作出解释，即入户抢劫是指为实施抢劫行为而进入他人生活的与外界相对隔离的住所，包括封闭的院落、牧民的帐篷、渔民作为家庭生活场所的渔船、为生活租用的房屋等进行抢劫的行为。2005年6月8日最高人民法院发布的《关于审理抢劫、抢夺刑事案件适用法律若干问题的意见》再次对“户”的特征进行了明确：入户抢劫中的“户”是指住所，其特征表现为供他人家庭生活和与外界相对隔离两个方面，前者为功能特征，后者为场所特征。一般情况下，集体宿舍、旅店宾馆、临时搭建工棚等不应认定为“户”，但在特定情况下，如果确实具有上述两个特征，也可认定为“户”。

② 陈兴良：《刑法疏议》(第2版)，中国人民公安大学出版社1997年版，第434页。

③ 参见张明楷：《外国刑法纲要》，清华大学出版社1999年版，第540页。

的开放状态中，其与外界的联系相较于隔离的私人住宅要强得多，因而将门卫值班室视为“住宅”则显然不妥。

第四，从居住时间来看，住宅应具有连续居住的特征。因为只有在一定时间范围内连续居住在一个具有生活设施的相对独立的空间内，人们在观念上才会认为其是住宅。连续居住并不是说必须正在居住，若居住者暂时外出旅行致使房屋暂时无人居住，该房屋仍是住宅。但是，非长期连续居住的集体宿舍、临时工棚、酒店客房等场所不属于住宅。

2.“他人住宅”之“他人”

在理解住宅的含义时，还要注意非法侵入他人住宅中的“他人住宅”的含义。“他人住宅”是相对于侵入住宅的行为本人而言的，只要不是行为人生活在其中的住宅，均应评价为“他人住宅”。“他人住宅”应当具有以下特征：

第一，住宅必须是处于他人实际的占有或使用中。只要不是行为人生活在其中的住宅，就认为是他人的住宅。“行为人以前曾经在某住宅与他人共同生活过，如果后来离开了该住宅，则该住宅也属于他人的住宅”。①

第二，他人住宅的“他人”只能是自然人，而不能是法人。因为我国刑法的立法目的是保护公民个人的生活安宁，故法人的办公场所不应被包含进去。

第三，他人住宅不强调所有权。是否是房屋的所有权人并不影响其拥有住宅权，住宅权保护的是一种居住安宁，租住、借住等形式均不妨碍居住于该住宅的公民享有住宅权。

第四，他人住宅不要求他人合法占有。“即使是他人不适法地占有的住宅，也能成为入侵住宅罪的对象，因为即使不适法地占有住宅，事实上也存在着需要保护的生活自由”。② 正如古罗马的一句谚语：“非法的占有也是受保护的。”因此，只要事实上处于居住状态，居住者有权不允许其他人非法侵入，其不合法的居住状态只能通过合法途径解决。

（四）目的解释：保护之法益为居住安宁

“法益是指根据宪法的基本原则，由法所保护的、客观上可能受到侵害或威胁的人的生活利益。”③刑法所保护的法益则是指刑法所保护的，可能受到犯罪侵害或者威胁的人的生活利益。由于我国《刑法》对非法侵入住宅罪的罪状的规定较为简短，难以直接从《刑法》条文中总结出本罪的具体法益，由此，便需要

---

① 刘鸿、熊永明：《论非法侵入住宅罪的对象及亲告问题》，载《南昌大学学报（人文社会科学版）》2002年第4期。

② 张明楷：《外国刑法纲要》，清华大学出版社1999年版，第540页。

③ 张明楷：《法益初论》，中国政法大学出版社2000年版，第167页。

结合立法目的,对该罪所保护的法益进行解释。

1. 居住安宁:住宅权背后的实质利益

对于非法侵入住宅罪所保护的法益的争论,古今中外主要存在以下几种观点:公共秩序说或者社会利益说、占有说、旧住宅权说、新住宅权说与相对化说(含多元的法律保护论)。[①] 各学说在具备一定合理性的同时也均有其固有缺陷。因此,在考察各家学说的基础上,综合考虑我国的国情、民情、立法目的及司法现状,将非法侵入住宅罪所保护的法益界定为居住安宁较为合理。

在非法侵入住宅罪中,立法者保护住宅权并不是为了保护住宅权的形式权限,而是为了保护存在于住宅权背后的实质利益,即居住者生活的平稳与安宁。可以说,保护住宅权是为了更好地保护住宅的平稳与安宁。居住安宁的价值取向结合了生活安宁权和住宅范围内权利保障的二重价值,保护的是公民在用于生活起居的相对隐秘空间中不受外界因素打扰或不法侵犯的安全感。

住宅内居住者的生命及财产安全、身体自由及隐私等,是住宅平稳的核心。公民的居住权之所以受法律保护,是因为"家"是私人生活的载体,是与生存权直接有关的最安全、最隐秘、最独立的"私家天地",也是公民隐私权、财产权和其他权利和自由的象征。公民住宅一旦被侵害,这些权利都会受到威胁,甚至被侵犯。因此,人们对自己居住的空间拥有免受外人骚扰的权利及享受生活安宁的自由。

2. 居住安宁的判断标准

住宅的平稳和安宁是非法侵入住宅罪所保护法益的核心,而最直接能感受到和最有权利去评价住宅的平稳和安宁是否受到侵犯的主体,不是居住在住宅外的人,而是身居其内的居住者。住宅权人的许可与否是判断住宅安宁是否受到侵犯的第一位要素,并且与实质要素一起构成了整个住宅安宁是否受到侵犯的判断标准。

(1)住宅安宁的外在要素

根据住宅权人的意思表示来判断居住安宁是否受到侵犯较为直观,住宅权人的许可与否是判断住宅是否受到侵犯的外在要素。住宅权人对自己的住宅享有管理使用的权利,有权决定是否允许他人进入或逗留于其住宅当中。"权利人通过不使他人侵害其管理、支配状态而保护私生活或者业务的平稳"。[②]

因此,如果存在住宅权人的许可(必须是真实意思表示,而非受到欺骗、威

① 参见张明楷:《法益初论》,中国政法大学出版社 2000 年版,第 443~492 页。

② [日]大谷实:《刑法讲义各论》,成文堂 1994 年版,第 123 页。转引自张明楷:《法益初论》,中国政法大学出版社 2000 年版,第 481 页。

胁时的假意表示),即使进入住宅的人的行为侵犯了住宅权人的正常生活,也不构成非法侵入住宅罪。同时,如果住宅权人没有同意,行为人擅自进入住宅,或经要求退出而拒不退出,也不能就此认定居住安宁受到了侵害。因为,居住安宁是否受到侵犯不能仅仅以住宅权人的主观意思来判断,同时还要考虑行为人在没有得到住宅权人许可的情况下是否侵犯了住宅权人的生活安宁的实质要素。只有将外在标准和内在标准结合起来,才能认定居住权所受到侵害的程度和行为人的行为性质。

(2)住宅安宁的实质要素

判断居住安宁是否受到实质的侵害,要综合考虑以下各种情况:一是根据社会的一般观念来判断;二是要考虑行为人进入的目的。如行为人进入的目的是实施伤害、放火、盗窃、杀人等暴力或侵犯财产的行为,就分别侵犯了各自的客体,同时也可能侵犯了住宅的平稳。三是要考虑行为人进入的样态。如果行为人进入时两手空空,且无其他异常表现,则无所谓侵犯安宁;如果行为人进入时手持尖刀或其他利器,且有异于常人、常态的表现,就可能侵犯了住宅的安宁。四是要考虑住宅的结构。如在一个封闭的场所,住宅权人在面对陌生第三人时,会比在面对熟人时有更多的恐惧和忧虑。五是要从进入的时间来判断。如果行为人夜间进入私人住宅,就会比白天进入时更能引起住宅权人的忧虑。

因此,在司法实践中,对于构成非法侵入住宅罪的认定一般是以严重妨害了他人的住宅平稳或者安宁为前提,通常发生了一定的实质性危害后果才以非法侵入住宅罪来定罪处罚。

(五)回归本案:所有权并非违法阻却事由

本案中,被害人马某、李某因错误裁判而失去该房屋所有权,其二人对该住宅的居住处于一种不适法状态。被告人牛某作为该房屋的所有权人,有权利要求马某、李某腾退房屋,亦有权利依据法定程序向法院提出排除妨害等权利主张。被害人马某、李某对该住宅的居住虽然存在不适法情形,但其二人自 2004 年便长期、持续居住生活于该住宅,且该住宅系二人唯一住房,二人的居住安宁权应当受到法律保护。

根据立法意图,非法侵入住宅罪保护的主要是居住安宁,而非住宅的物理结构或财产所有权。“居住安宁”的本质内容是住宅内的居住者的人身安全,以及住宅这种载体给予居住者的安全感。所以对“居住安宁”的侵犯主要指向的是“人的安宁”而非“房屋或庭院”的所有权,居住者居住的安宁与平稳才是非法侵入住宅罪所要保护的实质内容。

牛某在未获得马某、李某的许可,且无法律依据的情况下,强行进入房屋,并将房屋门锁更换,致使马某、李某无法居住,流离失所。在认定牛某是否构成非法侵犯住宅罪时，更应该注重考察其是否侵犯了住宅权人即居住者的安宁，不能因为不适法的居住而否认居住者对该住宅所寄予的与合法居住的住宅同样的安全感。例如，“黑吃黑”同样要受到法律的处罚，明知是赃物而进行盗窃或抢劫也同样构成盗窃罪或抢劫罪，这与行为人将不适法占有住宅的居住者驱逐出住宅而被评价为侵犯居住者的居住安宁，进而要受到法律制裁是一样的道理。因而，在非法侵入住宅案中，牛某合法所有而被马某、李某实际占有并居住的房屋，相对于牛某而言仍应被评价为“他人住宅”。牛某的行为应当被评价为“非法侵入他人住宅”，构成非法侵入住宅罪。非法侵入自己合法所有的住宅的行为同样构成非法侵入住宅罪。

（责任编辑：张新平）

认罪认罚案件被告人以量刑过重为由提出上诉且检察机关因此抗诉的处理

——靳某、刘某盗窃、掩饰、隐瞒犯罪所得案相关法律问题研究

王　璇*

裁判要旨

一审法院适用认罪认罚从宽制度审理后，被告人以量刑过重为由提起恶意上诉，同时检察机关因被告人上诉而提起抗诉的，二审法院可根据被告人二审期间认罪认罚情况依法改判，不受上诉不加刑的限制。在恶意上诉的认定上，法院应综合考察上诉人的前科、认罪认罚的动机、上诉理由能否成立等情况，进行判断。

一、据以研究的案例

被告人靳某于2020年1月9日11时许，在北京市西城区宣武医院某办公室内，窃取被害人姚某背包1个，内含苹果手机1部、有价票证若干、现金454元。当日13时许，被告人靳某在北京医院附近将上述手机与票证交给原审被告人刘某让其卖出，刘某明知上述物品为犯罪所得，仍予以收受、窝藏并欲卖出。经鉴定，涉案手机价值5500元，涉案有价票证余额共计8295.55元。靳某所盗财物数额共计14 249.55元，刘某掩饰、隐瞒犯罪所得数额共计13 795.55元。靳某、刘某于2020年1月10日被抓获归案，到案后如实供述上述犯罪事实。被盗财物已全部发还被害人。

---

* 北京市第二中级人民法院法官助理，北京大学法学硕士。

法院适用认罪认罚速裁程序,对靳某、刘某从轻处罚,判决:(1)被告人靳某犯盗窃罪,判处有期徒刑1年2个月,并处罚金1万元。(2)被告人刘某犯掩饰、隐瞒犯罪所得罪,判处有期徒刑9个月,并处罚金9000元。

一审宣判后,被告人刘某没有上诉。被告人靳某提出上诉,上诉理由是:原判量刑过重,罚金过高。靳某在二审庭审中表示,上诉只是为拖延下监时间,希望在看守所服余刑,并非不认罪认罚,其接到抗诉书后即请求撤回上诉,自愿服从一审判决。

检察院得知靳某上诉后遂提出抗诉,认为法院基于靳某认罪认罚对其从宽处理,但靳某以量刑过重、罚金过高为由提出上诉,可见其对刑事处罚并不认可,从而不能认定其"认罪认罚",故法律适用、量刑均不当。

上级检察院支持抗诉的意见是:一审判决认定事实清楚、证据确实、充分,诉讼程序合法。原审被告人靳某认罪认罚动机不纯,上诉理由不成立,其不服原判量刑提出上诉,对其适用认罪认罚从宽制度的基础已经不存在,故一审判决法律适用不当,导致量刑不当,建议二审依法改判。

二审法院经审理认为,一审法院判决认定事实清楚,定性准确,审判程序合法,对刘某所判处的刑罚适当,应予维持,但对靳某的量刑不当,理由如下:

《最高人民法院、最高人民检察院、公安部、国家安全部、司法部关于适用认罪认罚从宽制度的指导意见》(以下简称《认罪认罚指导意见》)第2部分"适用范围和适用条件"中第7条规定:"认罚的把握,认罪认罚从宽制度中的'认罚',是指犯罪嫌疑人、被告人真诚悔罪,愿意接受处罚。'认罚'……在审判阶段表现为当庭确认自愿签署具结书,愿意接受刑罚处罚。'认罚'考察的重点是犯罪嫌疑人、被告人的悔罪态度和悔罪表现,应当结合退赃退赔、赔偿损失、赔礼道歉等因素来考量……"可见,认罪认罚中的"认罚"不仅是指被告人认可法院所判处的刑罚,还要真诚悔罪,并自愿接受刑罚处罚。

(1)上诉人靳某在审查起诉阶段自愿签署了认罪认罚具结书,具结书上明确记载建议量刑为有期徒刑1年2个月,罚金1万元,上诉人对此认可并签字确认。但当一审法院适用速裁程序并采纳该量刑建议后,上诉人又表示不服,提出上诉,并亲笔书写了上诉书,上诉理由为量刑过重并具体细化为罚金过重,上述上诉书及上诉理由并非司法机关的"格式化"上诉状和上诉理由,由此反映了其主观上对具结书及一审判决所确定的罚金金额并不真心认可。

(2)上诉人靳某于接到抗诉书的当日,又书写了撤诉书,希望撤回上诉。其在撤诉书和二审庭审中均表示其并非对一审判决不服,不想认罪认罚,只是不想下监服刑,想借上诉拖延时间。从靳某撤回上诉的理由看,即便如其所述对一审判决的刑罚表示认可,但同时也反映其仅仅因为下监服刑改造比较艰苦,就采取通过上诉拖延时间的方式抗拒下监改造，体现出其并没有真心悔改并积极改造的意愿，并非真心愿意接受刑罚，印证了其认罪只是形式认罪，只是为获取从宽处理，并非内心真诚地认识到自己的错误，愿意悔改。

（3）上诉人靳某前科累累，自2005年9月底至本案审理时已因犯盗窃罪6次（不含本次犯罪）被判处有期徒刑，其中5次是累犯，再次犯罪距刑满释放时间最长2年6个月，最短不足1个月，期间还有2次行政拘留，说明其人身危险性较大，改造难度较大，进一步印证了其所谓的认罪认罚不过只是为争取一个从宽处理机会，并非真诚悔罪。

据此，二审法院判决将被告人靳某的刑罚由1年2个月改判为1年3个月，维持一审判决其他项。

二、相关法律问题研究

本案的法律问题是：认罪认罚的被告人在一审宣判后，对判决认定的事实没有异议，仅以量刑不当为由提出上诉，公诉机关因被告人上诉而提出“技术性抗诉”，即“检察机关为了应对被告人出于留所服刑等非正当理由提出上诉，采取提起抗诉的方式，抵销‘上诉不加刑’原则的限制，从而达到二审加刑的目的”①，二审应如何处理？

该类“认罪认罚+（量刑过重）上诉+抗诉”类型的上诉、抗诉案件具有一定代表意义。笔者对某中级人民法院近五年案件进行统计后发现，一审适用认罪认罚制度的抗诉案件占同期审理的所有抗诉案件的六成，且其中96%的案件为类似本案的“技术性抗诉”。

（一）裁判观点检视

1. 裁判分歧：维持、发回和改判3种处理

通过在中国裁判文书网的检索，笔者发现在全国范围内，二审法院的处理可分为3种：

（1）维持原判。在齐某某交通肇事上诉、抗诉案②中，生效判决认为：上诉权是被告人依法享有的诉讼权利，不能仅以被告人提出上诉就当然地认定其对认罪认罚的反悔和撤回。二审法院经审查认定，行为人在一审期间的认罪认罚具有真实性、自愿性，故裁定驳回上诉、抗诉，维持原判。

（2）发回重审。在琚某忠盗窃上诉、抗诉案③中，生效判决认为：被告人琚某

---

① 汪海燕：《被追诉人认罪认罚的撤回》，载《法学研究》2020年第5期。

② 参见北京市第二中级人民法院刑事裁定书，（2020）京02刑终28号。

③ 参见最高人民检察院第二十二批指导性案例：琚某忠盗窃案（检例第83号）。

忠不服原判量刑提出上诉，导致原审在速裁程序中适用认罪认罚从宽制度的基础已不存在，为保障案件公正审判，裁定撤销原判，发回重审。一审法院经重新审理，维持原判认定的被告人琚某忠犯盗窃罪的事实和定性，较原一审加重了刑罚。

(3)依法改判。在龚某盗窃上诉、抗诉案中，生效判决认为：上诉人龚某在认罪认罚后提出上诉，其在一审期间的认罪认罚不具真实性，一审适用认罪认罚从宽处理不当，抗诉意见成立，依法改判。①

2. 裁判检视："认罪认罚"兼有实体情节、诉讼程序和契约属性

由上可知，3种裁判意见的具体争议是：认罪认罚后以量刑过重为由上诉，是否就代表被告人不再认罪认罚？此时原审判决是否正确？是否意味着原审适用认罪认罚程序审理案件错误，可能影响案件公正，需要发回重审？

维持原判的意见认为：上诉不代表被告人不认罚，需要进一步认定；"认罪认罚"如同自首、如实供述等实体量刑情节，具有时效性，如果被告人一审判决前已经自首，即使二审时翻供，被告人仍成立自首，原判决依旧正确，公诉机关亦不应上诉。

发回重审的意见认为："认罪认罚"虽然不是与普通、建议、速裁相并列意义上的独立诉讼程序，但具有重大的程序属性，以量刑过重为由上诉，导致原审适用认罪认罚从宽程序审理可能严重影响案件公正，需发回重审。

依法改判的意见认为：认罪认罚与自首、如实供述等情节不具有类比性，认罪认罚从宽案件亦非普通案件，认罪认罚从宽具有公法契约的性质，随意上诉将导致其制度运行困难，对毁约上诉的被告人，二审应扣除一审给予其的量刑优惠。

可见，3种裁判意见分别侧重"认罪认罚"的实体情节属性、诉讼程序属性与公法契约的制度属性，故而产生不同的裁判结论。

(二)理论基石：认罪认罚从宽制度的多元属性和功能

1. "认罪认罚"具有多元属性

(1)在立法价值上，认罪认罚应兼顾案件公正和诉讼经济。关于认罪认罚从宽制度的制度初衷，《认罪认罚指导意见》的第1段开章明义地规定：适用认罪认罚从宽制度，对准确及时惩罚犯罪、强化人权司法保障、推动刑事案件繁简分流、节约司法资源、化解社会矛盾、推动国家治理体系和治理能力现代化，具有重要意义。

---

① 参见黄静波：《认罪认罚后上诉，抗诉二审加刑》，载微信公众号"南通市中级人民法院"2020年12月17日。

(2)在具体实施上,认罪认罚应兼顾协商型司法和节约司法资源两个目标。司法解释制定者认为,认罪认罚从宽制度具有丰富的内涵,其内涵和价值取向至少包括如下内容:第一,“两个和解”精神,即被追诉人与国家和被害人的和解,化“对抗型司法”为“恢复型司法”;第二,“两个参与”要求,即通过让被告人、被害人参与定罪量刑,彰显诉讼模式从“国家垄断型”向“协商决定型”的转变;第三,“两个节约”要求,即节约国家司法资源和当事人诉讼成本;第四,“两个减少”要求,即减少国家改造犯罪及罪犯自我改造的成本。[①]

(3)在审理中,应统筹认罪认罚的诉讼程序和定罪量刑两个内涵。在学理上,“认罪认罚”作为影响定罪量刑的因素,具有内涵的复合性。认罪认罚中既包含实体效果,也具有重要的程序意义,因同时具有实体效果和程序法渊源,一些学者将其作为独立的量刑情节[②],既不完全等同于自首、坦白、如实供述等量刑情节,也不同于速裁、简易程序等单独的诉讼程序,其还具有节约司法、恢复司法等独特价值。

可见,认罪认罚从宽制度同时具有刑事实体、诉讼程序和公法契约 3 个层面的内涵和意义。

2. 刑法实体层面:独立情节影响定罪量刑

被追诉人“认罪认罚”的内涵是特定的,立法机关认为,认罪不仅包括“如实供述自己的罪行”,还包括“对指控的犯罪事实没有异议”,同时要求公诉机关“听取辩方对涉嫌的犯罪事实、罪名和适用的法律规定”。认罚,一般是指被追诉人“愿意接受司法机关给予的刑罚等处罚,尤其是接受检察机关提出的量刑建议”。[③] 在不同的诉讼阶段,认罚可以表现为退赔退赃、和解、退赔被害人损失等多种形式。可见,认罪与如实供述、自首、坦白具有交叉关系,认罚与退赔等情节也有交叉关系。根据相关规定,被告人具有如实供述、退赔等情节外,愿意适用认罪认罚程序审理的,认罪认罚可另作单独的量刑情节予以考虑。综上,认罪认罚与如实供述等情节一样具有刑事实体意义,影响犯罪事实的审查认定及量刑。

3. 诉讼程序层面:有罪辩护和诉讼程序简化

认罪认罚从宽并不是单独的刑事诉讼程序,根据具体情况,可以适用在刑事

---

① 参见胡云腾:《正确把握认罪认罚从宽,保证严格公正高效司法》,载《人民法院报》2019 年 10 月 24 日,第 5 版。

② 参见樊崇义:《关于认罪认罚中量刑建议的几个问题》,载《检察日报》2019 年 7 月 15 日,第 2 版。

③ 王爱立、雷建斌主编:《〈中华人民共和国刑事诉讼法〉释解与适用》,人民法院出版社 2018 年版,第 25 页。

诉讼速裁程序、简易程序和普通程序中,但在一般情况下,认罪认罚案件的诉讼环节有所简化或省略,这是认罪认罚案件诉讼经济的重要方面。有观点认为,认罚的含义应当包含认可诉讼程序简化,即同意自愿放弃权利、适用简化程序审理己案。[①] 在适用速裁程序的认罪认罚案件中,对犯罪事实的调查极为简单,甚至省略举证质证环节,为提高效率,对被告人诉讼权利的保护有所弱化。

4. 公法契约层面

(1)认罪认罚具结书具有公法契约性质

关于认罪认罚具结书的约束力,学理上有观点认为,"具结书的约束力不仅仅及于公权力,还应给被追诉人附加特定的义务。它应当符合双务合同的性质,是公法契约化的产物"。[②] "认罪认罚具结书是控辩双方沟通一致的结果,能够产生相对约束力,并且还会影响法官的审判权"。[③]

(2)保护公法契约是认罪认罚的制度前提和应有之义

认罪认罚从宽作为协商型司法制度,以认罪认罚具结书为重要基础,如果具结书对控辩双方,或者对审判机关没有相当的约束力,则制度无法运行。从认罪认罚节约司法资源的制度目的看,如果控辩双方可以随意毁约,即被告人无正当理由反悔上诉,公诉机关肆意抗诉,那么二审率必然增高,法院将难以负荷。制度设计者也不希望上诉率虚高,"改革者原本希望降低被追诉人的上诉率,但从部分试点单位的反馈来看,认罪认罚案件上诉率偏高成为一个难题。"[④]

(三)解决路径:对上诉理由的实质审查

刑事二审需对一审适用认罪认罚从宽制度审理的情况进行全面审查。根据《刑事诉讼法》的规定,结合"认罪认罚从宽"的实体、程序和契约层面的价值和内涵,如果一审适用认罪认罚从宽在程序上严重影响案件的公正审理,则应发回重审;如果被告人上诉、公诉机关抗诉的对认罪认罚具结书反悔的行为,严重影响认罪认罚从宽的契约价值和制度发展,浪费司法资源,则二审需要通过改判予以警示;如果没有影响案件的实体、程序和契约价值,则应维持原判。

1. 发回重审的情况

认罪认罚从宽制度具有重要的诉讼程序意义。认罪认罚案件中,被告人放弃了有罪辩护,庭审举证质证程序一般省略或从简,在对被告人的程序保障上有所弱化,如果上诉,二审宜发回重审,让程序"回流"到普通程序审理。"违背具

---

① 参见陈卫东:《认罪认罚从宽制度研究》,载《中国法学》2016 年第 2 期。

② 钱春:《认罪认罚从宽制度的检视与完善》,载《政治与法律》2018 年第 2 期。

③ 何赖杰:《从拘束力观点论协商程序》,载《月旦法学》2005 年第 3 期。

④ 赵恒:《"认罪认罚从宽"内涵再辨析》,载《法学评论》2019 年第 4 期。

结协议上诉无理的，不予支持，该依法发回的，坚决发回，不再按认罪认罚案件从宽程序处理，让‘失信被告人’付出程序与实体双重代价。”①

根据《认罪认罚指导意见》第45条第1项的规定，被告人以事实不清上诉的，应当发回重审，以充分保障当事人权利，确保查清事实。同理，在适用简易程序或普通程序的认罪认罚案件中，如果一审诉讼环节的简化，如关键证据的打包简化举证质证，可能影响案件的公正审理，也应发回重审。如被告人误以为一审会判处缓刑而同意适用认罪认罚程序，一审后以量刑过重为由上诉，二审期间不再认罪的，即对指控事实不再认可的，为确保公正审理，二审应发回重审。

2. 依法维持的情况

二审审查对象具有时效性，根据《刑事诉讼法》的规定，二审法院应当就一审认定的事实、情节和适用法律等进行全面审查，一审法院只能依据一审期间的认罪认罚情况作出判决，不能因为上诉人二审期间不认罚，就否认一审判决的正确性。以量刑过重为由提出上诉不等同于被告人不认罚，上诉与不认罚不可以直接画等号，需要进行个案审查。例如，一审审理起诉期间，被告人与公诉人签署认罪认罚具结书，但一审开庭后被告人家属又代为赔偿被害人，取得被害人书面谅解，审判机关根据具结书精准量刑建议量刑宣判后，被告人以量刑过重为由提起上诉，二审期间，如果其仍然认罪，对指控事实没有异议，二审法院应当继续审查在新的量刑情节下，原审量刑是否适当，原审判决是否已经考虑了赔偿及谅解的情况，如认定量刑适当，二审应维持原判。

3. 依法改判的情况

认罪认罚具结书具有公法上的司法契约性质，基于契约不得随意违反原则和节约司法成本原则，被追诉人的反悔行为在量刑上可招致对其不利的评价。②更有意见认为，对认罪认罚具结书的反悔“无视诚信并造成了司法资源的浪费，应对其加重处罚，让失信被告人付出代价，以儆效尤，并且加重幅度不能过小，否则不足以惩戒”。③

考虑兼顾上诉权保障和上诉不加刑原则，二审加重刑罚应当慎重，但是恶意上诉的，因其随意撕毁认罪认罚协议，损害公法契约，严重侵犯了认罪认罚的制度价值，二审可以视情况加重刑罚。在对恶意上诉的认定上，一是要认定其一审

① 胡云腾：《正确把握认罪认罚从宽，保证严格公正高效司法》，载《人民法院报》2019年10月24日，第5版。

② 参见秦宗文：《认罪认罚案件被追诉人反悔问题研究》，载《内蒙古社会科学(汉文版)》2019年第3期。

③ 梁健、叶历来：《认罪认罚案中针对上诉提出抗诉情形的处理》，载《人民司法》2020年第14期。

期间认罪认罚的真实性;二是要对其上诉理由的正当性、合理性进行实质审查;三是要结合其犯罪前科、庭审中表现、法律知识储备等情况判断其主观恶性大小。

4. 本案的具体审查

二审法院经审理认为,一审判决认定事实正确,程序合法,量刑适当,但上诉人靳某以量刑过重为由的上诉系恶意上诉,具体理由如下:

(1)靳某上诉没有正当理由。靳某上诉称其上诉只是为了在看守所服余刑,但一审宣判时其尚有近7个月的余刑。公安部发布的《看守所留所执行刑罚罪犯管理办法》第2条第1款规定:"被判处有期徒刑的成年和未成年罪犯,在被交付执行前,剩余刑期在三个月以下的,由看守所代为执行刑罚。"根据上述规定和余刑情况,靳某无论上诉与否,都需下监改造,其所谓留所服刑的上诉理由没有事实依据。

(2)靳某认罪认罚态度较差,并非真心悔改。靳某即使出于想在看守所多留时日,在监狱少劳动一段时日的考虑而上诉,也是企图通过技术性上诉逃避背诵监规条例、参与学习改造,反映出其并非真心愿意接受刑罚,只是为获取从宽处理。

(3)靳某主观恶性大,屡教不改,上诉具有计划性。首先,靳某实施盗窃行为的地点专门选择在医院,盗窃目标是因工作繁忙而疏于照看财物的医务工作者和因患病而能力欠缺的病人,犯罪后还由其本人或通过他人联系专门销赃网络,主观恶性很大。其次,靳某前科累累,系盗窃惯犯,2005年9月底至本案发生时,靳某已因犯盗窃罪6次(不含本次犯罪)被判处有期徒刑,其中5次是累犯,再次犯罪距刑满释放时间最长2年6个月,最短不足1个月,期间还有2次行政拘留,其改造难度很大,其也自知难以改造。最后,靳某前科前罪多次适用简易、速裁等认罪程序,其对刑事诉讼和认罪认罚的相关规定比较熟悉,其认罪认罚只不过是以表面的认罪赚取法律上的量刑优惠,并非真诚悔罪。

综合以上情况,二审法院认为,可以认定靳某并非真心认罪认罚,主观恶性大,改造难度大,上诉具有一定恶意,二审判决对其加重刑罚1个月。

(责任编辑:张新平)

窃取型职务侵占罪的司法认定

——张某职务侵占案相关法律问题研究

吴炎冰*

裁判要旨

利用职务便利实施窃取非国有单位财物的行为，虽同时符合职务侵占罪和盗窃罪的构成要件，但因窃取型职务侵占罪与盗窃罪系交叉式法条竞合关系，且不法程度存在差异，应遵循"特别法条优于一般法条"的处理原则，认定为职务侵占罪。

一、据以研究的案例

2019 年 5~7 月，被告人张某利用担任北京世信海润食品有限公司仓储部主管的职务便利，多次窃取公司位于北京市丰台区×××号库房内的瑞康牌马来西亚白虾共计 800 余箱向羊某、李某出售牟利，销赃金额 40 余万元，涉案白虾共计价值 50 余万元。被告人张某于 2019 年 8 月 8 日到北京市公安局丰台分局石榴园派出所投案。公安机关起获并扣押瑞康牌马来西亚白虾 16/20 规格 150 盒、21/25 规格 540 盒、31/35 规格 750 盒，均已发还被害单位，其余赃物未起获。

一审法院经审理判决：(1) 被告人张某犯盗窃罪，判处有期徒刑 8 年，并处罚金 8 万元，剥夺政治权利 1 年；(2) 责令被告人张某退还被害单位北京世信海润食品有限公司经济损失；(3) 在案扣押未随案移送被告人张某苹果手机 1 部、羊某 ViVo 手机 1 部、李某苹果手机 1 部，均由扣押机关依法处理。

张某不服原审判决，提起上诉。张某辩护人的辩护意见是：张某系利用职务便利对公司财产实施侵占，而非利用工作便利，应认定为职务侵占罪。

---

* 北京市第二中级人民法院刑事审判第二庭法官，中国政法大学法学硕士。

二审法院经审理认为:在案北京世信海润食品有限公司出具的张某劳动合同、岗位职责证明及多名证人证言能够相互印证,证明张某担任北京世信海润食品有限公司仓储部主管,具有以下职责:(1)制订仓储计划,保证仓库有效、安全运行。了解仓库库房情况,包括货物入库时间、仓库的库容、设备、人员变动情况;必要时对仓库进行系统地清查工作,清理归位,腾出仓库,提高货物周转效率;建立货物入库台账,每日严格进行货物入库记录及统计,随时了解仓库及人员情况;建立货物出库台账,每日进行货物出库记录及统计,随时了解仓库及人员情况。(2)负责部门日常管理工作。安排库房各岗位人员的日常工作,保证货物进出库有序、准确、准时;监督、指挥库管人员,帮助其顺利完成货物出库前准备、理货、出库、分拣,安排装卸的工作流程,并合理调派装卸工,做好组织、协调工作;按照制度要求及时填报收、发、存月报表,定期抽查货物与登记是否物、账相符。(3)负责与其他部门的交接工作。与运输部门衔接好物品出库、入库工作;与信息部门做好数据输入、输出管理工作,根据相关票据做好出、入库管理工作;与营运部门、财务部门定期进行对账、盘点工作。其工作责任系保证仓储货物的安全及仓库的有效利用,对因仓储管理不善造成的损失负责。综上所述,张某作为公司仓储部主管,对于公司相关仓库及仓储货品具有管理和经手的职责,其是否具有对外销售及处置货物的权力,与其具有管理和经手货物的职权并不矛盾,且窃取型职务侵占行为即使不具有对外销售或处置货物的权力亦不影响利用职务便利要件的认定,故张某利用职务上的便利,窃取公司财物的行为,符合职务侵占罪的构成要件,依法应认定为职务侵占罪。

据此,二审法院判决:(1)维持一审判决书主文第2项、第3项;(2)撤销一审判决书主文第1项;(3)上诉人张某犯职务侵占罪,判处有期徒刑3年6个月。

二、相关法律问题研究

实践中,对于如何准确区分职务侵占罪与盗窃罪仍存在分歧,主要体现在对所谓的"窃取型职务侵占"的认识上。本案中,一审法院认定被告人构成盗窃罪,二审法院改判为职务侵占罪。其中,主要的观点分歧在于对职务侵占罪手段、行为特征等的理解。下文拟围绕职务侵占罪的手段范围、窃取型职务侵占罪的认定等问题,从法条文义、刑法评价体系、立法目的等角度,分析职务侵占罪的行为特征、其与盗窃罪的竞合关系及相应的处理原则。

(一)职务侵占罪的手段范围:"复合手段说"的正当性

1979年《刑法》并未规定职务侵占罪。1995年发布的《全国人民代表大会常务委员会关于惩治违反公司法的犯罪的决定》[①]第10条规定："公司董事、监事或者职工利用职务或者工作上的便利，侵占本公司财物，数额较大的，处五年以下有期徒刑或者拘役；数额巨大的，处五年以上有期徒刑，可以并处没收财产。"随着社会主义市场经济的进一步发展和现代企业制度的逐步建立，对于企业工作人员利用职务便利侵占企业利益的危害行为，越发有必要作为犯罪加以规定，以加大对企业财产权益的刑事保护力度，故而在1997年修订《刑法》时，吸收了《全国人民代表大会常务委员会关于惩治违反公司法的犯罪的决定》的相关规定。为了贯彻落实中国共产党第十八届四中全会提出的"健全以公平为核心原则的产权保护制度，加强对各种所有制经济组织和自然人财产权的保护，清理有违公平的法律法规条款"的相关要求，2020年的《刑法修正案(十一)》对职务侵占罪再次作了修改：一是调整了法定刑，将原来两档法定刑调整为三档，法定最高刑调整为无期徒刑；二是相应地调整了罚金刑，从而加大了刑法对非公有制经济的保护力度。[②]

关于职务侵占罪的手段范围，理论界和实务界主要存在"单一手段说"与"复合手段说"两种观点。"单一手段说"认为，职务侵占罪的手段只有侵占一种，不包括窃取、骗取或其他手段；"复合手段说"认为，职务侵占罪的手段是侵吞、窃取、骗取或者其他手段，与贪污罪罪状中描述的手段基本一致。笔者认同"复合手段说"，主要理由如下：

首先，关于对法条文义的理解。持"单一手段说"观点者认为，《刑法》第271条没有明文表述职务侵占含"窃取"的方式，而贪污罪的犯罪手段明确为"侵吞、窃取、骗取"等，上述差异从解释规则上讲应当理解为立法者的有意为之。因此，职务侵占罪不包含"窃取"行为。

笔者认为，虽然《刑法》分则中关于职务侵占罪的罪状表述并未将侵吞、窃取、骗取等手段列明，但所谓"将本单位财物非法占为己有"，在文义上理应包括通过窃取的手段秘密占有财物。从立法沿革来看，职务侵占罪的从无到有及修改变化，随着市场经济的不断发展，是因应企业制度发展出现的新问题，落实公有制经济体和非公有制经济体平等产权保护理念的产物。不能因为贪污罪的罪状文本中详细列明了贪污的手段，而职务侵占罪条款中未予列明，就认为职务侵占罪的手段系单一手段。笔者认为，与贪污罪手段的统一正是落实公有制经济体和非公有制经济体平等产权保护理念的应有之义。不能认为利用职务便利窃

---

① 此决定已因1997年修订的《刑法》的施行而废止。

② 参见王爱立主编：《〈中华人民共和国刑法〉释解与适用(下)》，人民法院出版社2021年版，第759~761页。

取公有制企业的财产就不定性为盗窃罪,而利用职务便利窃取非公有制企业的财产就应该定性为盗窃罪,这种二元区分不利于对两类性质经济体的平等保护。且职务侵占罪侵犯的法益是企业或者其他单位的财产所有权,窃取手段足以侵犯该法益,不能排斥该手段。不能仅因贪污罪系国家工作人员实施,职务侵占罪系非国家工作人员实施,而在文义理解时有所区别或认为是立法者在表述时有意为之。

其次,关于职务侵占与盗窃之间的关系。持"单一手段说"观点者认为,职务侵占罪作为侵占罪的特别类型,具有不夺取"占有"的侵吞属性,且不法程度低于盗窃,不能包含"窃取"行为。并且在刑法评价上,职务侵占罪的不法程度明显低于盗窃罪,如果认为职务侵占罪包含"窃取"方式,即以所谓的"低度不法"包含"高度不法",违背法理情理。①

笔者认为,职务侵占罪的社会危险性和不法程度低于盗窃罪,不妨碍盗窃作为实施职务侵占的手段。盗窃罪与职务侵占罪在入罪门槛和法定刑设置上的差异,体现的是二者社会危险性和不法程度的不同。《刑法修正案(十一)》在对职务侵占罪的法定刑进行调整后,与盗窃罪的法定刑设置虽不完全一致,但也基本趋于平衡。虽然从社会危害性和不法程度上来看,职务侵占罪的社会危险性和不法程度低于盗窃罪,但是贪污罪的定罪量刑数额标准同样也高于盗窃罪数倍,在刑法否定评价上也轻于盗窃罪,但刑法依然将窃取纳入贪污手段中。此外,从盗窃罪和职务侵占罪侵犯的法益来看,虽均为公私财产所有权,但职务侵占罪侵占的财物在行为人经手和管理下,行为人取得该财物更为便利,追索时线索更为明确,且行为人在入职之初都需经过职位匹配度、忠诚度、廉洁度的审查,犯罪风险性明显较低;而盗窃罪窃取的财物并非在行为人的管理下,追索时更为困难,且盗窃过程中易引发别的危害结果,故虽同为窃取,利用职务便利窃取相对普通盗窃中的窃取明显不法程度更低,也使所谓"低度不法"包含"高度不法"形成的"倒挂"司法尺度变得相对合理。

(二)窃取型职务侵占罪的认定:与盗窃罪交叉式法条竞合关系的处理

1. 行为特征:利用职务便利与利用工作便利的界分

《全国人民代表大会常务委员会关于惩治违反公司法的犯罪的决定》第 10 条中将职务侵占罪的罪状表述为"利用职务或者工作上的便利",1997 年《刑法》将职务侵占罪的罪状修改为"利用职务上的便利",删除了利用工作上的便利的规定,可见二者的内涵和外延并不一致,应该合理限缩"利用职务上的便

① 参见阮齐林、温建康:《职务侵占罪与盗窃罪之比较研究》,载《人民检察》2017 年第 9 期。

利”的认定范围,避免将无职权因素的普通盗窃行为纳入职务侵占罪处理。

所谓“利用工作上的便利”,是指行为人与非法占有的财物之间并无职责上的管理与支配权限,仅仅是因为在工作中形成的机会或偶然情况接触他人管理、经手的财物,或因工作关系对地形、环境或者办公场所格局等比较熟悉等,而对非法占有财物形成了便利条件,与“利用职务上的便利”区分的核心在于是否因单位职务而对单位财物形成刑法意义上的占有,即事实上的控制。若并非基于工作职务形成对单位财物事实上的控制,则属利用工作上的便利。在该种情形下实施了窃取行为,构成盗窃罪当属实务界基本达成的共识,在此不予赘述。

对职务侵占罪中“利用职务上的便利”的界定应当是“利用基于业务而占有单位财产的便利”,即利用自己在本单位因具有一定职务而产生的管理、经手本单位财物的便利。这里的“占有”与刑法对“占有”的界定一致,都是对财物的事实上的支配与控制。例如,银行出纳、公司会计对自己经办资金的管理,快递、货运公司的运输工、派送员对所运输、派送财产的控制,企业运营部经理对运营资金的支配,公司库管员对仓库内货物的监管等,都属于基于业务而取得的占有。这里的“业务”可以根据合同获得(包含签订临时聘用合同的临时工),也可以根据其他方式获得。[①] 具体而言,所谓主管,是指对单位财物有调拨、安排、使用、决定的权力的人员;所谓管理,是指对单位财物直接负有保管、处理、使用的职责,如企业的会计负有管理单位财务的职责;所谓经手,是指行为人虽不负有管理、处置单位财物的职责,但因工作需要,单位财物一度由其经手,行为人对单位财物具有临时的实际控制权,这里无论是主管、管理还是经手的权能,都是基于职务,且对财物形成了刑法上的占有,即事实上的控制。

综上所述,利用职务便利实施窃取非国有单位财物的行为应认定为职务侵占罪,利用工作便利实施窃取非国有单位财物的行为应认定为盗窃罪。具体到本案中,张某作为公司仓储部主管,对于公司相关仓库及仓储货品具有管理和经手的职责,虽其本人并无对外销售和处置货品的权限,但这与其管理和经手货品的职权并无矛盾,且窃取型职务侵占行为即使不具有对外销售或处置货物的权力亦不影响对于利用职务便利要件的认定。换言之,管理和经手的内涵并非一定要包含对外处置或销售的权能,其多次、长时间地实施窃取行为之所以一直未被公司发觉,最后亦是因其本人向公司汇报库存货品数量不符,方才案发,恰是因为其具有经手、管理的权限,而非仅仅工作便利,故该案应认定为职务侵占罪。

① 周啸天:《职务侵占罪中“利用职务上的便利”要件之再解读——以单一法益论与侵占手段单一说为立场》,载《政治与法律》2016 年第 7 期。

2. 竞合关系:法条竞合与想象竞合的区分

窃取型职务侵占罪与盗窃罪之间系交叉式法条竞合关系。法条竞合与想象竞合都是实施了一个行为而触犯了数个罪名,区分标准主要在于:法条竞合的一个行为是出于一个罪过、产生一个结果,想象竞合则往往是数个罪过,产生数个结果。法条竞合是由于法规的错杂规定即法条内容存在包容或者交叉关系,以致一行为触犯数个刑法规范,想象竞合则是出于犯罪的事实特征,以致一行为触犯数罪名。[①] 更准确地说,法条竞合应界定为罪名构成要件之间的交叉或包容关系。[②] 所谓交叉竞合关系,指的是两个地位平等的罪名的构成要件存在部分重叠的情况;包容竞合关系,指的是一个罪名的构成要件被另一个罪名完全包容。利用职务便利实施窃取非国有单位财物的行为,系出于一个罪过,产生了一个结果,触犯了两个刑法条款,属于典型的法条竞合关系,同时,窃取型职务侵占罪与盗窃罪在构成要件上不完全重合,仅在窃取行为上存在交叉,故在概念上属于交叉式法条竞合关系。

3. 处理原则:"特别法优先"与"重法优先"的区分适用

在窃取行为同时符合职务侵占罪与盗窃罪的构成要件时,是只能按照职务侵占罪处理,还是需要比较两罪的法定刑,按照处罚较重的规定处理,存在"特别法优先说"与"重法优先说"等观点。"特别法优先说"认为,两罪之间是法条竞合关系,法条竞合的处理原则是"特别法条优于一般法条";"重法优先说"或认为两罪之间是想象竞合关系,或认为即便是法条竞合关系,只要没有"本法另有规定的,依照规定"的明文记载,就同样应该优先适用重法。还有一种观点认为,在行为不符合职务侵占罪这一特别法条时,为了避免出现处罚上的漏洞,完全可以也应该按照盗窃罪(或者诈骗罪、侵占罪)等一般法条处理;而在行为同时符合职务侵占罪与盗窃罪时,由于在一般法条上关于盗窃罪的规定中并无"本法另有规定的,依照规定"的明文强制,就需要比较法定刑的轻重,按照重法优于轻法的原则处理。[③]

"特别法优于一般法"的原则系我国《立法法》予以明确的法律基本适用规则,其法理含义是"同一机关制定的法律规定,如特别规定与一般规定不一致的,适用特别规定"。但"特别法优于一般法"的处理原则只是说明在行为既

---

① 参见高铭暄、马克昌主编,赵秉志执行主编:《刑法学》(第6版),北京大学出版社、高等教育出版社2014年版,第187页。

② 参见陈兴良主编,周光权、车浩副主编:《刑法总论精释(下)》(第3版),人民法院出版社2016年版,第630页。

③ 参见陈兴良主编,周光权、车浩副主编:《刑法总论精释(下)》(第3版),人民法院出版社2016年版,第630页。

符合特别法条又符合一般法条的规定时需要适用特别法条,而并未回答在行为不符合特别法条的规定,但符合一般法条规定时,还能否适用一般法条的问题。①

笔者认为,利用职务便利实施窃取行为是盗窃行为的一种类型,系特别盗窃与一般盗窃的关系,处理此种法条竞合关系时应遵循“特别法优于一般法”的处理原则,其背后的逻辑是职务侵占罪与盗窃罪的社会危害性和不法程度存在差异。若再比较法定刑的轻重,择一重处,只会造成更大的量刑不均衡。因此,当被告人的行为同时构成职务侵占罪和盗窃罪时,应当认定其构成职务侵占罪。

同时,《刑法修正案(十一)》对职务侵占罪新的数额标准尚未明确,如果还按照之前6万元的入罪标准认定,那将是盗窃罪入罪标准2000元的30倍。对于利用职务之便实施窃取非国有单位财物行为的,如果财物数额为2000元至6万元的如何处理?如不处理则数额标准差别太大,不利于非国有单位的财产权保护。解决这一问题,需要在今后的立法及司法解释制定过程中,充分考虑职务侵占罪和盗窃罪的不法程度差异,按照比例性原则,合理设置数额标准,将符合职务侵占罪客观要件,但不够入罪标准的窃取行为彻底作脱罪处理。目前,对于未构成职务侵占罪入罪标准,但符合盗窃罪入罪标准的部分数额较大窃取行为,在考量二罪不法程度差异的情况下,可以“按照一般法处理”,对构成盗窃罪但不构成职务侵占罪的被告人作入罪处理,以体现对非国有单位财产权的平等保护,但在量刑时应当充分考虑利用职务便利实施窃取行为与一般窃取行为在不法程度上的差异,做到罪刑均衡。

综上所述,犯罪人实施职务侵占罪的手段应当包括窃取。窃取型职务侵占罪与盗窃罪是交叉式法条竞合关系,若被告人同时触犯上述两种罪名,处理时应遵循“特别法优于一般法”的原则。当被告人利用职务便利窃取单位财物,因数额较低不构成职务侵占罪时,可以认定为盗窃罪,但应当在量刑时充分考虑该情节,做好罪刑均衡,从而最大限度地实现对非国有单位的产权保护。对于职务侵占罪的入罪标准,还需从立法或司法解释层面进一步完善,从而实现在刑法体系内对类似犯罪行为的均衡评价。

(责任编辑:张新平)

---

① 付立庆:《交叉式法条竞合关系下的职务侵占罪与盗窃罪——基于刑事实体法与程序法一体化视角的思考》,载《政治与法律》2016年第2期。

未取得药品经营许可证销售印度仿制药的行为定性
——被告人侯某某等非法经营撤回起诉案相关法律问题研究

张小旭*

裁判要旨

因《药品管理法》对"假药"的重新界定以及《刑法修正案(十一)》新增的妨害药品管理罪的规定,对于不具有药品经营许可证的行为人实施了销售未经批准进口药品的行为,非法经营罪和妨害药品管理罪之间属于法条竞合关系,前者为普通法条,后者为特殊法条,根据"特殊法优于普通法条"原则,应适用妨害药品管理罪、排斥非法经营罪的适用,而非从一重处。涉案行为因不具有"足以严重危害人体健康"后果,不构成妨害药品管理罪。对此,基于尊重立法限缩处罚范围的目的,不能将不具有处罚必要性的涉案行为以非法经营罪定罪处罚;基于特殊法条优先性原则,涉案行为是否入罪应由妨害药品管理罪进行独立评价,排斥非法经营罪的适用;基于罪刑法定原则,涉案行为类型已由妨害药品管理罪明文规定,涉案行为不符合入罪条件,应作出罪化处理。

一、据以研究的案例

2015~2018年,在未取得药品经营许可证的情况下,被告人侯某某通过被告人闫某提供的联系方式,联系并从"蔡雷雷""印小天"(真名王某某)手中购进未经批准进口、用于治疗丙肝等疾病的 Sofosbuvir 400mg + Velpatasvir 100mg

---

* 北京市朝阳区人民法院刑事审判庭法官,北京大学法学硕士。

Tablets(俗称“吉三代”)、Daclatasvir and Sofosbuvir Tablets 60mg/400mg(达拉他韦 60mg/片+索非布韦 400mg/片)等药品。在北京某些医院就诊的部分肝病患者,经相关医生的推荐,联系被告人侯某某购买“吉三代”等印度仿制药品。在此过程中,被告人王某某负责帮助侯某某接收购进的药物、为购药患者邮寄药物,并提供其名下银行账户收取钱款等。

经查,2018 年 6~12 月,被告人侯某某从王某某处购买包括涉案药品在内的各类药品并支付钱款共计 80 余万元。

2015~2018 年,被告人闫某作为北京某医院肝病科医生,在为患者诊治的过程中,推荐患者向侯某某购买“吉三代”等药品,后收取侯某某给予的好处费。

检察院指控被告人侯某某、闫某、王某某犯非法经营罪,向法院提起公诉。在诉讼过程中,检察院以法律发生变化为由,要求撤回对被告人侯某某、闫某、王某某的起诉。法院裁定准许检察院撤回对被告人侯某某、闫某、王某某的起诉。

法院经审理认为:(1)涉案行为不构成妨害药品管理罪。2021 年 3 月 1 日施行的《刑法修正案(十一)》新增设了妨害药品管理罪作为第 142 条之一,根据该规定,“未取得药品相关批准证明文件生产、进口药品或者明知是上述药品而销售的”,在结果要件上要求“严重危害人体健康”。本案中,在案证据显示涉案药品对于治疗丙肝疾病确有疗效,并未造成损害患者身体健康的结果,也没有证据证明涉案药品存在严重危害人体健康的因素,因此不构成妨害药品管理罪。(2)涉案行为不构成非法经营罪。根据 2014 年《最高人民法院、最高人民检察院关于办理危害药品安全刑事案件适用法律若干问题的解释》①第 7 条的规定,违反国家药品管理法律法规,未取得药品经营许可证,非法经营药品,情节严重的,以非法经营罪定罪处罚。非法经营数额 50 万元以上的,属于“情节特别严重”。本案中,被告人非法经营数额达 80 万元,法定刑为 5 年以上有期徒刑,并处违法所得 1 倍以上 5 倍以下罚金或者没收财产。如果执行上述司法解释的规定,则本案存在不构成轻罪而构成重罪的矛盾。基于罪刑法定原则及法条竞合适用原理,行为不构成特殊罪名——妨害药品管理罪(较轻),不应以较重的普通罪名——非法经营罪定罪处罚。

综上所述,法院认为,由于针对涉案行为的法律规定的变化,被告人侯某某、闫某、王某某的行为不构成犯罪。检察院的撤诉申请符合法律规定,应予准许。

---

① 此解释已被 2022 年 3 月 6 日施行的《最高人民法院、最高人民检察院关于办理危害药品安全刑事案件适用法律若干问题的解释》废止。

二、相关法律问题研究

未经批准进口的药品，在2019年修订的《药品管理法》于2019年12月1日施行以前，属于“假药”的范畴，根据2011年修正的《刑法》第141条的规定，销售未经批准进口药品的行为构成销售假药罪。这种不考虑实际药效，从法律意义上认定“假药”的模式，与民众的朴素主义认知存在偏差，导致司法实践中部分案件判决结果不符合民众对公平正义的期待，出现了“陆勇案”“聊城假药案”等一系列引发社会公众热议的案件。2018年，电影《我不是药神》的上映，使该类案件被贴上“药神案”的标签，受到社会的广泛关注。2019年修订的《药品管理法》施行后，刑法应如何评价销售未经批准进口的药品的行为，成为司法难题，多地法院以非法经营罪处理类似案件。① 2020年修正的《刑法》将销售未经批准进口的药品纳入妨害药品管理罪进行规制后，仍有法院以非法经营罪对该行为进行定罪处罚，②由此引发了很大的争议。基于此，笔者将结合相关立法演变及法条竞合适用原理，分析涉案行为的法律适用。

（一）从立法演变观察立法者态度：销售未经批准进口药品的行为应具有法定后果才予以刑事处罚

危害药品安全相关犯罪属于典型的法定犯，具体犯罪条文在罪状设置上，采用了空白罪状的规范模式。相关法律演变应结合《药品管理法》和《刑法》的修改进行考察。现行《药品管理法》于1984年制定，未经批准进口的药品于《药品管理法》2001年修订时被规定为“按假药论处”，于《药品管理法》2019年修订时被去掉“假药”身份。在《刑法》方面，1979年《刑法》揭开了我国涉药品犯罪立法序章，后经1997年《刑法》、2020年《刑法修正案（八）》、2020年《刑法修正案（十一）》的修改，最终形成如今的危害药品安全犯罪刑法规制体系。

1979年《刑法》第164条规定了制造、贩卖假药罪，即以营利为目的，制造、贩卖假药危害人民健康的行为。彼时《药品管理法》尚未制定，对于“假药”的司法认定存在困难。根据1984年《药品管理法》确定的假药和劣药的范围和情形，未经批准进口的药品未被规定为假药或劣药，对于销售未经批准进口药品的行为，要根据药品性质认定予以处理。

1997年《刑法》设立了生产、销售假药罪和生产销售劣药罪。生产、销售假

① 2019年修订的《药品管理法》施行后，2020年6月，“江苏连云港药神案”由销售假药罪改判为非法经营罪。2019年12月，“上海药神案”由销售假药罪改判为走私国家禁止进出口的货物罪。

② 2021年4月，《刑法修正案（十一）》施行后，首例“药神案”宣判，西安市中级人民法院对李某某以非法经营罪判处刑罚。

药罪针对的是生产、销售假药,足以严重危害人体健康的行为;假药,是指依照《药品管理法》的规定属于假药和按假药处理的药品、非药品。根据2001年修订的《药品管理法》,必须批准而未经批准进口的药品以假药论处,因此,销售未经批准进口药品,足以严重危害人体健康的行为构成销售假药罪。2011年《刑法修正案(八)》删除了生产、销售假药罪中"足以严重危害人体健康"的入罪条件,将该罪由具体危险犯变为抽象危险犯,故销售未经批准进口药品的行为,无论药品功效如何,均以销售假药罪定罪处罚。

2019年修订的《药品管理法》删除了以按假药、劣药论处的类型,回归按药品的功效来界定假劣药的立场。将"必须批准而未经批准生产、进口,或者依照本法必须检验而未检验即销售的"和"国务院药品监督管理部门规定禁止使用的"移出了"假药"行列,并明确规定"未经批准进口少量境外已合法上市的药品,情节较轻的,可以依法减轻或者免予处罚"。同时,《药品管理法》对于销售未经批准进口药品的行为,在行政处罚设置上与生产销售假药等同。2019年修订的《药品管理法》释放了一个信息:虽然未经批准进口的药品不再以假药论处,但生产销售该类药品的行为与生产销售假药具有同等的行政违法性。有人认为,2019年修订的《药品管理法》传递的信号是我国并未放松对该类行为的惩治力度,尤其是以营利为目的,长期连续生产、销售该类药品并以此为业的经营行为,虽然不再以生产、销售假药罪惩处,但案件中的行为人一般没有药品生产、经营许可证。根据2014年《最高人民法院、最高人民检察院关于办理危害药品安全刑事案件适用法律若干问题的解释》第7条的规定,违反国家药品管理法律法规,未取得或者使用伪造、变造的药品经营许可证,非法经营药品,情节严重的,以非法经营罪定罪处罚。据此,多地司法机关对上述行为"调转船头",由非法经营罪进行刑事打击。2020年修正的《刑法》新增了妨害药品管理罪作为第142条之一,将"未取得药品相关批准证明文件生产、进口药品或者明知是上述药品而销售的"等4种行为纳入该罪名中,并设置了"足以严重危害身体健康"的入罪条件。对于销售未经批准进口的药品等行为,相较之前的销售假药罪,妨害药品管理罪明显限缩了处罚范围。

笔者认为,上述立法演变展现出我国刑法关于危害药品犯罪的刑事立法精细化程度的日益提升。涉及销售未经批准进口的药品的行为,从2019年修订的《药品管理法》到《刑法修正案(十一)》的施行,立法机关的态度和立场已然清晰明确:一是"未取得药品相关批准证明文件生产、进口药品或者明知是上述药品而销售的",属于妨害药品秩序的行为,对此施加严厉的行政处罚措施具有正当性;二是该行为是否纳入刑法惩治,要根据"药品"本身的功效和性质来认定。若未经批准进口的药品,"足以严重危害人体健康",以妨害药品秩序罪定罪处罚,如果涉案药品为假药、劣药的,则按照处罚更重的销售假药罪和销售劣药罪予以处罚,坚决维护患者的用药安全。而对于那些能够治疗患者疾病的良药,甚至是“救命药”,虽然对药品监管秩序有所妨害,但没有刑罚必要,不以犯罪处理。

(二)基于法条竞合原理选择法律适用:涉案行为排斥非法经营罪的适用

1. 涉案问题属于法条竞合而非想象竞合

在处理销售未经批准进口药品行为案件中,厘清相关罪名是法条竞合还是想象竞合,对于处理该类案件具有实质性影响。

法条竞合,是指一个行为同时符合数个法条规定的犯罪构成,但从数个法条之间的逻辑关系来看,只能适用其中一个法条,当然排除适用其他法条的情况。① 对于法条竞合,除法律另有规定,其适用原则是“特殊法条优于普通法条”。想象竞合,是指一个行为触犯了数个罪名,造成了多种法益侵害结果。对于想象竞合,其处理原则是从一重处。法条竞合和想象竞合在法条选择上方向不同,如果二者混淆,则可能造成错误的裁判结果。法条竞合和想象竞合二者的区别在于:法条竞合是不真正竞合,两个以上的刑罚规范在外表上是竞合的,但实质上是相互排斥的,属于“实质的一罪”。想象竞合是真正的竞合,但因事实上的一行为,属于“处断的一罪”。法条竞合与立法者的价值判断有关,是一种静态的竞合,当一行为触犯的两个法条的罪名之间具有从属或者交叉的逻辑关系且保护法益大致相同时,为法条竞合。想象竞合是行为人的一个行为偶然地符合多个罪名,其与法律条文本身如何规定无关,行为触犯的两个罪名在保护法益上可以不同。②

本案中,行为人不具有药品经营许可证而销售未经批准进口药品的行为,涉及非法经营罪与妨害药品管理罪,是属于法条竞合还是想象竞合呢?

第一,非法经营罪与妨害药品管理罪在逻辑上属于交叉关系。非法经营罪,是指行为人违反国家规定,故意从事非法经营活动,扰乱市场秩序,情节严重的行为。根据司法解释的规定,本案涉及的非法经营行为是未经许可,经营法律、行政法规的专营、专卖物品。妨害药品管理罪,是指违反药品管理法规,实施“未取得药品相关批准证明文件生产、进口药品或者明知是上述药品而销售的”等4种足以严重危害人体健康的行为。在法益保护方面,妨害药品管理罪保护人体健康法益和市场秩序中包含的药品管理秩序法益。从犯罪构成要件来看,

---

① 参见张明楷:《刑法学》(第5版),法律出版社2016年版,第463页。

② 参见周光权:《法条竞合的特别关系研究——兼与张明楷教授商榷》,载《中国法学》2010年第3期。

妨害药品管理罪的主体既包括具有药品经营许可证的行为人,也包括不具有该许可证的人,因此,二罪名在规范层面上存在重叠部分,属于交叉关系。在二者交叉部分,妨害药品管理罪属于特别法条,非法经营罪属于普通法条。

第二,销售未经批准进口药品的行为同时符合非法经营罪和妨害药品管理罪,是由立法设计决定的,属于法条竞合。如前所述,非法经营罪与妨害药品管理罪在法条上存在逻辑上的交叉关系,对于不具有药品经营许可证的行为人来说,销售未经批准进口药品的行为,会存在同时符合非法经营罪和妨害药品管理罪的问题,这不是由于行为人的行为偶然地触犯了两个罪名导致的,不属于想象竞合。

非法经营罪与妨害药品管理罪属于普通法条与特殊法条的关系,前者为重罪后者为轻罪,在法条适用上,对于销售未经批准进口药品的行为,妨害药品管理罪优先适用,排斥非法经营罪的适用。如果将二者的法条竞合关系错误理解为想象竞合犯而从一重处,则会导致大量妨害药品管理秩序的行为被按照非法经营罪处理,妨害药品管理罪也就丧失了设立的意义。

2. 不构成特殊法条的妨害药品管理罪,不能以普通法条的非法经营罪定罪处罚

妨害药品管理罪设立了“足以严重危害人体健康”的入罪门槛。本案中的涉案药品属于对相关疾病具有明显治疗效果的印度仿制药,行为人销售涉案药品的行为,客观上没有“足以严重危害人体健康”的后果,故不构成妨害药品管理罪,那么能否适用普通法条,以非法经营罪定罪处罚?

第一,以非法经营罪定罪处罚,不符合立法目的。特殊法条的设立是立法机关基于某种行为类型容易发生或发生后在后果上具有特殊性等原因,在处罚范围或刑罚配置上需要与普通法条有所区别规定,故某种行为在外观、形式上看,只要属于特殊法条所规范的,就应该排斥普通法条的适用。在妨害药品管理罪的立法过程中,关于是否需要设置入罪门槛或者入罪门槛的高低,立法者是有考量的。受我国当前药品研发能力和药品管理制度所限,很多病人需要的救命药都属于“未经批准进口的药品”。如果行为人销售的该类药品确能治病救人,没有“足以严重危害人体健康”的现实危险,就没有刑罚处罚的必要。为缩小刑罚打击面,立法者对妨害药品管理罪设置了上述门槛。当行为连按照妨害药品管理罪处罚的必要性都没有时,却“绕道”以非法经营罪定罪处罚,是将无处罚必要性的行为进行刑法处理,立法上制定特别法条时限缩处罚范围的目的被司法行为“架空”。

第二,以非法经营罪定罪处罚,不符合“特别法条优先”原则。处理法条竞合中的“特别法优于普通法”原则,不仅是在行为同时符合两个以上犯罪构成要件时,优先适用特别法条,也意味着特别法条的构成要件独立并优先于普通法

条。按照特别法条不具有法益侵害性的行为也不能认为是侵害了普通法条所保护的法益。[①] 销售未经批准进口药品的行为因“不足以严重危害人体健康”而不构成妨害药品管理罪,即行为并未侵犯该罪名所保护的药品管理秩序法益。若以非法经营罪定罪处罚,则等于认为行为侵害了市场管理秩序法益,这显然是矛盾的。

第三,以非法经营罪定罪处罚,有悖于罪刑法定原则。《刑法》第3条规定:“法律明文规定为犯罪行为的,依照法律定罪处刑;法律没有明文规定为犯罪行为的,不得定罪处罚。”“未取得药品相关批准证明文件生产、进口药品或者明知是上述药品而销售”行为,属于妨害药品管理罪明文规定的行为类型之一,是否需要定罪处罚,应按照该法条确定。立法缩小了处罚范围后,对未进入该范围的情形却适用普通法条,意味着司法行为扩大了处罚范围,有违罪刑法定原则。销售未经批准进口的药品的行为有足以严重危害人体健康的后果,以妨害药品管理罪定罪处罚,举重以明轻,对不具有该后果的行为不能构成妨害药品管理罪,更不应以非法经营罪定罪处罚。

(三)回归本案:侯某某等人的行为不构成非法经营罪

被告人侯某某等人于2015~2018年,向患者销售未经批准进口的印度仿制药品“吉三代”等,因涉嫌销售假药罪被立案侦查,后检察院于2019年11月5日以非法经营罪向法院提起公诉。2020年修正的《刑法》,新增设的妨害药品管理罪规定“未取得药品相关批准证明文件生产、进口药品或者明知是上述药品而销售”的行为具有“足以严重危害人体健康”的后果方构成犯罪。长期以来,我国没有治疗丙肝的特效药,因此,丙肝患者到医院就诊后,医生会推荐患者去购买廉价特效的印度仿制药品“吉三代”等。在案证据显示,丙肝患者服用涉案药品后,确有显著疗效。因此,行为人销售涉案药品的行为不具有“足以严重危害人体健康”的后果,不具有刑法处罚必要性,不构成妨害药品管理罪。

从尊重妨害药品管理罪的立法目的以及法条竞合的适用原理出发,本案的行为在不构成妨害药品管理罪的情况下,不能以非法经营罪这一普通罪名定罪处罚。故公诉机关以法律发生变化为由撤回起诉,法院经审查后作出了准予撤回起诉的裁定。对于行为人无证销售未经批准进口药品的行为,可根据《药品管理法》的规定予以行政处罚。

(责任编辑:张新平)

---

① 参见周光权:《法条竞合的特别关系研究——兼与张明楷教授商榷》,载《中国法学》2010年第3期。

司法强制拍卖及以租抵债中买卖不破租赁的适用

——北京无极液压工程有限公司诉李某、第三人北京诚信机电有限公司合同纠纷案相关法律问题研究

商允超[*]　张　源[**]

裁判要旨

司法强制拍卖具有私法属性，买受人需继受标的物上的租赁关系，司法强制拍卖导致所有权发生变动的，不影响买卖不破租赁的适用。并且以租抵债也不影响买卖不破租赁的适用，合意抵销发生类似于出租人向承租人一次性预付租金的法律效果，买受人可就其成为租赁物所有权人后所生租金向出卖人行使不当得利返还请求权。

所有权作为完全物权，其交易尚不能破除租赁，依当然解释，举重以明轻，使用权仅包含部分物权权能，对世效力较弱，因而使用权转让亦应当不破租赁。

一、据以研究的案例

2000年3月28日，原北京市国土资源和房屋管理局向北京诚信机电有限公司（以下简称诚信机电公司）颁发房屋所有权证及土地证，诚信机电公司享有龙园路1号的土地使用权及房屋所有权。2002~2004年，北京无极液压工程有限公司（以下简称无极液压公司）通过银行转账的方式借款给诚信机电公司，金额

* 北京市门头沟区人民法院民事审判第一庭法官助理，北京交通大学法律硕士。

** 北京市门头沟区人民法院民事审判第一庭法官，中国政法大学法学学士。

共计 11 100 000 元。2004 年 5 月 26 日，无极液压公司与诚信机电公司签订《房屋与土地租用合同》，约定诚信机电公司将龙园路 1 号的土地及房屋出租给无极液压公司；租期为 20 年，自 2004 年 6 月 1 日起至 2024 年 6 月 1 日止；租金共计 3 000 000 元，用以抵偿其所欠无极液压公司的借款。承租期内，无极液压公司以诚信机电公司的名义办理了建设工程规划许可证，在龙园路 1 号出资修建了液压系统调试车间用于生产经营。因诚信机电公司欠案外人债务，案件执行法院对诚信机电公司名下的龙园路 1 号土地使用权及房屋所有权进行司法拍卖，李某通过竞拍取得了龙园路 1 号全部房产的所有权及相应的土地使用权和其他权利，于 2016 年 6 月 21 日取得不动产权证。李某取得龙园路 1 号的相应物权后，无极液压公司继续在龙园路 1 号从事生产活动，李某多次召集人员打砸无极液压公司生产设备，干扰其正常经营，公安机关对李某破坏生产经营的行为立案侦查。

无极液压公司起诉要求李某继续履行无极液压公司与诚信机电公司于 2004 年 5 月 26 日签订的《房屋与土地租用合同》至 2024 年 6 月 1 日；要求李某赔偿无极液压公司配电柜损失 35 121 元、人员工资损失金额 455 575.46 元、延迟交货违约金 300 000 元，合计 790 696.46 元。

李某辩称：《房屋与土地租用合同》约定的租金明显低于市场价格，不符合常理。无极液压公司仅有 3 000 000 元的注册资金，在 2000 年的营业额仅 3 260 000 元，净亏损 264 000 元，不可能有资金出借给诚信机电公司，双方意图签订虚假合同损害李某的利益，合同无效。《房屋与土地租用合同》名为租赁合同，实为抵债合同，以租抵债不能适用买卖不破租赁原则，法院强制拍卖也不适用买卖不破租赁原则。《房屋与土地租用合同》没有登记备案，李某在竞拍时仅知道龙园路 1 号有租赁，并不清楚以租抵债的情况，因而无极液压公司的承租权不能对抗李某的物权。综上所述，李某向一审法院提出反诉，请求确认无极液压公司与诚信机电公司于 2004 年 5 月 26 日签订的《房屋与土地租用合同》无效；要求无极液压公司于判决生效之日起 5 日内腾退位于门头沟区石龙工业区龙园路 1 号的房屋与土地；要求无极液压公司以每平方米 1.30 元/天的标准向李某支付自 2016 年 2 月 9 日起至实际腾退之日止的房屋与土地占有使用费。

一审法院认为：无极液压公司与诚信机电公司签订的《房屋与土地租用合同》约定以租抵债仅系租金给付方式的特别约定，不影响租赁合同的性质。2002~2004 年，无极液压公司存在向诚信机电公司转账共计 11 100 000 元的情况，法院认定双方之间存在真实的债权债务往来，无证据表明双方签订的以租抵债式《房屋与土地租用合同》存在无效情形，合同有效。

对于无极液压公司要求李某继续履行无极液压公司与诚信机电公司签订的

《房屋与土地租用合同》的诉讼请求，因租赁物在租赁期间发生所有权变动的，不影响租赁合同的效力，李某作为买受人仍应继续履行《房屋与土地租用合同》。对无极液压公司要求李某继续履行《房屋与土地租用合同》至 2024 年 6 月 1 日的本诉请求，《合同法》第 214 条第 1 款①规定："租赁期限不得超过二十年。超过二十年的，超过部分无效。"故法院确认李某应继续履行《房屋与土地租用合同》至 2024 年 5 月 31 日。对无极液压公司要求李某赔偿干扰生产经营而产生的各项损失，因本案审理时李某破坏生产经营案正在刑事处理中，故本案中对无极液压公司的该项请求不予处理。

因李某应履行《房屋与土地租用合同》至 2024 年 5 月 31 日，故对李某要求腾退涉案土地及房屋的反诉请求，法院不予支持。对于李某要求无极液压公司支付房屋及土地占有使用费的反诉请求，因《房屋与土地租用合同》约定以该合同所涉 11 100 000 元款项的权利抵偿租金，该租金应认定为已由无极液压公司给付完毕，对李某的相应反诉请求不予支持。

一审法院依据《合同法》第 100 条、第 212 条、第 214 条、第 229 条②的规定作出如下判决：(1)李某继续履行无极液压公司与诚信机电公司签订的《房屋与土地租用合同》至 2024 年 5 月 31 日；(2)驳回无极液压公司的其他本诉请求；(3)驳回李某的反诉请求。

李某不服一审判决，提起上诉。二审法院于 2020 年 5 月 20 日判决驳回上诉，维持原判。

二、相关法律问题研究

罗马法以买卖破除租赁为原则，而按照潘德克顿法学物债两分的体系推理，买卖亦应当破除租赁。但基于特定的社会背景及立法目标的考量，买卖不破租赁最终成为各国立法的共识。买卖不破租赁的通常适用情形为出租人与承租人之间签订了租赁合同，承租人按约向出租人支付租金，之后出租人与买受人签订买卖合同，买受人成为租赁物的所有权人。但上述案件中，承租人以合意抵销的方式免予向出租人实际支付租金，司法强制拍卖不同于一般的买卖，土地使用权转让不涉及对土地所有权的处分，因而买卖不破租赁的适用存在一定的特殊性。

---

① 《合同法》已于 2021 年 1 月 1 日因《民法典》施行而废止，相关规定参见《民法典》第 705 条第 1 款。

② 相关规定分别参见《民法典》第 569 条、第 703 条、第 705 条、第 725 条。

（一）买卖不破租赁及其在新的社会语境下的现实意义

1. 买卖不破租赁的内容及其产生

"买卖不破租赁"最初确立的目的是保护处于弱势地位的不动产承租人的利益，其最早规定于《德国民法典》。标的物出租后，所有权人虽然可以将标的物出卖，但是买卖不能成为解除租赁合同的理由，承租人依然可以对买受人主张承租的权利。[①] 我国《民法典》第725条（原《合同法》第229条）规定了买卖不破租赁，"租赁物在承租人按照租赁合同占有期限内发生所有权变动的，不影响租赁合同的效力。"买卖不破租赁的特殊性在于其突破了债的相对性。在潘德克顿民法体系下，租赁权属于基于租赁合同而产生的用益之债，本不具有物权的效力，但是承租人可以基于对租赁物的占有行使返还请求权、停止侵害请求权等对抗合同相对人之外的第三人，其对租赁物受让人依然构成所有权占有，形成了债权的物权效力。[②]

在土地作为重要生产和生活资料的时代，买卖不破租赁的适用保障了居者有其屋、耕者有其田。但随着社会经济环境的变化，承租人相对弱势的地位有所淡化，有时承租人的生存状况、地位甚至要优于出租人。例如，在本案中，以租抵债的承租人甚至是出租人的债权人，因而以保护弱势承租人的利益为由适用买卖不破租赁的合理性受到一定动摇。

2. 新的社会背景下买卖不破租赁的意义

承租人弱势地位的改变并不意味着买卖不破租赁在新的社会语境下失去了正当性基础，特别是在维护社会稳定方面，其依然具有重要的社会价值。[③]

在一些不动产如商铺、住房、厂房的租赁中，租赁物对承租人往往具有重大的经济、生产或生活意义，且不动产租赁一般期限较长，承租人在租赁之始便有长期稳定地占有、使用租赁物的预期，并且会为此投入一定经济成本。如本案中承租人在租用涉案的厂房和土地后，又对厂房进行过一定改造，在其中兴建了诸多与其经营领域有关的生产设备。在租赁合同约定的租赁期间内适用买卖不破租赁以维持原租赁状态，可以让承租人免予在未达其预计经营年限时拆除生产设备、停产另行寻找生产场地，避免生产经营过程的动荡，减少交易成本以及社会资源的浪费。

---

① 参见孙宪忠：《中国物权法总论》（第4版），法律出版社2018年版，第108~110页。

② 参见金可可：《基于债务关系之支配权》，载《法学研究》2009年第2期。

③ 参见黄文煌：《论租赁权的对抗效力——兼论〈合同法〉第229条的缺陷与修改》，载《清华法学》2010年第2期。

（二）司法拍卖、以租抵债及使用权转让中的买卖不破租赁

1. 司法强制拍卖与买卖不破租赁的适用

按照民法理论，即使是附有限制物权的所有权，处分自由并不会受到限制，而且所负担的限制物权依然得以继续存在，受让人一并承受所有权及所有权之上所负担的限制。租赁权虽非限制物权，但法理与之类似，在一物之上负担租赁的，亦不会限制处分，受让人应当一并承受租赁。从字面意思来看，买卖不破租赁将处分行为限制为买卖，适用情形过于狭窄，此处应当对"买卖"二字做扩大解释。除买卖之外的其他处分行为不破租赁在司法实践中得到了普遍认可外，在立法上亦有其他处分行为不破租赁的条款，如我国《民法典》第405条也规定了抵押权亦不破在其之前设立的租赁。

具体到司法强制拍卖是否适用买卖不破租赁的问题。首先，该问题与对司法强制拍卖的法律性质的认识有关。例如，德国对司法强制拍卖的性质采用公法说，认为通过司法拍卖取得所有权属于原始取得，因而拍定人不继受租赁关系；[①]我国主流观点也认可私法买卖说，买受人与作为司法拍卖委托方的法院之间并没有隶属、服从关系，司法强制拍卖是缔结合同的过程，拍定人应负担租赁契约所产生的权利义务。[②]

其次，将"买卖"扩大解释至其他物权变动的情形更有助于实现买卖不破租赁设立的目的。买卖、赠与、继承、担保物权实现、司法强制拍卖等作为物权变动的原因虽有所不同，但在结果上都导致了物权变动，而买卖不破租赁设立之初的目的就是防止租赁期间内租赁物所有权变动给承租人造成的不测，其主要规制的是所有权变动这一结果，而非买卖这一特定交易行为。如果租赁权不能对抗除买卖之外的其他情形所产生的物权变动，将会剥夺承租人基于租赁合同对租赁物的占有、使用，不利于对承租人利益的特别保护及社会秩序的维护，无端限制了买卖不破租赁功能的发挥。

最后，如果否认司法强制拍卖适用买卖不破租赁，则违背了私法自治原则及自己责任原则，司法拍卖程序由法院启动并委托拍卖机构进行，财产所有权的转移具有强制性，出租人往往没有出卖租赁标的物的意思表示，如果通过司法强制拍卖取得所有权的可以不继受租赁关系，则出租人在失去租赁物所有权后无法按约向承租人继续提供租赁物，出租人在缺乏自己意志的参与下便要向承租人

---

① 参见［德］迪特尔·梅迪库斯：《请求权基础》，陈卫佐等译，法律出版社2012年版，第139页。

② 参见栾广萍：《论民事执行中司法拍卖的无效及救济》，载《人民司法（应用）》2017年第4期。

承担违约责任或损害赔偿责任，对出租人而言难谓公平。①

综合上述考量，司法强制拍卖以不影响买卖不破租赁的适用为宜。在实证法方面，《最高人民法院关于人民法院民事执行中拍卖、变卖财产的规定》第28条第2款规定，拍卖财产上原有的租赁权及其他用益物权，不因拍卖而消灭。

2. “以租抵债”型租赁与买卖不破租赁的适用

所谓“以租抵债”，是指债务人与债权人约定将标的物出租给债权人，租金用以抵偿债务。以租抵债合同中包含了标的物租赁及租金与旧债相互抵销两个意思表示，租赁契约与抵销契约相互联立，存在于一个合同文本当中。我国《民法典》第704条规定：“租赁合同的内容一般包括租赁物的名称、数量、用途、租赁期限、租金及其支付期限和方式、租赁物维修等条款。”以租抵债合同往往具备上述条款，抵销仅构成对租金支付方式的特殊约定，因而以租抵债虽然联立了租赁契约与抵销契约，但不能因此否认租赁合同的性质，出租人与承租人之间依然构成租赁法律关系。

另外，与租金的现实支付相比，抵销具有避免反复清偿、提升交易效率以及担保清偿的功能，例如，在担保清偿方面，抵销可以同时消灭双方互负的债务，消除双方履行债务的时序差异，使双方债权不获清偿的风险得到平等的冲销，体现了权利实现上的时序利益。② 在以租抵债型租赁中，承租人系出租人的债权人，出租人往往因缺乏偿债能力才选择以租抵债偿还债务，且除承租人外，出租人可能有其他资金债权人，而以租抵债的实质是赋予不动产承租人的债权优先受偿的效力，起到一定担保的功能。

可以看出，抵销系出租人与承租人意思自治的结果，主要是为平衡作为债务人的出租人与作为债权人的承租人之间的利益。与实际支付租金相比，租赁物的出租人与承租人合意抵销并未对买受人造成不利益，而抵销所具有的提升交易效率、担保清偿等功能反而强化了以租抵债这一交易形式的正当性，因而以租抵债对买卖不破租赁的适用并不构成障碍。

3. 使用权转让中买卖不破租赁的适用

一般认为，买卖不破租赁中的买卖指的是标的物所有权的买卖，法律对使用权的转让是否适用买卖不破租赁原则并无明文规定。但是按照当然解释，对于法律没有明文规定的事项，如果按照立法目的有比明文规定的事项更应适用的

---

① 参见黄凤龙：《“买卖不破租赁”与承租人保护　以对〈合同法〉第229条的理解为中心》，载《中外法学》2013年第3期。

② 参见张保华：《抵销抗辩中的关联性与确定性：实体法与程序法交织的视角》，载《法律适用》2020年第9期。

理由时,法律效果便更应该发生。[1] 所有权作为完全物权,包含占有、使用、收益、处分四项权能,而使用权仅包含物权的部分权能,其对世效力较之所有权而言更弱,举重以明轻,所有权尚且不能够破除租赁,使用权当然亦不能破除租赁,此为当然解释得出的必然结果。

此外,本案涉及的是土地使用权转让,房屋所有权不能与土地使用权分离而存在,使用房屋必然会同时使用房屋的地基,加上我国采房地一体主义,因而房屋所有权变更时土地使用权亦当承受不破租赁的法律效果。

(三)以租抵债适用买卖不破租赁的法律效果

以租抵债虽可以适用买卖不破租赁,但其毕竟有别于一般的租赁,在法律效果方面也有所区别。

1. 租赁物买受人租金请求权的行使

在一般的买卖不破租赁中,买受人在取得租赁物所有权后承受了出卖人在原租赁合同中的契约地位,因而有权向承租人收取自其成为所有权人后所生的租金。如果承租人在租赁之始一次性向出租人付清了全部租金,则出租人提前收取的当其失去租赁物所有权后所生的租金便构成了不当得利,在物权变动后承租人对原出租人的清偿可以对抗受让人的租金请求,租赁标的物受让人可以就其变更为所有权人后所对应的租金向原出租人行使不当得利返还请求权。[2]

以租抵债中,出租人与承租人约定将租金债务与其他债务相互抵充,实质属于约定抵销。《民法典》第568条规定,法定抵销要满足当事人互负到期债务并且标的物种类和品质相同,而约定抵销是当事人意思自治的体现,其成立条件较之法定抵销而言更为宽松。《民法典》第569条规定:“当事人互负债务,标的物种类、品质不相同的,经协商一致,也可以抵销。”可见即使是未到期的债权债务亦可由当事人合意抵销。

在租赁关系存续期间转让标的物的,已经过的租赁期间所对应的租金债权已经到期,无疑符合抵销的条件,而尚未经过的租赁期间,因租赁事实尚未发生,所对应的租金债权虽已确定但并未到期。但因以租抵债系约定抵销,尚未经过的租赁期间所对应的未到期债权与承租人对出租人享有的债权进行抵销亦得以成立。

以租抵债中虽然承租人没有向出租人实际支付租金,但是如果合意抵销在买受人取得租赁物所有权之前已然成立,则抵销发生了类似于普通租赁情形下

---

① 参见孔祥俊:《法律解释与适用方法》,中国法制出版社2017年版,第427页。

② 参见周江洪:《买卖不破租赁规则的法律效果——以契约地位承受模式为前提》,载《法学研究》2014年第5期。

承租人向出租人一次性预付租金的法律效果,租赁物买受人得以就其成为所有权人后所对应的租金向出卖人主张不当得利返还请求权。

2. 买受人不利益的救济

买卖不破租赁原则使承租人对租赁物的占有使用得以维持,但买受人可能遭受不利益。例如,租赁合同中存在的买受人认为较低廉的租金条款、长期租赁条款、续租权条款、同意转租条款等均可能对买受人构成不利益。如果买受人已然继受原出租人的合同地位,其只得在合同约定的租赁期间内按照原合同的约定继续履行,只有当满足一定条件时才能行使变更或解除合同的权利,了解标的物上所负担租赁的具体情况对买受人而言至关重要。

为了保护买受人的利益,出卖人应当恪守诚实信用原则,在交易前告知买受人租赁的具体情况。出卖人如果未向买受人履行告知义务,买受人在继受原租赁合同权利义务后认为租赁合同中的条款对其构成不利益的,则可以向出卖人主张瑕疵担保责任。如果出卖人充分履行了告知义务后,买受人仍然决定购买,则即使其认为租赁合同存在不合理条款,也应当视为其自愿承受不利益,不得再要求出卖人承担瑕疵担保责任。另外,在出卖人告知买受人租赁情况后,标的物上负担租赁或原租赁合同存在不合理条款等情况实际上赋予了买受人一定的议价空间,其往往能够以相对较低的价格购买标的物,所减价款亦可作为其承受不利益的补偿。

3. 实践中需要特别注意的问题

以租抵债赋予承租人的债权较之出租人其他资金债权人优先受偿的效力,具有一定的担保功能,但是因为抵销欠缺一定的公示方法,且依当事人的意思表示便可使债权归于消灭,因而容易对第三人造成不测。[①] 加上以租抵债的出租人往往欠缺偿债能力,租赁物买受人就其成为所有权人后所应得租金部分向出卖人主张不当得利返还请求权,该部分租金有不获清偿的客观风险,使买受人沦为无任何保障的普通债权人。因而,买受人在进行交易时以及法院在审判实践中,都应对以租抵债的情形进行严格的审查。

在实践中需要特别注意以下两点:第一,为了防止他人倒签租赁合同虚构租赁关系、设置畸长租赁期干扰不动产变现,损害买受人利益,要注意审查双方是否存在真实的租赁合同关系以及租赁关系的形成时间。我国没有全国统一的租赁登记制度,因而无法通过查询登记获知租赁信息,但仅从交易安全的角度考量,对租赁物的交付和占有也可以起到租赁权对外公示的效果,对租赁物进行勘

---

① 参见韩世远:《合同法总论》(第4版),法律出版社2018年版,第697页。

查往往可知悉其有无实际负担租赁。通过向有关部门核实水、电、暖、物业费用缴费情况,快递邮寄情况,工商登记时间地址信息等可以为查明租赁开始时间提供线索。[①] 第二,为了防止他人虚构债权债务,恶意利用抵销制度和买卖不破租赁制度损害他人利益,在实践中要审查双方是否存在真实的债权债务关系,如调查双方是否存在真实的借款凭证、资金往来等。

(责任编辑:凌巍)

① 参见陈鸣:《异化与规制:不动产强制拍卖中的"买卖不破租赁"规则》,全国法院第25届学术讨论会论文,2013年11月于北京。

适用买卖不破租赁原则需以存在真实租赁关系为前提

——魏某诉朱某等返还原物纠纷案相关法律问题研究

李 娇*

裁判要旨

在难以认定存在真实有效的租赁关系的情况下，房屋承租方仅凭书面租赁合同不能对抗租赁期间房屋购买方的合法权利，不适用买卖不破租赁原则，房屋购买方有权请求返还租赁房屋。

一、据以研究的案例

原告魏某起诉称：(1)请求依法判令被告朱某及第三人张某甲立即将北京市密云区某小区某房屋返还给原告；(2)请求依法判令被告及第三人给付原告房屋使用费每个月1200元，自2017年7月起至腾退完毕止；(3)案件受理费由被告承担。

事实与理由如下：张某与魏某甲系同居关系，李某系魏某甲之女。2016年2月27日，张某曾与李某签订《小产权房屋买卖合同》，以70万元的价格将张某所有的位于北京市密云区某小区某回迁房卖给李某。2017年6月16日，魏某与张某、魏某甲、李某签订《房屋买卖协议》，约定三人将张某所有的上述回迁房以100万元的价格出卖给魏某。魏某于2017年6月16日转账给李某50万元，于

* 北京市密云区人民法院西田各庄人民法庭法官助理，中国政法大学民商经济法学院民事诉讼法学硕士。

2017年6月20日转账给李某49万元，另于2017年6月29日给付李某及魏某甲现金1万元，三人于2017年6月29日将房屋钥匙交于魏某，并于2017年6月29日搬走。魏某于2017年以确认合同有效纠纷为由将张某、魏某甲、李某诉至法院，2017年12月21日，法院作出判决：确认魏某与张某、魏某甲、李某于2017年6月16日签订的《房屋买卖协议》有效，判决认定涉案房屋出售前张某、魏某甲、李某共同居住在其内，涉案房屋最初交给了魏某，后被张某的同学撬门换了锁。被告朱某自2017年7月起以其与张某于2015年3月10日签订了20年的租房协议并已经给付完毕全部租金为由，非法让第三人张某甲居住于涉案房屋内，造成魏某无法居住使用涉案房屋，妨碍魏某对房屋行使合法权利。魏某认为，自己合法购买涉案房屋，对房屋享有所有权，购买房屋时被告并未占有房屋，被告在魏某取得房屋后非法抢住，被告的租房协议不符合交易习惯和人之常情，真实性存疑，即使租房协议属实，魏某作为善意购买人，被告的租房协议亦不得对抗其购房协议，被告与张某之间存在争议应向张某主张，无权妨碍魏某对房屋的合法权益，故被告的行为侵害了魏某的合法权益。

被告朱某辩称：首先，原告以低于市场价格购买房屋，应当预见房屋存在类似租赁等纠纷，故应当承担相应的法律后果；其次，原告在购买房屋时应当向张某核实房屋是否有其他纠纷，朱某在原告购买涉案房屋之前租赁涉案房屋，故朱某对涉案房屋有优先购买权，应保障其优先购买权以及租赁权；最后，涉案房屋的钥匙是朱某与张某一起到北京市密云区某村委会领取并交接，领取钥匙后，朱某答应让张某暂时使用涉案房屋，在此期间张某与原告签订房屋买卖合同，朱某的租赁关系应受法律保护。综上所述，朱某不同意原告的诉讼请求。

第三人张某甲述称：不同意原告的诉讼请求，对原告诉状所记载的事实亦不认可，张某甲是住在其朋友即被告的房屋内，其未参与本案所涉纠纷，本案所涉纠纷与其无关。

法院经审理查明：2012年11月25日，张某与某村委会签订《拆迁安置协议》一份，某村委会为张某回迁安置楼房一套。

2014年12月7日，张某在某村委会抓阄确定密云区某小区某回迁楼房一套，房屋建筑面积为131平方米。

2016年2月27日，张某与李某签订一份《小产权房屋买卖合同》，合同约定：张某自愿将上述房屋（建筑面积131平方米）以70万元的价款出售给李某。张某应当于2016年2月27日收到李某的全额房款后即时将房屋的钥匙交给李某并确保其居住权和使用权。同日，经张某同意，魏某甲与李某分别向案外人杨某共计转账70万元。

2017年6月16日，张某、魏某甲、李某三人作为甲方与乙方魏某签订《房屋买卖协议》,约定:"……一、甲方因资金压力等原因,将自己农宅院拆除后回迁的楼房卖给乙方,楼房面积为131平方米,甲乙双方协议为100万元。二、楼房具体位置为某村×号楼×单元×××室。三、甲、乙、丙三方签字后此协议即为生效。乙方需向甲方一次性支付人民币100万元整(壹佰万元整)。注:已缴纳……"该协议有甲方张某、魏某甲、李某以及乙方魏某签字并捺手印,丙方(见证方)黄某签字并捺手印。

2017年8月8日,魏某以确认合同有效纠纷为由将张某、魏某甲、李某诉至法院。2017年12月21日,法院作出一审判决,"确认原告魏某与被告张某、魏某甲、李某于二〇一七年六月十六日签订的《房屋买卖协议》有效"。在该案判决书审理查明部分载明:"合同签订后,经张某同意,魏某分别于2017年6月16日、2017年6月29日向李某转账50万元、49万元,并于2017年6月29日向李某、魏某甲支付现金1万元。李某、魏某甲于2017年6月29日向魏某出具100万元的购房款收据。同日,张某、魏某甲、李某将涉案房屋腾退并将房屋钥匙交付给魏某。"该案判决书审理部分另载明:"就房屋买卖情况而言,本院向涉案《房屋买卖协议》见证人黄某了解情况,黄某表示其是该房屋买卖的介绍人,房屋出售前张某、魏某甲、李某共同居住在涉案房屋内。魏某甲与李某系母女关系。当时四方在商议卖房事宜时一致同意将房款转给李某。诉讼过程中,本院向某村委会了解情况,村委会表示涉案房屋是旧村改造时分给张某的,现张某长期不在家,其与魏某甲的关系村委会不清楚,涉案房屋最初交付给了魏某,后被张某的同学撬门换了锁。经质证,魏某、魏某甲、李某均对本院了解的情况予以认可。"法庭质证过程中,朱某对该判决书的真实性认可,但主张其系合法租赁,应优先保护。经法庭询问,张某甲未发表质证意见。

另在庭审中,朱某为证实其所述租赁事实,向法庭提交甲方署名张某,乙方署名朱某,落款日期为2015年3月10日的《租房协议》一份,内容载明:"今有甲方某村×号楼×单元×××室一套,面积为131平方米,出租给乙方居住……一、居住期暂定为2015年3月10日至2035年3月10日,月租金800元……九、补充内容:2015年3月10日至2035年3月10日房租一次性付清192 000元,居住期限为20年。"朱某另提交收款人署名张某,落款日期为2015年3月10日的收条一张,内容载明:"今收到朱某交来租房某村×号楼×单元×××室……人民币壹拾玖万贰仟元整,即¥192 000元。期限2015年3月10日至2035年3月10日一次性交清。"中国工商银行个人业务凭证(签单)一张,日期为2014年7月22日,记载内容为,"借:户名:朱某""贷:户名:张某""转账金额:135 000.00"。法庭质证过程中,魏某对《租房协议》、收条的真实性不予认可,主张朱某所提交中国工商银行个人业务凭证(签单)并不能反映所转款项的性质系租金,故对朱某所提交该份证据的证明目的不予认可,魏某曾申请对《租房协议》中张某署名的真实性进行鉴定,后撤回鉴定。经法庭询问,张某甲未发表质证意见。

另在庭审中,魏某向法庭陈述,在其购买涉案房屋时,张某、魏某甲、李某共同居住于涉案房屋内。朱某陈述,其与张某系朋友关系,张某曾向其借款两三次,每次金额两三万元,在其与张某签订《租房协议》后,张某自述因要与魏某甲结婚,故涉案房屋暂仍由其居住,基于朋友关系,朱某同意张某暂住。朱某另述,因其有住处,故并未实际在涉案房屋居住,将涉案房屋交由张某甲暂住,未收取租金。张某甲向法庭陈述,其系经朱某同意后入住涉案房屋,在其入住前,涉案房屋被魏某出租。

经查,涉案房屋在本案审理时仍由张某甲居住、使用。

本案审理过程中,魏某主张曾因张某甲占用涉案房屋并拒绝腾退而报警,诉讼过程中,魏某申请法庭调取 2018 年 3 月 22 日的报警记录。经法庭调取,公安机关向法庭提供当日出警视频光盘一张。视频光盘记载现场为涉案房屋内,根据其内容记录,魏某在接受公安机关询问时称:“我们购买这房屋后不到一个月他们(张某甲等人)就来这房子里了,说张某把房子抵押给他们了。”张某甲现场接受公安机关询问时称:“我们住这儿是因为张某欠我们哥儿仨钱,我们现在找不到张某人,所以就在这儿住着。张某是这房子的原房主,他该我们钱。”魏某认可法庭调取证据的真实性,并主张根据该证据朱某与张某实为借贷关系,并非房屋租赁关系。朱某认为该证据与其无关,张某甲所述债务并非指其与张某之间存在债务,该证据无法否定其《租房协议》的合法效力。张某甲认可视频光盘所记载内容的真实性,就其余问题拒绝向法庭答复。

为查清本案事实,法院依法传唤魏某甲到庭,魏某甲到庭陈述称,认可魏某所陈述的房屋买卖过程,2017 年 6 月 29 日,其与李某将涉案房屋交付魏某,交付前不知晓朱某所主张的租赁事宜,亦不认识朱某及张某甲。魏某认可魏某甲的陈述意见,朱某、张某甲均不认可魏某甲的陈述意见。

一审法院依照《民法总则》第 143 条[①]、《物权法》第 34 条[②]、《民事诉讼法》第 56 条第 2 款[③]的规定,作出判决:(1)第三人张某甲协助被告朱某于判决生效之日起 7 日内将位于北京市密云区某村×号楼×单元×××室房屋返还给原告魏某;(2)被告朱某、第三人张某甲如逾期未履行上述义务,应按照每月 1200 元的

① 《民法总则》已于 2021 年 1 月 1 日因《民法典》施行而废止,相关规定参见《民法典》第 143 条。

② 《物权法》已于 2021 年 1 月 1 日因《民法典》施行而废止,相关规定参见《民法典》第 235 条。

③ 此案适用的是 2017 年修正的《民事诉讼法》,相关规定参见 2021 年修正的《民事诉讼法》第 59 条第 2 款。

标准向原告魏某支付自逾期之日起至房屋实际返还之日止的房屋使用费；(3)驳回原告魏某的其他诉讼请求。案件受理费70元，由被告朱某、第三人张某甲负担，限判决生效后7日内交纳。

一审法院生效裁判认为：无权占有不动产或者动产的，权利人可以请求返还原物。本案的争议焦点问题在于朱某所主张的租赁权是否能够对抗魏某对涉案房屋享有的合法权利。针对本案争议问题，一审法院分析如下：

首先，本案审理过程中，魏某曾主张对《租房协议》中张某的署名是否系其本人签署进行鉴定，后其撤回鉴定，则法院推定认定涉案《租房协议》的真实性。

其次，在本案审理过程中，朱某主张其系自张某处租赁涉案房屋，但其陈述事实确有多处与常理相悖。第一，根据朱某自述内容判断，其并无租房居住的现实需求，而在庭审中，其并未能就租房原因进行合理解释；第二，按照朱某自述，其一次性交纳全部租金后，并未实际居住涉案房屋，反而将涉案房屋交于张某自住，依据常理，如朱某并不自住，完全可以减免租金或另定租期，但朱某亦未就此向法庭予以合理解释；第三，朱某自述将涉案房屋租金一次性交付张某，但庭审中其所提交证据记载的金额及时间点均与《租房协议》签订日期不符，其所提交的证据并不足以支持其主张；第四，根据张某甲在公安机关出警过程中的陈述，其系因追索欠款入住涉案房屋，与朱某在庭审中的陈述亦不一致，而作为第一时间的现场记录，张某甲在当时陈述内容的真实性应当更高；第五，张某甲在入住涉案房屋之前，魏某已经实际占有、使用涉案房屋，此情节依据某村委会在案件中的陈述亦能印证，故在此情况下，如朱某所主张《租房协议》确系双方当事人真实意思表示，也应该通过法律途径维护其合法权益，在双方存有未决纠纷的状况下，强行进住涉案房屋的行为实为不妥，不应得到提倡；第六，法律虽规定房屋最长租赁期限为20年，但现实生活中，罕见如此租赁，故依据常理，当事人如确有如此租赁的意思表示，则应当负有高度的注意义务，保留完备的证据材料，避免交易风险，但庭审中，朱某亦未就此说服法庭。综上所述，依据本案现有证据，一审法院对朱某在本案中的答辩意见难以采信，在魏某未对朱某所提交的《租房协议》申请鉴定的情况下，法院虽可推定《租房协议》真实存在，但基于上述疑问，法院对朱某与张某是否真实存在租赁的意思表示及合意表示怀疑。故一审法院对魏某在本案中的第1项诉讼请求予以支持。另需说明，张某甲自述居住于涉案房屋系基于朱某的指示，故其亦应负有腾退、返还涉案房屋于魏某的义务。

最后，关于房屋使用费用的问题。本案中，朱某、张某甲的行为对魏某行使其所享有的合法权利构成妨害，但魏某应当给予朱某、张某甲合理的腾退期间，而在合理腾退期间届满，朱某、张某甲逾期仍未履行腾退义务的，二人应承担相应的民事责任，支付逾期腾退期间的房屋使用费，具体数额及给付起始日期由法院综合考虑房屋面积、所处地址、同地段房屋租金情况、房屋腾退合理期限等因素予以酌定。

二、相关法律问题研究

本案的争议焦点为在难以认定存在真实有效的租赁关系的情况下，承租方仅凭书面租赁合同的租赁权能否对抗租赁期间房屋购买方的合法权利，即是否适用买卖不破租赁原则。

（一）买卖不破租赁原则的概念、适用前提

买卖不破租赁原则，即在租赁关系存续期间，即使所有权人将租赁物让与他人，对租赁关系不产生任何影响，买受人不能以其已成为租赁物的所有人为由否认原租赁关系的存在并要求承租人返还租赁物。买卖不破租赁原则的宗旨和目的是保护合法承租人对租赁物的现实占有、使用和受益状态，稳定社会物资的既存控制和利用关系。但买卖不破租赁原则的法律适用须具备如下前提条件：（1）存在真实有效的房屋租赁合同；（2）租赁物已经交付承租人使用；（3）出租人将租赁物所有权让与第三人；（4）所有权变动发生在租赁期间。只有在具备上述条件下，承租人的租赁合同权利物化为租赁物使用权才足以对抗租赁房屋新的所有权人。

（二）真实租赁关系是否存在的认定标准

买卖不破租赁原则的适用前提条件之一是存在真实有效的房屋租赁合同，认定的标准就是房屋出租方与第三人是否具有建立租赁合同的真实意思表示。而对当事人的真实意思表示的判断不能仅限于租赁协议的外部形式要件，如书面租赁合同，应当主要从以下几方面综合进行认定：（1）房屋出租人与承租人之间是否存在债权债务关系等特殊关系。本案中，根据朱某陈述内容，张某曾向其借款，另根据魏某和朱某在公安机关接受询问的内容可知，张某签订房屋租赁协议的目的是对借款提供担保，双方订立合同时不具有建立租赁关系的真实意思表示。（2）租赁期间以及租金数额、支付方式等是否符合常理。本案中，根据朱某自述，租赁协议签署后，其一次性交纳全部租金后，并未实际在涉案房屋中居住，反而将涉案房屋交于张某自住，依据常理，如朱某并不自住，完全可以减免租金或另定租期，且本案房屋租赁协议租赁期限为20年，租期较长，存在众多与常理不符之处。（3）租赁合同在合理的期限内是否实际履行。在双方签订租赁合同后，如出卖人在较长的时间内未交付租赁物，或者承租人在较长的时间内未履行支付租金的义务而出卖人没有主张权利的意思表示，显然不符合缔结租赁合同的目的。如果租赁合同缔结及履行等各方面证据所表现出来的当事人的意思与书面租赁合同相悖,则不足以认定存在真实的租赁关系。综上所述,本案中难以认定被告朱某与张某之间存在真实有效的租赁合同关系。

(三)法律分析

我国《合同法》第229条[①]规定:“租赁物在租赁期间发生所有权变动的,不影响租赁合同的效力。”《最高人民法院关于审理城镇房屋租赁合同纠纷案件具体应用法律若干问题的解释》第20条[②]规定:“租赁房屋在租赁期间发生所有权变动,承租人请求房屋受让人继续履行原租赁合同的,人民法院应予支持。但租赁房屋具有下列情形或者当事人另有约定的除外:(一)房屋在出租前已设立抵押权,因抵押权人实现抵押权发生所有权变动的;(二)房屋在出租前已被人民法院依法查封的。”故仅存在书面房屋租赁合同而不存在真实有效的房屋租赁合同关系的情况下,不适用买卖不破租赁原则,即被告朱某所主张的对涉案房屋的租赁权不能对抗房屋买受人魏某的合法权利。《物权法》第34条规定,无权占有不动产或者动产的,权利人可以请求返还原物。故由被告等人占有的涉案房屋应当返还享有合法权利的原告魏某。《民法典》第725条关于“租赁物在承租人按照租赁合同占有期限内发生所有权变动的,不影响租赁合同的效力”的规定,也反映了现行立法的基本立场。故此,笔者认为,本案法院的判决是妥当的。

(责任编辑:王凯)

---

① 《合同法》已于2021年1月1日因《民法典》施行而废止,相关规定参见《民法典》第725条。

② 此案适用的是2009年的《最高人民法院关于审理城镇房屋租赁合同纠纷案件具体应用法律若干问题的解释》,该解释2020年修正后已无对应规定。

婚姻关系存续期间夫妻一方以个人名义借款的债务性质认定

——胡某诉罗某、管某等民间借贷纠纷案相关法律问题研究

张琳琳*

裁判要旨

婚姻关系存续期间,夫妻一方以个人名义借款,借款数额超出家庭日常生活需要范围,债权人能证明所借款项用于夫妻共同经营的,应认定为夫妻共同债务。

债权人主张债务人夫妻共同经营某公司,法院依据工商查询信息显示债务人夫妻成立该公司并成为股东的事实,再结合短信记录等证据,可综合认定所借款项用于夫妻共同生产经营。

一、据以研究的案例

原告胡某诉称:罗某与管某系夫妻关系。2010 年,罗某以在泰州做药品生意为由陆续从胡某处借款 50 万元,双方约定年息 20%,胡某按罗某的要求将借款打入管某账户。2013 年,罗某称要成立某医疗公司,故暂时无法归还借款,等医疗公司成立,挣钱后会尽快归还借款。2011~2014 年,罗某陆续归还利息共计 16 万元左右。2015 年 5 月 31 日,罗某向胡某出具借条,确定借款本息共计 85 万元,年息 20%,借款用途为成立医疗公司,约定 2016 年年底还清借款本息。借款期限届满后,罗某、管某、某医疗公司未归还该借款,故胡某请求法院判令:

* 北京金融法院法官助理,中国政法大学法律硕士。

(1)罗某、管某、某医疗公司连带归还借款本息85万元,并按年息20%的标准支付自2017年1月1日起至款项实际付清之日止的利息;(2)本案诉讼费由罗某、管某、某医疗公司承担。

被告罗某、管某、某医疗公司未发表答辩意见。

一审法院经审理查明如下事实:罗某向胡某借款,胡某按照罗某的要求于2010年6月8日往管某账户打款40万元。2015年5月31日,罗某向胡某出具借条,内容为:“借款人罗某于2010年5月31日向出借人胡某借款人民币伍拾万元整¥500 000元整,年利息20%,已付壹拾伍万整,欠利息叁拾伍万整(350 000),借款期限2016年年底本息还清,如不能按时还清,愿承担法律责任,借款用途开发医院资金,借款人身份证××××××××××××××××××,罗某,2015年5月31日,补写借条。”借款期限届满后,罗某未归还借款本息。胡某诉称,罗某、管某系夫妻关系,该笔借款发生在二人夫妻关系存续期间,故要求管某共同归还该笔借款。胡某同时诉称,借款用途为成立某医疗公司,故要求某医疗公司共同归还该笔借款。

经查,某医疗公司成立于2013年11月5日。另查,罗某与管某于2004年9月29日登记结婚,于2005年11月4日登记离婚,于2008年6月12日登记结婚。

一审法院判决罗某归还胡某借款本金50万元及利息35万元,并以借款本金50万元为基数,按年息20%标准支付自2017年1月1日起至款项实际付清之日止的利息。

胡某在二审中提交工商登记信息,证明罗某、管某共同借款,款项用于成立某医疗公司并经营医疗器械生意。工商登记信息显示:某医疗公司系成立于2013年11月5日的有限责任公司,股东为罗某、管某,法定代表人为管某,经营范围为医疗器械销售。2015年7月10日,该公司股东变更为管某甲,法定代表人亦变更为管某甲。胡某称管某甲系罗某、管某之子。胡某另提交与管某的短信记录证明管某同意还款,短信内容显示:“我们生意不算兴隆但是已经起来了,请你放心,钱不管你怎么样做,我们是要还的,只是需要时间……”

二审法院生效判决认为:涉案借款发生在管某、罗某夫妻关系存续期间,罗某事后向胡某出具的借条虽然系以罗某的名义出具,但涉案借款实际转入管某账户;同时借条上注明的用途为成立医疗公司,就此胡某主张罗某与管某系共同经营医疗器械生意,工商查询信息亦能显示罗某与管某于2013年成立某医疗公司并成为股东,结合短信记录等在案证据,可以认定管某对借款事实知情,涉案款项实际用于夫妻共同生产经营,故涉案债务应为夫妻共同债务,管某应对涉案借款承担连带偿还责任,一审法院对此认定有误,应予以纠正。

最终，二审法院判决罗某、管某共同归还胡某借款本金50万元及利息35万元，并以借款本金50万元为基数，按年息20%标准支付自2017年1月1日起至款项实际付清之日止的利息。

二、相关法律问题研究

（一）司法实践关于夫妻共同债务的认定

本案的一审、二审由于法官对事实的认定标准不同、法律适用不同，导致了截然不同的结果。一审法院认为，胡某称其按照罗某的要求将借款打入管某账户，但并不必然是管某、罗某共同使用，且借条只有罗某本人签字，债权人提供的证据不足以证明涉案借款是管某、罗某的共同债务，故对胡某要求管某归还借款本息的诉讼请求不予支持。实际上，一审法院仅围绕《最高人民法院关于审理涉及夫妻债务纠纷案件适用法律有关问题的解释》[①]（以下简称《夫妻债务解释》）的第1条规定的"共债共签"来分析问题，认为本案中不存在夫妻二人"共同签字"、共同借款的合意，也没有夫妻共同使用借款的证据，故判定涉案债务为个人债务。而二审法官认为债权人举证证明涉案债务用于夫妻共同生产经营，根据《夫妻债务解释》第3条的规定，认为涉案债务构成夫妻共同债务。

事实上，对于夫妻共同债务的认定一直是司法实践中的疑难问题，最高人民法院相关司法解释针对该问题具体规定的多次调整，折射出这一问题的复杂性。[②] 在《夫妻债务解释》出台前，司法实践中对夫妻共同债务的认定一直存在"用途标准"与"时间标准"两种标准。

"用途标准"以《婚姻法》第41条[③]为依据，将审理重心放在借款用途上，即用于夫妻共同生活的债务，认定为夫妻共同债务（离婚时，为夫妻共同生活所负债务的，共同偿还；共同财产不足清偿的，或财产归各自所有的，由双方协商清偿；协商不成时，由法院判决）。

"时间标准"以2003年发布的《最高人民法院关于适用〈中华人民共和国婚姻法〉若干问题的解释（二）》（以下简称《婚姻法解释（二）》）[④]第24条为依据，从形式要件推定共同债务的构成，债权人只需要证明债务发生在夫妻关系存续

---

① 此解释已被2021年1月1日施行的《最高人民法院关于废止部分司法解释及相关规范性文件的决定》废止。

② 参见蔡立东、刘国栋：《关于夫妻共同债务认定的立法建议——以相关案件裁判逻辑的实证分析为基础》，载《中国应用法学》2019年第2期。

③ 《婚姻法》已于2021年1月1日因《民法典》施行而废止，相关规定参见《民法典》第1089条。

④ 此解释已被2021年1月1日施行的《最高人民法院关于废止部分司法解释及相关规范性文件的决定》废止。

期间,即可推定涉案债务属于夫妻共同债务(债权人就婚姻关系存续期间夫妻一方以个人名义所负债务主张权利的,应按夫妻共同债务处理。但夫妻一方有证据证明债权人与债务人明确约定为个人债务,或有证据证明夫妻在婚姻关系存续期间实行约定财产制,且债权人知道该约定的,夫或妻所负债务由个人承担)。

2014年发布的《最高人民法院民一庭关于婚姻关系存续期间夫妻一方以个人名义所负债务性质如何认定的答复》认为,在不涉及他人的夫妻内部采用"用途标准",在涉及债权人的外部采用"时间推定"标准。

之后,立法、司法进行了微调,依然没有改变"双标并行"的局面。如2017年发布的《最高人民法院关于适用〈中华人民共和国婚姻法〉若干问题的解释(二)的补充规定》[①]规定:"夫妻一方与第三人串通,虚构债务,第三人主张权利的,人民法院不予支持。夫妻一方在从事赌博、吸毒等违法犯罪活动中所负债务,第三人主张权利的,人民法院不予支持。"

(二)《民法典》第1064条对于夫妻共同债务认定的层次区分

2020年5月28日,《民法典》通过,第1064条全文吸收了《夫妻债务解释》的内容,统一了夫妻共同债务的认定标准。具体规定如下:"夫妻双方共同签名或者夫妻一方事后追认等共同意思表示所负的债务,以及夫妻一方在婚姻关系存续期间以个人名义为家庭日常生活需要所负的债务,属于夫妻共同债务。夫妻一方在婚姻关系存续期间以个人名义超出家庭日常生活需要所负的债务,不属于夫妻共同债务;但是,债权人能够证明该债务用于夫妻共同生活、共同生产经营或者基于夫妻双方共同意思表示的除外。"

《民法典》第1064条确立了较为科学、具有可操作性的债务性质认定标准,可分为三个层次。第一个层次,对于基于夫妻合意的"共债共签"情形,应认定为夫妻共同债务,具体包括夫妻共同签字、夫妻一方事后追认等存在共同借款合意的债务。第二个层次,对于夫妻一方为家庭日常生活需要负担的债务,债权人只需举证证明债务关系存在、债务符合当地一般认为的家庭日常生活范围即可,不必证明该债务实际用于家庭日常生活。举债人配偶若想反驳该推定,应当证明债务并非用于夫妻共同生活。[②] 第三个层次,若夫妻一方举债数额超过家庭日常生活需要的标准,原则上推定为个人债务,但债权人能证明该债务用于夫妻

---

① 此解释已被2021年1月1日施行的《最高人民法院关于废止部分司法解释及相关规范性文件的决定》废止。

② 参见程新文、刘敏、方芳、沈丹丹:《〈关于审理涉及夫妻债务纠纷案件适用法律有关问题的解释〉的理解与适用》,载《人民司法(应用)》2018年第4期。

共同生活、共同生产经营或者基于夫妻双方共同意思表示的除外。对于超出家庭日常生活需要范围的债务，债权人需要举证证明债务的用途是用于夫妻共同生活、共同生产经营，或者举债系基于夫妻双方共同意思表示。

本案中，罗某在与管某夫妻关系存续期间以自己的名义向胡某借款，结合当地的经济水平、当事人的家庭情况来看，举债数额超过了其家庭日常生活需要，故应适用第三个层次的认定标准。胡某作为债权人提供证据证明了涉案款项实际用于夫妻共同生产经营，故涉案债务应为夫妻共同债务。

（三）认定借款“用于夫妻共同生产经营”需把握的要点

审判实践中，对于借款“用于夫妻共同生产经营”的认定比较复杂。夫妻共同经营主要是指由夫妻双方共同决定生产经营事项，或者虽由一方决定但另一方进行了授权的情形。判断生产经营活动是否属于夫妻共同生产经营，要根据经营活动的性质，以及夫妻双方在其中的地位、作用等综合认定。夫妻共同生产经营所负的债务一般包括双方共同从事工商业、共同投资以及购买生产资料等。

夫妻共同生产经营必须是为家庭利益所负债务才属于夫妻共同债务。与夫妻共同生活具有很强的私密性不同，夫妻共同生产经营具有一定程度的公开性。在市场经济环境下，生产经营主体的性质以及夫妻在其中所处的地位等因素是判断该生产经营活动是否属于夫妻共同生产经营的重要依据。

具体而言，包括如下3种情形：

（1）夫妻一方负债用于农村土地承包经营或者个体工商经营。由于个体工商户与农村土地承包经营户通常是夫妻共同生产经营，这使“两户”的夫妻共同债务与承包方的个人债务之间的界限比较模糊。债权人举证证明夫妻一方所负债务用于农村土地承包经营或者个体工商经营的，即可认定该负债为夫妻共同债务。

（2）公司股东或者企业合伙人为夫妻二人（夫妻企业），或者夫妻双方均系公司控股股东或担任公司董事、总经理或监事等重要职位（包括担任隐名控制人的情形）。在此类企业经营活动中，由于夫妻双方共同经营或参与经营，若举债一方将以个人名义所负债务而获得的资金投资或者转借给公司或合伙企业，举债方配偶作为参与企业共同经营的重要成员，应当知晓该债务的用途。除非夫妻实行分别财产制，否则该获益必然属于家庭利益。因此，于此情形所负债务应当属于夫妻共同债务。本案就属于该种情形。

（3）举债一方作为建设项目工程部门的负责人，其配偶参与经营的，若该负责人将对外所负之债用于工程建设，也应推定其配偶知晓该负债所获利益属于家庭利益，此种所负债务亦属于夫妻共同债务。

总之,在夫妻共同财产制下,若夫妻团体被嵌入企业经营组织的框架内,夫妻双方具有共同经营管理、参与经营管理或者相应的外观表象,一方对外所负之债用于投资该企业,相对方基于经营管理的原因对此明知或者应当知道,可以推定该负债所获利益系家庭利益,该方配偶所负债务属于夫妻共同债务。相反,若举债方配偶并不实际参与企业经营管理,另一方配偶可能完全不知情,在强调人格独立的社会背景下,该借款或投资是否真正为家庭利益显非理所当然。债权人应要求债务人实行"共债共签",否则只能请求债务人承担清偿责任,而不能请求其配偶承担连带责任,除非债权人能证明债务人所负债务的确是为家庭利益。

(四)现行夫妻共同债务认定标准存在的问题

从《夫妻债务解释》出台后的司法适用情况看,由于对部分问题未作细化规定,导致在夫妻共同债务认定问题上"同案异判"的现象仍存在。

(1)"家庭日常生活需要"界定标准不同导致裁判结果不一。我国现行法律未规定日常家事代理权制度,未明确"家庭日常生活需要"标准,审判实践中该范围基本靠法官经验判断,容易"同案异判"。由于不同法官的把握标准和考量因素不同,在经济水平相当的不同地区,"同案"判决结果不尽一致。

(2)举证责任分配差异导致"同案异判"。由于举证责任规定粗疏,部分法官并未严守二元举证责任分配规则(未超出日常范围之债,由未举债配偶证无;超出范围之债,由债权人举证),而直接要求债权人承担涉案债务构成共同债务的举证责任。与此同时,不同法官对债权人证明标准的设定不同,导致认定结果有差异。

(3)对夫妻构成"借款合意"的推定不同导致事实认定差别。对于配偶"事后追认"的标准如何认定?配偶事后同意共同还款、通过配偶账户走账等情形能否推定夫妻有"借款合意"?据调研,多起案件改判系一审、二审法官对借款人配偶借款合意的推定标准不同导致。如某案件中,一审法院根据债务人配偶的代替还款行为推定其对债务进行了追认;二审法院对此予以否认,认为一审法院对债务人配偶追认进行了扩大解释。另一案件中,一审法院因债务人配偶与债权人为姑侄关系,推定夫妻存在借款合意,成立共同债务;二审法院认为一审的裁判逻辑经不起推敲,予以改判。

(4)配偶"间接受益"情形的不同处置导致结果截然相反。夫妻关系存续期间,一方借钱用于经营公司,配偶间接受益,但债权人举证难度较大。若严格债权人的举证责任,则会出现"个债推定"取代之前"共债推定"的困境,再度出现债权人与未举债配偶间的利益失衡。司法实践中,部分案件中考虑了这一因素,判定债务为夫妻共同债务,但大多案件都忽视了配偶间接受益的情形。

（五）司法实践中夫妻共同债务认定尺度不一的深度剖析

立法的不完善、法官的业务水平不一、社会诚信体制的不健全等，都是造成夫妻共同债务认定裁判尺度不一的原因。但这都是表征，根源性的缘由隐藏在更深层次——利益的衡量偏差、法律概念的模糊不清，以及认定标准的不断修正。

1. 利益的衡量偏差——利益层次结构的协调能动性不足

司法裁决最终体现为对某种法益的保护。但现实生活中，法益是分层次的。在每一种法律关系中，都会包含当事人的具体利益、群体利益、社会公共利益、制度利益。这些共同的利益构成了一个有机结构体。

（1）4 种利益的递进关系

如图 1 所示，在这个有机结构体中，当事人的具体利益、群体利益、社会公共利益、制度利益从具体到抽象递进。当事人的利益是体现在每一个案件表面的利益形式，因为当事人双方地位平等，法官在裁判案件时易陷入双方利益的细微衡量中，产生如何衡平各方利益的困惑。群体利益是放大的当事人具体利益，它代表某类人某类情形的利益，决定了法官裁判时不能完全自由裁量，需要考虑类案的裁判走向。社会公共利益是更高层面的利益，它决定法官判案时不仅要在事实和法律之间进行研判，更要考虑是否符合公序良俗、是否有利于社会秩序。而制度利益是法官裁判的“紧箍咒”，要求其充分领悟追求安定性是法律的终极价值，法官裁判案件务必举一反三，谨慎考虑个案裁判对未来类案裁判的导向，要充分评估裁判结果对制度利益的影响。

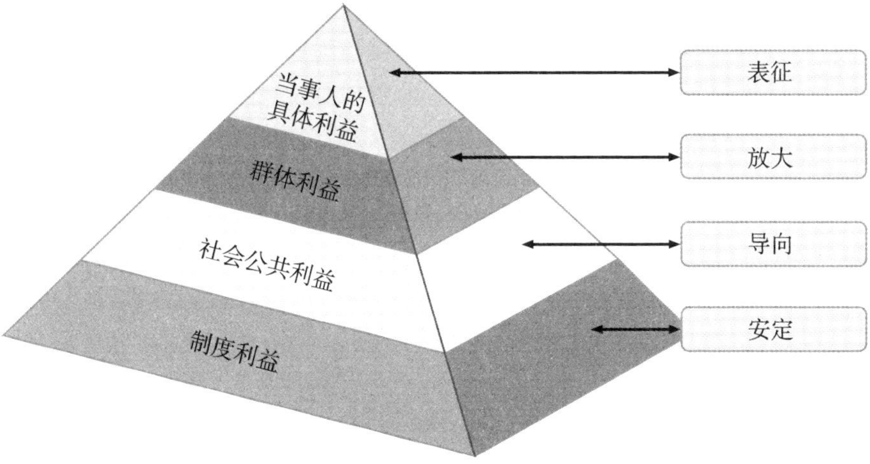

图 1　案件中 4 种利益的关系

(2)利益衡量的偏差原因

群体利益、社会公共利益和制度利益都是建立在一定社会条件的基础上的,必须与特定的社会条件契合。一旦发生偏差,就会表现出当事人的具体利益维护方面的扭曲。而社会不断发展,对制度利益、群体利益维护的立法不能及时更新,很容易导致偏差的发生。

(3)夫妻共同债务认定中利益层次结构失衡的具体分析

在对夫妻债务性质进行认定的过程中,保护债权人利益与保护未举债配偶的利益都是适应时代的产物,均具有正当性和合理性。《婚姻法解释(二)》第24条规定是为了解决夫妻“假离婚、真逃债”的社会问题,维护的是符合当时社会形势的债权人群体利益和社会安全秩序。

随着时代发展,“假离婚、真逃债”的情形日益减少,但夫妻一方与债权人串通,“假借债、坑配偶”的现象逐渐出现。这时法律更迫切要维护的群体利益和社会公共利益应是非举债一方配偶利益和社会公平秩序。

但成文法的先天滞后性使利益层次结构出现了偏差,体现为当事人具体利益维护的失衡。之后《夫妻债务解释》的出台,扭转了这一失衡的利益层次结构,但对债权人的苛求似乎使利益层次结构仍存缝隙,无法完全契合。

2. 法律概念的模糊不清——从事实认定到举证责任的连环开放

目前的法律及司法解释并未明确对“家庭日常生活需要”等关键概念的内涵和外延进行界定,亦未对举证责任分配标准进行明确,均增大了法官的自由裁量权。这容易出现由于法官办案经验差异而导致的同案不同判情况。[①] 根据规定,婚后夫妻一方以个人名义借债,属于日常需要范围的,推定为夫妻共同债务。但对于哪些事务属于家庭日常事务,尚无明确的规定或解释,且这不是一个法律概念可以简单概括的。按照审判的流程,从最初的概念不确定,就开启了自由裁量的可能,成为第一个“同案异判”的节点。之后,对于裁量属于家庭日常生活需要范畴的债务,“证无”的举证责任分配给非举债配偶,对于裁量超出家庭日常生活需要范畴的债务,举证责任分配给债权人,由于证明标准的缺失,又会出现第二个自由裁量的节点,如图2所示。这样就导致了夫妻共同债务认定上的连环开放,多节点自由裁量,很容易出现“不同判”的“同案”。

① 参见毛颖:《利弊纷争:“补充规则”后夫妻共同债务认定之路如何走——基于63份裁判文书的实证分析》,载胡云腾主编:《法院改革与民商事审判问题研究——全国法院第29届学术讨论会获奖论文集(下)》,人民法院出版社2018年版,第1290页。

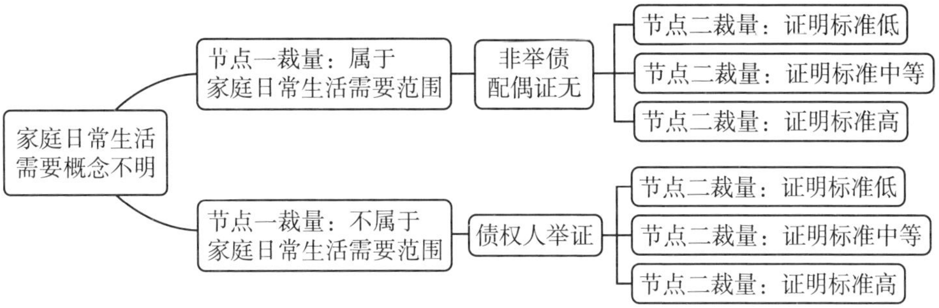

图 2　概念不明导致自由裁量的节点导向

3. 认定标准的不断修正——多重认定规则使裁判实践标准不一

在《夫妻债务解释》出台前，“用途标准”与“时间标准”是存在于夫妻共同债务认定领域的“双标”，多重标准导致规范体系内部的混乱。①《婚姻法》第 41 条采用的是“用途标准”，将审理重心放在借款用途上，即夫妻共同债务需满足的条件为用于夫妻共同生活。而《婚姻法解释(二)》第 24 条采用的是“时间推定论”标准，债权人只要举证证明债务发生在债务人夫妻关系存续期间，依法就推定成立夫妻共同债务。该推定更为简便易行。之后，立法、司法进行了微调，但依然没有改变“双标”并行的局面。《夫妻债务解释》侧重于用途论，不再仅仅以时间标准为依据。如表 1 所示，虽然认定标准在不断修正，日趋科学，但审判实践中依然存在一些问题。

表 1　夫妻债务性质认定相关规定汇总

颁布日期	法律文件	具体内容	认定标准
1950 年 5 月 1 日	《婚姻法》(已失效)	**第 24 条**　离婚时，原为夫妻共同生活所负担的债务，以共同生活时所得财产偿还；如无共同生活时所得财产或共同生活时所得财产不足清偿时，由男方清偿。男女一方单独所负的债务，由本人偿还。	用途标准，维护女方利益

① 参见吴晓芳主编：《婚姻家庭　继承案件裁判要点与观点》，法律出版社 2016 年版，第 181 页。

续表

颁布日期	法律文件	具体内容	认定标准
1980 年 9 月 10 日	《婚姻法》（已失效）	**第 32 条** 离婚时，原为夫妻共同生活所负的债务，以共同财产偿还。如该项财产不足清偿时，由双方协议清偿；协议不成时，由人民法院判决。男女一方单独所负债务，由本人偿还。	用途标准
1993 年 11 月 3 日	《最高人民法院关于人民法院审理离婚案件处理财产分割问题的若干具体意见》（已失效）	**第 17 条** 夫妻为共同生活或为履行抚养、赡养义务等所负债务，应认定为夫妻共同债务，离婚时应当以夫妻共同财产清偿。下列债务不能认定为夫妻共同债务，应由一方以个人财产清偿： （1）夫妻双方约定由个人负担的债务，但以逃避债务为目的的除外。 （2）一方未经对方同意，擅自资助与其没有抚养义务的亲朋所负的债务。 （3）一方未经对方同意，独自筹资从事经营活动，其收入确未用于共同生活所负的债务。 （4）其他应由个人承担的债务。	用途标准
2001 年 4 月 28 日	《婚姻法》（已失效）	**第 41 条** 离婚时，原为夫妻共同生活所负的债务，应当共同偿还。共同财产不足清偿的，或财产归各自所有的，由双方协议清偿；协议不成时，由人民法院判决。	用途标准

续表

颁布日期	法律文件	具体内容	认定标准
2003 年 12 月 25 日	《婚姻法解释(二)》(已失效)	**第 24 条** 债权人就婚姻关系存续期间夫妻一方以个人名义所负债务主张权利的,应当按夫妻共同债务处理。但夫妻一方能够证明债权人与债务人明确约定为个人债务,或者能够证明属于婚姻法第十九条第三款规定情形的除外。	时间推定+例外
2014 年 7 月 12 日	《最高人民法院民一庭关于婚姻关系存续期间夫妻一方以个人名义所负债务性质如何认定的答复》	……在不涉及他人的离婚案件中,由以个人名义举债的配偶一方负责举证证明所借债务用于夫妻共同生活,如证据不足,则其配偶一方不承担偿还责任。在债权人以夫妻一方为被告起诉的债务纠纷中,对于案涉债务是否属于夫妻共同债务,应当按照《最高人民法院关于适用〈中华人民共和国婚姻法〉若干问题的解释(二)》第二十四条规定认定。如果举债人的配偶举证证明所借债务并非用于夫妻共同生活,则其不承担偿还责任……	对内用途标准 对外时间推定标准
2017 年 2 月 28 日	《最高人民法院关于适用〈中华人民共和国婚姻法〉若干问题的解释(二)的补充规定》(已失效)	……夫妻一方与第三人串通,虚构债务,第三人主张权利的,人民法院不予支持。夫妻一方在从事赌博、吸毒等违法犯罪活动中所负债务,第三人主张权利的,人民法院不予支持。	时间标准的部分修正

续表

颁布日期	法律文件	具体内容	认定标准
2018年1月16日	《夫妻债务解释》（已失效）	**第1条** 夫妻双方共同签字或者夫妻一方事后追认等共同意思表示所负的债务，应当认定为夫妻共同债务。 **第2条** 夫妻一方在婚姻关系存续期间以个人名义为家庭日常生活需要所负的债务，债权人以属于夫妻共同债务为由主张权利的，人民法院应予支持。 **第3条** 夫妻一方在婚姻关系存续期间以个人名义超出家庭日常生活需要所负的债务，债权人以属于夫妻共同债务为由主张权利的，人民法院不予支持，但债权人能够证明该债务用于夫妻共同生活、共同生产经营或者基于夫妻双方共同意思表示的除外。	共签共债、用途标准
2020年5月28日	《民法典》	**第1064条** 夫妻双方共同签名或者夫妻一方事后追认等共同意思表示所负的债务，以及夫妻一方在婚姻关系存续期间以个人名义为家庭日常生活需要所负的债务，属于夫妻共同债务。 夫妻一方在婚姻关系存续期间以个人名义超出家庭日常生活需要所负的债务，不属于夫妻共同债务；但是，债权人能够证明该债务用于夫妻共同生活、共同生产经营或者基于夫妻双方共同意思表示的除外。	共签共债、用途标准

(六)对适用《民法典》第 1064 条的完善建议

第一,确立"家庭日常生活需要"标准。要立足我国实际司法需求,在一定程度上参考借鉴域外日常家事代理权制度经验,确立我国的"家庭日常生活需要"标准,采取列举加限定的形式,既不能完全闭合,遗漏某些情形,也不能过于原则,放任法官的自由裁量权。建议设立"用途+数额"双重标准,综合认定"家庭日常生活需要"范围。先看用途,用于家庭衣食住行、医疗等基本消费的借款,推定为共同债务;若不属上述范围或用途无法明确,建议以省为单位,确定日常需要的开支数额一般不超过家庭年收入的某一比例,在该比例下的负债,可推定为日常需要范围。

第二,区分不同案件类型,构建立体化、多层次的举证责任分配规则体系。根据案件的不同类型,对于"共债共签"、日常生活范围内债务、超出日常范围债务等不同情形,设定不同举证标准,避免"一刀切",最大限度地实现债权人与未举债配偶之间的利益平衡。

第三,建议围绕具体问题出台指导意见,统一裁判尺度。在司法实践中,对配偶的追认推定、配偶间接受益的考量等均为分歧较大的焦点,建议以省为单位,由高级人民法院对具体问题的认定出台指导意见,以确保尺度统一。

第四,完善案例指导制度,发挥裁判示范作用。建议最高人民法院、各高级人民法院围绕审判实践中常见多发问题发布典型案例,最大限度地发挥裁判尺度统一的指导功能。

(责任编辑:王凯)

个人信息与隐私的区分
——陈某某诉北京某某科技有限公司网络侵权责任案相关法律问题研究

喻 航*

裁判要旨

学校、年级、姓名等信息,结合起来足以具有可识别性,能够直接或间接指向特定的个人,应认定为个人信息。该信息发布在互联网这一公共平台,供不特定人对该信息涉及的原告进行讨论、评价,在权利人不具有公众利益属性的前提下,不特定人对情侣关系的讨论足以打破个人信息的私密性,进而影响权利人生活的安宁,应认定为隐私。学籍信息并不因被权利人在论文发表时公开过而不再是隐私。即便是权利人对外发表论文,其授权论文发布单位也应在约定的传播范围使用权利人的个人信息。这不意味着其他人可以不经权利主体同意,超越授权范围随意使用或传播权利人的个人信息。

一、据以研究的案例

被告北京某某科技有限公司系知乎网站的运营者。原告陈某某系知乎网站的注册用户。2019 年 10 月,原告发现,知乎上存在匿名发布的以下帖子:(1)标题为“如何评价某大学 15 级周某某和陈某某这对情侣?”的帖子,帖子下方有跟帖评论:“物以类聚,人以群分”;(2)标题为“如何评价某大学法学院 2015 级周某某同学?”的帖子,帖子下方有跟帖评论:“来张流传已久的图”(来源不明),图中文字记载“……和他男朋友某专项奖学金考试作弊——拿奖后嫌弃‘我这么差都能拿,太水了’”。原告认为,上述帖子的内容涉及原告的学校、年级、姓名

* 北京互联网法院立案庭法官助理,中国传媒大学法律硕士。

以及其与同学周某某的情侣关系,泄露了原告的个人信息,侵犯了原告的隐私权。同时,帖子称周某某的男朋友考试作弊,该内容缺乏事实依据,属于诽谤,侵犯了原告的名誉权。原告向被告平台举报并多次拨打客服电话,要求被告删除上述帖子和评论,并披露上述两匿名用户的个人信息。被告未对举报的信息进行屏蔽、删除处理,也拒绝披露涉案匿名用户的个人信息。原告认为,被告的行为违反了《侵权责任法》第 36 条①的规定,应承担侵权责任,故诉至法院。诉讼请求如下:(1)判令被告提供匿名发帖人和匿名评论人的个人信息(①标题为"如何评价某大学 15 级周某某和陈某某这对情侣?"的帖子的发帖人;②标题为"如何评价某大学法学院 2015 级周某某同学?"的帖子下面关于周某某的男朋友考试作弊帖子的跟帖人)。(2)判令被告赔偿原告合理支出 1 元。(3)判令被告向原告书面赔礼道歉。

被告辩称,被告不存在侵权行为,不应承担连带责任。原告虽然多次投诉要求删除涉案帖子,但其通知不符合通知的有效性条件。原告发表的论文中也包含原告的学籍信息,故原告的学校、年级、姓名等信息不再属于个人隐私。

一审法院经审理查明:知乎"帖子"板块中,匿名用户发帖"如何评价某大学 15 级周某某和陈某某这对情侣?",帖子下方有跟帖评论,匿名用户于 2019 年 10 月 16 日跟帖评论:"物以类聚,人以群分",显示赞同 13 人。匿名用户发帖"如何评价某大学法学院 2015 级周某某同学?",帖子下方有跟帖评论,匿名用户评论:"来张流传已久的图"(来源不明),图中文字记载"……和他男朋友某专项奖学金考试作弊——拿奖后嫌弃'我这么差都能拿,太水了'"。原告另提交其在知乎后台的举报记录,请求被告删除相关评论,其中有"如何评价某大学法学院 2015 级周某某同学?"帖子的举报记录。庭审中,原告陈述,涉案帖子在起诉时仍存在,庭审时经双方当事人确认,帖子已经删除。

上述事实有下列证据证明:(1)原告提交的帖子截图;(2)后台举报记录;(3)当事人陈述及庭审笔录。

一审法院经审理认为:个人信息,是指与个人相关联的、反映个体特征的具有可识别性的符号信息,包括个人身份、工作、家庭、财产、健康等各方面的信息。本案中,匿名用户在知乎平台上发布帖子"如何评价某大学 15 级周某某和陈某某这对情侣?",而帖子的主要标题限定于学校、年级、姓名等信息,结合起来足以具有可识别性,能够直接或间接指向特定的个人。并且在互联网平台上提供一个空间,供不特定人就特定个人进行讨论、评价,在权利人不具有公众利益属

① 《侵权责任法》已于 2021 年 1 月 1 日因《民法典》施行而废止,原规定中的三款分别参见《民法典》第 1194 条、第 1195 条、第 1197 条。

性的前提下，不特定人的讨论足以打破个人信息的私密性，进而影响权利人生活的安宁；原告主张“如何评价某大学法学院2015级周某某同学？”帖子中跟帖内容侵犯其名誉权，结合涉案帖子内容，一审法院认为“考试作弊”内容指向原告，涉嫌诽谤，有侵犯原告名誉权之嫌疑。依据《最高人民法院关于审理利用信息网络侵害人身权益民事纠纷案件适用法律若干问题的规定》（以下简称《信息网络侵权规定》）第4条第1款[①]的规定，原告起诉网络服务提供者，网络服务提供者以涉嫌侵权的信息系网络用户发布为由抗辩的，法院可以根据原告的请求及案件的具体情况，责令网络服务提供者向法院提供能够确定涉嫌侵权的网络用户的姓名（名称）、联系方式、网络地址等信息。原告诉至法院后，被告未向法院提供其所掌握的相关用户信息并告知原告，但通过本案已查明的事实，确有原告所诉涉嫌侵权的事实。故原告要求被告提供发布帖子“如何评价某大学15级周某某和陈某某这对情侣？”的匿名用户与发布跟帖内容“……和他男朋友某专项奖学金考试作弊——拿奖后嫌弃‘我这么差都能拿，太水了’”的匿名用户的真实身份信息的诉求，一审法院予以支持。根据《侵权责任法》第36条的规定，网络服务提供者接到被侵权人的有效通知后未及时采取必要措施的，对损害的扩大部分与该网络用户承担连带责任。依据本案现有证据，上诉人提供信息存储空间服务，陈某某起诉时已附有相关涉案网址链接，被告在庭审时未提交证据证明其何时删除涉案帖子及跟帖，无法证明其及时采取了相应的必要措施。故原告要求被告赔礼道歉的诉讼请求，一审法院予以支持。因原告未提交证据证明其合理支出，故对其请求被告支付合理支出1元的诉讼请求，一审法院不予支持。

一审法院依照《侵权责任法》第36条、《民事诉讼法》第64条[②]、《信息网络侵权规定》第4条的规定，判决如下：（1）判决生效之日起7日内，被告北京某某科技有限公司向原告陈某某提供以下两名匿名用户的真实用户信息：①发布帖子“如何评价某大学15级周某某和陈某某这对情侣？”的匿名用户；②发布跟帖内容“……和他男朋友某专项奖学金考试作弊——拿奖后嫌弃‘我这么差都能拿，太水了’”的匿名用户。（2）判决生效之日起，被告北京某某科技有限公司向原告陈某某书面赔礼道歉。（3）驳回原告陈某某的其他诉讼请求。

判决后，北京某某科技有限公司不服，向二审法院提出上诉称：上诉人就一

---

① 此案适用的是2014年的《信息网络侵权规定》，相关规定参见2020年修正的《信息网络侵权规定》第3条第1款。

② 此案适用的是2017年修正的《民事诉讼法》，相关规定参见2021年修正的《民事诉讼法》第67条。

审判决中认定侵权的由网络用户自行发布的内容,均及时履行了“通知—删除”的法定义务,不承担侵权责任及侵权责任的连带责任。本案一审判决对本案重要事实的认定及相关法律的适用均存在严重错误,依法应当撤销改判。被上诉人在一审中未能提供足以证明其事实主张的证据,导致一审判决认定事实严重错误,该举证不利的后果应由被上诉人承担,而非由上诉人承担。

被上诉人(原审原告)辩称:(1)上诉人在一审中滥用民事诉讼权利。《民事诉讼法》第13条第1款①规定:“民事诉讼应当遵循诚实信用原则。”根据该条款的规定,当事人在参加民事诉讼过程中应当秉承诚实守信的态度,合理行使民事诉讼权利。但北京某某科技有限公司在一审中却采取了不合作的方式,为谋求自己的不当利益而滥用民事诉讼权利。具体情况如下:第一,《民事诉讼法》第125条第1款②规定:“人民法院应当在立案之日起五日内将起诉状副本发送被告,被告应当在收到之日起十五日内提出答辩状……”本案于2020年3月20日立案,4月13日开庭,但北京某某科技有限公司一直到一审开庭前都没有提交答辩状,也没有提交相应的证据材料。在4月13日下午开庭时,北京某某科技有限公司聘请了律师,但却提出口头答辩,不提交答辩状,意图采用突袭答辩等方式来赢得诉讼。第二,本案属于网络侵权纠纷,北京某某科技有限公司控制着本案的所有证据材料,原告方起诉的目的并非索赔,而是查明整个侵权纠纷的事实,依据《侵权责任法》《信息网络侵权规定》等相关规定要求北京某某科技有限公司配合原告方查明事实,维护自身合法权益。在本案中,原告方多次在一审庭审中向北京某某科技有限公司提出,依据《最高人民法院关于民事诉讼证据的若干规定》第45条的规定,其有义务提交证据。但北京某某科技有限公司均予以拒绝,反而不断强调“谁主张,谁举证”。其行为明显是想利用学生涉世未深,不懂得司法实务,举证能力不足等劣势,谋求不当的诉讼利益。第三,北京某某科技有限公司隐瞒了本案诸多事实和证据。其在上诉状中声称其履行了通知—删除义务,但据原告方所知,举报涉案帖子的用户不止原告方一个,存在侵权情形的帖子也不止原告方主张的两个(仅仅是原告方没有看到,没有截图保存),而其在后台可以看得清清楚楚。原告方要求北京某某科技有限公司提供后台数据,以便查明整个侵权事件的经过,但其却予以拒绝,一口咬定已经履行了通知—删除义务(在一审中,其甚至一口咬定不存在侵权情形,而非存在侵权情形但履行了通知—删除义务)。(2)北京某某科技有限公司二审中提交的新证据不符合《民事诉讼法》的规定。其在上诉状中提交了4个新证据,但该证据均是

① 相关规定参见2021年修正的《民事诉讼法》第13条第1款。
② 相关规定参见2021年修正的《民事诉讼法》第128条第1款。

形成于一审庭审之前，且一直由其管控着。北京某某科技有限公司应当在一审确定的举证期限内提交该证据，逾期提交的应当提供正当理由。从北京某某科技有限公司在一审中的表现来看，原告方多次要求其提交涉案两个帖子的发帖、举报和删帖情况，其均拒绝，要求原告方自己举证，企图通过拒绝提交不利于自身的证据的方式谋求不当的诉讼利益。在一审判决下来后，北京某某科技有限公司得知自己败诉，便从其控制的证据中抽取了一小部分有利于自身的证据，在二审中提交，既超过举证期限，也缺乏正当理由。(3)北京某某科技有限公司对用户发帖、跟帖有事前审核行为，对侵权行为主观上是明知的，事后删除行为不足以阻却其侵权责任。原告方在涉案侵权行为发生之前并未使用过其运营的知乎平台，也不知道知乎平台对发帖存在事前审核行为。直到本案一审庭审结束后，原告方因其不配合、耍无赖、滥用诉讼权利等行为，在知乎平台上发帖求助，发现该平台对发帖存在事前审核行为。根据《信息网络侵权规定》第9条①的规定，本案中关于"如何评价某大学15级周某某和陈某某这对情侣?"的发帖中，帖子标题直接涉及个人信息，侵权行为十分明显，该帖子的浏览量达到数千次，社会影响大，北京某某科技有限公司无论是事前审核，还是事后发现帖子被举报、帖子热度存在异常，都应当知悉侵权行为的存在，但其却直到一审开庭前才将帖子删除，存在明显过错。在发现知乎对发帖存在事前审核行为之后，原告方将求助帖显示"内容审核中内容将在审核通过后自动发布"的截图分享到知乎上，并指引广大被侵权人适用《侵权责任法》第36条第3款共同侵权条款，而非"通知—删除"条款。之后，原告方发现知乎平台对跟帖行为也存在事前审核行为。根据《信息网络侵权规定》第9条的规定，在有关考试作弊的截图的跟帖内容中，截图中除了考试作弊的内容之外，还存在大量明显虚构的侵权内容，且该帖子浏览量达到数万次，举报帖子的人甚多，北京某某科技有限公司应当知道该截图存在侵权行为。但其却对该跟帖审核通过，允许该截图发布到网络上，对原告方的名誉造成严重不利影响。(4)网络侵权纠纷中，平台有提供用户信息，协助维权的义务。根据《信息网络侵权规定》第4条的规定，北京某某科技有限公司作为网络平台，在网络侵权纠纷中有提供用户信息，协助维权的义务，一审法院的判决并无不当，北京某某科技有限公司在上诉状亦未对此提出任何抗辩。(5)若北京某某科技有限公司本着诚实信用的态度参加诉讼，则本案相关侵权事实的各方责任都可以快速查清，无须占用大量司法资源。本案涉及的侵权事实十分简单，相关证据材料在北京某某科技有限公司服务器后台都保存着，原告

① 相关规定参见2020年修正的《信息网络侵权规定》第6条。

方在起诉之前曾向其发邮件，要求协商解决。在诉讼中也多次提出调解、和解，但其为了逃避自己的法律责任，隐瞒证据，虚构事实，滥用诉讼权利，在败诉之后又截取有利于自己的证据，不提交全面证据，使本案一直无法解决。希望北京某某科技有限公司能够将全部证据材料提交法庭，由法庭裁断各方责任，或者本着诚实信用的态度与原告方和解，否则原告方将申请增加诉讼请求，要求北京某某科技有限公司承担赔偿答辩人的精神损失等实质性的侵权责任。

二审法院经审理认为，本案二审争议焦点为北京某某科技有限公司是否知道网络用户利用其网络服务侵害陈某某民事权益，是否采取必要措施，以及是否与网络用户承担连带责任。(1)关于标题为“如何评价某大学15级周某某和陈某某这对情侣?”的帖子，陈某某提供的证据三中未能明确哪条举报为该言论的有效通知，即便从该证据最早投诉时间2019年10月15日起算，截至2019年10月23日该帖子已经被删除，该帖子从投诉举报到删除仅8天的存续时间，故现有证据不能说明北京某某科技有限公司对该帖子未采取必要措施。就该帖言论，北京某某科技有限公司对陈某某不承担网络平台未及时采取必要措施的侵权责任。(2)标题为“如何评价某大学法学院2015级周某某同学?”的帖子及相关跟帖，包含陈某某的学籍信息和情侣关系信息。上诉人认为，学籍信息因被上诉人的论文发表而公开，不再是隐私信息。但即便是被上诉人对外发表论文，其授权论文发布单位也应在约定的传播范围使用权利人的个人信息。这不意味着其他人可以不经权利主体同意，超越授权范围随意使用或传播权利人的个人信息。陈某某作为权利人，针对自己的个人信息传播和利用有支配权，对不合理的信息传播范围、传播途径、传播时间等，有权提出权利保护的主张。上诉人作为网络管理平台，在权利人主张权利保护时，应当尽到平台管理职责。更何况，除学籍信息外，情侣关系信息属于权利人不愿为人知晓的私密信息。陈某某于2019年10月29日至2020年4月12日先后9次通过投诉举报渠道表示要求平台删帖的意愿，上诉人仅以处理事由不对而拒绝删除。退一步而言，有效通知应包括相关事由。陈某某的前期通知并未主张侵权，而在2020年1月7日陈某某向上诉人提起侵权之诉，在起诉状送达3个月之后，即2020年4月13日，上诉人才根据陈某某的要求修正了具体侵权事由的网站通知，删除了这一帖子及跟帖。作为上诉人的专业律师都未准确判断具体侵权事由，却以陈某某为某专项奖学金获得者，应当具有识别侵权事实的能力为由，一再否认其通知的有效性。这种转嫁审核义务的理由没有法律依据。综上所述，这一帖子及跟帖涉及不当使用个人信息和侵犯隐私，在权利人陈某某向平台发送有效通知后，北京某某科技有限公司并未采取有效措施，应当承担赔礼道歉的责任。对此，一审认定事实、适用法律并无不当，二审法院予以支持。

二、相关法律问题研究

个人信息和隐私的界分一直不明确，导致两者之间的权利保护规则的区分并不清晰。《民法典》第 1032 条第 2 款规定："隐私是自然人的私人生活安宁和不愿为他人知晓的私密空间、私密活动、私密信息。"第 1034 条第 2 款、第 3 款规定："个人信息是以电子或者其他方式记录的能够单独或者与其他信息结合识别特定自然人的各种信息，包括自然人的姓名、出生日期、身份证件号码、生物识别信息、住址、电话号码、电子邮箱、健康信息、行踪信息等。个人信息中的私密信息，适用有关隐私权的规定；没有规定的，适用有关个人信息保护的规定。"第 1032 条在定义隐私时，将私密信息包含在内。而私密信息本身又是个人信息的组成部分，和第 1034 条中规定的生物识别信息、健康信息、行踪信息等形成了交叉重叠。其中，第 1034 条对此也规定了区分保护规则，即当某信息既涉及私密信息，又涉及个人信息的时候，首先适用隐私的保护，不能适用隐私的，才适用个人信息的保护。由此可以看出，《民法典》对个人信息与隐私两种人格权益进行了区分保护，但对二者如何区分却未明确。司法实践中如何厘清二者之间的界限，如何给予二者准确而全面的保护，也成为难点。

要厘清隐私与个人信息的关系，首先应着重考虑私密信息与个人信息之间的关系。作为隐私权客体的私密信息与个人信息既有交叉，亦有不同：两者都体现了人格尊严、人格自由价值，体现人格利益。但隐私权是绝对权，是一种防御性权利，具有消极、防御的特征；而个人信息是一种主动性的权益，既包括精神价值，也包括财产价值。

从权利客体看，隐私是私人生活安宁和不愿为他人知晓的私密空间、私密活动、私密信息；而个人信息是能够单独或者与其他信息结合，识别特定自然人的各种信息。

从权利内容来看，隐私权主要包括维护个人的私生活安宁和私密空间、个人私密不被公开、个人私生活自主决定等，重点在于防范个人的私密信息不被披露，而不是保护这种秘密的控制和利用，通常只有隐私被侵害才能提出主张。而个人信息主要是指权利人对个人信息的支配和自主决定，不仅包括被动防御第三人侵害，还包括积极的、排他的、能动的控制和利用。

从侵害方式来看，《民法典》第 1033 条详细列举了侵害隐私权的各种方式，包括非法披露他人不愿为他人知晓的隐私，以及采用非法披露以外的其他方式，如非法拍摄、私闯民宅、非法窃听等。而侵害个人信息的主要方式表现为未经许可非法处理他人信息，以及因过错导致个人信息的泄露、篡改和丢失，常见的侵害方式包括非法搜集、非法利用、非法存储、非法倒卖等。

从保护方式来看,对隐私的保护应注重事后救济,对个人信息的保护应注重预防。

基于上述讨论,可以确定的是,不能把所有与公共事务无关的私人信息划入隐私范畴,对于隐私的判定应强调“私密性”,考虑地域、文化传统、风俗习惯、经济发展状况、社会普遍价值观等因素的影响,对是否属于私密信息、是否属于隐私的认定应符合社会公众的合理认知。个人信息的核心特点为可识别性,既包括对个体身份的识别,又包括对个体特征的识别。通过对个体身份的识别,确定信息主体“是谁”;通过对个体特征的识别,确定信息主体“是什么样的人”,以及该信息能够显示的个人自然痕迹和社会痕迹,勾勒出个人人格形象。

本案中,匿名用户在知乎平台上发布“如何评价某大学15级周某某和陈某某这对情侣?”帖子的主要标题限定于学校、年级、姓名等信息,结合起来足以具有可识别性,能够直接或间接指向特定的个人,应认定为个人信息。该信息发布在互联网这一公共平台,供不特定人对该信息涉及的原告进行讨论、评价,在权利人不具有公众利益属性的前提下,不特定人对情侣关系的讨论足以打破个人信息的私密性,进而影响权利人生活的安宁,应认定为隐私。

二审法院亦认为,学籍信息并不因被上诉人在论文发表时公开过而不再是隐私。即便被上诉人对外发表论文,其授权论文发布单位也应在约定的传播范围使用权利人的个人信息。这不意味着其他人可以不经权利主体同意,超越授权范围随意使用或传播权利人的个人信息。陈某某作为权利人,针对自己的个人信息传播和利用有支配权,对不合理的信息传播范围、传播途径、传播时间等有权提出权利保护的主张。上诉人作为网络管理平台,在权利人主张权利保护时,应当尽到平台管理职责。更何况,除学籍信息外,情侣关系信息属于权利人不愿为人知晓的私密信息。

(责任编辑:曹巧峤)

互联网医疗侵权责任的认定

——张某甲等人诉A医院、梁某等侵权责任纠纷案相关法律问题研究

陈晓东[*]　于　婷[**]

裁判要旨

(1)医生在不具备医疗机构执业资质的互联网医疗保健信息服务平台上，通过患者的主观描述，利用医学知识及临床经验给予一定的解惑及如何就医方面的建议的行为，系健康咨询行为，非诊疗行为。

(2)不具备医疗机构执业资质的互联网医疗保健信息服务平台应在经审核批准的经营资质范围内提供医疗保健信息服务，严格履行医生资质审核等平台责任。

(3)法院在审理互联网医疗侵权案件时，应严格遵循现有法律规范，以侵权责任构成要件为基本展开路径，坚持弘扬和贯彻社会主义核心价值观，对医生答复行为的性质依法作出准确认定，全面深入查明各方主体的法律责任，以平衡和维护各方主体的合法权益，引导和促进互联网医疗行业健康有序发展。

一、据以研究的案例

原告张某甲、马某某、于某(以下简称三原告)诉称，患者张某乙多次就诊于B医院，并于2015年11月5日在A医院行射频消融手术，出院时，A医院的医生梁某给患者一张"C医生"App的名片，并告知患者可通过该收费平台向其远程问诊。患者在该平台注册，支付注册费用100元，并通过该平台向梁某问诊。

---

* 北京市第三中级人民法院民事审判第一庭庭长，在职大学学历。

** 北京市朝阳区人民法院民事审判第一庭法官，中国政法大学法律硕士。

2015 年 11 月 19 日,患者死亡。三原告认为:(1)被告 A 医院违反诊疗规范,且管理存在严重问题,让非该院医生的梁某担任患者主管医生,并通过“C 医生”App 平台宣传、接诊患者、进行营利。(2)被告梁某不具备在 A 医院执业的能力,没有给出合理建议,回复迟延,延误患者治疗。(3)被告 C 公司未审核医生资质,梁某并非 A 医院的医生,误导患者;C 公司注册范围为医疗保健,却违规提供诊疗服务;未对聊天内容进行监管,未保证聊天内容在法定经营范围之内。(4)被告 B 医院未依规记载病历,开具错误药物,延误患者最佳救治时机。故诉至一审法院,请求四被告连带赔偿医疗费、护理费、死亡赔偿金、精神损害抚慰金等共计 3 274 389.66 元。

被告 A 医院、梁某辩称,医院诊疗行为符合诊疗常规,不存在过错。梁某在“C 医生”App 平台上对患者进行的是健康咨询行为,非医疗行为,该行为得到科室和医院同意,相关责任均由医院承担。

被告 B 医院辩称,该院对张某乙的诊疗行为与其死亡结果没有因果关系。

被告 C 公司辩称:(1)其公司不是适格被告。(2)《侵权责任法》[①]未规定信息服务平台、互联网服务提供者应与医疗机构共同承担连带责任。(3)其公司已对梁某的医师执业资质尽到了核查义务,不具有过错。(4)患者在“C 医生”App 平台上交纳的费用都给了梁某,其公司未提供诊疗服务,已经明确提示平台意见都是咨询意见,如需诊疗需到医疗机构进行。

法院经审理查明,患者因“心悸胸闷”等疾病多次就诊于 B 医院,在 A 医院进行手术后出院时,通过医生梁某的推荐,花费 100 元注册了“C 医生”App,并在该 App 上与梁某沟通病情,后患者死亡。

经鉴定,被告 A 医院和被告 B 医院在对患者的诊疗过程中均存在一定过错,且其过错与患者死亡的损害后果之间均存在因果关系,为轻微原因。梁某在“C 医生”App 平台所实施行为存在“未尽谨慎注意义务,未分析患者新出现病情的原因并建议患者到医院规范就诊;在 2015 年 11 月 18 日患者再次咨询后,未见后续处理,未见关于及时到医院规范就医的建议”的过错,且该过错与患者死亡的损害后果之间存在因果关系,为轻微原因。

另查,梁某系 A 医院医生,但其医师资格证书在案外其他医院,尚未变更至 A 医院。梁某及 A 医院均自认梁某是患者在 A 医院治疗时的治疗组成员,参与患者手术中的辅助工作,负责患者术后及出院随访,梁某在“C 医生”App 上答复患者所提问题得到了科室及 A 医院同意,系职务行为。

---

① 《侵权责任法》已于 2021 年 1 月 1 日因《民法典》施行而废止。

C公司取得了互联网医疗保健信息服务复核同意书及电信与信息服务业务经营许可证,具有提供互联网医疗保健信息服务的经营资质。C公司对梁某的医生执业资质进行了审核,并在“C医生”App平台上的“用户协议”中指出,“咨询建议仅为依据提问者描述而提供建议性内容,不能作为诊断及医疗的依据”,并提示“医生回复仅为建议,具体诊疗请前往医院进行”。

针对三原告主张的各项赔偿项目,结合当事人所交证据,依照相关法律规定,一审法院判决:(1)被告A医院于判决生效后10日内赔偿三原告医疗费2367元、住院伙食补助费15元、死亡赔偿金203 970元、丧葬费9525元、精神损害抚慰金20 000元;(2)被告B医院于判决生效后10日内赔偿三原告医疗费1578元、住院伙食补助费10元、死亡赔偿金135 980元、丧葬费6350元、精神损害抚慰金10 000元;(3)驳回三原告的其他诉讼请求。

宣判后,三原告和B医院提出上诉。二审法院判决:驳回上诉,维持原判。

二、相关法律问题研究

互联网医疗是信息技术与传统医疗健康服务深度融合的新型业态,打破了传统医疗中医患双方的信息沟通壁垒,也为化解我国医疗资源发展不平衡与人民群众日益增加的医疗健康需求之间的矛盾提供了新思路。随着互联网医疗的不断发展,其所面临的法律问题日益凸显。本案即为典型的因互联网医疗引发争议的侵权责任纠纷案件,涉及对互联网医疗中医生所实施答复行为性质的认定,互联网医疗保健信息服务平台的权利义务,医疗机构、医生个人、互联网医疗保健信息服务平台等多方主体的责任认定等法律问题。该类案件的司法裁判将对互联网医疗行业的发展产生重要影响。法院在审理该类案件时,应严格遵循现有法律规范,以侵权责任构成要件为基本展开路径,坚持弘扬和贯彻社会主义核心价值观,对医生答复行为性质依法作出准确认定,全面深入查明各方主体的法律责任,平衡和维护各方主体的合法权益,为国家创新体系建设和新兴产业发展提供强有力的司法保障。

(一)互联网医疗中医生行为的性质认定

1. 互联网医疗的概念厘定

《互联网诊疗管理办法(试行)》第2条规定:“本办法所称互联网诊疗是指医疗机构利用在本机构注册的医师,通过互联网等信息技术开展部分常见病、慢性病复诊和‘互联网+’家庭医生签约服务。”第5条规定:“互联网诊疗活动应当由取得《医疗机构执业许可证》的医疗机构提供。”依照该规定,互联网医疗,是指具备医疗机构执业许可证的医疗机构利用在本机构注册的医师,通过互联网等信息技术开展部分常见病、慢性病复诊和“互联网+”家庭医生签约服务。对于此种概念领域内的互联网医疗,医务人员提供的是诊疗活动,属职务行为,医务人员与医疗机构侵权责任的认定与传统医疗侵权纠纷案件并无二致,故不在本文讨论之列。本文所讨论的"互联网医疗"的界定范围为不具备医疗机构执业资质的经营主体利用互联网等信息技术通过整合医生资源为患者提供相关服务的情形。

2. 互联网医疗医生行为性质的认定

《民法典》第1218条规定:"患者在诊疗活动中受到损害,医疗机构或者其医务人员有过错的,由医疗机构承担赔偿责任。"由此可知,患者在诊疗活动中受到损害,才会发生医疗损害责任。何为诊疗活动?根据《医疗机构管理条例实施细则》第88条的规定,诊疗活动,是指通过各种检查,使用药物、器械及手术等方法,对疾病作出判断和消除疾病、缓解病情、减轻痛苦、改善功能、延长生命、帮助患者恢复健康的活动。

传统医疗中,患者到医疗机构就医,医务人员利用自己的专业知识和技能为患者提供诊疗服务,以达到缓解病情、治愈疾病、帮助患者恢复健康的目的,这是典型的诊疗活动。如在诊疗活动中医务人员有过错,给患者造成了损害,此时,医务人员系因执行工作任务而造成他人损害,所以医疗机构作为用人单位应当承担侵权责任,医务人员无须承担责任。如医师在经所在医疗机构批准后,受邀到其他医疗机构外出会诊过程中,因其医疗过错给患者造成损害,则由邀请该医生的医疗机构承担侵权责任。

互联网医疗中,医生在不具备医疗执业资质的互联网平台上,通过患者的主观描述,利用其医学知识及临床经验给予患者一定的解惑及如何就医方面的建议。在这种情况下,医生在平台上的答复行为是诊疗行为还是健康咨询行为,实践中极易混淆。

所谓"咨询",现代汉语词典将其解释为:询问,征求意见。健康咨询行为,即询问、征求有关身体健康问题意见的行为。健康咨询行为与诊疗行为容易混淆,是因为二者都是医师通过患者主诉,结合(或不结合)相关检查结果,利用自己的专业知识给予指导和帮助,但二者最大的区别在于健康咨询行为不直接为患者提供具体的诊疗措施,仅提供意见建议。提供健康咨询意见的医师仅依据自身的专业医学知识,建议患者及时到医疗机构就诊或建议患者可使用某种药物缓解病情,该建议并不直接对患者发生诊疗的后果。诊疗行为则不然,实施诊疗行为的医师根据患者主诉,对患者病情进行检查,结合患者的检查结果,对患者的疾病作出判断,并向患者开具药物或实施手术治疗,而非仅提供具有相对普适意义的意见或建议。因此,健康咨询行为与诊疗行为之间存在较大区别,对这两种行为性质的界定是认定具体行为与患者损害之间是否存在法律上的因果关系，即认定医生是否担责的重要依据。

行为与损害事实之间的因果关系是侵权责任的重要构成要件，在行为与损害事实之间确定存在因果关系的，就有可能构成侵权责任，没有因果关系就必然地不构成侵权责任。因果关系不仅归属于侵权行为法基本规定内容，且构成了几乎其他所有赔偿责任构成要件的基础。比较法上，侵权责任领域分两个层次的因果关系。第一层次为责任成立上的因果关系（普通法系称为事实因果关系），考察的是加害行为与损害在客观上有无联系，采取的判断标准都是条件说（也称 But for 规则、等价说、等同原因说等），即判断加害行为是否属于损害的条件。第二层次为责任范围的因果关系（普通法系称为法律因果关系），解决的是损害赔偿范围的问题，其判断标准有相当因果关系说、可预见说等。倘若第一层次的因果关系不存在，亦无须考察第二层次的因果关系。区分事实因果关系与法律因果关系的最主要意义在于将事实判断问题与法律价值考量问题进行适度区分，从而既能保障自己责任原则的贯彻，又能避免对行为自由的不适当干预。

我国对因果关系的判断标准主要有必然因果关系说和相当因果关系说。必然因果关系说认为，因果关系是各个客观现象之间的一种必然联系，即某一现象的出现，在一定条件下必然由另一已经存在的现象所引起。相当因果关系说认为，要依据一般人的智识经验和认识水平来判断是否存在因果关系，即依一般社会见解，按照当时社会所达到的知识和经验，只要一般人认为在同样情形下有发生同样结果的可能性即可。而相当因果关系说为当前主流观点。

根据相当因果关系说，在互联网医疗领域，如医师提供的是诊疗行为，而该诊疗行为存在过错，且患者因此受到损害，那么，根据一般人的智识经验和认识水平，应当认定该过错诊疗行为与患者的损害后果之间存在因果关系。如医师提供的是健康咨询行为，因健康咨询行为一般是建议患者及时到医疗机构就诊或为患者所提有关健康问题的答疑解惑，并不直接对患者发生诊疗的后果，因此，根据一般人的智识经验和认识水平，即使医生提供的咨询答复存在不妥之处，亦难以认定该行为与患者的损害后果之间存在法律上的因果关系。换言之，在一般情况下，医生不因其提供的健康咨询行为就患者的损害担责。但特殊情况例外，本案例所涉情况即属特殊例外情形。

本案中，C 公司非医疗机构，通过互联网为用户提供互联网医疗保健信息服务，经营范围为“健康咨询（不含诊疗活动）、健康管理（不含诊疗活动）、互联网信息服务不含新闻、出版、教育、药品和医疗器械的电子公告服务，含医疗保健”等。因此，在一般情况下，“C 医生”App 上的注册医生为用户提供的系健康咨询服务，而非诊疗行为。仅从梁某与张某乙在“C 医生”App 上的聊天记录看，不能认定梁某为张某乙所实施的系诊疗行为，梁某的答复即使存在不妥当之处，亦难以认定与患者死亡之间存在法律上的因果关系。但是,具体到本案中,梁某是患者在 A 医院就医时的治疗组成员,参与患者手术中的辅助工作,负责患者术后及出院随访,且梁某和 A 医院均主张梁某在“C 医生”App 上答复患者所提问题得到了科室及 A 医院同意,系职务行为。结合患者的就诊情况及注册“C 医生”App 的过程看,患者系在 A 医院就诊,行手术后出院时,通过梁某的推荐,花费 100 元注册了“C 医生”App,并在该 App 上与梁某沟通病情,而梁某经科室及 A 医院同意后,在“C 医生”App 上答复患者提出的问题。因此,应认定梁某为患者所提供的咨询实际系代表 A 医院对患者出院后的咨询答复,为 A 医院诊疗行为的延续,应认定为诊疗行为,而非一般的健康咨询行为。根据鉴定意见,梁某在“C 医生”App 上的行为存在过错,与患者死亡之间存在因果关系,为轻微原因,鉴于梁某系职务行为,故该责任应由 A 医院承担。

(二)互联网医疗保健信息服务平台的责任承担

在互联网医疗领域,由于参与主体的多元化,导致互联网医疗平台的责任认定往往也是该类案件审理过程中无法回避的重要争议问题。

当前,我国比较常见的互联网医疗平台主要有 3 类:(1)互联网诊疗平台,即医疗机构自行搭建的诊疗平台,由医疗机构的医师通过平台向患者提供诊疗服务。(2)互联网医疗保健信息服务平台,指的是向上网用户提供医疗保健信息服务的平台,经营主体多为不具备医疗执业资质的第三方网络运营者。本案所涉“C 医生”App 即为互联网医疗保健信息服务平台。(3)医疗机构的辅助性应用平台,如在线挂号平台,提供预约挂号、查询检查报告等服务。第一类互联网医疗平台系医疗机构自行搭建,且提供的为诊疗服务,一般由医疗机构为医师的职务行为自行担责。第三类互联网医疗平台为辅助性平台,引发相关侵权纠纷的情形也不常见。因此,互联网医疗侵权领域的争议一般集中于对第二类互联网医疗平台,即互联网医疗保健信息服务平台责任的认定上。

《民法典》第 1194 条规定:“网络用户、网络服务提供者利用网络侵害他人民事权益的,应当承担侵权责任。法律另有规定的,依照其规定。”第 1195 条规定:“网络用户利用网络服务实施侵权行为的,权利人有权通知网络服务提供者采取删除、屏蔽、断开链接等必要措施。通知应当包括构成侵权的初步证据及权利人的真实身份信息。网络服务提供者接到通知后,应当及时将该通知转送相关网络用户,并根据构成侵权的初步证据和服务类型采取必要措施;未及时采取必要措施的,对损害的扩大部分与该网络用户承担连带责任。权利人因错误通知造成网络用户或者网络服务提供者损害的,应当承担侵权责任。法律另有规定的,依照其规定。”第 1197 条规定:“网络服务提供者知道或者应当知道网络用户利用其网络服务侵害他人民事权益,未采取必要措施的,与该网络用户承担连带责任。”

上述条款规定了网络侵权责任认定的一般规则,互联网医疗保健信息服务平台即属于网络服务提供者的一种,对其侵权责任的认定亦应遵循该规范的约束。根据上述规定,网络服务提供者承担侵权责任主要有3种情形:一是因直接侵权需承担侵权责任的情形。二是因网络用户利用网络服务侵害他人民事权益,平台在接到被侵权人通知后,未及时采取删除、屏蔽、断开链接等必要措施的,对损害的扩大部分,与该网络用户承担连带责任。三是平台知道网络用户利用其网络服务侵害他人民事权益,未采取必要措施的,与该网络用户承担连带责任。

在互联网医疗侵权领域,患者主张由互联网医疗保健信息服务平台承担侵权责任的情形主要表现为平台在运行过程中没有尽到安全管理、身份审核及监管义务,如未审核医师或医疗机构执业资质;医师在提供服务过程中发布违法信息,平台未及时处理;不当泄露患者个人信息等。此时,对平台责任的认定应遵循前述法律规定予以判断。

首先,如平台因自身行为直接侵害他人民事权益,则平台需承担侵权责任。例如,平台因不当泄露患者个人信息造成患者损害,应承担侵权责任。

其次,如平台自身不存在侵权行为,网络用户存在利用平台侵害他人民事权益的行为,平台应在接到被侵权人通知后及时采取必要措施;否则,需就损失扩大部分与侵权人承担连带责任。例如,网络用户在平台上违法发布涉及患者隐私的照片,平台在接到被侵权人通知后未及时采取删除、屏蔽、断开链接等必要措施,需就损失扩大部分与侵权人承担连带责任。

最后,如平台自身不存在侵权行为,但知道网络用户利用其网络服务侵害他人民事权益,未采取必要措施,则需与该网络用户承担连带责任。

实践中,平台对于自身权利义务的界定和对用户行为的管理,包括对用户所发布信息的删除、屏蔽等,往往都是通过“用户协议”或“服务协议”等合同约定来进行的。而“用户协议”或“服务协议”通常是由平台单方制作的格式合同,对于格式条款的效力,则要依据《民法典》合同编的相关规定予以认定。

本案中,C公司取得了互联网医疗保健信息服务复核同意书及电信与信息服务业务经营许可证,具有提供互联网医疗保健信息服务的经营资质,并对梁某的医生执业资质进行了审核,梁某的执业地点虽非A医院,但其确系A医院的医生,故C公司在“C医生”App平台上将梁某标注为A医院医生,并无不当。

C公司在“用户协议”中指出,“咨询建议仅为依据提问者描述而提供建议性内容,不能作为诊断及医疗的依据”,并明确提示“医生回复仅为建议,具体诊疗请前往医院进行”,该条款虽为格式条款,但并不具有法定无效事由,且C公司尽到了提示说明义务。因此,结合本案现有证据,无法认定C公司存在过错。本案的特殊性在于,根据A医院的自认,梁某代表A医院,其咨询行为属于诊疗行为,在此情况下,C公司作为网络服务提供者,其行为亦无过错,故直接的侵权责任不应由其承担,而本案亦不存在需由C公司承担连带责任之情形。因此,三原告要求C公司承担侵权责任的主张,无事实和法律依据,不应予以支持。

(三)互联网医疗侵权司法裁判的指引与示范作用

随着互联网医疗的蓬勃发展,互联网医疗面临的法律问题日益突出,尽快明晰互联网医疗各方主体的权利义务,界定好所涉行为性质,厘定责任承担主体及范围,是促进互联网医疗行业健康有序发展的迫切需要。上述案例为规范、引导互联网医疗行为,推动数字经济与实体经济深度融合发展,提供了强有力的司法保障,具有典型示范意义。

(责任编辑:阚道祥)

【疑案探讨】

患者自决权在代为医疗决定中的适用
——张某强等诉温某等人格权纠纷案相关法律问题探讨

郭婧芳* 庄永生**

裁判要旨

医务人员在诊疗活动中应当向患者说明病情和医疗措施，不能或者不宜向患者说明的，应当向患者的近亲属说明，并取得其明确同意。近亲属代患者作出医疗决定，需以尊重患者真实意愿及保全患者自主权为原则，切实维护患者的人格尊严。

一、据以研究的案例

原告张某强、张某珍向法院起诉请求：(1)判令张某荣、温某忠、温某三被告向原告书面道歉，并赔偿精神损害抚慰金350 000元；(2)诉讼费由被告承担。事实与理由如下：2019年3月，赵某敏因病住院治疗，张某强、张某珍、张某荣三人轮流照顾。2019年6月15日上午，二原告到医院看望，发现赵某敏突然病情危重，二原告提出将赵某敏转入ICU抢救，但医院回复张某荣通过电话表示不让抢救。赵某敏最终于2019年6月16日凌晨死亡。张某荣没有权利一人决定放弃对赵某敏的抢救。温某忠和温某不是赵某敏的直系亲属，更没有权利决定是否放弃对赵某敏的抢救。三被告剥夺了赵某敏的生命权，也侵害了二原告的

---

* 北京市丰台区人民法院立案庭(诉讼服务中心)法官助理，北方工业大学法律硕士。

** 北京市丰台区人民法院民事审判第二庭法官助理，首都经济贸易大学法律硕士。

亲属权。

被告张某荣、温某忠、温某共同辩称:赵某敏病危后找不到原告二人,医生只能找其一家签字,赵某敏长时间都是其一家照顾,二原告没有尽到照顾义务。

法院经审理查明:张某强、张某珍、张某荣系赵某敏之子女,张某荣与温某忠系夫妻关系,温某系二人之女。赵某敏曾于 2018 年 5 月进行结肠癌手术,后于 2019 年复发。2019 年 6 月,赵某敏因病情恶化入住北京某医院治疗。2019 年 6 月 14 日,赵某敏签署《北京某医院患者授权委托书》,主要内容为:本人于 2019 年 5 月 21 日因“结肠癌术后 4 月,恶心、呕吐加重 3 天”(主诉)入住北京某医院乳腺科,病案号 00××××63。现委托张某荣在我本次住院期间为配合医院实施保护性医疗措施时,作为本人全权代理人(包括知情权、选择权等),并可签署有关检查治疗方面的同意书。包括但不限于下列内容:(1)了解本人病情,对本人检查治疗方案做出选择;(2)病情出现变化需要抢救时……(7)需要手术治疗,制定、决定手术方案时……(8)手术治疗和诊治需要的其他情况。赵某敏在委托人处签名捺手印,张某荣在受委托人处签名。

2019 年 6 月 15 日 21 时 50 分,温某、温某忠在《拒绝医疗同意书(成年人)》上“患者/法定监护人/委托代理人”一栏中签署其二人及张某荣名字,主治医生李某亦在其上签字,张某荣未到场原因系自身患有癌症,进行化疗治疗后身体不适。

2019 年 6 月 16 日 5 时许,赵某敏于该医院去世,该院出具《居民死亡医学证明(推断)书》。赵某敏去世时,温某忠在场,张某强、张某珍随后亦赶到医院。

张某荣另提交微信聊天记录,证明 2019 年 6 月 15 日 20 时 16 分北京某医院李姓主任医生与其沟通赵某敏病情,聊天内容如下。医生:今晚你过去吧,带上身份证、户口本,没多长时间了。张某荣:好的,我爱人他们过去吧!我今天特别难受,我去不了啦。医生:还往 ICU 转吗?张某荣:不转了,不让老妈再受罪了。医生:知道了。

庭审中,张某强、张某珍确认知晓赵某敏病危事实,主张其二人与医院交涉过抢救治疗事宜,因张某荣对医院进行了授权,故医院不让抢救。张某荣否认其二人的陈述,辩称在入住北京某医院时赵某敏已经病危,故采取保守性医疗,患者自身于 6 月 14 日表达希望安静地“走”,且实际放弃治疗的决定系于 2019 年 6 月 15 日当晚才与医院沟通后做出,不存在不让医院抢救。

另查,2015 年 8 月 18 日,赵某敏曾于中华遗嘱库立有遗嘱,遗嘱主要内容为:我的全部遗产,均由张某荣继承。

2019 年 4 月 30 日,赵某敏以手写方式签署一份《授权委托书》,主要内容为:时年 83 岁,因身体多病,长期住院,目前经济发生巨大困难,急需再次手术费用,故授权长女张某荣全权处理本人名下的房产,某某小区301号房屋及所有固定资产等。其他子女不孝,无权干涉。赵某敏及张某荣均在授权书上签字。

张某强、张某珍庭上确认,其所主张精神损害抚慰金的金额,系依照赵某敏之房屋售后张某荣所得房款估算。

一审法院作出民事判决:驳回张某强、张某珍的全部诉讼请求。宣判后,张某强、张某珍提起上诉。

二审法院于2020年11月17日作出民事判决书,判决:驳回上诉,维持原判。

二、相关法律问题探讨

(一)他人代为医疗决定规则立法背景及问题提出

意大利文艺复兴时期的学者皮科·米兰多拉在其演讲《论人的尊严》中,赞叹人类"被恰当地称为并被看作是一个伟大的奇迹",是"一种堪配所有赞叹的生灵"。该演讲被誉为文艺复兴的"人文主义宣言",[①]演讲词体现人的尊严与自由不可剥夺与让与,尊严寓于自由之中,是人类独有的品质。我国《民法典》第1002条提出自然人享有生命权,源于《民法通则》(已失效)第98条的"公民享有生命健康权"。从生命权有关规定的立法变迁可以看出,从传统理论认为生命权系消极防御权到生命安全与生命尊严并列,彰显民法体现人之生命价值理念的更新和对人格尊严的保护。生命安全,是指权利人维护其生命、防止他人危害其生命的权利内容。生命尊严系人格尊严的组成部分,是指权利人在其出生至死亡之间,所享有的最起码的人权保护与社会地位,消极层面是禁止他人侵害自己的生命尊严,积极层面是自己作为生命主体应获得应有的尊重,进言之,向前延伸到出生前胎儿的利益保护,向后绵延至死者的人格利益保护。因生存与死亡贯穿生命程序的始终,生命尊严包含生的尊严和死的尊严,生命权不仅满足维护物理意义上的生命延续,更包括追求生命的高质量,如果生命质量极度低下,权利人有权选择更高的利益满足,如临终关怀等。[②] 所谓患者自决权,系患者享有的对自身医疗干预的自我决定权,系生命尊严在医疗领域的具体化,如医务人员在诊疗活动中应当向患者说明病情和医疗措施,尤其在患者实施手术、特殊检查、特殊治疗时,医务人员具有需取得患者或者其近亲属的明确同意的义务。在患者具备完全的意思表示能力的前提下,医疗机构必须对患者本人履行

① 参见王进文:《"人的尊严"之疏释与展开——历史渊源、比较分析与法律适用》,载《人权研究(辑刊)》2019年第1期。

② 参见杨立新:《中华人民共和国民法典条文要义》,中国法制出版社2020年版,第703页。

告知义务，即患者本人享有知情权和自决权。当患者不具备自主决定能力时，可能产生他人代患者作医疗决定的情况。然而，现实生活中发生过他人代为医疗决定侵害患者权益的案件，如2017年的“榆林产妇跳楼事件”，反映出判断患者是否确实具有决定能力的标准存在模糊之处，致使医疗机构为规避自身纠纷风险将近亲属的代为医疗决定提升至与患者知情决定同等地位的问题；同样，本案也折射出作为患者近亲属的被告作出的代为医疗决定不被同为患者近亲属的原告所认可的问题。到底由谁代患者作出医疗决定具有正当性？由该人作出代为医疗决定所应遵循的规则是什么？下文将围绕他人代为医疗决定的适格主体、适用规则及救济途径逐一分析解答。

（二）他人代为医疗决定正当性的审查要点

1. 不能或不宜向患者说明，是启动他人代为医疗决定的前提

我国《侵权责任法》①及相关医事法律法规均对患者自决权有所规定，《民法典》第1219条对原《侵权责任法》第55条作了3处细节调整：其一，医务人员的说明内容增加“具体”二字；其二，将特殊诊疗活动中，应取得患者“书面同意”修改为“明确同意”；其三，将“不宜向患者说明的”修改为“不能或者不宜向患者说明的”。此处的“不能”，指的是患者没有自主决定的能力；“不宜”，指的是患者如果知晓真实病情可能会出现沉重的心理负担，从而不利于诊疗效果。因此，法律将无法作出患者自决的情形，放在实际情形下完成，符合具体问题具体分析的辩证思考原则，能够最大限度地反映患者现实需求以及最真实的意愿表达。实践中，对于“不能”的判定通常与监护制度挂钩，如未成年人作为无民事行为能力人或限制行为能力人，监护人从维护未成人利益的角度作出对其有利的抉择；成年人监护的设立，需以法院宣告成年人行为能力丧失或者部分丧失为条件，而在医疗决定的特殊场合，法院的这一宣告通常并不存在。根据《民法典》等相关医事法律法规的规定，实际上“不能”与“不宜”均是由医务人员根据现实临床情境判断患者是否具有决定能力以及是否需要他人代为医疗决定而决定的。由于医患关系不仅是服务合同关系，其涉及患者的生命权、身体权、健康权，患者对医务人员形成特殊信赖，医务人员在诊疗过程以及涉及患者利益的各个方面均需遵循有利原则、不伤害原则以及尊重患者自主原则等医学伦理原则，作出符合患者利益的判断。

2. 代为医疗决定的“他人”，需符合法律规定或由患者授权

《民法典》第1219条提出由近亲属代患者作医疗决定，并将“近亲属”范围

① 《侵权责任法》已于2021年1月1日因《民法典》施行而废止。

界定在其第1045条具体列明的范围,包括配偶及直系三代血亲。然而现行医事法律规定中对代为医疗决定的“他人”界定范围内容各异,如《病历书写基本规范》第10条提出的法定代理人、授权委托人、近亲属及关系人。相关的法律法规对代为医疗决定的“他人”规定的范围不一致的,应该遵循上位法优先于下位法、特别规定优于一般规定的原则。如与《民法典》第1045条规定的“近亲属”范围文义上不一致的,应以《民法典》规定为准;若系对《民法典》第1219条规定的细化,则应当遵循特别规定优先于一般规定,如《病历书写基本规范》第10条系对他人代患者作医疗决定的适用具体化。从上述相关法律规定可以看出,在确定“他人”的范围时,应区分不同情形下的适用主体:一是不具备完全民事行为能力的患者由其法定代理人代为行使医疗决定。二是患者在其具有完全意识情形下预先授权的主体代为行使医疗决定。患者预先授权委托的人可能是“近亲属”范围内的“他人”,如本案中赵某敏授权委托其女儿张某荣代为医疗决定;也可能是近亲属以外的人,类似于意定监护制度设计,如患者在其意识清醒时与他人订立委托协议,授权他人代为进行特殊医疗措施的决定。由于民法尊重自然人在不违反法律强制性规定下进行私权处分,故意定监护制度排除法定监护的归责应可同样适用于医疗决定的代理人的确认,即患者意定的医疗决定代理人能够排除法定代理人。① 三是医疗机构负责人或者授权的负责人代为行使医疗决定。《民法典》第1224条规定,患者及其近亲属不配合诊疗行为以及紧急情况下的诊疗行为,医疗机构若无其他损害患者的过错行为,则在说明义务上存在豁免。如对不能表达自己意见且不能取得近亲属意见的危重病人进行必要救治,此时由医疗机构的负责人或者经授权的负责人签署同意书。

3.“代为”并非“代位”,他人代为医疗决定应符合患者利益

在现代民法权利能力的理论下,人的主体性表现在权利能力的赋予,而确定某人具有权利主体的资格,意味着通过行使权利所获得的利益应归属于权利主体。前述3类代为医疗决定的主体确定,其所要实现的是帮助无法自决的患者达到其医疗自决的真实意愿或最大利益。首先,尊重患者表达其关键权益的真实意愿,而不是以他人自身意愿“代位”行使决定权。医疗决定的顺位应先由患者本人作出,在其不能或者不宜作出时,他人代为决定需探究患者在实际情形中最有可能的意愿,达到等同于患者本人期待作出的选择效果。如本案中赵某敏基于自身日常经验法则对亲情亲疏作出判断,从而选择对其自身生命健康最为关切者张某荣作为自己的代理人,显然具有伦理上的亲缘信任和现实考虑,也是

① 参见徐洁、张渝:《论他人代为医疗决定的法律构造——以切实保障成年患者自决权为宗旨》,载《政法论丛》2019年第2期。

为了让张某荣作出最大限度贴近自己真实想法的判断。其次,无法探知患者真实意愿的情况下,应按照客观最符合患者利益的原则进行处理。“最大利益原则”的界定可以借鉴英国《意思能力法》的相关规定:(1)患者现在面对的抉择可以通过过去在其有能力时写的书面材料进行判断;(2)患者有同意能力时的价值判断等因素;(3)若咨询具有实用性或者适当性的话,确认本人的意思时,再询问其家属或其他照顾患者的人的意见。[①] 最后,构建不符合患者利益的代为医疗决定排除规则。如果他人代为医疗决定不符合患者利益,表现为不符合患者可推定的真实意愿或者不利于患者的身体健康,此时其他有权主体可以对他人代为医疗决定予以更正。上述“有权主体”,既包括患者的其他近亲属,也包括与患者建立医疗服务关系的医疗机构。不履行监护职责或者侵害被监护人的权利救济制度也可适用于近亲属代为医疗决定规则。《最高人民法院关于审理医疗损害责任纠纷案件适用法律若干问题的解释》第 18 条规定了紧急救护下的告知义务豁免规则,将“近亲属拒绝发表意见的”列入不能取得患者近亲属的意见,医务人员需根据临床经验作出对患者最有利的判断,因此排除权利主体也包含医务人员。

(三)关于他人代为医疗决定规则在司法适用中的思考

第一,回应高龄化社会的现实需求,建立“意定”优先于“法定”的顺位代为医疗决定适用规则。第七次全国人口普查的数据表明,老龄化程度提高和生育率水平降低的双重作用导致中国的人口老龄化水平从之前短暂的相对缓速的演进状态扭转至增长的“快车道”。[②] 意定监护制度设计正是为回应我国人口老龄化发展趋势而设立,突破行为能力的限制,扩大被监护人的范围,尊重被监护人的真实意愿。类推至代为医疗决定的适用主体,确定他人代为医疗决定时,应首先尊重患者的真实意愿,优先选择其授权主体代为医疗决定。确实无法知悉患者的真实意愿或者无相应证据证明患者可能存在的真实意愿的,应当按照最有利于患者的原则作出决定。

第二,赋予“预立指示”法律效力,以充分尊重患者自我决定权。由于不可避免的衰老、慢性疾病的发展趋势是可预测的,法律应该保障患者自主提前决定其临终时选择何种医疗措施,不再仅限于特殊治疗或紧急治疗的前一刻,避免患者在匆忙且情势所逼之下签署一份知情同意书,而是保障患者获得充分思考,作出最能表达自己关键权益的决定。预立指示,是指自然人在其为完全民事行为

---

① 参见张莉:《植物人终止救治的法律规制》,载《法学》2012 年第 7 期。

② 参见翟振武:《第七次全国人口普查公报解读》,载国家统计局网,http://www.stats.gov.cn/tjsj/sjjd/202105/t20210512_1817336.html。

能力人时,预先书面决定在其不可治愈的伤病末期或者临终时要与不要哪种医疗措施的指示决定。预立指示可以有两种方式:一种是预先签署医疗决定书,患者书面确定其临终时的医疗措施选择;另一种是持久的委托代理协议,这种方式可以让患者预先选择最为信赖的代理人,在患者无能力作出决策时代为作出医疗决定。上述两种方式都体现了患者的自主决定权,但两相比较,后者可以将现实需要与患者的一贯意愿相结合,从而作出对患者有利的医疗决定,更加符合现实需要。

第三,引入人格权禁令与司法审查,实现对不符合患者利益的代为医疗决定的矫正。《民法典》第997条规定针对侵害人格权的禁令制度系为及时制止侵害人格权的行为,避免侵害人格权的行为造成不可逆转的损害。若他人代为医疗决定却不符合患者真实意愿或者不符合其最大利益,且该医疗决定严重背离医生对患者的专业判断,医务人员应该重新选择符合患者利益的同意方式,如向患者本人取得知情同意。但在患者处于无意识状态时,对于明显不符合患者利益的他人代为医疗决定,可以由医疗机构、其他近亲属或者授权人申请司法介入。例如,扩大人格权禁令的申请范围,由其他近亲属代替患者申请禁止可能侵害其人格利益的医疗决定的实施。其他近亲属或者医疗机构也可以请求法院审查相应的医疗决定,通过裁决确定医疗决定是否符合患者利益。

本案一审、二审判决从事实认定方面客观分析了患者生前与其他近亲属的关系状况以及诊疗时间脉络,以探究受托人是否按照患者真实意愿及最大利益作出医疗决定,从裁判说理方面深度思考意定监护制度设计背后的生命尊严及对私权处分的尊重。本案虽然发生于《民法典》出台之前,但其裁判理由及裁判效果对充分保护患者的自主决定权,促使他人代为医疗决定最大程度贴合患者的真实意愿,具有现实引导意义。

(责任编辑:阚道祥)

不动产“连环买卖”次买受人请求排除执行的要件审查

——郭某诉中信富通公司等案外人执行异议之诉案相关法律问题探讨

王继玉*

裁判要旨

《最高人民法院关于人民法院办理执行异议和复议案件若干问题的规定》(以下简称《执行异议和复议规定》)第28条“无过错不动产买受人物权期待权”条款适用的典型情形虽为不动产买受人对登记在出卖人名下的不动产提出执行异议,但是从规范目的、价值和逻辑层面推论,该规则亦应适用于次买受人请求排除执行情形。在要件审查上,不能割裂“连环买卖”两手合同之间的密切联系,对前后手买卖合同履行情况进行“整体性”审查。

金钱债权执行中,买受人将尚未办理所有权转移登记的不动产转售,次买受人对登记在被执行出卖人名下的不动产提出异议,可以参照适用《执行异议和复议规定》第28条的规定,符合下列情形且其权利能够排除执行的,法院应予支持:(1)买受人符合《执行异议和复议规定》第28条规定的要件;(2)买受人未直接占有房屋或支付价款,但是次买受人在法院查封之前已合法占有该不动产,或者代买受人履行付款义务的,可以视为买受人满足《执行异议和复议规定》第28条规定的对应要件,即非因买受人或者次买受人自身原因未办理过户登记。

一、据以研究的案例

2020年9月8日,郭某以中信富通公司为被告,洋洲房地产公司、古县农商

* 北京第二中级人民法院民事审判第一庭法官助理,中国政法大学法学硕士。

行为第三人，提起案外人执行异议之诉，请求北京市第二中级人民法院（以下简称北京二中院）排除对山西省临汾市某房屋（以下简称涉案房屋）的执行，并解除查封。

（一）审理查明的事实

1. 涉案房屋执行及执行异议相关情况

北京二中院在审理中信富通公司与吕某某等融资租赁合同纠纷一案中，于2018年6月21日保全预查封了洋洲房地产公司包括涉案房屋在内的64套房屋，后判决洋洲房地产公司等承担相应法律责任。该案上诉结果为“驳回上诉，维持原判”。2020年6月17日，法院对涉案房屋进行续封。2020年8月，中信富通公司申请强制执行。郭某提出执行异议被法院裁定驳回，后提起本案执行异议之诉。

2. 郭某主张其享有足以排除强制执行权益的情况

（1）关于古县农商行主张其取得涉案房屋的事实。

古县农商行举证显示，该行于2009年至2011年分别向赵某等多位借款人发放贷款。2013年4月20日，洋洲房地产公司出具声明书，载有“我单位愿将××小区住宅楼共计26套，交由吕某某先生，用于偿还授权于吕某某先生签署与古县农商行还款协议的单位与个人之借款”等内容。同日，赵某等签署《授权委托书》委托吕某某与古县农商行签署《还款协议书》。

2013年4月23日，古县农商行专题会议纪要载明：“洋洲房地产公司法定代表人吕某某所控制企业及个人合计贷款金额1918万元，现已逾期……为清收不良贷款，经协商收取其位于××小区住宅楼26套，用于抵顶上述不良贷款本息”。同日，吕某某与古县农商行签订《还款协议书》，载明其同意将其控制的26套房屋用于抵还贷款。

2013年4月27日，洋洲房地产公司与古县农商行就涉案房屋签订《认购协议书》，付款方式约定：“认购方已于2013年4月27日付清房款965 633元”。2013年8月3日，双方签订《保管协议》约定：古县农商行抵顶的抵债资产由洋洲房地产公司代为保管。

（2）涉案房屋买卖合同签订情况。

郭某举证显示，2018年10月16日，郭某与古县农商行就涉案房屋签订《房屋买卖协议》。2020年10月12日，古县农商行出具的情况说明载明：“2017年11月13日，古县农商行与郭某达成抵债资产处置协议，将××号抵债资产转让给郭某。由于当时正值我行人事调整导致未签订书面的买卖协议。2018年10月16日补签书面买卖合同”。郭某主张实际签约日期为2017年11月13日。

2019年4月1日，古县农商行向洋洲房地产公司出具房产出售证明及委托书,证明其于2018年6月1日将涉案房屋出售给郭某,委托洋洲房地产公司将房屋产权办理至郭某名下。

(3)支付购房款情况。

郭某提交洋洲房地产公司出具的收据,载明入账日期为2013年5月10日,交款单位为古县农商行,金额为965 633元,收款事由为涉案房屋。洋洲房地产公司认可涉案房屋购房款抵顶了债务。郭某主张向古县农商行以现金方式支付房款45万元,但并未提交收据。庭审中古县农商行认可收到郭某房款10万元。

(4)涉案房屋占有使用情况。

郭某提交其于2017年11月13日交纳物业管理费等费用的收据5张,转账凭证1张,以及房屋室内照片4张。

(5)未办理过户登记原因。

涉案楼盘的预售许可证有效期限为2010年11月29日至2012年5月31日。洋洲房地产公司、郭某均未办理涉案房屋的物权登记手续。经法院调查,涉案楼盘至案件审理时仍未提交竣工验收申请;涉案楼盘当时可以办理网签,不存在长时间未能办理网签的情况。

(二)审理结果

北京二中院作出民事判决:驳回原告郭某的诉讼请求。

法院生效判决认为:古县农商行与洋洲房地产公司签订的《认购协议书》,内容包含了商品房买卖合同的基本内容,可以认定双方签订了商品房买卖合同。双方均认可,古县农商行并未实际交付购房款,而是抵顶了洋洲房地产公司对其所负债务。同时,双方另行签订《保管协议》,约定将涉案房屋交由洋洲房地产公司代为保管,保管期间房门钥匙由洋洲房地产公司持有,但古县农商行未举证证明洋洲房地产公司向其交付房屋的具体时间,亦未证明其就涉案房屋办理了入住手续,交纳了因实际使用房屋而发生的物业费等费用。此外,古县农商行作为专业金融机构,在清收不良贷款的过程中收取抵债资产,应当就涉案房屋是否具备办理过户登记条件尽到更加审慎的注意义务。综合上述事实,古县农商行提供的证据不足以证明其对涉案房屋享有足以排除强制执行的民事权益。郭某基于其与古县农商行签订《房屋买卖协议》、向古县农商行交付购房款以及实际入住涉案房屋的相关事实,主张其对涉案房屋享有足以排除强制执行的民事权益亦不能成立。

二、相关法律问题探讨

由于我国民法不动产物权变动采取登记生效原则,不动产买受人登记取得房屋所有权的时间必然滞后于债权。在办理过户登记前,买受人出于各种原因可能会将未登记不动产(或者买卖合同项下权利)转让给他人(以下简称次买受人),即发生“连环买卖”。由于所有权仍登记在出卖人名下尚未转移,不动产时刻面临被作为出卖人的责任财产被法院强制执行的风险。一旦发生强制执行,次买受人往往援引《执行异议和复议规定》第28条“无过错不动产买受人物权期待权”条款请求排除执行。然而《执行异议和复议规定》第28条“无过错不动产买受人物权期待权”条款适用的典型情形为不动产买受人对登记在出卖人名下的不动产提出执行异议,对于“连环买卖”情形下次买受人提出执行异议是否适用以及如何适用该条款,法律并未明确规定。《执行异议和复议规定》第28条规定的“买受人”是否包含连环买卖中的次买受人?次买受人适用该规则时如何进行要件审查?实践中不无疑问,值得分析。

(一)次买受人适用“无过错不动产买受人物权期待权”的可行性分析

有观点从权利继受的角度认为,即使买受人的权利符合排除强制执行要件,也无法得出次买受人的权利也可以排除强制执行的结论。[①] 其理由为:第一,执行异议之诉本质上是案外人和申请执行人权利的比对,对案外人是否享有足以排除执行的民事权益的评判,是建立在“相对性原则”之上的,无论案外人的权益是否达到足以排除强制执行的程度,都不具有如物权一般的绝对性或对世效力,对于此评价框架之外的其他第三人也不具有普遍适用效力,更不能推断得出在效力上可以继承的结论。因此在审理执行异议之诉时应当严格以个案事实为基础,对基于不同法律行为而形成的案外人的权益与强制执行债权进行比对分析。第二,买受人基于《执行异议和复议规定》第28条所享有的权利不依赖于所谓的物权期待权,性质上仍是一种债权。该债权因为特定当事人所具有的特定因素而被赋予与强制执行的金钱债权相比更为优先的地位,而这种与特定当事人相关联的特定因素具有明显的身份属性,不能被后者(次买受人)通过合同权利的转让所承继。第三,即使认为《执行异议和复议规定》第28条的权利基础系物权期待权,也不意味着该权利必然会被合同权利义务的受让方不受减损地承继。[②] 不过,该观点虽然不赞成次买受人当然可以承继买受人享有的物权期待权以排除强制执行,但却并未否定次买受人基于自身情况对法律规范的符合性而享有的足以排斥强制执行的权益。此外,实践中也有相关案例判决对房屋次买受人主张排除强制执行的请求予以支持。

对该问题,笔者主张次买受人具有适用《执行异议和复议规定》第28条,从

① 本文买受人与次买受人搭配使用时,前者具体指代先手买受人。

② 参见司伟:《房屋次买受人权益排除出卖人的债权人强制执行的审查规则》,载《人民法院报》2021年2月4日,第7版。

而基于物权期待权请求排除执行的可行性。理由如下：

1. 符合立法目的

最高人民法院借由若干司法解释设立"无过错不动产买受人物权期待权"的现实基础，是"不动产物权登记生效原则"尚不完全适应"社会上仍然存在大量非买受人原因而未登记的不动产"的社会环境，"如果不加分别一律准许强制执行，将危及社会稳定"。[①] 登记生效原则意味着购房人取得法律意义上的房屋所有权必然滞后于债权。而社会上存在的未登记不动产，相当数量是登记行政配套制度尚不完善，《物权法》[②]贯彻落实需要时间过渡等非买受人原因导致的。因此，房屋未登记所引发的执行风险，相当程度上源于不可归咎于买受人的制度和社会环境等客观外部因素，难以通过买受人的谨慎交易完全消弭。如果将风险完全分配给买受人，不加区分地对非因自身原因未登记的不动产买受人按照普通债权对待，一则有违实质公平，二则不利于交易，三则会引发现有社会秩序与利益格局的动荡。此外，赋予买受人"准物权"保护的合理性还体现在，尽管法律上的物权变动发生于登记的一瞬间，但是物权的取得实际上须经历客观发展过程。从购房人履行付款义务，到居住使用房屋，购房人对房屋所有权的期待利益在逐渐增强，实际享有的所有权权能在不断增加，权利公示性也不断彰显，不断逼近取得完全所有权。这一认识符合人们的朴素理性和情感直觉。综上所述，《执行异议和复议规定》第28条的实践目的是缓和登记生效主义物权公示制度与社会现实之间的不适应。而次买受人基于支付房款、占有房产同样可能享有物权期待权益，其合法权益遭受的执行风险同样可能源自不可归咎于其自身的制度和社会环境因素。基于"相同情形相同对待"的原则，对"连环买卖"次买受人的保护应处于《执行异议和复议规定》第28条的立法目的的射程之内。

2. 避免逻辑悖论

如果从根本上排除次买受人援引《执行异议和复议规定》第28条寻求救济的余地，则必然面临以下情形：假设买受人本身符合该条的保护要件，享有物权期待权，如其未转售房屋或者不披露转售情况，以自身名义请求排除强制执行，无疑能够实现救济；如其转售房屋，次买受人以自身名义请求排除强制执行却无法获得支持，那么，次买受人必然以无法实现合同目的为由，转而请求解除转售合同，并向买受人主张违约责任。此时，原买受人之权益只是因为转售行为而无端受损。进一步推演，转售合同解除后，原买受人又回归"物权期待权人"地位，

---

① 江必新、刘贵祥主编，最高人民法院执行局编著：《最高人民法院关于人民法院办理执行异议和复议案件若干问题规定理解与适用》，人民法院出版社2015年版，第422页。

② 《物权法》已于2021年1月1日因《民法典》施行而废止。

此时其再以自身名义请求排除强制执行,是否应当获得支持? 显然,此时法律陷入了一个逻辑悖论,笔者无法找到充分合理的解释(除非连环买卖行为本身构成“因买受人自身原因未办理过户登记”)。易言之,在买受人已符合《执行异议和复议规定》第28条保护要件的情况下,法律应否仅因买受人与第三人之间存在一个只约束双方的债权合同,而拒绝再为其利益提供同等保护?

3. 避免歧视评价

前述相关观点认为,即使《执行异议和复议规定》第28条的权利基础系物权期待权,也不意味着该权利必然会被合同权利义务的受让方不受减损地承继。但是对于权利承继过程中发生的减损,是否应当给出充分的理由? 笔者认为,权利承继应当以完整承继为原则,除非有导致权利损耗的充分理由,否则应当推定权利不受减损地转移。从前述假设的逻辑悖论看,如果从根本上排除不动产次买受人援引《执行异议和复议规定》第28条寻求救济的余地,则必然导致权利在流转中无端遭受减损。仅仅因为买受人与第三人签订了一个转售合同,就剥夺其原有的权益优待地位,这无异于使未登记不动产连环买卖行为负担不利后果,蕴含了法律的否定性评价。然而这种否定性评价无疑缺乏充分法理依据,不当限制了买受人对自身权利的处分自由,有违民法的鼓励交易原则。因此,除非转售行为本身构成不动产未及时办理过户登记的原因,导致执行风险可归咎于买受人自身行为,否则法律不应当对未登记不动产转售行为进行歧视评价。

(二)次买受人基于物权期待权请求排除执行的要件审查

1. 物权期待权的构成要件

所谓物权期待权,是指已经签订了不动产买卖合同的买受人,在已经履行合同部分义务的情况下,虽然尚未取得合同标的物的所有权,但赋予其类似所有权人的地位,其享有的物权期待权具有排除执行等物权效力。[①] 从其定义及《执行异议和复议规定》第28条的规定来看,物权期待权作为债权向物权过渡转化的中间权益形态,有4个构成要件:一是合法有效的不动产买卖合同,这是债权前提;二是买受人已履行部分付款义务,履行程度越深则越值得保护;三是合法占有房屋,权利公示性越强,与所有权权能结合越紧密,则债权向物权的进化越明显;四是未办理登记并非买受人自身原因,因为“风险制造者”和“权利上的睡眠者”不值得法律的特别优待。此外,物权期待权一般应当最晚到查封之时已经形成,即签订合同、占有房屋等应“在人民法院查封之前”完成,因为被执行人就已经查封的财产所作的移转、设定权利负担或者其他有碍执行的行为,不得对抗

① 参见江必新、刘贵祥主编,最高人民法院执行局编著:《最高人民法院关于人民法院办理执行异议和复议案件若干问题规定理解与适用》,人民法院出版社2015年版,第422页。

申请执行人。

2.“连环买卖”情形下物权期待权的构成类型分析

从构成要件来看,影响物权期待权成立的事件要素有:签约、占有、付款以及查封,此外,还需考察未办理登记的原因要素。实践中,房屋“连环买卖”的交易结构异常复杂多元,如图 1 所示,根据要素事件是否发生以及发生时序,可以分为以下类型:

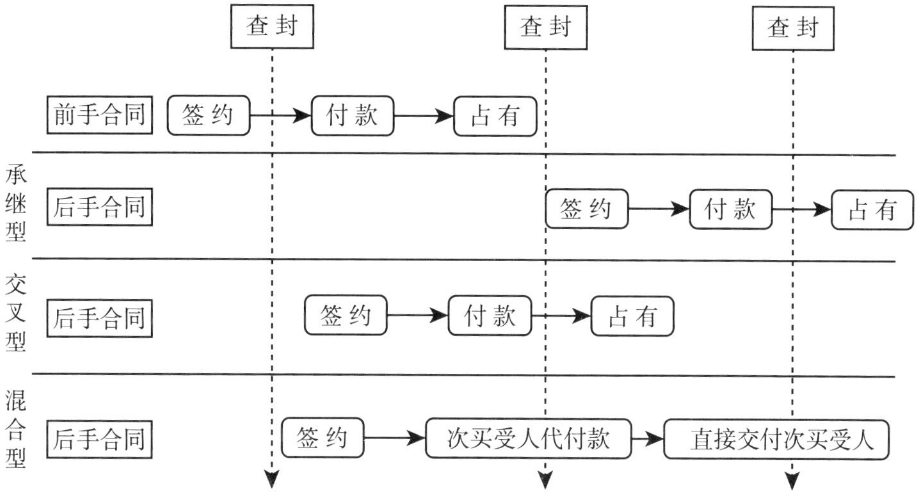

图 1 “连环买卖”交易结构类型

(1)承继型(前后手买卖合同履行不重叠)

①买受人在查封前完成了签约、付款、占有,且未办理登记并非买受人自身原因(亦非转售原因)导致。此情形下,次买受人可直接承继买受人之物权期待权,并据以排除执行。理由前文已述。

②买受人未在查封前完成签约、付款、占有,即不符合《执行异议和复议规定》第 28 条的要件。在此种情况下,次买受人自然也未在查封前完成签约、付款、占有。买受人与次买受人均不享有物权期待权。

(2)交叉型(前后手买卖合同履行存在重叠)

①买受人在查封前已经完成了签约、付款、占有,且未办理登记并非买受人自身原因(亦非转售原因)导致。此情况结论同前(1)之①。

②买受人由于未在查封前完成签约、付款、占有,或因未办理登记系买受人自身原因导致,因此不符合《执行异议和复议规定》第 28 条的要件。此时即使次买受人在查封前完成了签约、付款(向买受人)、占有,也不享有物权期待权。道理在于,权利在转移中既不应无故减损,也不应无故增益。次买受人一般不应

继受取得比原权利人更大的权利。

(3)混合型(前后手买卖合同履行发生混合)

所谓合同履行发生混合,例如,次买受人直接代替买受人向出卖人付款,或者买受人指示出卖人直接将不动产交付次买受人,此时前买卖合同的付款、占有事件与后买卖合同发生“混合”。在履行混合的情况下,根据第三人履行原则,次买受人直接代替买受人向出卖人付款的,应当视为买受人履行了付款义务;出卖人按照买受人指示直接将不动产交付次买受人的,也应当视为完成了转移占有。笔者认为,此时应当对前后手买卖合同履行情况进行整体考察,如买受人签约、次买受人代为付款、出卖人直接交付次买受人均完成于查封之前,且未办理登记并非买受人或者次买受人自身原因(亦非转售原因)导致,此时应视为买受人符合《执行异议和复议规定》第 28 条的要件,则次买受人享有物权期待权。反之,若不满足上述要件,则结果相反。

(4)合并否定型

在“连环买卖”情形下,对于“非因买受人自身原因未办理过户登记”要件必须合并做整体考察,只要未办理过户登记系因买受人、次买受人任一者自身原因导致,或者因二者共同原因导致(如连环买卖导致登记迟延),则二者均不享有排除执行之权益,不应优先于申请执行债权人获得保护。

综上所述,不动产“连环买卖”次买受人执行异议的审查规则可归纳为:第一,买受人符合《执行异议和复议规定》第 28 条规定的,次买受人也可以承继同等权益,除非不动产未及时办理过户登记系因买受人或者次买受人自身原因导致;反之,买受人不符合《执行异议和复议规定》第 28 条规定的,次买受人亦不存在排除执行的权利基础(承继型、交叉型、合并否定型)。第二,买受人虽未直接占有房屋或支付价款,但是出卖人按照买受人指示已将不动产直接交付次买受人,或者次买受人代买受人履行付款义务的,应视为买受人满足《执行异议和复议规定》第 28 条规定的相应要件(混合型),次买受人亦可承继同等权益。

3. 次买受人物权期待权“整体性”要件审查原则

如前文所述,执行异议之诉固然要遵循“相对性原则”,以个案事实为基础对权利对抗结果进行分析、对比和评判。但在“连环买卖”次买受人请求排除执行的情况下,亦不可割裂前后手交易之间的关联,而应当进行“整体性”审查。详言之:

第一,合同要件。首先,买受人、次买受人所签订的前后手买卖合同均须合法有效。其次,在时限要求上,仅需限定买受人与被执行出卖人签订前买卖合同的时间在查封之前即可,对次买受人签订后买卖合同的时间不必限制。

第二,占有要件。买受人或者次买受人二者但有其一在法院查封之前已合法占有不动产,即满足本要件。

第三,付款要件。买受人已支付全部价款,或者已按照合同约定支付部分价款且将剩余价款按照法院的要求交付执行的,满足该要件。需注意,本要件的审查对象应为买受人是否向被执行出卖人支付房款,而非次买受人是否向买受人付款。如次买受人虽已支付买受人房款,但是买受人尚未或拒绝支付出卖人房款,则不满足本要件。此外,如次买受人直接代替买受人向出卖人付款,应当视为买受人履行付款义务。

第四,归责要件。非因买受人或次买受人自身原因未办理过户登记。如不动产未办理登记的原因可归咎于买受人或次买受人中任意一人,则二者均应失去获得法律破格优待之资格。

(责任编辑:张濡元)

原一人有限责任公司股东与公司财产混同的仍应追加为被执行人

——某劳务公司诉常某、某建设公司申请执行人执行异议之诉案相关法律问题探讨

巴晶焱[*]　田子阳[**]

裁判要旨

被执行人在债务形成时系一人有限责任公司，在执行程序前通过股权转让的形式将公司类型变更为非一人有限责任公司。如果该公司财产不足以清偿生效法律文书确定的债务，原一人有限责任公司股东不能证明公司财产独立于自己的财产，申请执行人申请追加该股东为被执行人并要求其对公司债务承担连带责任的，应予支持。

一、据以研究的案例

某建设公司成立于2014年3月，成立时为一人有限责任公司，股东为常某，认缴出资数额为500万元。出资时间为2034年3月10日。2015年5月5日，某劳务公司与某建设公司签订《劳务分包合同》，2016年3月该工程完工。因某建设公司欠付工程款，某劳务公司于2017年11月向福州仲裁委员会申请仲裁，该委员会于2018年9月作出裁决：某建设公司向某劳务公司支付工程价款999 342.71元及利息等。因某建设公司未履行上述义务，某劳务公司于2018

* 北京市第三中级人民法院民事审判第一庭副庭长，中央民族大学法学硕士。
** 北京市第三中级人民法院民事审判第一庭法官助理，中央财经大学法律硕士。

年10月向执行法院申请强制执行,因某建设公司无财产可供执行,法院终结本次执行程序。之后,某劳务公司在执行程序中依据《最高人民法院关于民事执行中变更、追加当事人若干问题的规定》(以下简称《变更、追加规定》)第20条[①]之规定申请追加某建设公司设立时的股东常某为共同被执行人,法院在执行程序中裁定驳回其申请。

另外,2018年6月,常某分别与刘某和夏某签订《转让协议》,将其持有的某建设公司的股权475万元转让给刘某,股权25万元转让给夏某,并于2018年7月办理了工商变更登记。常某称:因其实缴注册资本为310万元,尚有165万元未实际出资,且其与刘某原为夫妻关系,故转让给刘某的股权没有对价;转让给夏某的25万元股权,因其转让时尚未实际出资,故上述股权转让亦无对价;刘某于2018年9月20日向某建设公司的账户支付100万元,于2018年9月25日向某建设公司的上述账户支付65万元;夏某于2018年10月18日向某建设公司的上述账户支付25万元。常某据此主张500万元注册资本已经全部实缴。

常某与刘某原系夫妻关系,二人于2016年12月26日离婚。刘某自某建设公司成立即在该公司任职,夏某于2015年五六月间入职,二人清楚公司的经营状况。

某建设公司向一审法院提交了2014年至2018年的资产负债表和利润表,证明公司财务资料健全,不存在公司与股东财产混同的情况。某劳务公司认可上述证据的真实性,不认可证明目的。

某劳务公司诉称,请求追加常某为(2018)×执×号案件被执行人,对某建设公司所负债务承担连带责任。事实与理由如下:(1)某建设公司原为一人有限责任公司,股东为常某。因某建设公司拖欠工程款,某劳务公司于2017年11月申请仲裁。仲裁期间,常某为逃避其法律责任将其持有的某建设公司100%股权无偿转让给刘某和夏某,并变更公司法定代表人,此时距(2018)×仲裁字第×号裁决书作出时间仅相差两个多月。(2)常某在其未实际缴纳出资的情况下即转让股权,且其无证据证明公司与其财产独立,故根据《变更、追加规定》第20条的规定,常某应对某建设公司债务承担连带责任。(3)虽然常某现在不是某建设公司法定代表人、股东,但其仍实际负责公司运营管理,对公司债务清偿安排能产生直接影响。

常某、某建设公司辩称,某劳务公司以常某为某建设公司唯一股东为由申请追加常某为被执行人,故本案的审理范围只能是某建设公司在执行阶段是否为

① 此案适用的是2016年《变更、追加规定》,此规定已于2020年修正,相关法条内容未做修改的,不再逐一标注说明。

一人有限责任公司以及常某是否系某建设公司唯一股东。某建设公司的股权转让已经在仲裁裁决作出之前完成,某建设公司在执行阶段已不是一人有限责任公司,故适用《变更、追加规定》第20条没有依据。

一审法院经审理认为,《变更、追加规定》第20条规定:“作为被执行人的一人有限责任公司,财产不足以清偿生效法律文书确定的债务,股东不能证明公司财产独立于自己的财产,申请执行人申请变更、追加该股东为被执行人,对公司债务承担连带责任的,人民法院应予支持。”首先,某建设公司在涉案债务形成时为一人有限责任公司。其次,常某将其持有的某建设公司全部股权无偿转让给刘某和夏某时,某建设公司与某劳务公司之间的仲裁案件已经两次开庭完毕,正待裁决,此时常某无偿转让某建设公司股权有规避债务之嫌。再次,某建设公司提交的资产负债表、利润表,不足以证明某建设公司的财产独立于常某的财产,常某应当承担举证不能的不利后果。最后,某建设公司财产不足以清偿仲裁裁决所确定的债务,故某劳务公司申请追加常某为本案被执行人的诉讼请求,具有依据。常某通过股权转让的形式将公司类型变更为非一人有限责任公司,并不能免除其担任一人有限责任公司股东期间应当承担的法律责任。综上,依照《公司法》第62条、第63条,《变更、追加规定》第20条、第32条、第34条,《最高人民法院关于适用〈中华人民共和国民事诉讼法〉的解释》(以下简称《民诉法解释》)第90条[①]的规定,判决:追加常某为(2018)×执×号案件被执行人,常某对某建设公司在福州仲裁委员会(2018)×仲裁字第×号裁决书中所负债务承担连带责任。

一审判决后,常某不服,提起上诉。二审中,其撤回上诉,一审判决已生效。

二、相关法律问题探讨

(一)申请执行人追究一人有限责任公司股东责任的救济路径

1. 在执行程序中申请追加一人有限责任公司股东为被执行人。根据《变更、追加规定》第20条的规定,作为被执行人的一人有限责任公司,财产不足以清偿生效法律文书确定的债务,股东不能证明公司财产独立于自己的财产,申请执行人申请变更、追加该股东为被执行人,对公司债务承担连带责任的,法院应予支持。换言之,在被执行人为一人有限责任公司的案件中,如果被执行人的财产不足以清偿生效法律文书确定的债务,申请执行人认为一人有限责任公司与其股东存在财产混同,可以在执行程序中申请追加一人有限责任公司的股东为

---

① 此案适用的是2015年《民诉法解释》,此解释已于2022年修正,相关法条未做修改。

被执行人。

2. 另行提起民事诉讼。为限制一人有限责任公司股东采用将公司与个人财产混同等手段逃避债务,损害债权人利益,《公司法》第 63 条设置了一人有限责任公司的法人人格否认推定和举证责任倒置制度,规定:“一人有限责任公司的股东不能证明公司财产独立于股东自己的财产的,应当对公司债务承担连带责任。”据此,债权人可以根据《公司法》第 57 条至第 63 条的规定提起诉讼,请求法院判决一人有限责任公司股东对公司债务承担连带责任。

(二)执行前被执行人已变更为非一人有限责任公司,原一人有限责任公司的股东能否在执行案件中直接被追加为被执行人

1. 实践中的不同意见

对于法院能否在执行程序中以滥用公司法人独立地位或公司与股东财产混同为由追加被执行人的股东为被执行人,实践中,有两种观点:

第一种观点认为,从法理上讲,变更或追加被执行人属于实体问题,通过诉讼程序处理较为妥当。法律和司法解释的授权范围是法院变更或追加执行当事人的行为边界。因此,法院在办理这类案件时应当坚持事由法定原则,即变更或追加被执行人,必须有执行方面的程序法律或司法解释的明确规定。执行程序的法律或司法解释未作规定的,法院不得裁定变更或追加执行当事人。且在运用此原则时应当注意以下几个问题:首先,既无程序法规定也无实体法规定的,不得变更或追加执行当事人。其次,仅有实体法上关于被执行人与案外第三人权利义务的规定,而执行程序法律或司法解释没有明确规定的,执行机构不得依照实体法的规定裁定变更或追加执行当事人。最后,执行程序法律和司法解释规定可对案外第三人或其财产直接执行的,不作为变更或追加执行当事人的案件进行审查裁定。①

第二种观点认为,法院可以在执行程序中依据有关实体法的规定进行审查。如查明一人有限责任公司股东存在滥用法人独立地位或个人与公司财产混同的,可依据《公司法》第 20 条第 3 款、第 63 条之规定,裁定追加被执行人。实践中,基于效率的考虑,现行法律和司法解释将部分实体问题的裁决权赋予了执行机构,即法院可在执行程序中以裁定的方式直接变更或追加执行当事人。学理上将其正当性解释为生效法律文书执行力主观范围向第三人的扩张。“按照大陆法系判决效力理论,判决的效力分为三类:判决的原有效力、判决的附随效力

① 参见《执行程序中不得以股东滥用公司法人独立地位或公司财产与股东财产混同为由,追加被执行人的股东为被执行人》,载北京市高级人民法院编:《北京法院参阅案例》(第 8 卷),知识产权出版社 2013 年版,第 229 页。

和判决的事实效力。判决的原有效力，是指从判决本质上所具有的效力，是判决所具有的最基本和最直接的效力。原有效力包括判决的既判力、执行力和形成力。”①执行力的范围包括主观范围和客观范围，追加、变更被执行人正是生效判决执行力主观范围扩张的具体表现，充分体现了执行程序对于效率的价值追求。

本案中，某劳务公司申请在执行程序中追加常某为被执行人，执行法院亦是基于上述第一种观点，且结合某建设公司在执行阶段已非一人有限责任公司的情况，而裁定驳回了某劳务公司的申请。这就涉及对《变更、追加规定》第20条中“作为被执行人的一人有限责任公司”适用范围的理解以及执行程序中进行实体审理的边界问题，具体将在下文阐述。

2. 关于《变更、追加规定》第20条中“一人有限责任公司”的界定

笔者认为，《变更、追加规定》第20条仅规定被执行人为一人有限责任公司，并未限定被执行人在执行中必须为一人有限责任公司，亦未明确该规定不能适用于债务形成时的一人有限责任公司及股东。因此，不宜将“作为被执行人的一人有限责任公司”限定在执行阶段，而应考虑债务形成时间，这样更有利于保护交易安全，保障债权人的正当“信赖利益”，防范法人人格独立的滥用。本案中，某建设公司在涉案债务形成时为一人有限责任公司，后常某转让股权并变更公司类型，并不能免除其担任一人有限责任公司股东期间的债务，故本案符合前述“作为被执行人的一人有限责任公司”的情形。

3. 认定被执行人变更公司类型为非一人有限责任公司是否存在恶意规避债务之嫌的考量因素

第一，从变更公司类型的时间节点来看，根据（2018）×仲裁字第×号裁决书的记载，该案分别于2018年3月、5月两次开庭审理，于9月26日作出裁决。常某于2018年6月25日将其持有的某建设公司全部股权无偿转让给刘某和夏某时，仲裁案件已经两次开庭完毕，正待裁决，据此可以认定常某在转让股权时应当能够预见某建设公司即将承担百万元的债务。

第二，从是否支付合理的股权转让对价来看，常某将其持有的某建设公司全部股权以无偿的方式转让，在其主张其已实缴大额出资的情况下，无偿转让的方式明显有规避债务之嫌。

第三，从股权转让人与受让人的身份关系看，常某与刘某原系夫妻关系，二人于2016年12月离婚。刘某自某建设公司成立即在该公司任职，夏某于2015年五六月间入职，二人清楚公司经营状况。因此，鉴于常某与刘某的特殊身份关

① 参见张卫平：《民事诉讼：关键词展开》，中国人民大学出版社2005年版，第298页。

系,二人间的无偿转让股权行为有故意规避债务之嫌。

综上所述,即使被执行人在执行前已经变更公司类型为非一人有限责任公司,但在认定是否适用《变更、追加规定》第20条时,还要综合考量债务形成时间、股权转让时间、转让人与受让人的身份关系以及是否支付合理股权转让对价等因素。

(三)一人有限责任公司财产独立的证明标准

《公司法》第63条及《变更、追加规定》第20条均明确了债权人主张一人有限责任公司的股东与公司承担连带责任的,须由公司股东承担其与公司财产独立的举证责任,即举证责任倒置规则。因此,本案中,常某应对其与公司财产独立承担举证责任。但是,上述规定并未明确财产混同的情形及构成要件,且如何才算完成上述举证责任需要具体判断。

1.财务会计报告的证明力问题

《公司法》第62条规定:"一人有限责任公司应当在每一会计年度终了时编制财务会计报告,并经会计师事务所审计。"那么,公司的财务报告是否能够证明一人有限责任公司与其股东财产独立?提供经审计的财务会计报告是否完成了举证责任?笔者认为,经审计的财务报告,首先应在形式上被采纳,理由如下:

首先,公司财务报告是反映公司财务状况的最重要、最具关联性的证据,是企业对外提供的反映企业某一特定日期的财务状况和某一会计期间的经营成果、现金流量等会计信息的文件。[①] 如果经审计的财务报告不能作为证明公司与股东财产独立的证据,一人有限责任公司与股东很难提交其他证据证明。

其次,否定财务会计报告的证明力会架空《公司法》第62条、第63条,并造成不好的指引效果。《公司法》第62条是公司与股东财产相分离原则的制度保障,将外部审计作为一人有限责任公司财产制度的法定组成部分,意在加强对一人有限责任公司的监督制约,防止股东滥用独立地位侵害债权人利益。[②]

最后,否定财务会计报告的证明力对一人有限责任公司过于严苛。一人有限责任公司与股东需对财产不混同进行证明,但这是一种否定状态和消极事实,如果财务会计报告的证明力被否定,一人有限责任公司很难"自证清白"。因此,如一人有限责任公司与股东提交经审计的财务会计报告,应认为其初步完成了举证责任。

本案中,某建设公司和常某仅提交了资产负债表、利润表,经释明后仍未提

---

① 参见财政部会计司编写组:《企业会计准则讲解(2010)》,人民出版社2010年版,第16页。

② 参见沈贵明:《模式、理念与规范——评新〈公司法〉对一人公司的规制》,载《法学》2006年第11期。

供符合《会计法》《企业财务会计报告条例》规定的完备财务报告,不足以证明财产相互独立,故应承担举证不能的不利后果。

2. 财务会计报告存在瑕疵时的举证责任

在肯定财务报告证明力的同时,债权人有质证和反驳的权利,可针对其瑕疵提出异议,并要求作出合理解释。瑕疵包括形式瑕疵、财务数据不一致、会计师提出保留意见、经对比财务会计报告发现公司偿债能力突然降低、公司自行提交的财务会计报告与其在税务局备案的存在出入项不一致的情况等。如果被告不能给出合理解释,则视为其未完成举证责任。

3. 司法审计对证明一人有限责任公司财产独立的作用

在一人有限责任公司与股东提出经审计的财务会计报告时,对债权人来说,最稳妥的方式就是对其中的明显瑕疵提出追问与质疑。如果一人有限责任公司或股东就瑕疵能够作出相对合理的解释,则没有必要进行审计。如果一人有限责任公司未能提交完整的、经过审计的财务会计报告,或者提交的审计报告存在瑕疵且不能作出合理解释,法院可向当事人释明是否申请司法审计。但是,对于司法审计申请,法院应结合当事人对待证事实的举证情况,审慎决定是否启动司法审计。

(责任编辑:张灖元)

【案例分析】

非法占有目的之排除合法占有及综合评判法
——白某集资诈骗案相关法律问题分析

周 耀*

裁判要旨

集资诈骗罪非法占有目的包括为本人占有和为他人占有两类主观意向，最终归结于排除权利人合法占有的终极目的。集资参与人损失主要是被告人故意为之，可以认定具有非法占有目的；相反，损失主要是由经营条件恶化等客观原因导致的，就不应认定具有非法占有目的。

一、据以研究的案例

2013年9月至2017年6月，被告人白某为非法集资，租赁北京市东城区银河SOHO大厦等写字楼作为集资场所，先后成立北京华赢凯来投资担保有限公司、北京华赢凯来资产管理有限公司等多家公司，并在成立华赢集团有限公司（以下简称华赢集团）之前就以华赢集团的名义开展活动。白某依托上述公司建立集资团队，未经有关部门依法批准，借用销售债权、私募基金、转让股权等形式，采用散发传单、借助网络媒体发布信息、召开客户答谢会等手段向社会公开进行虚假宣传，夸大个人经营能力，谎报公司实力，隐瞒自融资、自担保真实情况，虚构项目有担保、资金有保障的事实，通过线下、线上两种途径，诱使集资参与人签订《出借与咨询服务协议》《基金合伙人协议》《股权认购协议》等，承诺还本付息和高额回报，先后吸收6万余名集资参与人的资金

* 北京市第二中级人民法院刑事审判第二庭法官，中国青年政治学院法学硕士。

共计95亿余元。白某收到集资款后,将少量资金用于挥霍性投资,大量资金用于还本付息、员工工资及提成等不能产生利润的非法集资成本支出,另有部分资金因大额取现导致去向不明,部分资金用于其家庭购房和子女出国,同时还存在转移、隐匿资产的行为,案发前致使3万余名集资参与人共计48亿余元的集资款不能返还。

一审法院经审理认为,被告人白某以非法占有为目的,使用诈骗方法非法集资,其行为已构成集资诈骗罪,且数额特别巨大,依法应予惩处。关于白某及其辩护人所提白某不构成集资诈骗罪的辩护意见,经查,在案宣传材料与证人证言等证据相互印证,充分证实白某在非法集资过程中,夸大个人经营能力,虚构华赢集团实力,谎称对外投资决策的严谨科学性,隐瞒自融资、自担保以及资金真实去向等事实,通过欺骗性宣传并辅以高息诱惑,误导集资参与人自愿将资金交给白某处理,白某在非法集资过程中采用了诈骗方法。非法占有并非只有自己占有或消费才能成立,对资产随意处置,进行挥霍性开销等造成财产损失的,亦可构成非法占有。本案中,白某骗得95亿余元集资款后,经审计列支项目共计22亿余元,其中还包括并未实际投入项目的部分款项,白某真正投入项目的资金与集资规模明显不成比例。实际投入项目的资金本就有限,白某先投资后考察或不做尽职调查和风险利润评估导致大额资金被骗,项目随心启动又随意终止导致巨额资金不能收回,投资失败后直接放弃前期投资款,用集资参与人的钱款满足其个人挥霍性投资的愿望等行为,进一步加大集资参与人的资金风险,加剧集资参与人的损失。白某在其上述"经营"行为造成集资参与人的损失逐渐扩大的情形下,还将部分集资款用于其个人购房、子女出国,通过大额取现导致巨额资金去向不明,案发前将以7000万元集资款购得的众讯公司、捷联公司之股权变更至他人名下予以隐匿。白某具备相关司法解释规定的认定非法占有目的之行为表现中的"用于生产经营活动与筹集资金规模明显不成比例""肆意挥霍集资款""隐匿财产"等多种情形,足以证实其具有非法占有集资款的主观故意。综上所述,白某以非法占有为目的,采用诈骗方法非法集资,其行为符合集资诈骗罪的构成要件,白某及其辩护人所提辩护意见不能成立。白某的诈骗行为造成集资参与人巨额经济损失,其虽在到案后能如实供述主要犯罪事实,但对其行为的性质及巨大的社会危害性缺乏深刻认识,不足以对其从轻处罚。

一审法院据此判决:被告人白某犯集资诈骗罪,判处无期徒刑,剥夺政治权利终身,并处没收个人全部财产。宣判后,被告人提起上诉。

二审法院经审理,依法裁定驳回上诉,维持原判。

二、相关法律问题分析

(一)非法占有目的之定性争议

白某集资诈骗案中,被告人白某采用欺骗手段面向全国多个省市的6万余名集资参与人,吸收资金共计95亿余元,造成损失高达48亿余元。白某及其辩护人提出,白某将绝大部分集资款用于生产经营活动,未肆意挥霍集资款,不具有非法占有目的,其行为构成非法吸收公众存款罪而非集资诈骗罪。对其非法占有目的的定性成为控辩双方争议的焦点。

上述争议并非仅在个案中存在。非法占有目的作为集资诈骗罪与非法吸收公众存款罪之间最根本的区别,直接决定着被告人刑罚的轻重,以及司法机关证明责任的难易,同时也是引发定性争议的根源。一方面,非法集资蔓延成为社会公害。《中国金融司法报告(2018)》指出:近年来非法集资问题日益突出,案件高位攀升,新发案件几乎遍布所有行业。[①] 另一方面,相关调研还发现,"非法集资呈恶化趋势的同时,罪名普遍定性为非法吸收公众存款罪,量刑普遍相对较轻,刑罚功能未能得到有效发挥"。[②] 搁置集资诈骗条款,降低证明责任,对被告人的行为降格处理,绝非平息定性之争的正确选择。通过个案审理,统一对非法占有目的的理解与适用,方为正途。

(二)非法占有目的之排除合法占有

1. 探求立法意蕴

除集资诈骗罪外,《刑法》还明确将非法占有目的规定为信用卡诈骗罪、贷款诈骗罪、合同诈骗罪的构成要件,但均未进一步阐释何为非法占有目的。法律概念不明引发定性争议,司法机关应坚持罪刑法定原则,"在立法意蕴所允许的范围内"进行解释。[③]《最高人民法院关于审理非法集资刑事案件具体应用法律若干问题的解释》第7条第2款明确列举了可以认定被告人具有非法占有目的的7种情形及一项兜底条款。在此基础上进行归纳,可发现非法占有目的具有以下两层意思:

(1)意图为本人占有。被告人通过携款潜逃、转移隐匿资金反映出将集资款据为己有、拒不归还的意图。这是人们通常所理解的、典型的非法占有目的。

---

① 李扬主编、黄文俊副主编:《中国金融司法报告(2018)》,人民法院出版社2019年版,第235页。

② 佚名:《非法集资类刑事案件审判中的疑难问题研究》,载北京市高级人民法院研究室编:《审判前沿:新类型案件审判实务》(总第57集),法律出版社2019年版,第231页。

③ 陈兴良教授提出,刑法解释不能拘泥于立法原意,而应在立法意蕴所允许的范围内,使刑法解释起到阐明立法精神、补救立法不足的功效;同时应兼顾罪刑法定原则,在立法意蕴范围内进行解释。参见陈兴良:《本体刑法学》,商务印书馆2001年版,第26页。

对此，司法实践中已达成共识，不再赘述。

(2)意图为他人占有。被告人通过肆意处置、挥霍行为使集资款被他人占有，致使集资款不能返还。因被告人最终未实际占有集资款，成为被告人或其辩护人否定非法占有目的的理由。此种观点的不当之处有二：其一，混淆了非法获利目的和非法占有目的。我国刑法对上述两种目的犯进行了明确区分，其中非法获利目的包括“以营利为目的”“以牟利为目的”。[①] 从刑法用语和立法技术角度看，非法获利型目的犯和非法占有型目的犯系相互独立的并列关系，要求非法占有目的必须具有获利意图缺乏法律依据。其二，《刑法》虽将集资诈骗罪置于其分则第三章“破坏社会主义市场经济秩序罪”中，但该罪作为诈骗罪的特殊罪名，必然还侵犯他人财产权。结合相关司法解释的列举性规定，非法占有目的强调“致使集资款不能返还”，而非本人从中获利。

2. 辅以理论支持

犯罪目的在不同的犯罪构成理论中，被分别作为主观违法要素或责任要素。我国刑法理论通说和实践一般将犯罪目的作为责任要素，认为它是“故意的认识因素与意志因素之外的，对某种结果、利益、状态、行为等的内外意向”。[②] 本文也在该立场下对非法占有目的进行探讨，认为刑法不仅应将意图为本人占有和意图为他人占有两种情形均纳入非法占有目的的范畴，还可从中进一步抽象出排除权利人合法占有的终极目的。

(1)认定非法占有目的应坚持法益侵害的视角。“刑罚法规之所以需要，是因为存在损害他人利益的行为。”[③]我国《刑法》第13条关于犯罪的概念采用排比语序，连续使用危害、破坏、侵犯3个关键词，无一不是在强调犯罪行为对法益侵害的根本属性。“刑法并不反对他人获利，而是反对侵害他人利益。”[④]在集资诈骗案件中，被告人无论是意图将集资款为本人占有还是意图为他人占有，均具有可责性，基于上述目的实施的携款潜逃、隐匿资金以及肆意处置、挥霍集资款等行为，与产生排除权利人合法占有、侵犯他人财产权的法益侵害结果实无二致，在行为定性时也不应有质的区别。

(2)认定非法占有目的不应以熟知事实限缩规范。刑法将非法占有目的规定为集资诈骗罪的责任要素，一方面使非法占有目的作为抽象概念具有了适应

---

① 分别对应的罪名为《刑法》第217条、第218条规定的侵犯著作权罪、销售侵权复制品罪，第265条、第363条规定的盗窃罪和制作、复制、出版、贩卖、传播淫秽物品牟利罪。

② 张明楷：《刑法学》(第4版)，法律出版社2011年版，第275页。

③ [日]西原春夫：《刑法的根基与哲学》(增补版)，顾肖荣等译，中国法制出版社2017年版，第134页。

④ 欧阳本祺：《目的犯研究》，中国人民公安大学出版社2009年版，第121页。

丰富犯罪形态的张力;另一方面又使其具备了有别于其他犯罪目的的特殊含义,应在具体罪名保护法益的语境之中加以理解和适用。在转换成具体事实的过程中,“规范的抽象概念,必须向生命的事实面开放”,①遵循从规范(大前提)到事实(小前提)再到结论的演绎推理步骤。将非法占有目的限缩为意图为本人占有,以日常熟知的事实去解释非法占有目的,“将某些事实强加于规范、以某种事实限制规范”,②脱离规范语境,违反逻辑推理顺序,使非法占有目的失去应对多样化集资诈骗犯罪的张力,不利于财产法益的全面保护。

3. 域外经验

取财型犯罪要求被告人具有非法占有目的。英国《1968 年盗窃罪法》将非法占有规定为“永久性剥夺他人对财产所有的权利”,同时还进一步强调“据为己有行为是否出于获利目的而为,或者是为了窃贼自己的利益而为,并非重要”。③ 日本刑法虽未明确规定非法占有目的,但以判例的形式要求盗窃、诈骗犯罪必须具有“不法占有的意思”,即“排除权利人,将他人的物像是自己所有的物一样,按照其经济用途,进行利用或者处分的意思”。④

永久性剥夺他人财产权与排除权利人合法占有的意义相近。在研究域外有关非法占有目的立法或司法经验的过程中,对于是否应“附加按照财物经济用途进行利用或者处分的意思”存在不同意见。肯定意见认为,附加该目的要素可将取财型和毁财型犯罪区分开来。否定意见认为,我国刑法更侧重于从客观行为角度进行甄别,强调财物是否发生占有转移以及所采用的手段。在以毁损为目的实施非法取得他人财物的行为性质命题中,将非法占有与毁损按照牵连行为评价,将毁损作为刺激行为人产生非法占有目的的动机,⑤更有利于充分保护财产权。要求非法占有目的必须具有按照财物经济用途进行利用或者处分的意思,将引发理论与立法、司法现状的冲突。例如,偷窃成瘾的被告人盗窃财物后随手扔弃、毁损,因不具有以上目的要素,不构成盗窃罪,明显与刑法规定和司法实践相悖;同时,因故意毁坏财物罪的法定刑较轻,还将使毁财成为取财型犯罪中的“幽灵抗辩”。

(三)非法占有目的之综合评判法

对非法占有目的有了正确理解后,判断非法占有目的还需采取适当的方法。

---

① [德]阿图尔·考夫曼:《法律哲学》(第 2 版),刘幸义等译,法律出版社 2011 年版,第 145 页。

② 张明楷:《刑法分则的解释原理》,中国人民大学出版社 2004 年版,“序说”第 9 页。

③ [英]J. C. 史密斯、[英]B. 霍根:《英国刑法》,马清升等译,法律出版社 2000 年版,第 603 页。

④ 黎宏:《日本刑法精义》,中国检察出版社 2004 年版,第 354 页。

⑤ 参见张建升、刘志伟、付立忠、罗庆东、尹铮:《为创造业绩伪造印章签订“合同”占有单位财物后销毁如何处理》,载《人民检察》2005 年第 12 期。

犯罪行为具有经由主观到客观的发展过程,认知主观心态则需从客观回溯主观。集资诈骗非法占有目的直指集资参与人财产损失,判断被告人是否具有非法占有目的,“应当根据案件具体情况全面分析行为人无法偿还集资款的原因”。[①] 损失往往是复杂原因综合作用的结果,这就需要坚持综合评判法,“认真评估行为人在集资过程中的诸多行为性质,不能割裂集资的全部过程而单独评价某种行为”。[②] 在此过程中,需要注意以下 3 个问题:

1. 主要原因决定行为性质

事物发展由量变引发质变,刑法在集资诈骗罪违法性要件中规定入罪金额,设置造成法益侵害达到应受刑罚惩处的数额标准,即是从量变到质变的集中体现。非法占有目的作为主观责任要素,虽难以用精确的数额标准衡量,但同样应注意量变到质变的过程。《全国法院审理金融犯罪案件工作座谈会纪要》指出,行为人将大部分集资款用于投资或生产经营活动,将少量资金用于个人消费或挥霍,不应仅以此便认定具有非法占有的目的。根据上述纪要精神进行正反推导,得出以下结论:集资参与人损失主要是被告人故意为之,可以认定具有非法占有目的;相反,损失主要由经营条件恶化等客观原因导致的,就不应认定具有非法占有目的。

2. 重视次要原因

对损失次要原因进行全面、综合分析,具有以下两方面的积极意义:其一,同向印证。例如,集资后用于生产经营活动资金与筹集规模明显不成比例,是致使集资款不能返还的主要原因,可以认定被告人具有非法占有目的。被告人还将大额资金用于个人消费或家庭支出,造成损失的进一步扩大,对集资参与人来说无异于“雪上加霜”,更加印证、强化被告人具有非法占有集资款的主观目的。其二,对被告人主观恶性和行为社会危害性的全面把握。同样是构成集资诈骗罪,将大额款项用于赌博等违法犯罪活动或存在隐匿、销毁账目等恶劣情节的被告人,主观恶性和行为的社会危害性明显较大,应在量刑时酌情考虑。

3. 排除反证

司法解释明确列举可以认定具有非法占有目的的 7 种情形,性质为通过外在行为推论犯罪目的,作为司法经验总结的结果,不可避免地存在例外。[③] 这就

① 《江苏省南京市人民检察院诉许官成、许冠卿、马茹梅集资诈骗案》,载《最高人民法院公报》2009 年第 10 期。

② 邢红霞、田然:《司法推定的证明方法及其限制——以集资犯罪“非法占有目的”为视角展开》,载《法律适用》2019 年第 22 期。

③ 参见樊崇义、吴光升:《论犯罪目的之推定与推论》,载《国家检察官学院学报》2012 年第 2 期。

意味着被告人实施7种情形之一的行为,并不能必然得出具有非法占有目的的结论。允许反驳、排除反证将是认定非法占有目的的逻辑推理的最后一环。反证的地位和作用,甚至被视为“揭示事实真相,逼出真知的最重要一步”。[①] 审判人员应当认真听取辩方的否定意见,对被告人的还款能力、还款行为着重审查。例如,被告人将集资款用于违法犯罪活动,但其个人财产足以偿付集资参与人本息,其本人也一直未逃避还款,就不能认定具有非法占有目的。

(四)非法占有目的之争议回应

经过理论分析和方法论探讨,回到解决定性争议的初衷上来。笔者针对被告人白某及其辩护人否认非法占有目的的两大具有类案代表性的辩点,作出如下回应:

1. 为非法集资支付的工资、提成、利息不属于生产经营活动支出

生产经营活动原本属于经济学概念,司法解释将用于生产经营活动的资金与集资规模明显不成比例,致使集资款不能返还,作为认定被告人具有非法占有目的的依据,刑事法官因此面临对被告人支付吸资人员的工资、提成以及集资参与人的利息是否属于生产经营活动支出进行法律判断的难题。在正常生产经营活动中,支付员工工资、提成以及偿付借款利息均应列入会计成本。非法集资活动中,被告人支付非法吸收资金人员的工资、提成以及集资参与人的利息,在集资款总额中占比非常高。一概评价为经营成本,将使上述司法解释规定被搁置,同时导致一般人都难以接受甚至全社会都难以承受的结果:被告人对吸资人员允诺高额工资、提成,对集资参与人承诺支付高额利息,因而吸收大量资金,其个人挥霍或隐匿资金占比虽小但数额特别巨大,最终被认定不具有非法占有目的,构成非法吸收公众存款罪,只能判处10年以下有期徒刑。

针对以上问题,需要注意非法集资的违法性从根本上决定了此类行为有别于正常生产经营活动,因而在进行刑事责任判断时不应机械套用会计成本核算规则。犯罪的经济分析方法告诉我们:“由于犯罪对他的预期收益超过其预期成本,所以某人才实施犯罪。”[②]该方法用于分析金融犯罪非常有效。对审判者而言,定罪量刑在很大程度上是以中立的视角,进行犯罪行为损耗与产出、成本与收益的核算。被告人支付吸资人员的工资、提成以及偿付前期集资参与人的利息纯属消耗性支出,不仅无益于减损,还是造成集资款损失的重要原因,应作

---

① 温晓莉:《反证:法律论证程序伦理的灵魂助产术苏格拉底“反证法”的意义》,载《中外法学》2012年第2期。

② [美]理查德·波斯纳:《法律的经济分析》(第7版)(中文第2版),蒋兆康译,法律出版社2012年版,第312页。

出为他人非法占有的评价;在犯罪成本与收益的天平上,明显应置于犯罪成本一方,成为加重刑罚的砝码。如此,既契合非法占有目的排除权利人合法占有的内涵,又能实现罪责刑相适应。

2. 肆意挥霍集资款包括挥霍性消费和挥霍性投资

在非法集资案件中,被告人将大部分集资款用于个人或家庭消费极为少见,这也是本案被告人及其辩护人提出其未肆意挥霍集资款,不具有非法占有目的的重要理由。根据生活常识,挥霍通常指消费性支出。然而,非法集资属于金融领域重要的犯罪表现形态,挥霍的外延不应局限于生活消费。考虑金融犯罪的特殊性,挥霍性投资也属于肆意挥霍集资款。司法解释制定者对如何正确理解、适用肆意挥霍集资款作出如下说明:"如行为人仅将投资行为作为对外宣传等行骗手段,投资行为纯属消耗性,行为人也不指望从该投资行为获取收益的,可以视为'挥霍'。"①挥霍性投资在危害结果上与挥霍性消费无实质差异,均排除了权利人的合法占有,造成集资参与人损失。无论是进行文义解释,还是遵循司法解释原意,均不能得出挥霍限于消费性支出的结论。

综上所述,白某采用诈骗方法非法集资,将大部分款项用于支付非法吸收资金人员工资、提成,偿付前期集资参与人高额利息,用于生产经营活动的资金与集资规模明显不成比例,是致使集资款不能返还的主要原因;白某实际投入项目的资金本就有限,其还用集资款满足个人挥霍性投资的愿望,加剧集资参与人的损失;白某将少部分集资款予以隐匿,或用于个人及家庭生活支出,使损失进一步扩大。白某以上种种行为共同造成集资参与人的巨额损失,其虽向集资参与人表达了还款意愿,但无自有资金和还款能力,故应认定白某具有非法占有集资款的目的。

(责任编辑:张新平)

① 刘为波:《〈关于审理非法集资刑事案件具体应用法律若干问题的解释〉的理解与适用》,载《人民司法》2011 年第 5 期。

通过伪造事业单位印章转移待继承房产的行为性质认定

——汤某伪造事业单位印章案相关法律问题分析

王红奎[*]　冀　敏[**]

裁判要旨

行为人在家属不知情的情况下，通过犯罪手段将家属所有的房屋过户到自己名下并出售，因行为人对该房屋亦有继承权，且房屋不能成为盗窃罪的对象，对行为人应以手段行为定罪处罚，结果行为造成的损失则可通过民事途径追偿。

一、据以研究的案例

被告人汤某于2016年9月6日，在其母亲栗某（本案被害人）不知情的情况下，使用伪造的公证处公证书、栗某的委托书，在房屋管理局授意张某（另案处理）代理栗某，将属于栗某所有的某房屋过户给自己。经价格认证中心认定，该房屋评估价值为430.14万元。栗某于2017年3月18日书写遗嘱，指定上述房屋由汤某及栗某的女儿汤某甲、孙女汤某乙继承。栗某于2017年4月16日因病去世。汤某于2017年6月28日，在其他继承人不知情的情况下，将涉案房屋予以出售。汤某于2018年5月30日被公安机关抓获，次日基本如实供述了上述犯罪事实。

---

* 北京市西城区人民法院刑事审判庭法官，中国政法大学法学硕士。

** 北京市西城区人民法院法官助理，中国社会科学院研究生院诉讼法学博士。

公诉机关认为,被告人汤某以非法占有为目的,秘密窃取近亲属数额特别巨大的财物,犯罪事实清楚,证据确实、充分,应当以盗窃罪追究其刑事责任。

被告人汤某辩称,其办理房产上市的事情,其母亲栗某知情且同意,其认为自己的行为不构成盗窃罪,只构成伪造印章罪。

被告人汤某的辩护人提出如下辩护意见:(1)被告人汤某的行为不构成盗窃罪,因被告人汤某没有非法占有的主观故意,没有使用秘密窃取的手段非法占有涉案房屋,其本身对房屋有继承权,且房屋不能成为盗窃罪的对象;(2)被告人汤某使用伪造的公证书进行房产过户,但是办理假公证书的关键证人中介人员未到案,现有证据不足以证明汤某的行为构成伪造企业、事业单位印章罪;(3)如果确有证据证明被告人汤某盗窃罪名成立,由于其盗窃近亲属的财产,且有明显悔罪表现,建议法庭对其减轻处罚;(4)如果确有证据证明被告人汤某罪名成立,由于汤某是初犯、偶犯,其犯罪行为侵犯近亲属、家庭成员之间的财产利益,犯罪情节轻微、社会危害性相对较小,建议法庭对其从轻处罚。

一审法院于 2019 年 12 月 13 日作出刑事判决:汤某犯伪造事业单位印章罪,判处有期徒刑 2 年 6 个月,并处罚金 6000 元。一审宣判后,在法定期限内,检察院提出抗诉。

一审检察院抗诉称,原审判决遗漏重要犯罪事实,改变定性的理由错误,导致量刑畸轻:(1)原审判决遗漏"其母亲栗某不知情"这一认定盗窃罪的重要事实。(2)原审判决对盗窃罪的客体是否包括不动产理解错误。(3)栗某在房子被过户给被告人汤某之后,虽仍在该房屋内居住,但房屋的所有权已经由汤某享有,栗某无法享有收益权和处分权,已然对涉案房屋失去控制。(4)汤某将房屋过户到自己名下后,已经获得了所有权并实际控制,达到犯罪既遂。其他继承人可以通过民事救济途径解决,不应成为汤某不构成盗窃罪的理由。(5)伪造事业单位印章是汤某的手段行为,其目的行为是侵财类犯罪。根据牵连犯理论,应以盗窃罪处罚。(6)近亲属之间的侵财行为、被害人已经死亡及被告人有继承权不应成为不追究的理由。

上级检察院出庭意见称:(1)原审判决对于案件部分事实认定不清。(2)原审判决对盗窃罪是否包括不动产理解错误,我国《刑法》对盗窃罪的犯罪对象并没有明确区分动产与不动产,原审判决不应对此作限缩解释。(3)原审判决对被害人栗某是否失去对涉案房屋的控制认识片面,对盗窃罪的犯罪既遂理解错误。(4)原审判决仅评价手段行为,适用法律错误,导致量刑畸轻。汤某以非法占有为目的窃取他人财物的行为构成盗窃罪,本案涉案房屋价值 430 余万元,属于盗窃数额特别巨大,对汤某应处以 10 年以上有期徒刑。

原审被告人辩称:(1)涉案房屋是央产房,必须经过其母亲同意才能流通,其母亲对其办理房屋产权变更是知情的。(2)其母亲将房子过户给其是因为其做生意需要钱,过户后其用该房办理了抵押贷款,后来是因为还不上贷款才卖房,其行为不构成盗窃罪。

二审法院经审理,确认一审法院认定的基本事实和证据,对于原审法院确实存在未表述"被告人汤某在其母亲栗某不知情的情况下"的事实的情况直接予以补正。二审法院认为,关于汤某行为的定性问题,房屋作为不动产具有不可移动性,汤某虽然在其母亲栗某不知情的情况下变更了涉案房屋的所有权证,但之后栗某仍在该房屋内居住,直至去世,栗某对该房屋依然享有占有、使用等权能,在此情况下汤某无法对涉案房屋进行出售,故其对房屋的所有权并没有完全取得和实现。汤某在其母亲去世后,将处于待继承状态的涉案房屋出售,实际上侵犯了其他继承人的民事权利,其他继承人可以通过民事途径进行解决,汤某的行为不宜评价为盗窃行为。汤某在办理房产过户中,向他人支付报酬,提供身份、房产等信息,伪造了盖有公证处印章的公证书、委托书等材料并使用,其行为符合伪造事业单位印章罪的法定构成要件,应予刑罚处罚。

二审法院于 2020 年 12 月 31 日作出裁定:驳回一审检察院的抗诉,维持原判。

二、相关法律问题分析

本案是近年来司法实践中较为少见的案件类型,既涉及手段行为与结果行为的竞合,又涉及民事法律行为与刑事法律行为的交叉,在犯罪行为性质认定方面争议较大。

(一)争议焦点归纳

就本案的定性,司法实务中主要有两种争议意见:一种意见认为,伪造事业单位印章犯罪与违法的民事行为相竞合,以伪造事业单位印章罪判处;另一种意见认为,伪造事业单位印章罪与盗窃罪相牵连,以盗窃罪判处。具体而言,被告人汤某的行为符合伪造事业单位印章罪的构成要件,但是本案中伪造事业单位印章的事实是手段行为,后续转移房产占有的事实是结果行为,二者之间属于牵连关系。如果结果行为亦构成犯罪,应当根据牵连犯的处断原则,择一重从重处罚。如果结果行为尚不构成犯罪,只是民事违法行为,则应当以手段行为,即伪造事业单位印章罪进行判处。如此一来,被告人汤某将房屋过户的结果行为是否构成犯罪,以及构成何罪,成为本案的争议焦点所在。

(二)盗窃罪的排除适用

根据《刑法》第 264 条的规定,盗窃公私财物,数额较大的,或者多次盗窃、入户盗窃、携带凶器盗窃、扒窃的,处 3 年以下有期徒刑、拘役或者管制,并处或者单处罚金;数额巨大或者有其他严重情节的,处3年以上10年以下有期徒刑,并处罚金;数额特别巨大或者有其他特别严重情节的,处10年以上有期徒刑或者无期徒刑,并处罚金或者没收财产。

本案中,被告人汤某主观上对涉案房屋有非法占有的目的,客观上采用了伪造公证书、委托书的方式,在房屋产权人栗某不知情的情况下,将房屋转移至自己名下,其行为在主观上符合盗窃罪的构成要件,在客观上也实施了转移财产归属的行为,故抗诉机关认为被告人汤某的行为构成盗窃罪。但是在传统意义上,盗窃罪中的“公私财物”应当具有可移动的特征,房屋作为不动产,不能成为盗窃侵犯的对象,即便是被告人汤某将房产所有权转移登记,亦不能达到实际居住、全然占有的所有权意义,房屋依旧由其母亲栗某继续占有居住,栗某并未实际失去对房屋的控制,如果栗某及时发现并提供证据,完全可以通过民事救济手段拿回所有权,因此,从这个意义考虑,将被告人的行为定性为盗窃有不合理之处。与此同时,本案中涉案房屋评估价值为430.14万元,达到了“数额特别巨大”的标准,如果被告人汤某的行为构成盗窃罪,将在10年以上有期徒刑或者无期徒刑的幅度内进行量刑,然而其本人对于该房产具有继承权利,亦是亲属间的财产纠葛,故在该量刑区间内进行处罚存在量刑畸重之嫌。

(三)伪造事业单位印章罪的适用分析

本案属于刑民交叉案件,被告人汤某涉嫌伪造事业单位印章犯罪和涉案房屋的买卖属于两个法律关系,伪造事业单位印章犯罪与违法的民事行为相竞合,对被告人汤某应当以伪造事业单位印章罪定罪处罚,具体理由如下:(1)被告人汤某为房屋过户以提供信息、高额购买的形式指使他人伪造相关印章,其行为符合伪造事业单位印章罪的构成要件;(2)综合全案中被告人汤某的行为性质和社会危害性等情节,伪造事业单位印章罪的量刑幅度更符合罪责刑相适应原则;(3)对于汤某转卖房屋的合同效力的判断和认定,应当依据民事合同相关法律法规进行处理,不应“一揽子”地将其作为刑事犯罪进行评价,否则对违法所得财物的处理会陷入一个新的困局。例如,是否应当在刑事判决的判项中运用民事审判的原则,按照遗嘱确定的份额对追缴的违法所得进行发还;又如,汤某既是本案的被告人又是本案间接的受害人(作为遗嘱受益人可以扣除部分追缴金额);等等。对被告人汤某的手段行为进行刑事处罚,将转移房产的事实作为民事案件解决,不仅能够保障其他遗产继承人的财产利益,也能够避免民刑交叉案件中财产处理的困境。

根据《刑法》第280条第2款的规定,伪造公司、企业、事业单位、人民团体的印章的,处3年以下有期徒刑、拘役、管制或者剥夺政治权利,并处罚金。本案中,被告人汤某系初犯、偶犯,但其伪造事业单位印章的后续行为造成其他继承人巨额经济损失,且并未取得其他继承人谅解,以上情形可以作为量刑情节予以考虑。综上所述,法院以犯伪造事业单位印章罪,对汤某判处有期徒刑2年6个月,并处罚金6000元,具有合理性。

(责任编辑:张新平)

公共场所未成年人隐私权的认定与保护
——李某某诉魏某、北京某网络技术有限公司案相关法律问题分析

朱　阁[*]　李　岩[**]

裁判要旨

隐私强调私密性，但并不意味着在公开场所进行的活动就一定不构成隐私。如果在特定公开场所进行的是仅为一部分人所知悉的活动，一旦被大范围公开即会给权利人的人格利益造成重大损害的，亦应当作为隐私予以保护。在认定隐私是否存在及其范围时，应当从权利人本身意愿和社会一般合理认知两个视角加以界定，尤其是当权利主体是未成年人时，基于未成年人利益最大化原则，行为人应当施以更高的注意义务，使未成年人的合法权益得到最大限度的保护。

一、据以研究的案例

2019年的某个早上，6岁小女孩李某某因不愿上学而哭闹，父母将其绑在树上进行教育。路人魏某使用手机拍摄了上述过程，并将视频私信给某自媒体"大V"进行传播。视频中，李某某的面部特征清晰，还露出了内裤。李某某以拍摄者魏某侵犯其肖像权、名誉权、隐私权为由诉至法院，要求魏某停止侵权、赔礼道歉、赔偿损失。

原告认为，魏某未经允许，私自将未做处理的高清视频上传微博，侵犯原告的肖像权、名誉权和隐私权；同时原告父亲于2019年6月11日通过两个渠道通知北京某网络技术有限公司删除涉案视频，北京某网络技术有限公司未能及时

---

* 北京互联网法院综合审判第二庭副庭长，首都经济贸易大学经济法学硕士。

** 首都经济贸易大学在读法学硕士。

采取必要措施,导致侵权损失的进一步扩大,应与魏某承担连带责任。

魏某辩称,其主观上并无过错,视频是如实拍摄,其目的是保护未成年人,其行为也并非违法行为,并未侵害李某某的权利。

北京某网络技术有限公司辩称,公司仅是提供空间储存服务的网络服务提供者,无任何主观过错,公司并未找到涉案的微博内容,李某某也从未就涉案内容对公司进行有效通知,涉案视频拍摄来源正当,李某某主张的损失源于其父母的教育行为,与该公司无关,该公司不应承担任何责任。

一审法院经审理查明,涉案视频由魏某拍摄,当天魏某通过其微博账号共发布了4篇相关博文,第1篇因涉案视频未通过审核而没有发布,第2、3篇均是转发的包含涉案视频的博文,后魏某将前三篇博文进行了删除处理,并在微博上发布第4篇博文向李某某道歉。李某某父亲虽以给平台客服发送私信和在手机App“问题反馈”栏目留言两种途径通知了北京某网络技术有限公司删除涉案视频,但北京某网络技术有限公司未收到该内容。

一审法院于2020年9月23日作出判决:(1)判决生效之日起10日内,被告魏某向原告李某某当面赔礼道歉;(2)判决生效之日起10日内,被告魏某赔偿原告李某某精神损害抚慰金3000元;(3)判决生效之日起10日内,被告魏某赔偿原告李某某律师费3000元、公证费200元;(4)驳回原告李某某的其他诉讼请求。

二、相关法律问题分析

近年来,未成年人被欺凌事件频繁出现,国家一方面通过制定相关的法律法规来遏制这种现象,另一方面也在呼吁社会各界人士加强对未成年人的保护。本案因一段所谓“女童被虐视频”引发网上的热议,并且作为“2020年度中国十大传媒法事例”之一、“2020年度中国法治实施十大事件”之一,引起社会各界人士的广泛关注,公共场所未成年人隐私权问题再次成为人们关注的焦点。本案对促进未成年人人格权的保护发挥了积极作用。研究本案裁判规则,对于处理类似案件的审理,具有重要参考价值,通过对公共场所隐私权问题进行分析,基于未成年人利益最大化原则,综合考虑相关因素,以期最大限度保护未成年人的合法利益。

(一)公共场所隐私权发展现状

在我国,立法上虽在《侵权责任法》[①]以及《民法典》中明确规定了隐私权,但

① 《侵权责任法》已于2021年1月1日因《民法典》施行而废止。

关于公共场所隐私权的问题却没有相关的界定。学界对于公共场所隐私权问题一直在进行探讨,至今仍未能得出统一的结论。不过,值得肯定的是,不少学者在理论研究上已经认可了公民在公共场所享有隐私权,王利明教授就曾明确指出,自然人在公共场所的隐私权受法律保护。虽然我国在立法上没有对公共场所隐私权作具体规定,但实际上早在2010年上海市徐汇区人民法院审理的“张某诉潘某等隐私权纠纷案”①中,就涉及公共场所隐私权的问题,上海市徐汇区人民法院明确指出,被告安装的监控摄像头,其监控范围属公共及公用区域,被告的行为足以侵害原告的隐私权。另外,在上海市闸北区人民法院审理的一起因“将私人摄像头朝向他人进出通道”②而起的案件中,上海市闸北区人民法院认定,“被告方在其阳台顶部安装摄像头,朝向原告方房屋的进出通道,无论被告在其主观上是否存有窥视他人活动的故意,但在客观上都形成了对他人隐私权的威胁”。被告上诉后,二审法院维持了原判。因此,关于公共场所隐私权的认定在我国并非无迹可寻,上述司法案例对于我国公共场所隐私权的发展起到了良好的导向作用,本案中更是肯定了公民在公共场所的隐私权,尤其是当涉案主体涉及未成年人时,更应当注重对未成年人隐私权的保护,尽可能地降低对未成年人的损害。

(二)公共场所隐私权的表面悖论

“公共场所隐私权”这一概念绝非理论杜撰的名词,而是在案例验证的基础上总结出来的、符合新时代特色的良性产物。现实中,不乏对这一概念正当性的质疑,因为“公共”和“隐私”乍一看确实像是不相容的两个概念,这也是“公共场所无隐私”这一理论一度成为美国的主流观点的原因。公共场所因具有公共性、开放性等一般特征,而被怀疑其是否存在隐私权。但判定一个场地是否为公共场所,主要依据是其用途,而非其场地本身的性质。正如张新宝教授提到的,“公共场所,是指依据该场所的所有者(或者占有者)的意志,用于公共大众进行活动的空间”。③ 可见,公共场所并非在任何情况下都被默认为是一个随意进出的场合,在特定情况下(如酒店、宾馆等场所被客人预订的情况),公共场所是以私人场所的形式呈现的。

公众对公共场所隐私权的正当性存在疑问,实际上与传统的隐私权概念有

---

① 参见上海市徐汇区人民法院民事判决书,(2010)徐民一(民)初字第6327号;上海市第一中级人民法院民事判决书,(2011)沪一中民一(民)终字第288号。

② 上海市闸北区人民法院民事判决书,(2013)闸民一(民)初字第5854号;上海市第二中级人民法院民事判决书,(2014)沪二中民一(民)终字第335号。

③ 张新宝:《隐私权的法律保护》(第2版),群众出版社2004年版,第267页。

着很大的关系。隐私权最早被提出时,曾被描述为“一个人待着的权利”,也就是“一个人独处的权利”,如果将其生硬地代入“公共场所隐私权”中,确实令人难以接受,加之受制于当时的经济发展状况,公共场所隐私权自然受到质疑。在现代社会,公共监控、电子摄像头等高科技产品风靡,我们无时无刻不在被“监视”,隐私早已无所遁形,但这并不意味着我们处在高科技时代就毫无隐私可言,我们追求私生活自由的价值依然存在。这也说明“隐私止于屋内”的传统理论已经无法满足现实发展的要求,隐私权的内容在不断地丰富,隐私权所保护的范围也已经慢慢从传统的私人领域延伸至公共领域,对隐私权的保护已不再单纯地以“场所”来划分,转而向“人”进行过渡。这也意味着,在公共场所中也掺杂着某些“私”领域的内容,公共场所和隐私权已经不再是相互对立的概念,公共场所同样也会存在隐私权被侵犯的可能性。

公共场所隐私权作为隐私权的一种具体类型,是隐私权在空间上的一种限定。当我们涉足公共场所时,虽然自身被暴露在公共场所之中,但并不意味着我们默示旁人能够无所顾忌地对着自己拍照、录像,进入公共场所并不等于完全放弃了自己所有的隐私。本案中,原告父母虽然在人流量较多的地方将原告绑在树上进行教育,即事件发生在公共场所,但原告以及原告父母并不想将这件事情进行放大,也不想让路人以外的人知晓,更不想让魏某通过录像的方式将该段视频上传至网络。未成年人作为社会上的特殊受保护群体,理应享有不被任何人侵犯的人格权,未成年人在公共场所的隐私权更应当受到保护。如魏某所说,之所以将视频上传至网络,是为了保护未成年人,但实际上魏某完全可以选择其他可行的方式来行使监督权。从本质上看,在公共场所被人“看到”与“拍到”是两种不同的结果,毕竟“看到”的仅限于过往的路人,而“拍到”上传至网络则是面向不特定的多数人,所带来的影响是不可估量的。同时,鉴于原告是未成年人,应当施以更高的注意义务,魏某私自将涉及原告隐私权的视频上传至网络的行为,已经严重侵犯原告在公共场所的隐私权。因此,“公共”和“隐私”这两个概念互不矛盾,在具体问题上,不应当将两者割裂开来,而是应当全面地看待问题。

(三)公共场所隐私权的确立

1. 确立标准——“合理的隐私期待”

“合理的隐私期待”这一标准源于美国的“凯兹案”,被美国联邦最高法院提出后,便成为判断隐私权界限的重要标准。在其后的发展过程中,各国也纷纷开始采纳这一标准。该标准在判断他人是否享有隐私权时,采用了主观、客观的隐私期待,即首先判断公民是否享有主观的隐私期待;其次判断社会公众是否承认公民的这种隐私期待是客观合理的。[①] 但在实际处理上,法官往往有 3 种可能的处理方式:一是侧重主观的隐私期待,此种方式的弊端最为明显,公民往往因无法预见在公共场所可能发生的侵权行为而被法院认定为其不具有主观上的隐私期待,而无法有效保障其在公共场所的隐私权利益;二是侧重客观的隐私期待,此种方式在司法上获得了一定的认可,由于加入了客观因素,使法官在裁判案件时更有说服力;三是综合考量主客观隐私期待,使案件更为公平、合理。

“合理的隐私期待”这一标准最为核心的部分应当体现在“合理”二字上,并非“期待”,如果过于强调“期待”,就会表现为较为主观的隐私期待,影响案件的公正,因此,在如何判断“合理”隐私期待的问题上,法院应当综合考量主客观因素,平衡好各方利益,避免权利主体之间的冲突。本案在认定隐私是否存在及其范围时,明确提出应当从权利人本身的意愿和社会一般合理认知两个视角去界定,这与美国为判断公共场所隐私权所采纳的“合理的隐私期待”理论是一致的,即一个人在主观上期待保护的某种隐私,必须是合理的,是符合社会上一般合理认知的,这样才能受到保护。从社会公众的视角来看,“女童被虐”事件涉及隐私,出于保护未成年人的目的,本不该将这件事大肆“宣扬”,被告魏某将未经处理的视频上传至网络的行为,实际上对原告造成了次生伤害,侵害了原告的隐私权。

2. 公共场所隐私权确立的正当性

第一,规范和限制政府公权力。国家出于打击犯罪、维护社会稳定的需要,往往会对特定的人或在特定的公共场所安装预防性的电子监控,通过视频监控收集个人的行为信息,形成一个庞大的数据信息库。虽然这种做法在一定程度上利于形成良好的社会秩序,但也足以使一个正常人感到反感。如果长期生活在这种被监视的环境下,势必会影响我们个人的生活;如果有关机关对收集到的个人信息加以滥用,无疑会侵犯善良公民的隐私权。但如果公共场所隐私权得以确立,则能够有效地规范并限制政府对公民信息的过度使用,保护公民的隐私权。

第二,促进公民权利的自由行使。王泽鉴教授指出,隐私权旨在维护人之尊严及个人自由。对公共场所隐私权的保护,意味着我们的人格尊严和自由在公共场所依然受到保护。现如今,我们生活在一个随时随地都可能被“监视”的数字化时代,遍布各地的监控设备将我们的行动轨迹毫无保留地暴露出来,我们一旦走出家门,就进入了被人监视的场合。在很多情况下,我们的言论自由受限,

① 参见王四新、周净泓:《网络空间隐私权的保护研究——基于公共场所隐私权理论》,载《四川理工学院学报(社会科学版)》2018 年第 6 期。

因为谈话很有可能会被除当事人以外的第三人知道；行为也可能受限，因为我们也许正在被偷拍，某些行为可能会招致别人的恶意揣测。因此，为了自身的安全，在公共场合我们会变得小心翼翼，谨言慎行，长此以往，便会形成“寒蝉效应”。为保证公民权利的自由表达，公共场所隐私权的确立是十分必要的。

第三，符合公民的合理隐私期待。在某些时候，公民身处公共场所，虽然能够预料自己的某些行为或言论会被人看到或者听到，但是公民对于外在风险的认识是模糊的，实际上他们并不知道别人会以怎样的方式侵犯其隐私权，自己又将承担怎样的后果。所以，应当承认公民在公共场所有合理的隐私期待。公民有权根据自己的意愿决定自己的隐私是否披露以及披露的程度，公民对自己信息的把控更应当是占据主动地位的，而非一味地处于被动地位，只有承认公民在公共场所的隐私权，才能真正地让公民掌握生活的主动权。

(四)公共场所个人隐私权的保护

隐私权作为一项具体人格权，从性质上来讲属于一种私权，也正因如此，关于隐私权的讨论往往集中于民法学界，但事实证明，将隐私权问题局限在民法领域并不能真正解决问题。公共场所隐私权作为隐私权的一种特殊表现形式，所涉及的因素是复杂多样的，对公共场所隐私权的保护单从私法的角度考虑很难有效解决问题，因为公共空间的基础法律框架是公法，离开公法去研究公共空间的个人隐私犹如隔靴搔痒。

现实生活中，侵犯公共场所个人隐私权的表现形式多种多样，侵权主体并不仅限于个人，其中往往也掺杂着公法主体。如出于国家预防犯罪、维护社会安全的需要，有的执法机关试图通过电子监控、监听等手段，来掌握“犯罪者”的行动轨迹，或是动用公权力闯入公民住宅进行搜查、取证等行动，相关行为一旦超越了界限，即是对公民隐私权的侵犯。无处不在的摄像头，虽然在一定程度上利于社会秩序的维护，但也可能造成公民内心的恐慌，在面对公权力的侵权行为时，民法似乎“无从下手”，从公法上规制公共场所隐私权成为一种必要。因此，想要保护好公民在公共场所的个人隐私，需要从公法的角度加以考量。

我们可以看到隐私权在刑法、行政法以及诉讼法的具体法域中受到的保护。例如，刑法中的非法搜查罪、非法侵入他人住宅罪、侵犯通信自由罪、侮辱罪等罪名的设立，旨在保护当事人的隐私利益，无论是被害人，还是证人，都应有追求隐私权保护的权利；行政法上对于隐私权的保护是较为广泛的，由于权利主体地位的不对等，公民在权利救济中处于明显的弱势地位，而政府信息公开、税收征收等行政事务涉及大量的隐私信息，就该方面的内容仍需要国家制定相关的法律法规予以规制。

总体来看，由于我国对于隐私权的理论研究大多集中在私法层面，而公共场所隐私权又超越了传统民事侵权法的隐私理论,①这就需要从公法中找寻解决问题的办法。但由于缺乏传统公法理论的支持,在处理公共场所隐私权时才会诉诸个人的"合理的隐私期待"。因此,关于隐私权的研究,我们可以适当地从公法领域探寻可能的救济途径,更好地保护公民在公共场所的隐私权。

未成年人的权益保护问题一直是立法者所关注的重点,在大数据时代的背景下,更应该加强对特殊主体的保护。从司法实践来看,公共场所隐私权的保护日益获得合法性,国外所采用的"合理的隐私期待"标准是一种可行的争议解决办法,在没有相关立法予以明确的情况下,我国可以从主客观隐私期待角度解决公共场所隐私权的问题,同时在隐私权的保护上,也要实现公法与私法上的良性互动。

(责任编辑:阚道祥)

① 刘泽刚:《公共场所隐私权的悖论》,载《现代法学》2008 年第 3 期。

普通消费者肖像被侵犯损害赔偿责任的认定

——魏某诉上海某信息咨询有限公司、某健身公司网络侵权责任纠纷案相关法律问题分析

董学敏* 张 圆**

裁判要旨

商家未经消费者同意，擅自将其健身前后对比照上传至网络用于商业宣传，应负侵权责任。对于肖像权授权的范围，如果商家与消费者未签订书面合同，仅以口头约定“效果会员”，商家不得作倾向于自身利益的单方解释。肖像承载着人格权，关乎人格尊严，对其授权使用范围亦不应作扩大解释。普通公民肖像权同样具有商业化价值，遭受侵犯可主张经济赔偿。商家侵权行为导致消费者的“不雅观”肖像发布于知名网络平台，且未积极消除负面影响，使消费者遭受一定程度的精神压力和精神痛苦的，对于当事人精神损害赔偿的请求，亦可予以支持。

一、据以研究的案例

原告魏某诉称：魏某系某健身公司会员，其间多次支付购买私教课的费用数万元。其在某健身公司健身期间，其健身教练为其拍摄了健身前后的对比照，并私自将其本人体重改变前后的两组对比照发至某 App 用于经营宣传。魏某认为，某健身公司的上述行为造成了其公众形象和商业价值一定程度的贬损，侵犯了其作为消费者的合法权益，侵犯了其肖像权和名誉权，给其造成了一定的经济损失和精神损害。上海某信息咨询有限公司（以下简称某公司）作为某 App 的

---

* 北京互联网法院法官，中国政法大学民商法学硕士。

** 北京互联网法院法官助理，中国政法大学刑法学硕士。

运营主体,亦应承担侵权责任,故请求北京互联网法院判令:(1)某健身公司、某公司立即停止侵权,并在全国范围内公开发行的报纸及侵权网站和 App 上公开赔礼道歉;(2)某健身公司、某公司向魏某赔偿经济损失 100 000 元、精神损害抚慰金 10 000 元、证据保全费 70 元,共计 110 070 元;(3)本案的诉讼费由某健身公司、某公司承担。

被告某健身公司辩称:(1)涉案照片系公司员工经魏某同意拍摄并发布于某 App,并且某健身公司给予了魏某效果会员的身份;某健身公司在得知魏某要求删除涉案照片时,立即将照片删除,未侵犯其肖像权;(2)魏某并非公众人物,不存在公众形象和商业价值;(3)某 App 主要为美食网站,某健身公司账号页面点击量非常低,涉案照片传播范围有限,没有造成任何影响。

被告某公司辩称:某公司为某 App 经营主体,涉案图片并非某公司上传,且某公司在了解涉案事实后,及时进行了查找,发现涉案图片已被删除,已尽到合理义务,不应当承担侵权责任。

法院经审理查明,魏某在某健身会所购买私教课支付的费用达数万元。2019 年 1 月 29 日,某健身会所教练王某(证人)应魏某要求,为其拍摄并拼接了健身前后对比照片三组,共 9 张。魏某与王某通过微信聊天确定,某健身会所使用上述健身前后对比照片用于宣传,作为回报可使魏某成为“效果会员”,但双方并未在聊天中确认宣传方式。关于“效果会员”所涉及的优惠制度,某健身公司并未提供充分证据加以证实。

某健身公司在某公司经营的某 App 上注册用户为某健身公司的账号的宣传页面上,上传了上述魏某照片中的二组对比照片中的各 2 张照片,分别标注为“训练前”和“训练后”。

法院生效判决认为:一般情况下,制作、使用、公开肖像权人的肖像需要经过肖像权人的同意,否则将有可能构成侵权。某健身公司的员工拍摄了魏某的肖像照片,该员工系照片的作者,但其行使著作权时,需经过肖像权人的同意。此外,该员工将照片用于该公司的网络宣传,其行为系执行工作任务,相关责任应当由某健身公司承担。

魏某与某健身公司并未签订任何关于其肖像使用的书面合同,根据其与证人王某的微信聊天记录,魏某仅同意成为某健身公司的“效果会员”。但某健身公司并未对“效果会员”提供相关书面文件和作出解释,主张“效果会员”指代用户宣传和课程优惠。王某多次询问魏某是否同意成为“效果会员”,却始终未能明示范围,某健身公司对“效果会员”的单方解释更具有随意性。王某当庭亦表示,“效果会员”主要是将其健身前后对比照片给健身的朋友们看,会有课程优惠。在商家对“效果会员”无明文规定的情况下,应理解为普通意义上的宣传行为,即"为了给客户宣传当面使用"。因此,某健身公司未经魏某同意在互联网上发布其照片的行为存在明显过错,侵犯了魏某的肖像权。某健身公司使用照片的行为尚在正面宣传范围内,未侵犯魏某的名誉权。

某公司作为某 App 的运营主体,是网络服务提供者,某公司在收到本案起诉状后,经查找,涉案照片已经删除,其已履行适当的注意义务,不应承担相应侵权责任。

关于赔礼道歉的问题,因涉案某 App 账号已停止运行,考虑侵权行为发生于互联网,损害后果波及范围广泛,且某健身公司在诉讼中一直拒绝承认存在过错,法院判决某健身公司在《人民法院报》上向魏某赔礼道歉;关于经济损失的问题,某健身公司系利用魏某健身前后的肖像对比所带来的商业化价值,为其企业营利,应当赔偿魏某经济损失 10 000 元;关于精神损害抚慰金的问题,某健身公司公开发布魏某认为不雅观、不愿公开的照片,并未认识到自己的过错,未积极消除侵权行为的影响,致使该侵权持续时间较长,负面影响已经超出一般公众的容忍程度,给魏某造成较严重的精神痛苦,应当依法赔偿魏某精神损害抚慰金 1000 元。

综上所述,北京互联网法院判决如下:(1)判决生效之日起 7 日内,被告某健身公司在《人民法院报》上向原告魏某赔礼道歉(致歉内容需经法院审核,逾期不履行,法院将依原告魏某的申请,在《人民法院报》上刊登判决书有关内容,费用由被告某健身公司负担);(2)判决生效之日起 7 日内,被告某健身公司赔偿原告魏某经济损失 10 000 元、精神损害抚慰金 1000 元、合理支出费用 70 元,合计 11 070 元;(3)驳回原告魏某其他诉讼请求。本案一审案件受理费 850 元,由原告魏某负担 425 元,被告某健身公司负担 425 元。

二、相关法律问题分析

(一)肖像权作为人格权利,非经本人同意不得随意使用

在互联网时代,人们对各类信息的发布、转载已经习以为常,通常认为发布一条信息、上传一张照片并没有什么大不了,这使人们对于他人肖像照片的使用缺乏基本的界限。事实上,肖像并不仅仅是一张照片,它依附于自然人本人,承载着自然人的人格权益,并与其人格尊严息息相关。除法律另有规定外,未经肖像权人同意,不得制作、使用、公开肖像权人的肖像。

肖像权人同意的方式一般有两种:一是肖像权人单方面授权肖像使用权人使用;二是肖像权人与肖像使用权人订立肖像使用合同。上述两种同意方式都应当明确规定使用的范围、方式、期限、限制等内容。订立肖像使用合同属于典型的明示同意,而肖像权人单方面授权他人使用的意思表示包括明示同意和默

示同意两种情形。本案中,魏某与商家某健身公司并未签订任何关于肖像使用的书面合同,而是采取授权的方式授权某健身公司在一定的范围方式内使用其肖像。某健身公司提交的微信聊天记录显示,魏某仅同意成为其“效果会员”,并未出现某 App 相关文字,显然魏某并未对商家将涉案照片发布在某 App 上作出明示的意思表示。某健身公司主张“效果会员”包含将会员照片发布于某 App,但该公司并未对“效果会员”提供相关书面文件和作出解释,其单方认为“效果会员”指代用户宣传和课程优惠;证人王某另表示,“效果会员”主要是将其健身前后对比照片给健身的朋友们看,故某健身公司未能提供充分证据证实自己的主张,即其并未取得魏某的默示同意。因肖像权是一种人格权利,与自然人的人格尊严息息相关,如无肖像权人的明确授权,肖像使用权人单方扩大授权使用范围的,法院不应予以支持。因此,本案中,某健身公司在某 App 发布涉案照片并未征得魏某的同意。

此外,即使拍摄照片的著作权人,未经允许也不得随意公开发布肖像权人的照片,肖像权作为人身权利,与著作权不能混为一谈,著作权的行使需尊重肖像所承载的人格利益,不得侵害权利人的肖像权。本案中,王某虽系照片的作者,但在未取得魏某同意的情形下,其亦不得随意在网络上发布魏某的肖像照片。

(二)消费者在接受服务的过程中人格尊严不得被侵犯

现实生活中,伴随互联网的兴起,商家的宣传方式已不局限于在店面进行线下宣传,在网络平台的线上宣传也越来越受到商家的青睐。消费者是商家店铺、产品最好的代言人,消费者的认可最能体现商家的口碑。因此,不少商家会通过展示消费者的消费评价、消费过程,甚至展示消费者的肖像照片进行宣传,从而吸引更多的消费者,然而上述使用行为是否经过消费者同意,是否已和消费者明确沟通使用的范围、方式、期限,反而并未受到足够的重视与关注,由此引发的消费者维权也屡见不鲜。

实际上,消费者的人格尊严更不应被忽视,消费者在购买、使用商品和接受服务时,享有人格尊严得到尊重的权利。消费者的基本人格尊严必须得到经营者的认同和尊重,才可能建立和谐的消费关系,消费者的肖像权彰显了其个人的人格尊严,现代社会高度的商业化和信息化,使消费者肖像权更容易受到侵犯。消费者对自己的肖像因消费行为而被公之于众的情况无法预见,一旦肖像被不当公开与利用,将给消费者的私人生活带来极大困扰,还会对其人格尊严造成贬损。

本案中,某健身公司违背魏某的个人意愿在热门网络平台发布其上半身裸露的健身对比照片,使消费者不愿公开的事项被不特定网络用户围观,且在魏某要求协商解决侵权事宜及诉讼的过程中,商家始终拒绝承认过错,让作为消费者的魏某感到其作为弱势群体维权的艰难,商家的侵权行为所造成的负面影响已经超出一般消费者的容忍程度,进一步加重了侵权行为给魏某造成的伤害。经营者侵害了消费者的人格尊严,应当停止侵害、恢复名誉、消除影响、赔礼道歉,并赔偿损失。

(三)关于损害赔偿的问题

肖像权作为人格权,具有商业化利用的价值,肖像权人对其肖像拥有允许他人使用在内的绝对支配权,肖像权人可以依法转让或者授权他人使用其肖像,在遭受侵害后可以通过财产损害赔偿的方式获得救济。肖像权具有财产利益,并非将肖像权加以财产量化,而是肯定肖像权本身具有财产价值,因此肖像权的行使和利用才成为财产价值的最直接体现,故肖像权人是否属于公众人物,不是肖像权人获取经济赔偿的前提。本案中,魏某虽非公众人物,但某健身公司作为从事健身行业的主体,在其某 App 账号使用魏某训练前后的对比照片,并标明相关课程的介绍及成果,意在商业宣传。因此,某健身公司系以消费者实际的健身效果所带来的商业化价值为自身营利,应当赔偿魏某经济损失。结合某健身公司的过错程度,涉案肖像被使用的数量、范围、用途、持续时间,某 App 的影响力及当前的市场因素,法院判令某健身公司向魏某支付 10 000 元的经济损失。

肖像权作为人格权,在被侵害后,肖像权人所遭受的精神痛苦或损害往往难以用物化的标准来衡量。本案中,某健身公司发布的涉案照片系魏某健身前后上半身裸露的对比照片,魏某认为涉案照片并不雅观,不愿在互联网上公开,符合一般公众的价值判断标准,应当予以尊重。某健身公司在较为知名的网络服务平台公开发布上述照片,且在魏某要求协商解决涉案侵权事宜后,并未认识到自己的过错,未积极消除侵权行为的影响,致使该侵权行为持续时间较长,其侵权行为造成的负面影响已经超出一般消费者的容忍程度,具有严重过错。特别是在诉讼过程中,某健身公司始终拒绝承认过错,进一步加重了侵权行为给魏某造成的伤害。某健身公司的以上行为,给魏某造成较为严重的精神痛苦,应当依法赔偿魏某一定的精神损害抚慰金。因此,结合侵权行为的过错程度、侵害的手段、行为方式、侵权行为造成的后果等因素,法院判令某健身公司支付 1000 元的精神损害抚慰金。

(责任编辑:曹巧娇)

“职业放贷人”的司法认定[①]

——范某诉杨某民间借贷纠纷案相关法律问题分析

吴　娇[*]　王　朔[**]

裁判要旨

单位或个人违反国家金融管理法律规定，以发放贷款为日常业务活动，扰乱金融秩序，同时符合下列情形的，应当认定为“职业放贷人”：(1)未经有关部门依法批准，非法发放贷款；(2)向社会公众即社会不特定对象发放贷款；(3)经常、反复发放贷款；(4)通过约定高额利息、违约金等营利。发放贷款行为不符合上述第2项、第3项情形，但能够证明通过媒体、推介会、传单、手机短信等途径向社会公开宣传或成立公司专营放贷业务，形成社会辐射力的，也可以认定为“职业放贷人”。

一、据以研究的案例

原告(被上诉人)范某诉称：杨某于2012年7月11日向范某借款20 000元，双方约定于2012年7月31日还清。到期后，杨某未偿还借款，直到2016年2月初偿还5000元利息。故请求原审法院判令：(1)杨某偿还范某借款20 000元，并支付利息(以20 000元为基数，按照月利率2%计算，自2014年1月1日起至实际给付之日止)；(2)诉讼费由杨某承担。

---

① 本文系对《民法典》实施之前法院审理案件的相关法律问题的研究，适用的是《民法典》实施前的相关法律规范。下文中不再逐一说明。

* 北京互联网法院法官助理，中国政法大学法学硕士。

** 北京市第二中级人民法院法官，中国政法大学法律硕士。

被告(上诉人)杨某辩称:范某涉及10余起与他人的民间借贷纠纷案件,杨某认为,范某是“职业放贷”人员,通过向不特定对象提供资金赚取高额利息,范某的出借行为具有反复性和经常性,借款目的具有营利性,属于从事非法金融业务活动,其所签订之民间借贷合同因违反强制性规定而无效。范某提供的是格式合同,从侧面印证了他以放贷为生的事实,故双方签订的借条无效,范某无权主张额外利息。

法院审理过程中,杨某提交了在中国裁判文书网上查询的涉及范某的裁判文书,据此主张范某涉及的民间借贷纠纷至少有四五起,均系涉案金额为几万元的小额贷款,但不排除范某的其他民间借贷纠纷是通过调解解决的。范某的代理人认可其代理范某并被法院判决的民间借贷案件有三四起,调解的有两起。

一审法院作出如下判决:被告杨某于判决生效之日起10日内偿还原告范某借款20 000元及利息(以20 000元为基数,按照月利率2%计算,自2014年1月1日起至实际给付之日止)。杨某不服,提起上诉。二审法院于2019年5月21日作出判决:驳回上诉,维持原判。

二审法院生效判决认为:杨某主张范某系“职业放贷人”,范某对此并不认可,故应当由杨某对此承担举证证明责任。杨某目前的证据仅能证明范某在法院涉及民间借贷的纠纷有四五起,且均系涉案金额几万元的小额贷款,不足以证明范某系以发放贷款为其日常业务活动,也不足以证明范某的放贷行为达到扰乱金融市场和金融秩序的程度,故法院根据目前证据尚难以确认范某为“职业放贷人”,杨某亦未证明涉案借贷合同具有法律规定的关于合同无效的相关情形,故法院对杨某的该项上诉主张,不予支持。

二、相关法律问题分析

本案争议的问题是范某是否属于“职业放贷人”,其在本案中出借款项的行为是否属于职业放贷。“职业放贷人”,是指未经有权机关批准,以发放贷款为日常业务活动的单位或者个人。在审理本案的过程中,二审法院通过调研发现,“职业放贷人”司法认定过程中存在“是否认定”标准不明、“怎么认定”过程不清两大问题,下文将通过深入分析“职业放贷人”司法规制的目的、价值,从司法实践出发,厘清“职业放贷人”司法认定的考量因素和各考量因素的证明过程,为类案的裁判提供参考。

(一)“职业放贷人”认定的实践现状及问题分析

1. 法律未确定认定标准

司法实践中对于“职业放贷人”的认定依据是《最高人民法院关于审理民间借贷案件适用法律若干问题的规定》第13条、《银行业监督管理法》第19条和

《非法金融机构和非法金融业务活动取缔办法》第4条的规定。但是,现有的法律法规以及最高人民法院的司法解释均没有为“职业放贷人”的认定确定统一的具体标准。

2. 法官的主观认识不统一

近年来,民间借贷呈现显著的职业化特征,但是,不同的法官对“职业放贷人”司法规制的合理性、限度存在不同的认识,原因有如下几点:(1)民间借贷具有促进资金流通的功能,在一定程度上可解决个人和中小企业对资金要求急、次数频的要求;(2)尊重契约自由原则,避免因司法的介入使不诚信的债务人获利;(3)“职业放贷人”认定后司法如何规制、能否溯及既往缺乏规定;(4)“职业放贷人”认定后合同无效的处理方式,可能会使“职业放贷人”背后的投资者面临投资款无法追回的后果,激化社会矛盾。

3. 实践中的宽严尺度不同

(1)各地法院的认定标准不同。实践中对于“职业放贷人”认定的尺度具有地域特征,①且各地法院之间并未形成有效的协调沟通机制,为“职业放贷人”异地诉讼提供了可利用的空间。(2)不同法院的认定标准差距大。笔者在中国裁判文书网上通过多种与“职业放贷人”相关的关键词进行检索和筛选,获取98份不重复认定“职业放贷人”的判决作为分析样本,②其中,有49份判决采用“本院+历史数据”的组合查询了所认定的“职业放贷人”的涉诉案件数量,最少的3件,最多的超过600件(分布情况如图1所示)。

---

① 《浙江省高级人民法院、浙江省人民检察院、浙江省公安厅等印发关于〈依法严厉打击与民间借贷相关的刑事犯罪强化民间借贷协同治理的会议纪要〉的通知》第2条第2款规定:“纳入‘职业放贷人名录’,一般应当符合以下条件:1. 以连续三年收结案数为标准,同一或关联原告在同一基层法院民事诉讼中涉及20件以上民间借贷案件(含诉前调解,以下各项同),或者在同一中级法院及辖区各基层法院民事诉讼中涉及30件以上民间借贷案件的;2. 在同一年度内,同一或关联原告在同一基层法院民事诉讼中涉及10件以上民间借贷案件,或者在同一中级法院及辖区各基层法院民事诉讼中涉及15件以上民间借贷案件的;3. 在同一年度内,同一或关联原告在同一中级法院及辖区各基层法院涉及民间借贷案件5件以上且累计金额达100万元以上,或者涉及民间借贷案件3件以上且累计金额达1000万元以上的……”

《江苏省高级人民法院关于建立疑似职业放贷人名录制度的意见(试行)》第2条则规定:“……同一出借人及其实际控制的关联关系人作为原告一年内在全省各级人民法院起诉民间借贷案件5件以上的,该出借人应当纳入疑似职业放贷人名录。……”

② 笔者于2019年7月1日在中国裁判文书网进行了3次检索:(1)使用关键词“从事经常性放贷业务”和“职业放贷人”、文书类型“判决书”,检索出13份判决;(2)使用关键词“《中华人民共和国银行业监督管理法》第十九条”和“非法金融业务活动”、文书类型“判决书”,检索出349份判决;(3)使用关键词“向社会不特定(的)对象提供资金以赚取高额利息”和“《中华人民共和国银行业监督管理法》”、文书类型“判决书”,检索出215份判决。对3次检索出的共计577份判决逐一进行分析,最终选取所认定的“职业放贷人”不重复的98份判决作为分析样本。

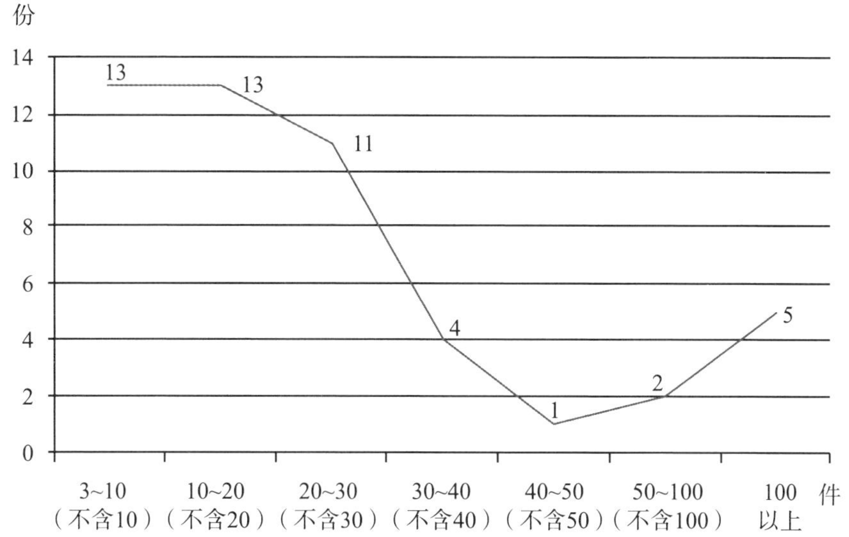

图1　49份样本判决中放贷人涉案数量分布

4."怎么认定"的过程不清

98份样本判决中,查明放贷模式的仅有36份,其他62份判决,在确认出借人不具有放贷资质后,仅查明涉案数量即作出"职业放贷人"的认定。样本中多数判决的"本院认为"部分关于"职业放贷人"认定的说理较少,对涉案"职业放贷人"仅进行了简单的行为描述。(如图2所示)

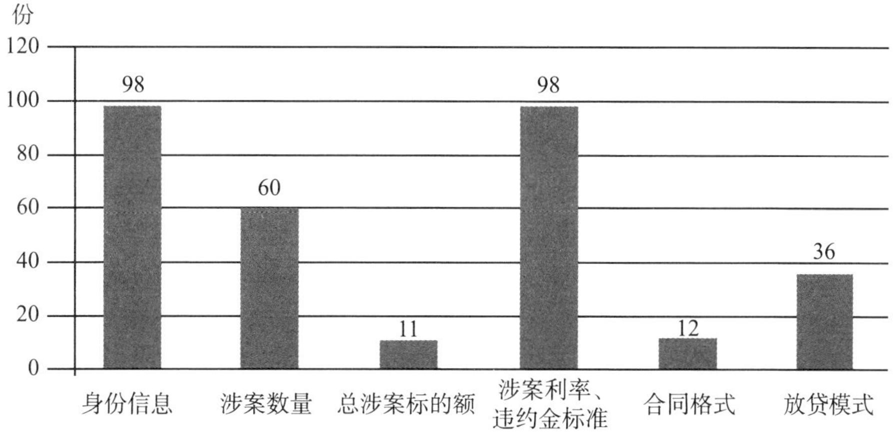

图2　查明放贷人有关事实的判决数

(二)“职业放贷人”司法认定的原则及考量因素

1. 立法目的:维护金融秩序、防范金融风险

《银行业监督管理法》第19条规定:“未经国务院银行业监督管理机构批准,任何单位或者个人不得设立银行业金融机构或者从事银行业金融机构的业务活动。”相较于正规的金融机构,“职业放贷人”在放贷的过程中缺乏对借款人信用的有效审核体系,有时通过高息也无法平衡坏账风险,而这种风险最终可能会转嫁给投资人;另外,职业放贷行为还易引发非法集资、非法吸收公众存款对外放贷、高利转贷、虚假诉讼、“套路贷”、暴力催收等违法犯罪行为。因此,以违反上述强制性规定为由认定“职业放贷人”是为了加强对职业放贷行为的规制,维护金融秩序、防范金融风险。

2. 价值冲突:个案正义与社会秩序的冲突

根据《最高人民法院关于审理民间借贷案件适用法律若干问题的规定》第13条的规定,未依法取得放贷资格的出借人,以营利为目的向社会不特定对象提供借款所签订的民间借贷合同无效。在98份样本判决中,认定合同无效后,35份判决借款人不用支付利息、38份判决借款人按照银行同期同类贷款利率标准支付利息、12份判决借款人按照年利率6%的标准支付利息、13份判决根据案件情况确定利息计算标准。无论是哪一种情形,借款人均无须再支付高额的利息和违约金,在某种程度上使不诚信的债务人获利,个案正义为社会秩序让步。因此,笔者认为,对于“职业放贷人”的认定应当基于放贷行为对社会的损害或者潜在损害严重于因尊重契约自由而保护的个案正义。

3. 利益考量:出借人与借款人权益的较量

首先,“职业放贷”的借款人并非完全善意,基于其对自身资信状况的了解,一般情况下借款人对于出借人的“职业放贷人”身份是明知的;其次,在认定“职业放贷人”的过程中,也须谨防“职业放贷人”的司法认定沦为不诚信借款人逃脱债务的工具。因此,在通过司法对“职业放贷人”进行规制时,应当保持法律应有的谦抑。

4. “职业放贷人”司法认定的考量因素

判断某一放贷人的放贷行为是否达到足以扰乱金融市场和金融秩序的程度,司法实践需要具体的标准。在确定“职业放贷人”认定的考量因素时,一方面,应当与自愿互助的民间借贷相区别,自愿互助的民间借贷具有偶然性,出借人与借款人之间通常存在某种身份关系上的牵连,双方既可以约定利息也可以没有利息;另一方面,应当符合经营活动的一般特征,出借人具有促成放贷的主动性,并通过反复、经常地出借款项实现营利。

通过分析现有判决在认定“职业放贷人”时的考量因素,笔者发现大多数判

决均参考了最高人民法院(2017)最高法民终647号民事判决书[1]中关于“职业放贷人”认定的分析过程。例如,上述抽样的98份判决,在认定“职业放贷人”过程中提到次数最多的是“未经批准”“向社会不特定对象提供借款”“出借行为具有反复性、经常性”“出借目的具有营利性”,这些内容均没有超出最高人民法院上述判决确定的考量因素范围。虽然我国并非判例法国家,但是在法律没有规定的情况下,最高人民法院的该份判决为当前司法实践中“职业放贷人”的认定确定了可参考的标准,在认定“职业放贷人”的过程中确定了4个方面的考量因素:

(1)主体因素:出借主体不具有放贷资质。“职业放贷人”系未经批准,擅自从事放贷业务。

(2)对象因素:出借对象具有不特定性。法律并未禁止遵循自愿互助、诚实信用原则的民间借贷活动,对象是否特定是区分的重要因素。

(3)行为因素:出借行为具有经常性、反复性。“职业放贷人”出借行为的次数、频率等符合一般经营活动的特征。

(4)目的因素:出借目的是实现营利。“职业放贷人”出借款项的目的是营利,即通过出借款项赚取高额利息。

5.关于具有危害可能性是否应认定为“职业放贷人”的讨论

对于在出借行为并未产生现实危害,而是对金融秩序具有危害可能性的情况下,是否应当认定为“职业放贷人”,存在不同的观点:(1)危害可能性出现的概率高时,可以认定“职业放贷人”,如出借人通过主动打广告等方式进行宣传、个人成立公司专营放贷业务等;(2)只有产生现实危害性,才可以认定“职业放贷人”,是否认定“职业放贷人”应以行为是否对金融秩序造成现实的损害进行判断。

如果出借人向不特定对象主动宣示的行为,产生了与不特定对象建立经常性借贷关系的可能性,当法官对这种可能性能够形成内心确信,笔者认为,即可以作出“职业放贷人”的认定。

6.社会辐射力概念的引入

上述“职业放贷人”认定时的4个考量因素,是基于职业放贷行为已经对金

---

① (2017)最高法民终647号民事判决书中,最高人民法院关于“职业放贷人”认定的内容如下:“根据本案查明的事实,高金公司贷款对象主体众多,除了本案债务人德享公司以外,高金公司于2009年至2011年间分别向新纪元公司、金华公司、荟铭公司、鼎锋公司和顺天海川公司等出借资金,通过向社会不特定对象提供资金以赚取高额利息,出借行为具有反复性、经常性,借款目的也具有营业性,未经批准,擅自从事经常性的贷款业务,属于从事非法金融业务活动”。

融秩序构成现实危害,其中对象因素、行为因素实际是为了证明出借人的出借行为形成一定规模,达到扰乱金融市场和金融秩序的程度,这种影响力又被称为现实的社会辐射力。当出借人的行为产生具有危害金融秩序的可能性,但还没有转化为现实危害时,是否认定“职业放贷人”要根据法官对放贷行为社会辐射能力的判断。如果出借人的行为在地域、人数范围上形成了较大的社会辐射力,即使还未满足出借行为经常性、反复性的因素,司法也可以进行规制。

(三)“职业放贷人”各项考量因素的证明方法

1. 主体因素:直接证明

直接证明,是指能够直接从证据中对案件事实作出判断。在我国,法律并未允许自然人放贷,单位应当经过中国人民银行的批准,方能从事放贷业务,通过查询单位的经营范围,可以确认法人是否具有放贷资质。

2. 对象因素:事实推定+反驳

事实推定,是指法官依据经验法则,从已知的前提事实推断未知的结果事实存在的一种证明方法,具体包括如下两点。

(1)从建立借贷关系的方式推定面向不特定的对象。建立借贷关系的方式,是指出借人与借款人建立借贷关系采用的惯常性方式,随着互联网技术的发展,放贷模式也由传统的“口口相传”模式逐渐改变。在前述98份样本判决中,典型的建立借贷关系的方式有:①通过网络平台,代借款人购买物品,之后由借款人向出借人还款;②通过网络平台向不认识的陌生人发放贷款;③通过4S店向购买车辆的人发放贷款并将车辆抵押;④通过电话推销贷款等。

(2)从出借款人的数量推定对象不特定。因每个人的人际交往对象有限,当出现放贷对象众多的情况时,法官可以推定出借对象具有不特定性。

事实推定依据的是法官的经验,存在被证伪的可能性,因此,允许当事人举证推翻。“职业放贷人”对象的“不特定”是与“特定”相对的概念。在自愿互助的民间借贷中,出借人与借款人之间存在某种身份关系上的牵连,如果出借人能够给出合理的解释,前述认定的“不特定”是可以被推翻的。

3. 行为因素:事实推定

出借行为的经常性可以通过出借次数、频率进行判定,法官直接查清出借次数、频率存在现实困难,而出借人的出借次数一定大于其涉案数量,因此司法实践中一般借助审判系统、中国裁判文书网等查询出借人涉案数量。出借人的涉案数量还要与查询的地域范围、时间范围及当地的经济情况等综合考虑,才能对“职业放贷人”的出借行为是否构成经常性作出判断。

4. 目的因素:间接证明

间接证明,是指须通过与其他事实的共同作用得出因素事实存在的结论。

出借目的的营利性需要综合出借人利率违约金标准、涉案标的额、涉案数量进行判断。其中,仅查明其中某一项事实的,均存在例外的可能性,只有当3项事实均具备的情况下,才能判断出借行为是否具有营利性。例如,仅满足涉案数量多、涉案标的额高两项事实,但利息约定较低,无法认定为营利;此外,利率标准高,但是涉案标的额低,也无法认定出借人的营利性。

(责任编辑:何琴)

持股配偶擅自转让股权的效力认定*

——张某诉石某、甲公司等股权转让纠纷案相关法律问题分析

梁　良**

裁判要旨

股权属于特殊的财产权利，配偶一方在婚姻关系存续期间取得的股权并不属于夫妻共同财产，其各项具体权能应由股东本人独立行使。股权转让的主体是股东本人，未经配偶同意签订的股权转让协议，并非无效。

一、据以研究的案例

原告(上诉人)张某诉称：原告与被告石某系夫妻关系。双方于2003年3月22日登记结婚，婚姻关系存续至今。2007年11月30日，西安某管理公司登记成立。被告石某于2015年1月23日取得西安某管理公司10%的股权。2015年9月1日，在原告不知情的情况下，被告石某将其在西安某管理公司名下10%的股权分别转让给乙公司9%，转让给甲公司1%。原告认为，被告石某的上述股权是在婚姻关系存续期间取得的，应当为夫妻共同财产。被告石某在未经原告同意的情况下擅自转让上述股权，应属无效。被告石某擅自转让其名下西安某管理公司10%的股权给另外二被告，签署的股权转让合同无效。且乙公司和甲公司未支付相应的对价，与被告石某有恶意串通之嫌。故请求法院判令：(1)被告石某与被告乙公司于2015年9月1日签订的股权转让合同无效；(2)被告石

---

* 本文系对《民法典》实施之前法院审理案件的相关法律问题的研究，因《民法典》并未对股权转让与家事代理的关系作出明确规定，学界也一直在探讨，鉴于此，本文具有参考价值。

** 北京市西城区人民法院立案庭一级法官，中国政法大学法学硕士。

某与被告甲公司于2015年9月1日签订的股权转让合同无效;(3)诉讼费由三被告承担。

被告(被上诉人)石某辩称:不同意原告诉讼请求。石某接受乙公司的安排代持了西安某管理公司10%的股权,石某没有向前一任股东支付相应对价,是从周某处取得的该10%股权。2015年9月1日,石某接受公司安排将10%的股权转给了二公司,二公司未向石某支付对价。石某不是该10%股权的权利人,该10%股权不是夫妻共同财产,原告起诉没有事实依据。

被告(被上诉人)乙公司、甲公司辩称:原告起诉没有事实依据。本案诉争股权最初是北京某投资公司从郭某手中取得,转让时北京某投资公司支付了价款,登记在周某名下,由周某代持股份。2008年11月13日,周某和北京某投资公司、丙公司签订转代持协议,由周某代持股份。2015年,丙公司改名为乙公司,乙公司安排周某将他代持的股份转为石某代持。后石某根据乙公司的安排将诉争股权转给乙公司和甲公司(乙公司的子公司)。石某只是涉案股权的代持人。

法院经审理查明,2003年3月22日,原告张某与被告石某登记结婚。

2008年10月29日,北京某投资公司(甲方)与郭某(乙方)、周某(丙方)签订《三方代持协议》,载明:(1)甲方受让乙方在西安某管理公司10%的股权,股权转让价款为100万元,该款由甲方支付给乙方。(2)甲方将受让乙方的10%的股权交由丙方代为持有。股权由乙方过户到丙方名下,丙方不向乙方支付股权转让金。(3)甲方为该10%股权的实际所有人,丙方只是代持人,丙方有义务根据甲方的要求随时将西安某管理公司10%的股权过户到甲方或甲方指定的第三方名下。(4)本协议一式三份,甲、乙、丙三方各持一份,具有同等法律效力。本协议于签署之日生效。

同日,郭某(出让方)与周某(受让方)签订《股东转让出资协议》,载明:(1)出让方将其拥有的西安某管理公司10%的股权计100万元,转让给受让方,受让方应于本协议签订之日起3日内支付转让款……

2008年10月31日,北京某投资公司向郭某转款100万元。

2008年11月13日,北京某投资公司(甲方)与丙公司(乙方)、周某(丙方)签订《转代持协议书》,载明:(1)甲方于2008年10月29日受让了郭某在西安某管理公司10%的股权,该10%的股权由丙方代甲方持有。(2)甲方现将该10%股权转让给乙方,该股权不作过户。本协议签订之日起,该10%的股权归乙方所有,原丙方代甲方持有的西安某管理公司10%的股权转由丙方代乙方持有。(3)条件具备时,丙方按照乙方的指令将该10%的股权过户到乙方或乙方指定人员的名下,届时,丙方必须无条件配合……

2014 年 8 月 28 日,丙公司经原北京市工商行政管理局核准,名称变更为乙公司。

2015 年 1 月 5 日,周某(出让方)与石某(受让方)签订《股东转让出资协议》,载明:(1)出让方将其拥有的西安某管理公司 10%的出资共计 100 万元转让给受让方,受让方应于该协议签订之日起 3 日内支付转让款……

2015 年 8 月 31 日,被告石某(出让方)与乙公司(受让方)签订《股东转让出资协议》,载明:(1)出让方将其拥有的西安某管理公司 9%的出资共计 90 万元转让给受让方,受让方应于该协议签订之日起 3 日内支付转让款……

2015 年 8 月 31 日,被告石某(出让方)与甲公司(受让方)签订《股东转让出资协议》,载明:(1)出让方将其拥有的西安某管理公司 1%的出资共计 10 万元转让给受让方,受让方应于该协议签订之日起 3 日内支付转让款……

一审法院于 2015 年 5 月 26 日作出民事判决:驳回原告张某的诉讼请求。宣判后,张某提起上诉。二审法院于 2018 年 12 月 24 日作出民事判决:驳回上诉,维持原判。

二审法院生效判决认为:即使是以夫妻共同财产出资而取得股权、登记在夫妻一方名下,股权本身也并不是夫妻共同财产,作为夫妻共同财产的只能是股权代表的价值利益和所带来的收益,未登记一方不属于股权的共有人。据此,张某主张登记在石某名下的涉案股权为夫妻共同财产,缺乏事实和法律依据。故张某主张石某擅自处分夫妻共同财产而签订的股权转让协议无效,缺乏依据,二审法院不予支持。

二、相关法律问题分析

本案争议焦点为持股配偶未经另一方同意,擅自转让股权①的效力认定问题。近年来,随着我国民众私人财富不断积累,个人可支配财产的形态逐渐呈现多样化,尤其对于财富量级达到一定程度的高净值家庭,股权和其他投资性财产权利在家庭总资产中所占的比重越来越大,导致与本案类似的夫妻关系存续期间持有股权的配偶一方单方转让名下股权的情况时有发生。对于诉争的股权,一方面,其系夫妻共同财产投资所得,应当受到我国婚姻家庭相关法律规范的规制;另一方面,其系公司的组成部分,亦应当受到我国《公司法》的规制。然而,在我国现有的法律框架下,并未有明文对此类法律交叉问题进行明确阐释,使司法实践中多出现"同案不同判"的司法困境。基于此,笔者认为,要厘清这一问

① 本文所探讨的股权限于一方在婚姻关系存续期间利用夫妻共同财产投资有限责任公司所取得的股权。

题,首先要回答如下问题:第一,夫妻共同财产投资所得的股权是否属于夫妻共同财产?第二,持股配偶未经非持股配偶同意向第三人转让名下股权是否有效?第三,如何保护非持股配偶对共同财产出资转换而来的股权的利益?

(一)问题之源:持股配偶名下股权是否属于夫妻共同财产

本案中,股权系在婚姻关系存续期间取得,因此要认定其是否属于夫妻共同财产,首先需要明确“夫妻共同财产”和“股权”两个不同的法律概念。

《民法典》第1062条规定:“夫妻在婚姻关系存续期间所得的下列财产,为夫妻的共同财产,归夫妻共同所有:(一)工资、奖金、劳务报酬;(二)生产、经营投资的收益;(三)知识产权的收益;(四)继承或者受赠的财产,但是本法第一千零六十三条第三项规定的除外;(五)其他应当归共同所有的财产。夫妻对共同财产,有平等的处理权。”可见,我国现行法律框架下夫妻共同财产的范围并不包含股权。对此,有观点认为,婚姻关系存续期间以夫妻一方名义在有限责任公司中的出资额为夫妻共同财产,并以此认为股权应当属于夫妻共同财产。该种观点成立的前提是“出资额”等于“股权”。但二者是否可以等同?如果夫妻一方在婚姻关系存续期间获得股权所投入资金是夫妻共同财产,是否可以凭此认定所获得的“股权”就是夫妻共同财产?

我国法律确立了股权是不同于所有权、物权、债权等的独立的民事权利。从法理上讲,股权是资本证券,也称股东权。股权作为一种资本性财产权利,系股东基于对公司的出资而取得的从公司获取经济利益并参与公司经营管理的权利。股权的取得兼具人合基础,与股东自身密切相关,可以说,股权是一种集身份、财产与管理等权利于一体的,独立的、综合性的权利形态,股东资格并不构成共有对象,同时股权变动涉及公司、其他股东甚至第三人的利益,故股权具有不同于其他夫妻共同财产的特点。

综上所述,在我国现行法律框架下,夫妻共同财产的范围并未明确包含股权,且由于股权在性质上兼具财产性与身份性,亦不宜进行扩大解释将股权纳入夫妻共同财产之中。司法实务中将股权认定为夫妻共同财产,其实质系夫妻双方对于股权中的财产权共有,即夫妻所共有的不是股权本身,而是股权中的财产权益。因此,本案中持股配偶一方转让的股权并非夫妻共同财产,非持股配偶不得以无权处分要求确认股权转让行为无效。

(二)现实之征:股权转让行为的特殊性

股权转让自由是《公司法》的一项基本原则,因此对股权转让自由的限制必须以维护公司发展以及市场经济秩序为目的。《公司法》第 71 条[①]规定了有限责任公司股权转让需经过其他股东过半数同意,且其他股东对所转让股权有优先购买权。该条规定体现了法律保护股权自由转让的私法自治理念。事实上,股权具有独立的权利属性,因此,股东对于股权的处理亦具有相对独立性,股权转让时配偶是否同意并非股权转让合同效力的必要条件。

如上所述,即使是在婚姻关系存续期间以夫妻共同财产出资、登记在一方名下的股权,其本身也并不属于夫妻共同财产,夫妻双方并非股权的共有人,股权只能由持股配偶行使,非持股配偶仅享有股权中的财产利益。“股权”与“股权中的财产权益”犹如“整体”与“部分”的关系,由于在转让时股权的财产性与身份性不能分离,又因非持股配偶享有股权的财产性利益,所以持股配偶对股权进行转让的同时,必然会转让夫妻所共有的“股权中的财产利益”,从这个角度考虑,对于持股配偶未经非持股配偶同意而擅自向第三人转让股权的协议的效力,不能当然地认定有效或无效。

但需要注意的是,按照此种逻辑推理,实践中不可避免地出现了持股配偶在股权转让过程中滥用权利规避法律的情形。对此,笔者认为,此系股权转让之外的法律关系所涵摄内容,但并不因此构成对股东处分权的限制。故持股配偶一方未经另一方同意转让股权的行为,不应因无权处分而当然无效。

(三)司法之翼:持股配偶擅自转让股权之效力认定的司法现状

1.“有效论”和“无效论”之争

关于持股配偶擅自转让股权之效力认定问题,笔者在中国裁判文书网搜索相关案例,发现司法实践中有着截然相反的两种观点,即“有效论”和“无效论”。“有效论”认为,股权是一种综合性权利,不同于传统意义上的夫妻共同财产,股权转让首先要遵守《公司法》的规定。“无效论”则认为,股权本质上仍系财产权,系夫妻共同财产的一种,应当受婚姻家庭相关法律的规制。笔者同意“有效论”的观点,如果股权只登记在夫或妻一方名下,持股配偶在向他人转让名下股权时,他人完全可以依据外观主义原则,信赖工商登记的股东并与之交易,而不需要再去查明股权是否为持股配偶一方以夫妻共同财产出资且已经征得非持股

① 《公司法》第 71 条规定:“有限责任公司的股东之间可以相互转让其全部或者部分股权。股东向股东以外的人转让股权,应当经其他股东过半数同意。股东应就其股权转让事项书面通知其他股东征求同意,其他股东自接到书面通知之日起满三十日未答复的,视为同意转让。其他股东半数以上不同意转让的,不同意的股东应当购买该转让的股权;不购买的,视为同意转让。经股东同意转让的股权,在同等条件下,其他股东有优先购买权。两个以上股东主张行使优先购买权的,协商确定各自的购买比例;协商不成的,按照转让时各自的出资比例行使优先购买权。公司章程对股权转让另有规定的,从其规定。”

配偶的同意,否则有悖商法的外观主义原则,不利于交易效率及交易安全。[①]

2. 导致不同处理观点的原因分析

笔者认为,对未经配偶同意的股权转让协议法律效力认定的认识不统一,源于两点:一是对人身关系和商事关系的认识混淆;二是法律适用混乱。家庭中的夫妻共同共有不同于其他共有。我国既有的民事立法体例"把性质根本不同的经济关系与家庭关系融入一部法律,适用同一种基本原则"[②],混淆了人身关系和商事财产关系。《民法典》婚姻家庭编是传统意义上的民事立法,而《公司法》则隶属商事立法。本案案由虽然为股权转让纠纷,但其内在却与家事领域的夫妻共同财产关系密切。在我国现行法律框架下,民事立法对夫妻财产共有的规定不够详细且实操性不足[③],《公司法》及相关司法解释中亦没有涉及夫妻共同财产问题,立法上的空白必然导致法律适用的无措。因此,两种观点在本质上是选择保护受让第三人,维护市场经济秩序,还是选择保护非持股配偶合法权益,维护婚姻安全的一个动态博弈。

(四)路径之择:持股配偶擅自转让名下股权效力认定的路径选择

我国目前尚未建立完善的家事代理制度,因此,在目前法律框架下处理此类纠纷时,笔者认为,审理思路应为鉴于股权为特殊的财产权,股权的处理只需要股东个人的意思表示。即股权转让协议的一方当事人为股东,另一方当事人为受让方,出让方的配偶不是合同当事人。因此,在法律适用上一般只考虑或优先考虑《公司法》和合同相关法律。换言之,持股配偶擅自转让名下股权效力的大原则为有效。

但是,对于持股配偶擅自转让股权,并非只要满足《公司法》等商事法律规定的形式要件即为有效。前已述及,虽然股权并非夫妻共同财产,但股权中的财产利益确系夫妻共同财产,对于财产利益的处理仍需要遵循婚姻家庭的有关法律规定,并以此保障非持股配偶的合法权益。需要注意的是,本案并未支持非持股配偶一方要求确认协议无效的请求,但对于协议之效力亦未进行认定。

(责任编辑:何琴)

① 参见王利明主编:《判解研究》(2012 年第 3 辑)(总第 61 辑),人民法院出版社 2013 年版,第 216 页。

② 马忆南、周征:《〈婚姻法〉司法解释(二)的解读与评论》,载《法律适用》2004 年第 10 期。

③ 参见徐学鹿:《论现代商法的基本原则》,载《法学杂志》2003 年第 1 期。

进口食品标签瑕疵之惩罚性赔偿责任的认定与裁判规则的厘定

——杨某与北京某商贸有限公司产品销售者责任纠纷案相关法律问题分析

张鹏飞 *

裁判要旨

1. 消费者提供购物小票、服务凭证、发票等载明销售者身份信息和商品基本信息的凭证，法院一般应认定消费者与该销售者就凭证所载商品成立消费合同关系。

2. 预包装食品没有中文标签、中文说明书或者标签、说明书不符合规定的，不得进口。按照法律的相关规定，如进口商品无中文标贴，不符合国家的相关标准。对于消费者所购买的不符合相关标准的进口商品，销售者应当承担退货责任。

3. 根据《食品安全法》及相关司法解释惩罚性赔偿条款中的但书内容，食品标签、说明书内容存在的标注缺失，即没有中文标签，如不会影响购买人安全贮存、安全食用该食品，也不会对购买人造成安全误导，进而影响消费者对食品安全判断的，可以不适用惩罚性赔偿。

一、据以研究的案例

原告杨某诉称：2019 年 4 月 19 日，其因招待朋友需要，到被告某商贸公司经营的商店购买 BIN 407 红酒共计 14 瓶，共消费 8680 元。原告将所购买的红酒

* 北京市顺义区人民法院天竺法庭审判员，兰州大学法学硕士。

拿回家中,待饮用时发现所购买的红酒无中文标识。原告遂以其所购买的红酒无中文标识为由,向法院提起诉讼要求:(1)判令被告返还原告购物款 8680 元,原告将货物退还被告;(2)判令被告支付购物款 10 倍赔偿金 86 800 元;(3)诉讼费由被告负担。

被告某商贸公司辩称:原告不能证明其向法庭出示的商品是从该公司购买。此外,原告提交的证据也不能证明该公司所出售的商品存在质量问题,影响食品安全。该公司在出售商品时不存在欺诈行为,所出售的商品并不影响食品安全,未对人体健康造成危害。原告购买案涉商品并不是为了个人消费使用,而是为了谋取暴利。综上所述,被告某商贸公司不同意原告的诉讼请求。

庭审中,原告提交照片、录像资料以及酒的实物,证明原告确实从被告处购买了案涉红酒、所购买的红酒没有中文标识,以及当时购买涉案红酒时的具体情况。对此,被告抗辩认为,原告购买红酒的过程是偷录的;从视频的内容可以看出原告从进店购买前以及在购买过程中都采取了录音录像的形式,并不是以一个普通消费者的身份购买;原告在购买涉案红酒的过程中反复确认其所购买的红酒没有中文标识,并对所购红酒的每一个细节进行了记录,并不是其诉状中所述拿回家中待饮用时发现没有中文标识,其购买动机存在恶意,涉案红酒没有标识并未对原告造成误导;原告曾多次购买无中文标签的商品从而维权,对此均为明知。被告提交了相关证据,原告不予认可。

庭审中,经询问,被告称,涉案红酒是从国外代购取得,店里涉案同类酒品分为有中文标识的和没有中文标识的,价格相差 100 元左右,销售给原告的酒品没有中文标识,但当时原告指定购买没有中文标识的红酒。原告称,原告是将购买的红酒拿回家里之后,在招待朋友的时候,经过朋友提醒才发现没有中文标识,涉案红酒只打开了 1 瓶,剩余红酒现都在原告处保存。

一审法院认为:被告作为出卖人,与买受人原告杨某就涉案红酒的买卖事宜达成买卖合同。该买卖合同均系合同当事人真实、自愿的意思表示,也不违反法律的强制性规定,故原告、被告之间就涉案红酒所达成的买卖合同应属合法有效。原告、被告应按照相关法律规定履行各自的义务。本案中,涉案红酒无中文标贴,不符合国家的相关标准。对于原告从被告处所购买的不符合相关标准的涉案红酒,被告应当承担退货责任。故杨某应将上述其所购买的红酒退还给某商贸公司,某商贸公司应向杨某返还相应的红酒货款。本案中的食品标签、说明书内容存在的标注缺失,即没有中文标签,不会影响购买人安全贮存、安全食用该食品,也不会对购买人造成安全误导,进而影响原告对食品安全的判断。杨某要求被告赔偿 10 倍案涉红酒价款的诉讼请求不能成立,对其该项请求,法院不予支持。

一审法院于2020年4月8日作出判决:(1)被告某商贸有限公司于判决生效之日起7日内向杨某退还货款8680元,原告杨某同时向被告某商贸有限公司返还其所购买的14瓶BIN 407红酒(如原告杨某不能返还案涉红酒,则由被告北京某商贸有限公司按照每瓶620元的价格从应退还货款中予以扣除);(2)驳回原告杨某的其他诉讼请求。

判决后,双方均未上诉。

二、相关法律问题分析

(一)涉进口食品中文标签法律纠纷问题的背景

随着我国人民群众生活水平的不断提高,市场上进口食品的品种和数量逐年猛增。自2019年10月1日起,我国取消首次进口预包装食品标签备案要求,改备案制为抽查制。因进口食品标签标示不合格引起的主张惩罚性赔偿的民事案件数量呈上升趋势。实践中,此类案件存在裁判标准和法律适用不统一、个案具体赔偿倍数缺乏可预见性的问题。

食品的中文标签,一般是指在进口食品包装容器上或附于食品包装容器上的文字、图形、符号以及一切说明物的中文翻译信息。中文标签的基本功能是通过对被标识食品的名称、规格、生产者名称等进行清晰、准确地描述,科学地向消费者传达该进口食品的安全特性等信息。中文标签问题与食品安全之间是否存在因果关系,何种情况下可以判决适用《食品安全法》中10倍价款的惩罚性赔偿,在司法实践中存有争议。明确食品惩罚性赔偿的适用范围和适用条件,有利于生产者和销售者依法履行义务,合理行使权利。

(二)进口食品标签的审查认定标准

进口食品的中文标签包括食品包装上的文字、图形、符号及一切说明物,如食品名称配料表(原料与辅料),净含量(规格),进口商/经销商/代理商名称、地址、联系方式,生产日期,保质期(豁免食品除外),贮存条件,原产国/原产地,营养标签(豁免食品除外)等。

《食品安全法》第97条规定:"进口的预包装食品、食品添加剂应当有中文标签;依法应当有说明书的,还应当有中文说明书。标签、说明书应当符合本法以及我国其他有关法律、行政法规的规定和食品安全国家标准的要求,并载明食品的原产地以及境内代理商的名称、地址、联系方式。预包装食品没有中文标签、中文说明书或者标签、说明书不符合本条规定的,不得进口。"本案中,原告所购买的14瓶BIN 407红酒没有中文标签,不符合相关法律规定。

（三）以进口食品“无中文标签”主张适用《食品安全法》相关惩罚性赔偿案件裁判规则之厘清

对于消费者以进口食品“无中文标签”主张适用《食品安全法》相关惩罚性赔偿的案件，目前司法实践有两种观点，一种观点认为，进口食品有无中文标签并不直接影响食品安全，二者之间不存在必然的因果关系，消费者依据《食品安全法》第148条的规定请求生产者或者销售者支付价款10倍赔偿金的，应当举证证明其所购买的食品存在《食品安全法》第150条规定的不符合食品安全标准的事实。另一种观点认为，根据规定，进口的预包装食品、食品添加剂应当有中文标签，没有中文标签或者标签不符合规定的，不得进口；未张贴中文标识，应认定为不符合食品安全标准，消费者可按照《食品安全法》的规定主张10倍赔偿。对该问题，笔者认为应从以下方面进行认定：

1. 进口食品中文标签问题与影响食品安全之间不存在必然因果关系

为保障进口食品的安全性，根据《食品安全法》关于进出口食品的有关规定，国家检验检疫部门是进口食品的安全监管部门，贯彻“合格准入”的通关原则。对符合我国国家标准的进口食品、食品添加剂和食品相关产品发放检验检疫合格书；对进口时尚无食品安全国家标准的食品，由国家卫生行政部门审查后认为符合标准的，检验检疫部门方可发放检验检疫合格书，允许通关。故与食品安全存在必然因果关系的是入境货物检疫检验证明。而中文标签作为进口食品的身份证明，是向消费者说明有关食品特征、成分和功能的主要载体，也是依法保护消费者合法权益的重要途径，所以《食品安全法》第97条规定，进口的预包装食品、食品添加剂应当有中文标签；依法应当有说明书的，还应当有中文说明书。预包装食品没有中文标签、中文说明书或者标签、说明书不符合本条规定的，不得进口。缺失中文标签的进口食品不得进口，但是中文标签本身在产地、成分、保质期限上的某些瑕疵，与该进口食品的安全并无必要联系。《食品安全法》第97条还规定，标签和说明书应当载明食品的原产地以及境内代理商的名称、地址、联系方式。该条印证，进口食品的中文标签意在使消费者了解食品的来历、成分等事项，方便消费者合理使用以及出现食品问题后进行责任追究，其核心意义是为了保证消费者对进口产品的理解，所以无法推定起到说明作用的中文标签问题与食品本身的质量有当然的联系。判断进口食品是否符合食品安全，还需回归《食品安全法》本身对食品安全的规定，当进口食品缺乏入境检验检疫合格证，或者不符合法律对具体某项食品质量的规定的时候，才能认定其是不符合食品安全标准的食品。

2. 无中文标签的进口食品若符合食品安全标准则不适用食品安全法惩罚性赔偿规定

《食品安全法》第148条第2款规定的例外规则——“但是,食品的标签、说明书存在不影响食品安全且不会对消费者造成误导的瑕疵的除外”表明,在标签瑕疵不会造成误导的情况下,消费者不能仅以进口食品无中文标签为由便获得惩罚性赔偿。原因在于,进口食品的中文标签与食品本身的品质没有必然联系。若因缺乏中文标签指引而导致人身损害,则需要进一步证明其因果关系,即受到的损害是缺乏中文标签导致,此时方可适用惩罚性赔偿规定。如果消费者对缺乏中文标签的事实存在明知,则可以认定其了解该商品种类、类型、价格,缺少中文标签的事实不会对其造成误导,消费者不会因没有中文标签指引错用该食品而受到人身或财产损害,故不能支持其价款10倍的惩罚性赔偿请求。

本案中,法院判决认为,原告多次购买相关进口商品维权,涉诉红酒无中文标签对其未产生食品安全方面的误导,故判决驳回了其10倍赔偿的诉讼请求。

(四)涉食品标签纠纷裁判思路之厘定

笔者建议,可以将食品标签纠纷案件类型化作为进一步统一裁判标准的重要途径。综合上述关于进口食品标签法律纠纷裁判规则的分析,笔者以从具体到一般的角度,抽象出处理涉食品标签纠纷问题的裁判思路:第一层级,判定食品标识信息是否符合强制执行的标识管理标准;第二层级,判定食品能否适用瑕疵除外条款。其中尤以第二层级的判定为重。

1. 以形式审查作为认定食品安全标准的原则

从食品安全标准的体系解释、标准制定的分权原则以及标准审查的可行性考虑,应将形式审查作为法院认定食品安全标准的原则。在具体适用上,可以从以下步骤展开:

第一步,寻找标准。不符合食品安全标准是《食品安全法》第148条第2款规定的要件事实,对于该事实,法官必须依据食品安全标准而非普通经验进行认定。换言之,在法官认定食品是否符合食品安全标准时,该标准系认定事实的大前提。寻找相应的食品安全标准是法官处理食品标签纠纷的重要工作,尽管实践中大部分原告都会提供相应标准作为起诉依据,但寻找标准仍属于法官的职责。绝大部分食品都已经制定了食品安全国家标准,法官可以通过权威渠道查询。此外,鉴于食品安全标准本质上系有关认定案件事实的依据,法官宜将寻找到的相关标准在“本院查明”部分予以表述。

第二步,解释概念。法官认定食品是否符合安全标准的过程其实就是一个类似适用法律的涵摄过程，必须对寻找到的标准进行解释后，方能进行下一步工作。

第三步，比对内容。在对标准内容进行阐释明确后，下一步应将食品标签的标注情况与标准要求进行对比。根据形式审查原则，法官在该阶段不需要对寻找到的相关标准进行区分，只要是标准的内容，都应当认定为《食品安全法》第148条第2款所称的标准。

2. 通过限缩解释合理适用标签瑕疵免责条款

(1)标签瑕疵与食品安全标准的关系

食品标签瑕疵仍然属于违反食品安全标准的行为，只不过在瑕疵情形下，消费者不能仅以存在标签瑕疵为由便获得惩罚性赔偿。因此，在《食品安全法》第148条第2款的适用中，第一步工作还是要通过形式审查确定标签是否符合食品安全标准，如不符合，则接下来判断其是否构成标签瑕疵，从而免除承担惩罚性赔偿责任。

(2)食品标签瑕疵的理解与适用

根据《食品安全法》的规定，适用标签瑕疵免责条款必须同时满足两项条件：一是标签瑕疵不影响食品安全；二是标签瑕疵不会对消费者造成误导。关于不影响食品安全，应从是否与卫生、营养等食品安全要求相关进行判断。如果标签在性质上与食品安全无关，则无论其瑕疵内容和程度如何，均属于不影响食品安全的瑕疵；如果标签与食品安全有关，则应综合其瑕疵内容、程度和影响后果进行判断。关于误导，亦应当限定为与食品安全有关。故适用标签瑕疵免责条款需要同时具备不影响食品安全和不造成误导两个条件。

3. 以实质审查为原则适用标签瑕疵免责条款

根据《食品安全法》第148条第2款之规定，适用瑕疵除外条款的关键在于不影响食品安全、不会对消费者造成误导这两个限定条件。对这两个限定条件应以实质审查为原则。

误导，是指因标签信息不真实、不完整等导致消费者对食品本身以及食品有关的信息产生错误认识。[①] 如表1所示，标识信息以是否与食品安全有关分为3类。由于该规定是《食品安全法》的特别规定，故“误导”应限定在与食品安全相关的内容上，不影响食品安全的误导则应适用《消费者权益保护法》第55条第1款“经营者提供商品或者服务有欺诈行为”之规定。

---

① 参见康临芳、马超雄：《食品标签民事纠纷的裁判思路》，载《法律适用》2016年第8期。

表1　常见食品标签、标识信息分类

信息类型	具体项目
食品安全有关信息	生产原料
	配料
	食品生产许可编号
	生产日期
	保质期
	食用方法
	营养成分
	功能用途
	产品名称
食品安全无关信息	联系方式
	生产商名称
	生产地址
可能与食品安全有关信息	净含量

综合上述分析可知,在该层级的判定环节,总共有4种情形:第一种,涉案产品标签瑕疵影响食品安全,不适用瑕疵除外条款;第二种,涉案产品标签瑕疵不影响食品安全且标签瑕疵不造成任何误导,适用瑕疵除外条款;第三种,涉案产品标签瑕疵不影响食品安全,且标签瑕疵仅造成与食品安全无关的误导,同样可以适用瑕疵除外条款,此情形下消费者虽然不能主张10倍惩罚性赔偿,但仍可主张《消费者权益保护法》中的3倍赔偿;第四种,涉案产品标签瑕疵不影响食品安全但标签瑕疵造成安全性误导,不适用瑕疵除外条款。具体裁判规则和流程如图1所示。

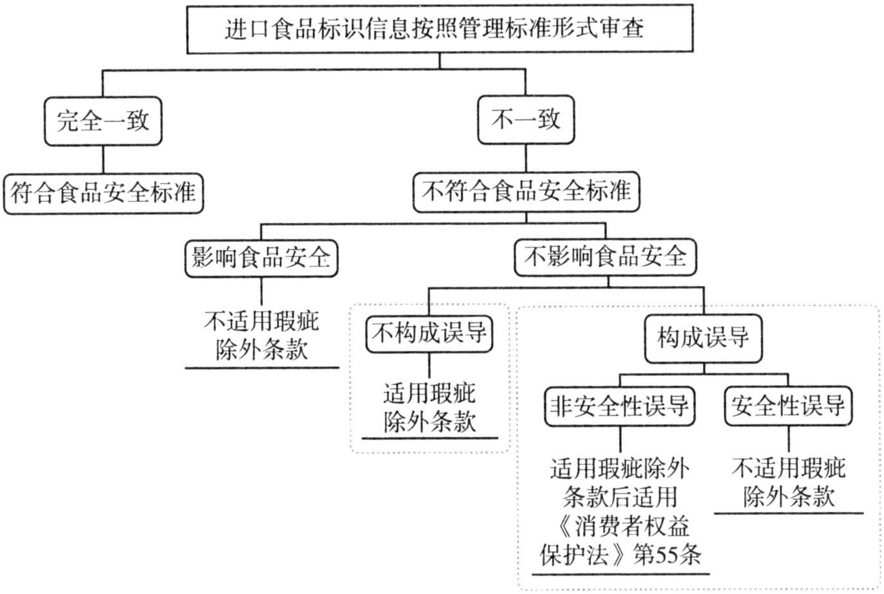

图1　进口食品标识信息按照管理标准形式审查

（责任编辑：王凯）

从程序瑕疵看股东会决议不成立与可撤销的路径区别

——王某诉北京某公司等公司决议纠纷案相关法律问题分析

田　璐*　郭欣欣**

裁判要旨

公司决议不成立与可撤销同属决议程序上存在瑕疵而致使决议效力发生障碍,但决议不成立的程序瑕疵程度要严重于决议可撤销。当瑕疵程度严重到足以实质影响决议成立要件时,方可认定决议不成立。股东会召集通知程序存在瑕疵,但未达到足以认定决议不存在或未形成有效决议的,属于决议可撤销的范畴。

一、据以研究的案例

北京某公司成立于2012年9月3日,注册资本1000万元,深圳某公司持股60%,另有股东宋某、王某,王某为法定代表人、执行董事,牛某为监事。公司章程规定,股东会由执行董事召集主持,执行董事和监事不召集的,代表1/10以上表决权的股东可以自行召集。

2017年3月24日(星期五)20时29分,深圳某公司向王某发送了《关于召开临时股东会的提议》,提请执行董事于当日向全体股东发通知召集临时股东会,会议时间为2017年4月10日14时30分,地点为深圳某公司会议室,审议

* 北京市第三中级人民法院民事审判第三庭法官,北京大学法学硕士。

** 北京市第三中级人民法院民事审判第三庭法官助理,中国人民大学法学硕士。

事项包括选任新法定代表人及董事监事、讨论公司章程修正议案、公司投资方针、经营计划及财务管理情况等。2017 年 3 月 25 日(星期六)22 时 14 分,深圳某公司向牛某发送了相同内容提议,也要求于当日召集。2017 年 3 月 27 日(星期一)11 时 02 分,深圳某公司向王某、宋某发送了《关于召开北京某公司临时股东会的通知》(以下简称深圳通知),会议时间、地点、审议事项与提议一致。

王某称其于 3 月 26 日或 27 日看到 24 日夜晚收到的提议。2017 年 3 月 27 日,王某向深圳某公司发出《关于召开北京某公司临时股东会的通知》(以下简称北京通知),载明经股东深圳某公司提议,定于 2017 年 4 月 10 日 14 时 30 分在北京市怀柔区某园召开临时股东会。

2017 年 3 月 29 日,深圳某公司重置了王某的企业邮箱。2017 年 4 月 5 日 17 时 32 分,深圳某公司向王某的企业邮箱发送了《关于纠正执行董事对召开北京某公司临时股东会的通知》(以下简称纠正通知),表明执行董事在未经其授权的情况下,无权违反股东意志擅自修改提议,要求会议地点仍旧在深圳,审议事项与提议一致。深圳某公司并未提举充分证据证明王某知悉上述纠正通知内容。

2017 年 4 月 10 日 14 时 30 分,深圳某公司在其会议室召开会议,通过如下决议:免除原法定代表人、执行董事王某职务,免除原监事牛某职务,选任徐某为法定代表人、执行董事,马某为监事等。同时间,王某、宋某在北京怀柔召开会议,深圳某公司未出席。

王某称,2017 年 7 月,深圳某公司法定代表人徐某以其系北京某公司法定代表人为由,起诉要求王某返还证照,王某因此得知深圳某公司虚构股东会决议的行为。王某遂向法院提起本案诉讼,要求确认深圳某公司以北京某公司名义于 2017 年 4 月 10 日作出的《临时股东会决议》不成立。

一审法院经审理认为,王某在接到深圳某公司召开临时股东会提议后,于合理时间内召集会议并送达了会议通知,王某的召集行为有效,深圳某公司应当按时前往北京怀柔会议地点参会。深圳某公司明知临时股东会将在北京怀柔召开而拒不前往,却在深圳单独召开会议,且深圳某公司本身不具有召集股东会的权利,其召开的会议所通过的决议不应被认定为股东会决议。因此,一审法院判决:深圳某公司作出的诉争《临时股东会决议》不成立。

深圳某公司不服,向二审法院提起上诉。二审法院经审理认为,本案的争议焦点是:(1)本案中执行董事是否存在怠于履行或不履行召集临时股东会职责的情形;(2)深圳某公司自行召集的诉争临时股东会所形成的决议,是否存在《最高人民法院关于适用〈中华人民共和国公司法〉若干问题的规定(四)》(以下简称《公司法司法解释(四)》)第5条[①]所规定的法定不成立情形。

关于第一个争议焦点,虽然法律及北京某公司章程对于股东的提议方式、执行董事和监事履行职责的期限未予明确规定,但依据法理,该提议方式和履职期限应当恰当、合理。本案中,深圳某公司向王某、牛某发送提议邮件的时间分别是星期五20时29分和星期六22时14分,且均要求在当天发送召集通知,该提议通知的时间及所要求期限难以认定为恰当、合理。执行董事王某在接到股东深圳某公司召开临时股东会提议后即在周一以邮件方式向包括深圳某公司在内的全体股东发送了召集股东会的北京通知,王某已于合理时间内进行会议召集,其召集行为并未违反法律及公司章程规定,亦不存在怠于履行或不履行该临时股东会召集职责的情形。

关于第二个争议焦点,根据《公司法司法解释(四)》第5条第1项的规定,股东会有效召开系公司决议成立的前提条件之一,而对于"召开会议"的审查和认定,不应局限于股东会的外在形式。有限责任公司的股东会,应由符合法律规定的召集人依照法律或公司章程规定的程序,召集全体股东出席,并由符合法律规定的主持人主持会议。股东会需要对相关事项作出决议时,应由股东依照法律、公司章程规定的议事方式、表决程序进行决议,达到法律、公司章程规定的表决权比例时方可形成股东会决议。有限责任公司通过股东会对变更公司章程、改变公司经营方针等事项作出决议,其实质是公司股东通过参加股东会行使股东权利、参与公司经营活动的过程。因此股东实际参与股东会并作出真实意思表示,是股东会决议成立并有效的必要条件。具体到本案中,第一,在执行董事王某已经依法履行召集职责的情况下,深圳某公司并不享有临时股东会召集权,故深圳某公司发出的深圳通知并不属于公司法意义上的合法召集程序。此外,深圳某公司并未提交证据证明该通知已有效送达至股东宋某。因此,深圳某公司在深圳召开临时股东会的召集程序并不符合法律规定,其于2017年4月10日在深圳召开的会议不能认定为实际召开了股东会。第二,虽然深圳某公司持有北京某公司60%的股权,享有北京某公司的多数表决权,但并不意味着深圳某公司基于其多数表决权之便利作出的个人决策过程等同于召开了公司股东会。

---

① 此案适用的是2017年《公司法司法解释(四)》,此解释已于2020年修正,相关法条内容未作修改。《公司法司法解释(四)》第5条规定:"股东会或者股东大会、董事会决议存在下列情形之一,当事人主张决议不成立的,人民法院应当予以支持:(一)公司未召开会议的,但依据公司法第三十七条第二款或者公司章程规定可以不召开股东会或者股东大会而直接作出决定,并由全体股东在决定文件上签名、盖章的除外;(二)会议未对决议事项进行表决的;(三)出席会议的人数或者股东所持表决权不符合公司法或者公司章程规定的;(四)会议的表决结果未达到公司法或者公司章程规定的通过比例的;(五)导致决议不成立的其他情形。"

深圳某公司不享有自行召集股东会的权利，其据此以其多数持股比例通过的决议亦不能认定为股东会决议。第三，深圳某公司自行召集的诉争临时股东会所形成决议不属于可撤销情形，而应归于法定不成立。股东会决议可撤销之诉针对的是已经成立的股东会决议；而决议不成立制度侧重于程序价值，表现为因欠缺基本的行为要件导致不能认为决议形成。深圳某公司不具有临时股东会召集权，其单独召开的股东会不能被认定为公司法意义上的股东会，其通过享有的多数表决权直接通过相关的决议，亦并不具备《民法总则》①所规定的多方意思形成过程，应属于股东会决议不成立的情形。

综上所述，深圳某公司在其会议室作出的诉争《临时股东会决议》不成立。一审法院认定无误，二审法院依法予以维持。

二、相关法律问题分析

本案争议的核心焦点在于：深圳某公司自行召集的诉争临时股东会所形成的决议，是否存在《公司法司法解释(四)》第5条所规定的法定不成立情形。具体涉及有限责任公司股东会或临时股东会议召集程序的认定，以及在股东会决议召集程序存在瑕疵的情况下，如何区分股东会决议不成立与决议可撤销两种决议效力。

(一)关于有限责任公司股东会或临时股东会召集程序的认定

《公司法》在2018年修正以前，仅规定了股东的股东会召集请求权，且未对此设立程序保障，所谓请求权形同虚设。现行《公司法》第40条明确了代表1/10以上表决权的股东在董事、监事机构均未履行股东会召集职责时，享有股东会召集权。《公司法》赋予股东以股东会召集权，目的是防止董事、监事机构出于私利不当干预经营活动，督促董事、监事机构及时行使公司内部治理权利和义务，确保公司运营效率，有效维护其他股东和公司的合法权益。故股东会召集权的行使，应当以董事、监事机构不履行或不能履行职责为前提。考虑实践中董事、监事机构可能存在拖延履行职责的情形，故应当对此履行职责的期间有所规定。虽然法律对于股东的提议方式、执行董事和监事履行职责的期限未予明确规定，但依据法理，该提议方式和履职期限应当恰当、合理。

具体到本案中，依据法院查明的事实，北京某公司执行董事在收到股东关于召开临时股东会的提议邮件后，在第一个工作日即向全体股东发送了召集股东会议的北京通知，应当认定其及时作出了同意召开股东会议的书面决定，本案中

---

① 《民法总则》已于2021年1月1日因《民法典》的施行而废止。

不存在董事、监事机构未履行股东会召集职责情形,故深圳某公司不享有股东会召集权。

(二)股东会决议不成立情形中的程序瑕疵分析——《公司法司法解释(四)》第5条的理解与适用

股东会决议不成立,指的是决议有重大瑕疵,且该重大瑕疵无法被修复,以至于欠缺了决议成立的构成要件,体现在会议的召集、举行、表决以及表决结果通过比例等方面。《公司法司法解释(四)》第5条规定了决议不成立的5项情形,其中,前两项为根本未开会、未表决,理论上称为决议不存在的情形;第3~4项包括虽然开会,但出席会议的人数或股东所持表决权不符合《公司法》或公司章程的规定,或者会议的表决结果未达到法律或公司章程规定的通过比例,理论上称为未形成有效决议;第5项规定了决议不成立的其他情形作为兜底条款。结合《民法典》第134条关于双方或多方民事法律行为成立的规定,本文认为,公司股东会决议首先须为股东会作出,其次须以发生一定法律效果为目的而作出,最后需形成意思表示,方能成立。如果出现会议参加人员并非股东,或者会议召集程序的瑕疵严重到足以影响他人对股东会性质的评价,或者足以认定未能形成意思表示或者不具备意思表示等情形的,则应被认定为决议不成立。

具体到本案中,在北京某公司执行董事已经依法履行召集职责的情况下,依据《公司法》及公司章程,深圳某公司并不享有临时股东会的召集权。故深圳某公司关于临时股东会的深圳通知并不属于公司法意义上的合法召集程序;且深圳某公司的现有证据不足以认定其将召开临时股东会的深圳通知有效送达给另一股东宋某。故深圳某公司在深圳召开临时股东会的召集程序并不符合法律规定,其自行召集的临时股东会并不属于公司法意义上的股东会,根据公司法司法解释的规定,该会议决议属于公司未召开会议的法定不成立情形。

(三)股东会决议不成立与可撤销之间的界限

公司决议作为一种法律行为,其成立与生效是两个不同的概念,且必须予以区分。股东会决议不成立的原因是决议欠缺成立要件,属于程序上的瑕疵。而根据《公司法》第22条的规定,股东会或者股东大会、董事会的会议召集程序、表决方式违反法律、行政法规或者公司章程,或者决议内容违反公司章程的,股东可以自决议作出之日起60日内,请求法院撤销。即公司决议可撤销的原因在很大程度上也包含程序上的瑕疵。因此,公司决议的可撤销原因与不成立原因所涉及的程序瑕疵如何区分,成为司法实践中的难点问题。

决议不成立与可撤销的根本区别在于制度价值不同。第一,从瑕疵程度上看,可撤销决议的程序瑕疵的严重程度弱于不成立的决议,决议不成立的程序瑕疵更为严重,以至于未达到基本的成立要件。第二,从瑕疵原因分析,决议可撤销除了程序瑕疵外,还包括决议内容违反公司章程,其范围大于程序瑕疵,而决议不成立的唯一原因仅限于程序性瑕疵。有观点认为,股东会决议成立的瑕疵,是指于股东会决议成立之前,即在股东会召集、主持、通知和股东会决议形成之时即存在的瑕疵。本文认为,并非所有在召集、主持、通知和股东会决议形成中存在的瑕疵,均会导致决议不成立,只有达到足以认定决议不成立或未能形成有效决议的严重程度,才构成决议不成立。因此,决议可撤销与不成立的核心区别在于瑕疵的严重程度——直接导致股东会决议构成要件缺失的为决议不成立,但轻微影响股东意思表示真实与自由的,应归为决议可撤销。

具体到本案中,虽然深圳某公司持有北京某公司60%的股权,享有北京某公司的多数表决权,但并不意味着深圳某公司基于其多数表决权之便利作出的个人决策过程等同于召开了公司股东会。深圳公司在不具有临时股东会自行召集权的情况下,单独召开股东会,该会议不能被认定为公司法意义上的股东会;其通过享有的多数表决权直接通过相关的决议,亦并不具备民法总则所规定的多方意思形成过程,应属于股东会决议不成立的情形。

(四)公司决议瑕疵救济的不同路径选择

《公司法司法解释(四)》出台后,对于公司决议的瑕疵类型重新进行了区分,将“决议不成立”的类型单独予以规定。司法实践中,对于决议不成立与决议可撤销的裁量,出现了适法不统一的情形。多数情形并不妨碍股东公平参与多数意思的形成与必要信息的获取,这种轻微瑕疵不会对决议产生实质影响,进而不应当认定决议不成立。对于程序瑕疵情形的判断,需根据个案的具体情形,判断瑕疵的轻微或严重程度,由此也产生了关于公司决议瑕疵救济的不同路径选择。

本文认为,在股东会未曾召开的情况下形成的决议必定属于决议不成立,而在股东未参加股东会的情况下,并非当然可以证明股东会未曾召开,进而认定公司决议不成立。所以,在股东未参加股东会的情况下如何作出事实认定,才是审理此类案件的关键所在。《公司法》明确规定公司召开股东会应当通知股东。在未通知股东参会的情况下,召开临时股东会并作出股东会决议,该行为与诸如提前通知不足法定期间、表决方式未按章程约定等股东会召集、表决过程中的一般程序瑕疵明显不同,其后果并非影响股东表决权的行使,而是从根本上剥夺了股东行使表决权的机会和可能,同时也使受侵害股东因不知晓股东会决议的存在而无法及时主张权利救济。

(责任编辑:张濡元)

生效法律文书已确认事实预决力问题分析

——陈某甲、丁某与陈某乙、乔某、李某第三人撤销之诉案相关法律问题分析

施舟骏*　孙冬晗**

裁判要旨

已确认事实预决力,是指已经为法院生效法律文书所确认的事实对于之后的诉讼中法院裁判、当事人举证所具有的约束力。预决力制度对法院判决的权威性、统一性有重要意义,更关系当事人的诉讼权利。明确已确认事实预决力的范围和限制,对于协调和实现诉讼的公正价值和效率价值具有重要的理论和实践意义。根据相关司法解释的规定,前诉生效裁判文书所确认的事实在后诉案件中并非当然地产生证据上的免证效果,其预决力应当受到一定的限制。

一、据以研究的案例

陈某乙与李某原系夫妻关系,陈某甲系二人之女。陈某甲与丁某系夫妻关系。2014 年 12 月 8 日,乔某以民间借贷纠纷为由将陈某乙诉至法院。该案中,乔某诉请法院判令陈某乙偿还借款 13 万元。2015 年 10 月 26 日,石景山区人民法院作出(2014)石民(商)初字××号民事判决,其中经审理查明部分认定:2011 年 1 月 18 日,为帮助案外人丁某集资建房,陈某乙到乔某家向其提出借款,乔某予以应许。该判决认定,为帮助丁某集资建房,陈某乙向乔某提出借款请求,乔某予以应允,双方之间已经建立借贷合意,且乔某当庭提交了陈某乙书写的借条,并按陈某乙的指示将 13 万元给付丁某,借款已经实际交付,陈某乙对此亦予

* 北京市石景山区人民法院民事审判第二庭庭长,北方工业大学法律硕士法学硕士。

** 北京市石景山区人民法院民事审判第二庭法官助理,北京化工大学法学硕士。

以认可,足以证实陈某乙与乔某之间已经建立民间借贷关系。但该案判决同时认为,涉案款项应属陈某乙个人债务,乔某要求李某承担连带清偿责任无事实及法律依据,故不予支持。最终,法院判决陈某乙向乔某承担该13万元的清偿责任。该案判决作出后,各方当事人未提起上诉,现已生效。2016年2月6日,乔某向石景山区人民法院立案申请执行,该案案号为(2016)京0107执××号,2016年5月25日,申请人乔某与被执行人陈某乙自行达成执行和解,但尚未履行完毕。该案以终结执行方式结案。2019年4月10日,陈某乙以民间借贷纠纷为由就前述案涉款项向丁某提起诉讼,并以(2014)石民(商)初字××号民事判决为证据,该案案号为(2019)京0107民初××号。当月,某市某区人民法院向丁某、陈某甲以司法专邮方式送达了开庭传票及证据材料。

上述事实有如下证据证明:

(1)(2014)石民(商)初字××号判决书。该判决"事实认定"部分认定了丁某与陈某乙之间存在借贷关系,原告认为相关内容并非事实。

(2)(2019)京0107民初××号案件中,法院邮寄的司法专邮的面单,证明二原告不在北京居住,司法专邮签收时间为2019年4月15日。该案中法院邮寄了(2014)石民(商)初字××号判决书和起诉书后,二原告才得知相关情况,故从知道或应当知道之日起算没有超过6个月。

(3)(2014)石民(商)初字××号案件中的笔录复印件,证明乔某、陈某乙及丁某对欠条的形成过程的陈述均不一致。

某市某区人民法院经审理认为:

首先,针对本案起诉时间是否符合相关法律规定一节。本案原告丁某并非(2014)石民(商)初字××号民间借贷纠纷一案的当事人,该案审理中,丁某虽作为证人陈述意见,但证人没有接受法院送达判决书的权利及义务,该案卷宗材料亦没有丁某知晓判决结果的记载。根据(2019)京0107民初××号案件中的送达情况等在案证据,不能说明丁某于(2019)京0107民初××号案件相关证据送达前即已知晓或应当知晓前诉民事判决所涉内容,因此其起诉时间符合《民事诉讼法》之规定。

其次,对于前案生效判决是否因内容错误损害二原告的民事权益一节。此问题实际系法院生效判决中已确认事实的预决力问题。根据相关司法解释的规定,某市某区人民法院认为,前诉生效裁判文书所确认的事实在后诉案件中并非当然地产生证据上的免证效果,其预决力应当受到一定的限制。前诉案件确认事实对后诉案件的预决力应考虑以下因素:第一,前诉案件相关事实的认定对于本案原告而言是否符合程序保障原则。(2014)石民(商)初字××号民间借贷纠纷中,本案原告丁某虽作为证人出庭,但其依法不能参加诉、辩及举证、质证过程,其证言内容也未确认其与陈某乙存在借贷关系。第二,已确认事实是否为前诉案件的主要争议内容。(2014)石民(商)初字××号民间借贷纠纷中,原告乔某主张其与陈某乙存在民间借贷关系。而该案中,陈某乙向乔某提出借款的具体原因不是各方当事人的争议焦点。某市某区人民法院认为,基于上述理由,(2014)石民(商)初字××号民事判决中关于丁某向陈某乙借款的事实认定在后诉案件中并不具有当然的预决力,原告在庭审中亦不能证明,相关事实认定对其后诉案件已经实际产生了直接影响。该院对原告的相关诉请不予支持。

某市某区人民法院依照《民事诉讼法》第56条第3款①、《最高人民法院关于适用〈中华人民共和国民事诉讼法〉的解释》第93条②之规定,判决:驳回原告陈某甲、丁某的诉讼请求。

二、相关法律问题分析

已决事实的预决力,一般是指法院发生法律效力的裁判文书所确认的事实,对于涉及该事实的后诉案件及当事人所具有的拘束力。这种拘束力是法院裁判行为统一性、安定性的体现,同时亦有助于诉讼效率的提升。但从平衡程序效率与实体公正价值的角度考量,已决事实预决力应具有相对性,即前诉生效裁判文书所确认的事实在后诉案件中并非当然地产生证据上的免证效果,其预决力应受到一定的范围限制。

(一)已决事实预决力的认定要件

由于目前我国相关法律和司法解释并未对哪些已认定事实具有怎样的预决力作出明确具体的规定,根据正当程序保障原则,应符合以下3个要件:

第一,所争议的事实应为前诉判决中的主要事实。案件事实据其作用分为主要事实、间接事实和辅助事实,如赋予全部案件事实当然的预决力,会导致前诉的诉讼参与人对所有事实均据理力争,进而无法围绕中心问题展开对辩,庭审效率将大为降低,不利于诉讼程序的推进。而主要事实对定案起到关键作用,是诉讼双方争议的核心和法庭审理关注的重点,也是最终裁判所依据的事实。

第二,该事实的形成符合程序保障原则。根据法律规定,已为法院发生法律效力的裁判所确认的事实,当事人无须举证,因此该事实的形成过程必须在当事人得到充分的程序保障的前提下进行。根据程序保障下的自我责任原则,只有

---

① 此案适用的是2017年修正的《民事诉讼法》,相关规定参见2021年修正的《民事诉讼法》第59条第3款。

② 此案适用的是2015年《最高人民法院关于适用〈中华人民共和国民事诉讼法〉的解释》,相关规定参见2022年修正版第93条。

经过了当事人充分的诉辩攻防、进行了实质性对抗的争点,才能被赋予预决力,且为了防止前诉双方恶意串通损害第三人利益,其产生拘束力的主体范围应该限于该前诉中的当事人。

第三,前案证明标准应相当于或高于后案。离客观真实较远的既判事实不能预决客观真实性要求更高的事实。例如,司法实践中,因刑事案件的证明标准高于民事案件的证明标准,在客观上刑事案件认定的事实可能更接近客观真实。故为方便诉讼,节约成本,提高司法判决的公信力,对于刑事案件证明的事实,民事案件可以不再进行举证;反之,则不能成立。

(二)不具有当然预决力的已决事实

一是前诉中的间接事实。间接事实,是指在诉讼中起到间接证明作用的事实,其作用具有间接性、辅助性,其在诉讼中的作用是用来推导主要事实的真伪。诉讼过程中,对于并非本案争议焦点内容的事实,当事人很可能会降低注意程度,也因此不会围绕该事实进行充分的举证、质证和辩论,如果以前诉对于该事实的认定作为后诉的定案依据,亦是对当事人程序保障权利的侵害。同样,审判人员对于间接事实也难以分配太多注意力,加之双方举证、质证和辩论的不足,导致对间接事实的认定容易出现瑕疵。正如本文案例,前诉中乔某主张其与陈某乙存在民间借贷关系,而李某作为债务人配偶应承担该夫妻共同债务的连带清偿责任。陈某乙对于双方借贷关系予以自认,本案的争议焦点是该债务是否为夫妻共同债务。其中,借款人陈某乙借款的具体动机及取得借款后的实际用途并非主要案件事实,其意义仅在于推导和论证陈某乙借款行为的合理性。

二是缺席判决所认定的事实。判决的作出需经过法定审判过程,双方通过辩论和举证、质证程序,保证法官能够全面、客观地进行判断,避免出现偏颇,从而使最终的判决具有较强的包容性。而缺席裁判的程序价值主要在于保障诉讼效率,其不可避免地在事实的认定方面具有天然的片面性,不应产生预决力效果。同时,当事人的程序选择权应当受到尊重和保护,当事人在前诉中不参与举证、质证及辩论,并不意味着其在后诉中针对某一问题也放弃相关权利。

三是调解协议中认定的事实。调解是双方当事人在自愿情形下通过利益互让等行为达成的一致意思表示。因此在调解中通常存在利益让渡行为,当事人出于时间成本、经济成本等多种利益考量,进而选择承认对方主张的部分事实。此时对事实的认可体现的是当事人对纠纷解决的态度,而非对事实本身性质的认同,因此当事人在后诉中应当具有重新质疑和辩论的权利。

(三)对已决事实认定瑕疵的救济途径

赋予部分已决事实预决力,可以在一定程度上提高诉讼效率,但基于公正和程序保障的考虑,在当事人的程序权利在前诉中没有得到充分保障时或其认为

已决事实有错误时,应给予其合理的救济渠道:

第一,应当赋予当事人在前诉中程序权利未获充分保障的抗辩权。如果已决事实在前诉事实认定过程中存在程序违法,当事人在前诉中的程序利益遭受损害,在后诉中该当事人可以提出在前诉中程序权利未获充分保障的抗辩,后诉法院应对此进行审查,若该当事人的程序权利在前诉中确实受到侵害,应排除该已决事实的预决效力。

第二,应当允许当事人运用反证推翻该已决事实。根据相关法律和司法解释的规定,若当事人认为已决事实有错误,可以举出反证。对于当事人提出相反证据的,后诉法官既可以根据自己的自由心证重新分配举证义务、作出判断,也可以作出与前诉相异的认定。

第三,已决事实的错误将会导致前诉判决的错误,对于前诉判决的错误,当事人可以经过再审途径予以解决。

特别需要说明的是,《最高人民法院关于适用〈中华人民共和国民事诉讼法〉的解释》第294条规定,第三人撤销之诉的对象仅限于生效判决主文内容,排除了裁判文书中事实认定、裁判理由等内容。因此第三人撤销之诉不是对已决事实认定错误有效的救济途径。

综上所述,虽然本案判决驳回了二原告的诉讼请求,却从已确认事实认定瑕疵救济的角度,为当事人在后诉中的实体性和程序性权利保障打通了路径,具有理论和现实意义。

(责任编辑:凌巍)

案外人执行异议之诉中权益优先性的认定标准

——汪某诉陈某等案外人执行异议之诉案相关法律问题分析

李增辉* 邱 堃**

裁判要旨

夫妻一方以夫妻财产协议中未过户房屋约定归其所有为由,请求排除强制执行,法院需结合权利成立时间、权利性质及内容,以及对权利人的利害影响等方面综合作出判断。在涉房屋案外人执行异议之诉中,法院应对案外人据以主张的权利作出准确甄别,按照具体的裁判路径作出判断,同时坚持生存利益优先、利益平衡的原则。

一、据以研究的案例

原告汪某与被告陈某1994年9月18日登记结婚,婚后无子女。2001年,陈某购置了位于北京市海淀区的某处房屋(以下简称涉案房屋),并取得房屋所有权证,产权人为陈某。2007年12月11日,双方变更该套房屋产权为汪某、陈某共同共有。2008年1月8日,陈某与汪某签订了《协议书》,其中明确约定涉案房屋的产权归汪某所有,不属于夫妻共同财产。2008年10月,汪某曾诉至法院要求与陈某离婚,后法院驳回了汪某的离婚诉讼请求。2009年,汪某再次诉至法院要求离婚,法院判决准许汪某与陈某离婚,并依据双方订立的《协议书》判

* 北京市朝阳区人民法院民事审判第二庭负责人,中国政法大学法学硕士。
** 北京市朝阳区人民法院民事审判第二庭法官助理,中国政法大学法学硕士。

决涉案房屋归汪某所有。陈某不服该判决,提起上诉。2013 年 11 月 29 日,二审法院作出民事判决:驳回上诉,维持原判。

2012 年,某公司起诉陈某,要求陈某支付欠款 587 万元及违约金 58.7 万元。2012 年 6 月,朝阳区人民法院依据双方协商作出民事调解书,调解协议内容如下:陈某支付某公司 587 万元及违约金 58.7 万元。2012 年 7 月,某公司申请强制执行。2012 年 8 月,朝阳区人民法院执行庭查封了涉案房屋,后又进行了续封。2013 年,某公司将陈某、汪某诉至法院,以陈某、汪某恶意串通为由,要求判令确认陈某、汪某签订的《协议书》无效。法院驳回了某公司的诉讼请求。

2017 年 3 月 30 日,朝阳区人民法院作出执行裁定书,认定:汪某与陈某离婚纠纷终审判决于 2013 年 11 月 29 日生效,朝阳区人民法院首次查封涉案房屋时间为 2012 年 8 月 23 日,并又进行续封。朝阳区人民法院查封时间在前,汪某提出排除执行之异议,缺乏事实及法律依据,不予支持。据此裁定驳回案外人汪某的执行异议。此后,汪某作为案外人提起本案执行异议之诉。

一审法院经审理认为:在执行异议之诉中,案外人对于其就执行标的享有民事权益的证明标准要远高于普通的执行异议审查,只有其对执行标的享有足以排除强制执行的民事权益具有高度可能性,举证证明责任才可完成。案外人提起的执行异议之诉能否得到支持,关键在于其对特定的执行标的是否享有足以排除强制执行的实体权益。具体到本案中,法院审查的核心是案外人汪某对涉案房屋享有何种民事权益,以及该权益能否排除执行。对此,一审法院从两种权利的内容及性质、形成时间、当事人的过错程度及对权利主体的利害影响等因素予以查明。首先,关于权利的内容与性质。涉案房屋在某公司申请查封之前,属于汪某与陈某的共同财产,在物权公示状态下的房屋所有权虽然仍为汪某与陈某共同共有,但汪某可基于《协议书》中对涉案房屋权属的约定,请求变更其为房屋所有权人。这种请求权虽然属于债权范畴,但与一般债权不同,汪某据此针对特定房屋享有的权利本质属于物权期待权。而某公司对陈某享有的债权仅为普通的金钱债权,且并无抵押担保。故汪某对涉案房屋享有的权利优于某公司的金钱债权。其次,关于权利成立时间。汪某对涉案房屋享有的请求权是基于 2008 年与陈某签订的《协议书》形成,早于某公司基于协议产生的金钱债权。某公司的请求权在时间上并不具有优先性。再次,关于当事人过错程度。汪某与陈某签订的《协议书》涉及对不动产变更的约定,汪某应要求陈某积极履行协议约定。但在本案中,陈某签署上述《协议书》后又不予认可,致使汪某提起了离婚诉讼并要求陈某履行《协议书》内容。由此可见,汪某对未能及时办理过户登记并不存在过错。最后,对权利主体的利害影响。住房是人们赖以生存的物质基础,也是落实民生的基本保障。汪某与陈某在婚姻关系存续期间,约定涉案房屋归汪某所有,可见涉案房屋对汪某具有一定的生活保障功能。如汪某丧失对涉案房屋的权利,则很有可能导致其无法生活。对某公司而言,即使汪某的请求权排除了某公司的执行,也未对某公司实现债权产生实质性的不利影响。法院最终认定汪某的请求权可以排除强制执行,实际也是保障了弱势群体的居住权利,体现了基本人权优先于普通债权的原则。

据此,一审法院判决:解除基于民事调解书对涉案房屋的执行查封。

某公司不服一审判决,提起上诉。二审法院驳回了其上诉请求。

二、相关法律问题分析

本案涉及的争议焦点为,夫妻一方作为案外人,对作为执行标的的房屋是否享有足以排除强制执行的实体权益。更深层次的问题为,法官在对相互冲突的利益进行权衡时,应坚持怎样的价值理念。

案外人提起执行异议之诉,实质上是案外人与被执行人对该执行标的的权属纠纷和案外人对执行标的所享有权益与申请执行人在生效裁判文书等执行依据项下请求权的优先效力纠纷。其纠纷发生的根源在于权利外观与实际归属不一致。因房屋具有较高经济属性,在执行过程中通常被作为被执行的对象;同时房屋又具有生存保障功能,使得在执行过程中,存在较多案外人以排除执行房屋为由提起案外人执行异议之诉的情形。而夫妻一方提起案外人执行异议之诉,因涉及夫妻间的人身财产关系、子女问题等,情况纷繁复杂,在案件处理方面需考量更多的人伦因素。

(一)检视:司法实践与逻辑路径

1. 基于B市C区人民法院审判为样本的分析

笔者以"案外人执行异议""房屋"为关键词,在中国裁判文书网上进行检索,以B市C区人民法院为样本,得到158个搜索结果,排除非案外人执行异议案由后,共得到102个样本,裁判结果如图1所示。

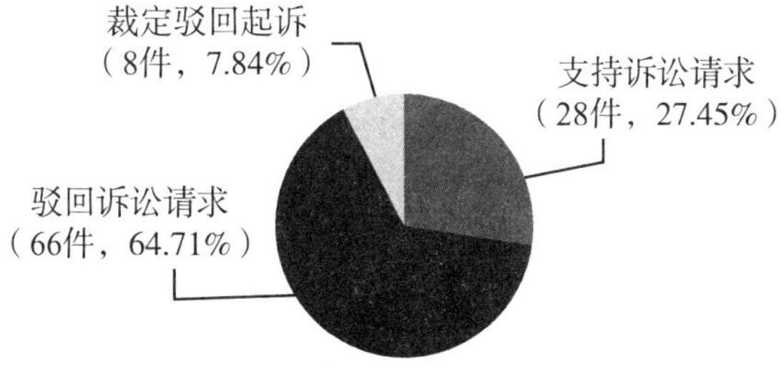

图1 样本案件裁判结果情况

从图1可以看出,案外人执行异议之诉案件的胜诉率较低,仅为约27.45%,未获支持的原因集中在以下几个方面:(1)未进行房屋产权登记;(2)无法对抗担保物权等优先受偿权;(3)法院查封房屋时间在前;(4)借名买房等。

其中,夫妻一方作为案外人提起案外人执行异议纠纷的案件共有19件,据以申请主张的权利类型主要集中在:(1)所有权或共有权;(2)物权变更登记请求权。具体裁判结果如图2所示。

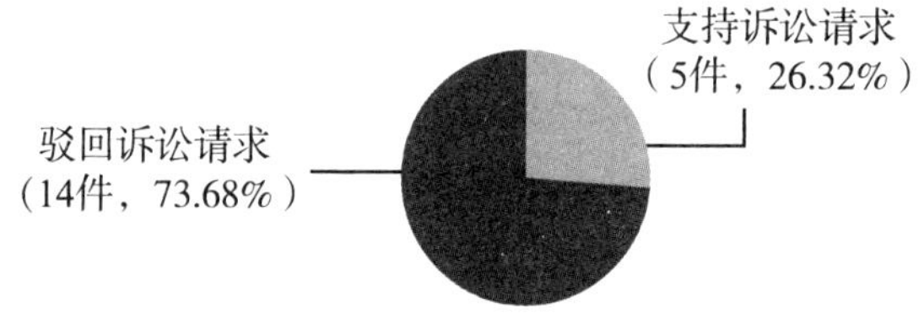

图2 夫妻一方作为案外人案件的裁判结果情况

2. 审查认定“足以排除强制执行”的具体路径

在审判实践中,法院在判断案外人是否享有足以排除强制执行的民事权益时,通常分为以下3步:(1)判断案外人是否对执行标的享有实体权益;(2)案外人享有的该权益与执行人据以执行的民事权益进行比较;(3)案外人享有的权益是否足以排除强制执行。其中最核心的就是第二步,即两种权益的优先性效力比较问题。

(二)探源:价值判断与利益考量

1. 价值研究填补法律空白

在未规定案件中创制新的规范或废弃过时的规则以采纳某种适时规则的时候,法官的价值判断在司法过程中会发挥最大限度的作用。[①] 正如上述第(一)部分的论述,仅是从法律技术层面对“足以排除强制执行的权益”进行了比对,但在司法实践中,当无法依据法定优先作出判断或出现同质权利时,需要对两种权益进行优先性比较。但如何衡量哪种权益更具有优先性,需要在审判中嵌入价值研究的理念。

价值研究是进行价值衡平和选择的需要。法律价值是一个由多种要素构成、以多元形态存在的体系。这就向人们提出了正确进行价值评定和选择的任务。[②] 考虑案外人与申请执行人的利益冲突,法院在权衡不同利益之间哪一方

① 参见[美]E. 博登海默:《法理学:法律哲学与法律方法》,邓正来译,中国政法大学出版社2004年版,第527页。

② 参见张文显:《法哲学范畴研究》(修订版),中国政法大学出版社2001年版,第189页。

更具有优先性时,有必要作出有利于社会整体公平公正的制度安排。尤其在《民法典》施行后,更加强调对人身、人格权利的保障。正如卡多佐所言:“在对各种相互冲突的利益进行权衡的时候,应当更倾向于那些根植于理性的且更具保护价值的利益的保护。”[①]故在夫妻一方提起的涉房屋类案外人执行异议之诉中,作为执行标的的房屋,不仅具有经济属性,同时还具有一定的人身依附性。法官需要考量的因素较之普通债权纠纷案件要更多,应侧重对具有保护价值的利益进行保护。

2. 利益考量体现社会福祉

何为具有保护价值的利益?笔者认为,在涉夫妻关系的房屋类案外人异议之诉中,当出现无法依据法定原则进行判断、需将两种权益进行优先性比较时,应遵循如下理念:一是生存利益优先考虑;二是保护家庭弱势群体的权益。

(1)生存利益优先考虑

生存权利和人身人格权利是最低限度的权利或首要权利,是人权的逻辑起点。[②] 因住房对普通民众的生活至关重要,关乎案外人的基本生存状况,执行标的上可能涵盖案外人的生存权、居住权等。因此,法官在判断案外人具有何种权益时,需要进一步考虑案外人对执行标的是否仅具有财产权益,以及否认案外人的权益优先性是否会影响案外人的生存权、居住权等基本人权。就权利位阶而言,诸如生存权这类基本人权关乎人格独立、人格尊严等更高的价值取向,应该优先于普通财产权益予以保障。[③] 最高人民法院作出的判决中,也将生存利益优先考量引入裁判理由中:从功能上看,该房产具有为钟某某及其所生子女提供生活保障的功能。与王某的金钱债权相比,钟某某及其子女享有的请求权在伦理上具有一定的优先性。[④] 因此,在现阶段,需要特别注重保护当事人的生存权利。

(2)保护家庭弱势群体的权益

随着社会的进步,我国相关法律部门出台相应的法律法规保护女性的合法权益。《民法典》也规定,保护妇女、未成年人、老年人、残疾人的合法权益。强调对上述群体的权益保护,是因为在家庭关系中,上述群体属于较弱势群体。

与一般的民商事法律行为不同,夫妻双方在离婚协议中或者在婚姻存续期

---

① [美]卡多佐著、张维编译:《司法过程的性质及法律的成长——英美法系法官裁判的精典样本》,北京出版集团公司、北京出版社2012年版,第34页。

② 参见张文显:《法哲学范畴研究》(修订版),中国政法大学出版社2001年版,第402页。

③ 参见王蕾:《论案外人执行异议之诉的审查标准——以“足以排除强制执行”的判断为中心》,载《法制博览》2019年第34期。

④ 参见最高人民法院民事判决书,(2015)民一终字第150号。

间形成的房屋归属的约定,往往带有鲜明的人身色彩,其中就包括对弱势一方的救济。如最高人民法院的一份判决中提到:诉争房产作为刘某某夫妻婚姻关系存续期间的夫妻共同财产,婚姻关系解除时双方约定归女儿吕某某所有,具有生活保障功能,吕某某的请求权应当优于某公司的金钱债权。[①] 故法院在综合判断权益的优先性时,需要考虑相对弱势一方的权益。

(三)平衡:私权救济与司法权威

审理案外人执行异议之诉时,需要妥善处理好案外人、申请执行人以及被执行人之间的利益关系。随着案外人执行异议制度的日益完善,学术界与实务界在案外人保护层面作了较多研究、实践,却容易忽略民事执行所承载的基本功能。民事执行权,即法律赋予执行机构的,运用国家强制力强制实现申请执行人经由生效法律文书确定的民事权利的权力。[②] 如果过于强调保护一方权益,运用不当,很容易引起失衡,也背离了案外人执行异议之诉设立的初衷。因此,一方面,要做到防止案外人与被执行人恶意串通、拖延执行,维护司法权威,加大打击虚假诉讼的力度,维护申请执行人的合法权益;另一方面,要突出实质审查,避免案外人的合法权益受到侵害。

(四)延伸:本案中女方享有的权益性质是什么

在案外人执行异议之诉中,夫妻一方以协议约定房屋归一方所有而未办理过户为由提起执行异议之诉时,其享有的权益性质为何、是否具有优先性,目前并无统一的认定。

在性质方面,一部分裁判文书认为该权利仍属于债权范畴,另一部分认为该权利属于物权期待权,还有一部分将该权利命名为“对房屋享有变更登记为所有权人的请求权”“物权变更登记请求权”等,未对权利属性做出认定。即使均认可上述权利属于债权范畴,在认定是否具有优先性上,也存在不同的观点,一种观点认为,该权利与金钱债权相比,未体现其优先性;另有一种观点认为,该权利虽属于债权,但考虑案外人执行异议之诉的性质、功能定位等,还需个案分析。

笔者认为,将本案中女方享有的权益归入债权范畴,与现行法律规定并不冲突,但无法体现该类型权益的特有属性。目前,针对“足以排除强制执行的民事权益”的类型,明确所有权以及能够排除强制执行的其他合法权益为足以排除执行的权利类型。在其他合法权益中,列举了如下 5 种权益:(1)物权期待权;

① 参见最高人民法院民事判决书,(2018)最高法民申 5671 号。

② 参见江伟主编:《民事诉讼法》(第 5 版),高等教育出版社 2016 年版,第 376 页。

(2)用益物权;(3)担保物权;(4)租赁权;(5)到期债权。[①] 其中,关于期待权的规定,目前并无法律明示,从学理层面分析,期待权与既得权对应,是“须待特定时间的发生或一定时间的经过,权利人才可以完全行使其权利并享受特定的利益”。[②] 物权期待权,是指因已符合部分权利取得之要件,而对未来取得完整所有权且依法律及当事人约定而受到保护的期待权利。[③] 物权期待权概念的产生,也可以看作司法审判对立法工作的一种回应。从《最高人民法院关于人民法院办理执行异议和复议案件若干问题的规定》来看[④],法律明确了对无过错不动产买受人、商品房消费者、预告登记权利人物权期待权的保护。

上述权利主体的相同点为支付了相应对价,属于买卖行为,而夫妻之间的协议约定属于析产行为而非买卖。笔者认为,可以参照适用《最高人民法院关于人民法院办理执行异议和复议案件若干问题的规定》的精神,将夫妻一方基于不动产分割的约定对特定房屋享有的物权变更登记请求权认定为物权期待权。但在司法审判中,要严格认定此类情形下案外人主张的权益是否构成物权期待权,避免通过假离婚逃避执行。

因当前审判情况日益复杂,权益类型呈现多样化的特征,审理案外人执行异议之诉时,需把握利益、价值的平衡,准确判断何种权益更具有优先性。

(责任编辑:曹巧峤)

---

① 参见最高人民法院民事审判第二庭编著:《〈全国法院民商事审判工作会议纪要〉理解与适用》,人民法院出版社2019年版,第604~605页。

② 申卫星:《期待权研究导论》,载《清华法学》2002年第1期。

③ 参见最高人民法院民事审判第二庭编著:《〈全国法院民商事审判工作会议纪要〉理解与适用》,人民法院出版社2019年版,第605页。

④ 具体参见该规定第28条、第29条、第30条。

交通行政处罚中针对长时间违法停车行为切割处断方式的运用

——李某某诉北京市公安局公安交通管理局朝阳交通支队呼家楼大队、北京市朝阳区人民政府罚款及行政复议案相关法律问题分析

王文涛* 陈金涛** 宋 凯***

裁判要旨

对于长时间的违法停车行为，若在首次行政处罚后，违法状态仍长时间持续，如果仅以“一事不二罚”原则为由，径行认定针对其后持续的违法停车行为作出的行政处罚缺乏依据，则可能造成处罚内容与该违法行为所导致的公共交通损害程度不成比例的情况，有违《行政处罚法》的过罚相当原则，无法达到制裁违法与规制预防矫正违法的目的。结合法律规定、违法行为特点以及生活常理，将违法行为从自然意义的一个行为处断为法律评价上的多个行为，既达到了防止公权力的不当行使、监督依法行政之目的，又有利于消除交通违法现象，实现行政处罚与违法性相一致。

一、据以研究的案例

北京市公安局公安交通管理局朝阳交通支队呼家楼大队（以下简称呼家楼

* 北京市第三中级人民法院行政庭副庭长，北京联合大学应用文理学院法学学士。
** 北京市第三中级人民法院行政庭法官助理，中国社会科学院研究生院法律硕士。
*** 北京市第三中级人民法院行政庭法官助理，北京大学法律硕士。

大队)于2019年7月30日作出《公安交通管理简易程序处罚决定书》(以下简称被诉处罚决定),认定2019年7月12日11时53分,李某某在北土城东路育慧南路南口至北土城东路东口段处,实施机动车违反停车规定的违法行为。根据《道路交通安全法》第90条、第93条第2款[①]的规定,决定给予200元的罚款。2019年7月17日9时52分,李某某在北土城东路育慧南路南口至北土城东路东口段处,实施机动车违反停车规定的违法行为。根据《道路交通安全法》第90条、第93条第2款的规定,决定给予200元的罚款。根据《道路交通安全违法行为处理程序规定》第48条第1款[②]的规定,共处罚款400元。

李某某不服,于2019年8月1日向北京市朝阳区人民政府(以下简称朝阳区政府)申请行政复议。朝阳区政府于2019年10月30日作出《行政复议决定书》(以下简称《复议决定书》),根据《行政复议法》第28条第1款第1项的规定,决定维持呼家楼大队作出的被诉处罚决定。李某某仍不服,诉至法院。

一审法院经审理认为:"一事不二罚"原则的确立,旨在防止重复处罚,保护行政相对人的合法权益。本案的关键在于,交通管理部门以违法告知的方式将自然意义的一个行为处断为法律评价上的多行为,是否违反规定及处罚原则。一审法院认为,第一,李某某存在违法停车的故意。在涉案地点并非停车场,且没有停车标志、停车泊位线的情况下,其径行将车辆停放,是对法律规定的故意违反。第二,李某某违法停放车辆的行为具有长期性。影响行人和车辆的出行,且存在潜在交通安全隐患,是对公共交通管理秩序的破坏。第三,切割处断的处罚方式符合过罚相当原则,其处断的次数并未超出合理限度。呼家楼大队对处于继续状态的违法停车行为采取在机动车上粘贴告知单的方式进行了违法告知,从而实施了两次罚款的处罚。此种方式与李某某长期违法停车的主观故意、情节、性质相适应,且避免了因违法成本过低而难以实现纠正违法行为的处罚目的,对于最大限度维护交通管理秩序具有一定的积极意义。在违法停车5日的周期内给予告知、两次处罚,属于已给予违法行为人合理的矫正期间,但违法行为人并未主动纠正违法行为,呼家楼大队所作的切割处断的次数并未超出合理限度,亦不构成对违法行为人合法权益的侵害。综上,被诉处罚决定并未违反"一事不二罚"原则及法律规定。一审法院判决:驳回李某某的全部诉讼请求。

李某某不服,提起上诉。二审法院经审理认为:"一事不二罚"原则的理论

① 此案适用的是2011年修正的《道路交通安全法》,此法已于2021年修正,相关法条未做修改。

② 此案适用的是2008年修订的《道路交通安全违法行为处理程序规定》,相关规定参见2020年修正的《道路交通安全违法行为处理程序规定》第50条第1款。

基础主要是保护人格尊严,遵从比例原则、法安定性原则、诚实信用原则以及信赖保护原则。行政处罚除制裁违法外,同时强调预防和矫正违法的追求。本案采取以切割处断的处罚方式符合行政处罚的目的。二审法院判决:驳回上诉,维持原判。

二、相关法律问题分析

本案的核心争议在于呼家楼大队针对违法停车行为作出的两次处罚,是否违反“一事不二罚”的规定。

(一)“一事不二罚”原则梳理

“一案不二讼”是古罗马审判制度的基本法则。事实上,该原则首先在民事审判中得到确立,后来也适用于刑事诉讼。两大法系在继承该原则核心内容的基础上,融入了各自的理念和价值取向,发展出了大陆法系的“一事不再理”原则和英美法系的“双重危险”原则。

一般认为,“一事不二罚”原则是刑事诉讼“一事不再理”原则在行政处罚领域的延伸,其实质是以一个程序上的规定,来约束和限制实体意义上的行政处罚权可能出现的膨胀导致的对公民权利的侵害。从法的安定性、信赖保护的角度出发,针对同一违法行为不可预测的处罚次数,会导致公众丧失对执法行为的可预测性。

“一事不二罚”原则的确立,旨在防止重复处罚,保护行政相对人合法权益,体现了行政处罚的实施必须与违法行为的事实、性质、违法情节相当。因此,对“一事”或“同一违法行为”的判定,应为遵循上述原则确立宗旨的法律评价。

(二)违法停车行为中“一事”的认定

根据《道路交通安全法》第56条第1款、第93条第2款的规定,违法停车的构成要件包括两方面:主观方面,车辆驾驶人员有故意或者过失违法停车的意志;客观方面,车辆停放在非合法停车区域,且该状态持续一定时间。因此,对于违法停车行为“一事”的判断,要根据上述要件分别论述。

1. 主观要件

从主观上看,违法停车的认定系针对驾驶人个人的考察,需要存在驾驶人“停车”的故意,“违法”的故意或者过失。即主观上,一方面,应当考察驾驶人将车辆在禁止停车区域是否是意图停车,从而排除因车辆突发故障等原因导致车辆无法行驶等情况被径行认定为违法停车;另一方面,驾驶人主观上停车的故意不因其是否知晓其违法、是否意图违法等因素而受到影响,即在道路交通标识及执法行为明确的情况下,无论是驾驶人明知停车可能因违法受到处罚而存在侥幸心理，或者放任处罚结果发生，还是驾驶人不知是否允许停车仅意图尝试停车，均不影响对其违法停车的认定。

理论上而言，对于长时间的违法停车行为，交通执法部门如果能够通知当事人违停处罚结果，并告知其限期移走车辆，驾驶人在合理期限内仍不移走车辆的，交通执法部门可以再次进行处罚，这显然并不违背“一事不二罚”原则。因为在交通执法部门首次告知当事人其违停结果之后，其主观因素已经被中断。此后其未在合理期限内移走车辆的行为的主观要件与之前已有所不同，在执法中认定其为另“一事”，符合上述构成要件。

2. 客观要件

从外观上看，只要车辆的停止状态没有改变，无论停留时间长短，在车辆驶离之前，违法停车通常会被认定为属于自然意义上的“一事”。因此，违法停车“一事”在客观上的割断，通常应当是以该停止状态被破坏为准，即车辆驶离违停区域，则该“一事”的状态终了。

然而，连续违停与连续超速类似，该行为的持续与造成的损害成正比，停车时间的长短不同，对于交通秩序所带来的影响也会明显不同。然而，针对连续违停多日，在首次行政处罚后，违法状态仍长时间持续的情况，如果仅以“一事不二罚”原则为由，径行认定针对其后持续的违法停车行为作出的行政处罚缺乏依据，则可能造成处罚内容与该违法行为所导致的公共交通损害程度不成比例的情况，易使当事人产生“已经罚过一次，反正不会再罚了”的心理，产生执法无力的尴尬，有违《行政处罚法》中的“过罚相当”原则，无法达到制裁违法与规制预防矫正违法的目的。如果没有关于违法停车时间的限制，行为人面对长时间违停，可能会权衡违法成本，从而提前预期并安排代价较低的违法行为，即以一次违法处罚的成本换取长时间违停所带来的收益，将造成合法停车的成本远大于违法停车的代价，难以实现督促行为人及时纠正违法的目的，甚至会逆向鼓励长时间违法，增加了行政管理成本，显然与道路交通安全行政监管目的不符。

因此，针对长时间违法停车行为，可以将违法行为从自然意义的一个行为处断为法律评价上的多个行为，从而与违法停车的主观故意、情节、性质相适应，且避免了因违法成本过低而难以实现纠正违法行为的处罚目的。

（三）违法停车行为行政处罚中切割处断的运用

对于长时间的违法停车行为，执法中最有效的方法自然是通知驾驶人，督促其尽快移走车辆；无法联系或者拒不改正违法行为的，及时采取拖车等措施，从而消除其对交通秩序产生的影响。针对执法现状，无法找到驾驶人，亦未及时配备拖车的情况下，采取切割处断，能够实现过罚相当原则；且相较于采取拖车措施，亦能够有效地节约执法成本。

实践中，停车客观行为发生变化较为容易判断，即车辆位置是否发生过变动。但主观方面，行为人是否知晓其违法停车行为已经被处以首次罚款，在判断上需要更多的执法投入，如是否有相应的短信、电话告知程序，行为人本人是否已看到“贴条”、告知单等。因此可能存在的情况是，驾驶人发现已经被罚款后，考虑其个人的作息及成本，仍“视而不见”地将车继续违停在原地，造成的客观结果即其主观因素已事实上割断，但执法机关无从判断。

结合法律规定、违法行为特点以及生活常理，采取切割处断方式，将违法行为从自然意义上的一个行为处断为法律评价上的多个行为，既能达到防止公权力的不当行使、监督依法行政之目的，又有利于消除交通违法现象，实现行政处罚与违法性相一致，亦可以达到良好的社会效果和示范作用。

对于切割处断的适用，应当加以限制，以防止公权力的不当行使，司法审查的核心在于是否给予了违法行为人合理的机会，使其得以及时知悉纠正违法行为，对于欠缺期待可能性的行为则不应再罚。至于合理的机会的时间长度的确定，需结合法律规定、违法行为特点以及生活常理予以判断。各地实务可供参照：香港特别行政区 2019 年警员处理违例泊车的内部指引中列明，警员于“发出第一张告票的 30 分钟后，便可向有关车辆再发出告票”；北京市对于违反限号以及未办理进京证的行为，一般理解为 4 小时驶离限行区域后即不再次给予处罚。

以本案为例，本案中证据不能证明李某某驾驶的机动车曾驶离停车地点，即现有证据仅能证实该机动车自 2019 年 7 月 12 日至 17 日始终停放在涉案地点，车辆停放的行为始终处于持续状态，自然意义上的一个行为是成立的。以机动车的通常使用周期，及个人日常生活、工作作息为基准，本案中违法停车时间达 5 天以上，停车时长不符合使用机动车的通常逻辑，远超于一般人之通常生活、工作作息周期。呼家楼大队于 7 月 12 日以粘贴告知单的方式处理违法停车行为后，于 7 月 17 日方再次处罚，其间已给予了李某某充足的纠正违法行为的机会。从本案切割处断的效果来看，呼家楼大队所作的切割处断的次数并未超出合理限度，未突破比例原则限制，是相对比较合理且便于实行的方案，能较好地实现比例原则、法的安定性、信赖保护、追求实质公平正义的统一；且行政执法成本较低，契合当前技术条件，有利于交通管理目标的实现，亦不构成对违法行为人合法权益的侵害。

对于长时间违法停车行为的处罚，理论上和实践中都存在争议，有观点认为，可以把违法停车认定为“一事”，而停车时间的长短仅作为加罚的情节，但这样的认定依然缺乏法律依据，且加罚上限存在本金的限制。采取切割处断的方式对长时间违法停车行为进行处罚,并不违反“一事不二罚”原则,且符合行政执法的过罚相当原则和比例原则,可节约执法成本,能够更好地实现道路交通行政管理目的。本案对切割处断的基础及审查要点进行了详细论述,对于同类案件的处理具有借鉴意义。

(责任编辑:张濡元)

实际控制人指使从事违法行为的认定标准
——覃某诉中国证券监督管理委员会行政处罚及行政复议案相关法律问题分析

赵　锋*　张婷婷**

裁判要旨

1. 实际控制人滥用支配地位，授意、指挥上市公司从事信息披露违法行为，应当认定为《证券法》第193条第3款规定的"指使"行为。这种"授意、指挥"，既可能是明示，也可能是默许。

2. 如果在案证据能够形成证据链条，结合日常生活逻辑和经验法则，证明实际控制人存在"指使"情形，而该实际控制人又不能提供合理解释说明和反证，则可认定实际控制人"指使"上市公司从事相关违法行为。

一、据以研究的案例①

原告覃某系宁波S电器股份有限公司（以下简称S公司）实际控制人。S公司在2014年度业绩亏损的情况下，为防止公司股票被特别处理（ST），在2015年会计年度期间，通过虚构影视版权转让业务、虚构财政补助的方式，虚增收入和利润，导致其2015年年度报告存在虚假记载，构成信息披露违法行为。第一，S公司通过与H公司签订影视版权转让协议虚增收入，影视版权转让费及违约后退回的本金及违约金均系通过覃某控制的多家"星美系"公司循环支付完成；

---

* 北京市第一中级人民法院行政庭法官，中国人民公安大学法学博士。

** 北京市第一中级人民法院行政庭法官助理，中央民族大学法学硕士。

① 本案审理时，适用的是2014年修正的《证券法》；2020年3月1日起施行的《证券法》规定了"指使"行为。但相关问题仍有必要在司法实践中研究讨论，特此说明。

影片存在版权争议,电影拍摄进度尚未达到申请上映许可的条件,影视版权转让协议客观上不具有可履行性,协议签约日期系倒签。通过该虚增业务行为,S公司虚增收入和利润1000万元。第二,S公司与宁波市某镇人民政府(以下简称某镇政府)形成以获得政府补助的形式虚增利润的方案:某镇政府不用实际出资,由N公司(S公司第一大股东,原告覃某100%控股)先以税收保证金的名义向某镇政府转账1000万元,再由某镇政府以财政补助的名义将钱打给S公司。通过这一虚构财政补助的方式,S公司虚增2015年度收入和利润1000万元。上述两项违法事实导致S公司2015年度年报合计虚增收入和利润2000万元,虚增净利润1500万元。S公司2015年度年报显示公司利润总额367.15万元。扣除虚增金额,S公司2015年实际利润总额为-1632.85万元、净利润为-1068.57万元。虚增行为导致S公司2015年度扭亏为盈。

被告中国证券监督管理委员会(以下简称中国证监会)认为:S公司的上述行为违反了2014年《证券法》第63条①的规定,构成2014年《证券法》第193条②所述信息披露违法行为。时任董事长胡某某、时任财务总监康某在具体操作涉案事项过程中向实际控制人覃某汇报,覃某对相关汇报内容表示同意,知悉并授意涉案行为,构成2014年《证券法》第193条第3款③所述情形。中国证监会根据当事人违法行为的事实、性质、情节与社会危害程度,依据2014年《证券法》第193条第3款之规定,决定:对覃某给予警告,并处以60万元罚款。后被告中国证监会经行政复议,维持了该处罚决定。原告覃某仍不服,向法院提起行政诉讼。

诉讼中,双方当事人的主要争议在于2014年《证券法》第193条第3款的适用。

覃某主张,该条款规定的“指使”,只能是实际控制人实施了“直接授意”“指挥”的行为或者“直接授意、指挥”行为人“隐瞒、不告知”应当披露信息的行为。

---

① 2014年《证券法》第63条规定:“发行人、上市公司依法披露的信息,必须真实、准确、完整,不得有虚假记载、误导性陈述或者重大遗漏。”

② 2014年《证券法》第193条第1款、第2款规定:“发行人、上市公司或者其他信息披露义务人未按照规定披露信息,或者所披露的信息有虚假记载、误导性陈述或者重大遗漏的,责令改正,给予警告,并处以三十万元以上六十万元以下的罚款。对直接负责的主管人员和其他直接责任人员给予警告,并处以三万元以上三十万元以下的罚款。发行人、上市公司或者其他信息披露义务人未按照规定报送有关报告,或者报送的报告有虚假记载、误导性陈述或者重大遗漏的,责令改正,给予警告,并处以三十万元以上六十万元以下的罚款。对直接负责的主管人员和其他直接责任人员给予警告,并处以三万元以上三十万元以下的罚款。”

③ 2014年《证券法》第193条第3款规定:“发行人、上市公司或者其他信息披露义务人的控股股东、实际控制人指使从事前两款违法行为的,依照前两款的规定处罚。”

被告将"知悉"但"未予阻止""默认"认定为"指使",不符合"指使"的基本文义,违反2014年《证券法》第193条第3款、《信息披露违法行为行政责任认定规则》第18条第2款[①]的规定,适用法律错误。"隐瞒、不告知"也不能成为认定实际控制人指使的证据。"未阻止""默认"等不作为更不能成为认定"指使"的证据。覃某对S公司的具体业务没有决策权,也不参与日常经营管理,对于S公司2015年年报虚构业务、虚增利润事项完全不知情,更不存在直接授意、指挥的情形。

被告中国证监会则认为:覃某是S公司实际控制人,知悉并授意涉案信息披露违法行为。第一,覃某作为S公司实际控制人,虽然名义上未在公司任职,但通过微信等各类方式实际实施公司经营决策,参与公司管理,对S公司通过涉案版权转让和财政补助形式虚增利润事宜知情。第二,2014年《证券法》第193条规定的指使行为,既包含直接授意、指挥从事信息披露违法行为,也包含隐瞒、不告知应当披露信息。覃某在知悉公司管理层财务造假时,未予以及时阻止、报告、改正并要求公告,是对公司管理层违法行为的默认。第三,对于S公司涉案信息披露违法行为,覃某具有指使的动力和能力。一方面,版权转让造假所涉资金系通过"星美系"相关公司循环支付完成。覃某系"星美系"公司实际控制人,能够实现对上述公司的指令下达。另一方面,S公司2015年利润能否转正,对S公司股票价值具有巨大影响。结合康某与覃某微信交流涉及的"与明天系转让S公司股权事宜",覃某有很大的动力促使S公司2015年业绩转正。

一审法院于2018年8月28日作出判决,驳回原告覃某的诉讼请求。收到判决书后,双方当事人均未提出上诉。

二、相关法律问题分析

上市公司实际控制人滥用支配地位,指使上市公司从事破坏证券市场正常秩序、损害投资者权益的违法行为,是证券市场监管和上市公司治理的"顽疾"。一方面,实际控制人指使从事违法行为的情形屡有发生,广受诟病;另一方面,现行法律对此类违法行为的规定比较笼统,法律适用标准不够明晰,行为认定难、追责难。本案的审理,即面临此类违法行为认定的核心问题:如何认定"指使"。本案裁判对实际控制人指使从事违法行为的认定标准进行了明确。

---

① 《信息披露违法行为行政责任认定规则》第18条第2款规定:"控股股东、实际控制人直接授意、指挥从事信息披露违法行为,或者隐瞒应当披露信息、不告知应当披露信息的,应当认定控股股东、实际控制人指使从事信息披露违法行为。"

(一)实际控制人"指使"行为的判断

2014年《证券法》关于实际控制人"指使"行为的规定,体现在第189条(欺诈发行)、第193条(信息披露)、第194条(擅自改变公开发行证券所募集资金的用途)。本案涉及的是第193条,该条第3款对实际控制人指使从事信息披露违法行为进行了规定。但是何种情况下构成"指使",现行法律并未明确。笔者查阅了《证券法》释义的相关出版物[①],对实际控制人"指使"行为的相关规定,均没有相应的释义解释。实践中,对于如何理解和认定"指使",一直存在争议。

1. 如何理解《证券法》意义上的"指使"

从文义上看,"指使",指的是出主意去叫别人做某事。[②] 因此有观点认为,指使只能是积极的作为,不包括消极的不作为。虽然实践中存在很多通过非常隐蔽的"消极"手段影响公司决策、推动公司违法披露信息的情形,但行政处罚必须要有法律明确规定。在《证券法》仅规定"指使"的情况下,不能将诸如董事会依照与实际控制人之间的"默契"而从事的违法行为,归责为实际控制人的"指使"行为。也有观点从实际控制人有报告相关信息、协助上市公司依法披露信息的义务的角度分析,认为指使不仅包括积极的授意、指挥,也包括自己主动隐瞒应当披露的信息的行为。中国证监会制定的《信息披露违法行为行政责任认定规则》即明确:直接授意、指挥从事信息披露违法行为,或者隐瞒应当披露信息、不告知应当披露信息的,应当认定实际控制人指使从事信息披露违法行为。

笔者认为,对于实际控制人"指使"的理解,应当回到《证券法》和《公司法》的立法本意及宗旨上来,如此,则前述第一种观点是偏颇的,第二种观点还有进一步解释完善的空间。

"实际控制人"这一概念,是在2005年同时写入《公司法》和《证券法》的,目的是解决掌握公司控制权却没有相关法律义务的这类主体的行为失范问题。在《公司法》明确了实际控制人的概念后,《证券法》即对实际控制人在证券发行、买卖活动中的义务进行了规定。在信息披露方面,《证券法》规定了民事上的连带赔偿责任、行政处罚罚则。《证券法》之所以对实际控制人指使行为进行规制,目的在于防范和惩治实际控制人滥用支配地位损害公司利益和投资者利益,维护证券市场公平、公开、公正的秩序。

---

① 如本书编写组编著:《〈中华人民共和国证券法〉释义及实用指南》,中国民主法制出版社2012年版;《证券法释义》编写组编:《中华人民共和国证券法释义》,中国法制出版社2005年版;李飞主编:《中华人民共和国证券法(修订)释义》,法律出版社2005年版;全国人大证券法修改起草工作小组:《中华人民共和国证券法释义》,中国金融出版社2006年版。

② 参见中国社会科学院语言研究所词典编辑室编:《现代汉语词典》(修订3版),商务印书馆2002年版,第1620页。

理解实际控制人"指使",需要首先理解"实际控制人"。在公司运行过程中,较为广泛地存在"虽然没有名分,但实际掌握控制权"的一类主体。较长时期中,法律没有要求这一类主体对公司承担何种义务,这就导致这些掌握公司控制权的人,"隐身"于公司治理结构之外,将公司变为牟取私利的工具,公司利益和投资者权益无法得到有效保障。20 世纪 80 年代,英国在"法律上董事""事实上董事"之外,首次在其《公司法》中提出"影子董事"这一概念,将对外宣称自己不是公司董事,却实际操控公司决策的人,称为"影子董事",并赋予其董事责任和义务。我国《公司法》上的"实际控制人"制度,在一定程度上借鉴了英国的"影子董事"制度。2005 年修订的《公司法》明确,实际控制人,是指"虽不是公司的股东,但通过投资关系、协议或者其他安排,能够实际支配公司行为的人"。实际控制人对公司的实际控制,是通过影响、操控公司决策来实现的。尽管行为方式多种多样,但实质均是指向影响、控制公司决策。

为了确保实际控制人不滥用对公司的支配权,《公司法》和《证券法》在关联关系、证券发行、买卖股份、信息披露等方面对实际控制人作出了专门的义务规定。《证券法》关于实际控制人"指使"行为的规定,即是对实际控制人滥用支配权的规制。

以 2014 年《证券法》第 193 条为例。从法律条文上看,该条第 1 款、第 2 款规制的行为主体是"发行人、上市公司或者其他信息披露义务人",实际控制人不在此列。第 3 款则以"实际控制人指使从事前两款违法行为的"之表述,将罚则引向第 1 款、第 2 款。从逻辑关系上看,这一条款是对实际控制人滥用支配权,影响、控制公司从事信息披露违法行为的规制。

从实践看,实际控制人滥用支配权,操控公司违法经营的方式和途径多种多样,直接授意、指挥公司决策,因明显的违法性而往往不为实际控制人所采取,其反而采取更为隐蔽的方式。如果将"指使"限定为"直接授意""指挥",显然有违《证券法》这一条款的立法目的。

司法有责任和义务防止法律真空。无论是从法律解释的角度,还是从市场治理需要的角度看,对于立法采用"指使"二字,均不宜仅作字面上的理解。将以明示或者默许的方式授意、指挥理解为《证券法》意义上的"指使",笔者认为是符合法理和立法目的的,也是符合市场治理实践的。

2. 如何认定"指使"

在行政处罚案件中,行政处罚机关应当对作出的处罚具有事实依据承担证明责任,而原告对存在阻却事由承担证明责任。认定实际控制人的行为构成"指使",需要行政处罚机关就存在"指使"行为予以证明,这是行政处罚的一般要义。

实际控制人实施"指使"行为,一般不会采取直接的指挥行为、留下"指使"

的直接证据。行为人往往是通过各种隐蔽的方式将自己的意志表达给公司管理层,转化为公司决策行为。在行为已经完成的情况下,行政处罚机关很难采集到直接证据证明实际控制人"指使"。实践中,实际控制人本人事后不认可、被实际控制人"控制"的公司管理层甘当"背锅侠"的情形屡见不鲜。在实际控制人本人不承认"指使"的情况下,如果必须有直接证据证明"指使",势必会让大量隐蔽的指使行为逃避处罚,有违2014年《证券法》第193条第3款的立法目的,亦会破坏证券市场正常秩序。

笔者认为,虽然应由行政处罚机关证明行为具有应受处罚性,但在证明标准上,并不以排除一切合理怀疑为限。[①] 排除一切合理怀疑这一严格证明责任,适用于刑事领域;在行政处罚中,则适用优势证据标准,这是理论和实务界已经形成的共识。优势证据标准适用到具体的案件,行政机关提供的证据初步证明涉案违法行为,至于具体的案件事实,还应当遵循举证便利原则,由掌握事实并具有举证便利的一方承担一定的证明责任。

具体到"指使"的认定上。《证券法》上关于实际控制人指使行为的认定,核心在于实际控制人滥用对公司管理决策的支配权。实际控制人意思的表达、特定信息的传递,无论是通过言语还是行为,是否构成"指使",应当依据所有证据综合客观认定,而不能以实际控制人本人认可"指使"、有人指认"指使"、有直接证据指向"指使"行为为据。综合在案证据,涉案行为不是上市公司、董事、监事、高级管理人员的独立意思表示,或者超出了"董监高"的职责范畴、超出了公司意志范畴,相关事项需要实际控制人的作用发挥才能进行,从公司经营管理、日常生活逻辑、经验法则判断,有理由认为涉案行为系实际控制人的指使行为。此时,应当认为,行政处罚机关初步尽到了证明责任。实际控制人应当作出合理说明或者提供反证来阻却证据链条,否则可以认定实际控制人实施了指使行为。

本案中,虽然原告本人否认,也没有相应的书证、物证等证据直接证明原告实施了指使,甚至时任董事长胡某某在诉讼中还出庭作证自认。但是结合在案证据,对于S公司的经营决策,原告是参与的,具有决定权,公司董事会多名高管为原告所控制。两则虚构收入事项的进行,均超出了公司董事会以及任何一个"董监高"的能力范畴。虚构版权事项,相关款项经过多家与S公司无业务往来、无资金关系的公司循环支付完成,而这些公司,恰恰均是由原告本人所控制的公司,如果说没有原告的认可S公司及胡某某就能调动这么多家公司的资金,

---

① 参见欧阳振远:《行政处罚证明标准研究》,载微信公众号"行政执法研究"2016年5月17日 http://mp.weixin.qq.com/s/oUcSYNycpRvxMOhohoHECQ;赵寒宇:《论行政处罚中的证明责任》,载《法制与社会》2008年第34期。

不符合公司运营的基本常理。虚构财政补助事项,由S公司第一大股东N公司出面借用第二大股东洲际通商资金,“过桥”给地方镇政府,N公司是原告100%控股的公司,其时,原告控制的“星美系”公司与“明天系”公司正在商谈并购合作事宜,洲际通商即属“明天系”公司,对于此项资金的调动,亦需要得到原告的许可。同时,S公司当时的经营处于亏损状态,如果2015年最终业绩为亏损,其股票将被特别处理(ST),这对于入主S公司的原告而言,是重大利益事项,原告有行为动机。且两则事项均发生在年底会计结算期末,属高度异常情况。综合上述情况,有理由认为,系原告指使公司造假。原告仅提出未参与、不知情,被告没有直接证据证明,但没有提供反证,亦未能对在案证据指向的事实作出合理说明,故原告的主张不足以阻断已经形成的证据链条。因此,应当认定原告构成“指使”。

(二)实际控制人“指使”行为的责任认定

2014年《证券法》第193条对实际控制人指使行为的责任后果规定为:“……指使从事前两款违法行为的,依照前两款的规定处罚。”而前两款中,分别对信息披露义务人和责任人员规定了罚则。由此,引发了关于实际控制人指使行为责任认定上的争议:实际控制人应当承担的是信息披露义务人的责任,还是相关责任人员的责任?

实际控制人应当承担什么责任,取决于实际控制人指使的行为内容。如果实际控制人指使的是管理层人员(高级管理人员),通过被指使的高级管理人员实施的是高级管理人员职权范围的行为,那么实际控制人的指使行为应当比照高级管理人员个人的行为承担责任,即“直接负责的主管人员”或者“其他负责的责任人员”责任。如果实际控制人指使的是公司,直接以公司意志的方式行为,那么就应当比照公司的责任来承担自己的法律责任。

在英国,对于“影子董事”是否与董事负有相同信义义务,一直存在争议,但总体认为,“影子董事”应与董事一样承担信义义务,并且还应当承担法律规定的个别义务。“影子董事”承担何种法律责任,需要区分“影子董事”控制的是公司还是董事个人。

因此,2014年《证券法》第193条第3款的规定并非不明确,反而更为周延、准确。

本案中,原告所指使的造假行为,是公司意志决策下的造假行为,不是任何一个高级管理人员个人所能决策和实施的,因此,原告指使公司造假,应当比照公司责任承担相应的法律责任。

(责任编辑:项利军)

工作场所的认定标准
——聂某诉北京市某区人力资源和社会保障局行政决定案相关法律问题分析

纪艳琼[*]　唐静静[**]

裁判要旨

确定职工所受伤害是否属于工伤,需要符合时间、空间、工作内容3个要素。空间要素即工作场所,是指与职工工作职责相关的场所,有多个工作场所的,还包括工作时间内职工往返于多个工作场所之间的合理区域,即若与履行工作职责相关,那么与该职工履行工作职责相关的区域以及自然延伸的合理区域就应当视为"工作场所"。

一、据以研究的案例

聂某系某公司所属物资公司北区仓库班职工,从事值更门卫岗位,该岗位的职责为:负责仓库班备件库区物资、人员、车辆出入库的登记审核及夜间库区巡视看护工作。2015年5月21日,聂某骑摩托车于上班途中在某公司水厂铁矿运输厂房后面小路上,因驾驶不慎,自行摔倒后受伤。2016年5月20日,聂某向北京市某区人力资源和社会保障局(以下简称某区人保局)申请工伤认定。某区人保局2016年7月15日作出《不予认定工伤决定书》。聂某不服,遂未经行政复议程序直接提起行政诉讼,请求撤销某区人保局于2016年7月15日作出的《不予认定工伤决定书》,并判令某区人保局对其于2016年5月20日提出的工伤认定申请重新履行工伤认定的法定职责。

---

* 北京市第一中级人民法院审判监督庭法官,北京大学民商法专业法学硕士。

** 北京市第一中级人民法院立案庭法官助理,中国社会科学院大学商法学法律(法学)硕士。

某区人保局、某公司一审辩称:聂某不符合《工伤保险条例》第 14 条第 2 项的规定,不予认定工伤。聂某受到的伤害,不符合《工伤保险条例》第 14 条、第 15 条认定工伤或者视同工伤的情形。

另查明,某公司《值更门卫岗位规程》中"交接内容及标准"规定:"双方交接班时要面对面,交接辖区的技防设施、物防设施、消防器材、基础台账、安全隐患、重点工作、卫生等,并共同签认。"

一审法院经审理认为:由于聂某在向某区人保局提交的《工伤认定申请书》中明确承认,其于 2015 年 5 月 21 日所受伤害是其本人骑摩托车在上班途中自行摔倒受伤,故不符合《工伤保险条例》有关规定的"工作时间前后在工作场所内,从事与工作有关的预备性或者收尾性工作受到事故伤害的"情形。某区人保局作出的本案被诉《不予认定工伤决定书》,证据确凿,适用法律、法规正确,行政程序亦符合相关规定,故一审法院判决驳回原告聂某的诉讼请求。

聂某不服,提起上诉。

二审法院认为:《工伤保险条例》第 14 条规定:"职工有下列情形之一的,应当认定为工伤:……(六)在上下班途中,受到非本人主要责任的交通事故或者城市轨道交通、客运轮渡、火车事故伤害的;(七)法律、行政法规规定应当认定为工伤的其他情形。"本案中,在案证据不能证明聂某所受伤害属于上述应当认定为工伤之情形。聂某上诉称其系按照公司安全规程规定,检查确认周边环境以及技防、物防设施是否齐全完好,在从事与工作有关的预备性工作时受到的伤害,故其所受伤害应当被认定为工伤。某区人保局经调查核实,聂某 2015 年 5 月 21 日所受伤害是其本人骑摩托车在上班途中自行摔倒所致,而非在工作时间前后在工作场所内,从事与工作有关的预备性或者收尾性工作所受到的事故伤害,进而认定聂某所受伤害不符合《工伤保险条例》第 14 条、第 15 条规定的认定工伤或者视同工伤的情形,不予认定或视同工伤,该认定结论并无不当。另外,根据某公司《值更门卫岗位规程》中第 2 部分交接班制度中"交接内容及标准"的相关规定,亦难以认定聂某是在从事与工作有关的预备性工作时受到的伤害。二审法院判决驳回上诉,维持一审判决。

聂某不服,申请再审。

再审另查明,原审判决作出后,聂某以某公司在公共道路上堆放妨碍通行的物品造成他人损害为由,要求某公司赔偿损失,一审法院判决某公司赔偿聂某医疗费、住院伙食补助费、护理费、误工费、营养费、交通费共计 11 088.03 元。该案已执行完毕。

再审法院认为:工作场所与履行工作职责密切相关,是指职工日常工作所在场所以及为完成领导临时指派的工作所涉及的场所,有多个场所的还包括工作时间内职工往来于多个工作场所之间的合理区域。本案中,聂某系某公司下属物资公司北区仓储库仓库班职工,从事值更门卫岗位,该岗位的职责是仓库班备件库区物资、人员、车辆出入库的登记审核及夜间库区巡视看护。故聂某的工作场所应在物资公司所辖区域范围内,而聂某受伤地点系在物资公司外墙之外、某公司水厂铁矿运输厂房后面小路上,该区域虽属某公司厂区,但并未到达聂某具体工作单位物资公司所管辖的区域。预备性或收尾性工作,是指职工在上班前、上班后的一段合理时间内,从事的搬运、清扫、清洗、准备、整理、维修、堆放或收拾其工具和工作服等辅助性或延续性工作。本案中,聂某受伤是其在骑摩托车上班路上摔倒所致,骑摩托车上班本身不能视为从事与工作有关的预备性事务。聂某主张其受伤当时系在巡视外墙从而为交接班工作做准备,但根据某公司《值更门卫岗位规程》的规定,双方交接班时要面对面交接并共同签认,故聂某主张其受伤当时系在巡视外墙从而为交接班工作做准备缺乏依据。最终,再审法院判决维持二审判决。

聂某不服,向检察院申请检察抗诉,法院经再审,判决维持原判。

二、相关法律问题分析

聂某所受的伤害是否应被认定为工伤,关键在于其是否符合《工伤保险条例》第 14 条第 2 项的规定,即聂某所受伤害是否属于“工作时间前后在工作场所内,从事与工作有关的预备性或者收尾性工作受到事故伤害的”。具体来说,聂某所受伤害要被认定为工伤需要同时满足以下 3 个要素:

第一,所受伤害的时间。根据查明的事实,事故发生当天聂某的值班时间为 8 时至次日 7 时 30 分,而其事故发生时间为 17 时 40 分左右,聂某受伤时间发生在其工作时间前后,故聂某所受伤害满足“工作时间前后”这一要素。

第二,所受伤害的地点。《北京市工伤认定办法》第 4 条规定,“工作场所”可以按照职工日常工作所在的场所以及为完成领导临时指派的工作所涉及的场所进行掌握。本案中,因聂某前述的职责,故其工作场所系物资公司库区,而聂某所受伤害的地点发生在距物资公司库区 200 米远的物资公司大墙之外。该区域虽系某公司的管辖区域,但却不是聂某具体工作单位物资公司所管辖的区域,更不是聂某工作的库区,故不属于聂某的工作场所。工作场所,是指与职工工作职责相关的场所,有多个场所的,还包括工作时间内职工往来于多个工作场所之间的合理区域。本案中,聂某的工作职责是出入库登记及库区的安全巡逻,其伤害事故发生地与其工作职责无关,也不属于工作时间内往返于多个工作场所之间的合理区域。检察院抗诉认为,聂某伤害事故发生地是其进入工作场地、履行职责所需经过的区域,其前行进入场地的行为与其工作职责密切相关,其所受伤害的间接原因是到单位上班。但按照该逻辑,只要聂某从家里出发到单位只有一条路可选,则聂某在该上下班路上所发生的一切事故均是与其工作职责有关,这显然是对“工作场所”不合理的扩大解释。

第三,所受伤害是否系因“从事与工作有关的预备性工作”造成。首先,根据国际劳工组织《工伤事故和职业津贴公约》(第 121 号公约)的规定,上班前和下班后的一段合理时间内,当事人在搬运、清洗、准备、维修、堆放或收拾其工具和工作服时发生的事故,得视为工伤事故。故预备性工作通常是指为开展正常工作所必需而为的行为,如职工在工作时间前更换制服,从事与工作过程相关的备料、运输、清理、储存、收拾工具等事务。本案中,聂某所受伤害是其骑摩托车在上班路上为了躲避狗而不慎摔倒所致,骑摩托车上班本身不能认定为为了履行工作职责而进行的预备性事务,聂某再审中称其是为了交接班工作做准备在做外墙巡视工作,但某公司《值更门卫岗位规程》中并未要求其在交接班前先行独自巡视外墙,且《值更门卫岗位规程》规定双方交接班时要面对面,交接辖区的技防设施、物防设施、消防器材、基础台账、安全隐患、重点工作、卫生等,并共同签认。某区人社局亦曾向某公司门卫王某成、王某伟调查,二人的工作岗位与聂某相同,二人关于班前做什么准备工作的答复均为“晚班只要 18 点到值班岗位就可以,和白班做一下交接,看一下当天的情况就可以了”。故聂某的工作职责并未要求其在到达值班点前独自巡视外墙,而是要求其在到达值班点后与白班人员面对面交接。聂某关于其为了交接班工作做准备在做外墙巡视工作的主张缺乏依据。

其次,关于《工伤保险条例》的立法目的。根据《工伤保险条例》第 1 条的规定,该条例的立法目的在于保障因工作遭受事故伤害或者患职业病的职工获得医疗救治和经济补偿,促进工伤预防和职业康复,分散用人单位的工伤风险。因此,保护劳动者的利益是《工伤保险条例》重要的立法目的,但同时,《工伤保险条例》亦就工伤认定的具体情形作了限定,因此,保护用人单位的利益以及工伤保险基金的合理使用亦是《工伤保险条例》的立法目的。对《工伤保险条例》中规定的工伤认定情形的扩大适用,将导致不符合工伤保险救济条件的人分享了真正需要工伤保险救济的劳动者的保险基金,亦违背了《工伤保险条例》的立法宗旨。

再次,法律对于工伤认定的情形有明确规定,一般情形下,应当直接依据法律规定进行分析认定,而不应适用“举重以明轻”的类推解释方法。本案实质上为上下班途中遭受的伤害,仅需按照《工伤保险条例》第 14 条第 6 项的规定进行认定,不属于法律上的真空地带,即需满足交通事故且非本人主要责任两个条件,自行摔伤不属于交通事故,不能认定为工伤,而地面障碍物致损害的情况聂某应当通过民事诉讼救济。

最后,需要说明的是,本案原审判决生效后,聂某已提起民事诉讼并获得了赔偿,依据《最高人民法院关于审理人身损害赔偿案件适用法律若干问题的解释》第12条[①]的规定,依法应当参加工伤保险统筹的用人单位的劳动者,因工伤事故遭受人身损害,劳动者或者其近亲属向法院起诉请求用人单位承担民事赔偿责任的,告知其按《工伤保险条例》的规定处理。即工伤赔偿与民事赔偿不能并存,从本案实际效果上看,聂某已经获得了民事赔偿,其权利也已得到保障。

(责任编辑:项利军)

① 此案适用的是2003年《最高人民法院关于审理人身损害赔偿案件适用法律若干问题的解释》,相关规定参见2022年修正的《最高人民法院关于审理人身损害赔偿案件适用法律若干问题的解释》第3条。

判决撤销房屋所有权转移登记的具体适用情形

——玄某某因张某甲诉北京市规划和自然资源委员会房屋所有权转移登记上诉案相关法律问题分析

董　巍*

裁判要旨

违反法定程序足以导致房屋所有权转移登记行为被判决撤销，房屋抵押登记行为的存在亦不影响判决撤销的裁判方式。

一、据以研究的案例

坐落于北京市朝阳区的一处房屋（以下称涉案房屋）原登记在张某甲名下。张乙系张某甲之女。2017年6月15日，案外人以张某甲名义同张乙共同向原北京市规划和国土资源管理委员会①（以下简称原市规土委）申请办理涉案不动产国有建设用地使用权、房屋所有权转移登记，该案外人与张乙填写了北京市不动产登记申请审批表，并提交了京房权证朝私成本字第28××13号房屋所有权证（以下简称28××13号房屋所有权证）、赠与协议、双方身份证复印件、家庭购房申请表（A类）、购房承诺书、常住人口登记卡、北京市非税收入一般缴款书、中华人民共和国税收完税证明、北京市房屋登记表等材料。同日，原市规土委决定对上述申请予以受理，作出了北京市不动产登记受理通知书，对以张某甲名义到

* 北京市第三中级人民法院行政庭法官，中国政法大学民事诉讼法学硕士。

① 2018年11月变更为北京市规划和自然资源委员会。

场的案外人及张乙拍摄了现场照片，该案外人及张乙在现场照片旁签字进行了确认。在此基础上，原市规土委对该案外人及张乙分别进行了询问，并制作不动产登记询问笔录，该案外人以张某甲的名义向原市规土委表示申请登记事项是其真实意思表示，并在笔录中签字予以确认。经审查，原市规土委认为涉案房屋产权清楚，申请材料齐全，符合转移登记条件，当日，将涉案房屋的所有权由张某甲名下转移登记至张乙名下，并向张乙颁发了京(2017)朝不动产权第006××12号不动产权证书(以下简称006××12号不动产权证书)。

2017年9月11日，张乙、玄某某就涉案房屋共同申请抵押登记。原市规土委经审查后将玄某某登记为涉案房屋的抵押权人。2017年12月21日，原市规土委依据民事裁定书、协助执行通知书查封了涉案房屋。2018年1月29日，原市规土委依据强制执行裁定书、协助执行通知书轮候查封了涉案房屋。2018年3月26日，原市规土委依据民事裁定书、协助执行通知书轮候查封了涉案房屋。

案件审理过程中，经北京法源司法科学证据鉴定中心鉴定，被诉房屋转移登记材料中的赠与协议、不动产登记询问笔录、现场照片中"张某甲"的签名字迹与样本中张某甲的签名字迹不是同一人所写。

原告(被上诉人)张某甲诉称，涉案房屋是张某甲夫妻共同购置的单位公房，于2003年9月15日起登记在张某甲名下，张某甲一家一直在此居住。2017年11月，张某甲被陌生人要求腾房，并于2017年12月被强行占房。经查，涉案房屋已经于2017年6月15日被过户给他人，原市规土委的登记行为致使张某甲一家居无定所，只能临时托亲属在外承租一套住房与岳母同住，严重侵害了张某甲的合法权益，给张某甲造成重大损失。原市规土委在办理产权登记时，所依据的赠与协议不是张某甲本人所签，张某甲本人也未到场办理登记，原市规土委在实体和程序上均严重违反法律规定。为维护张某甲的合法权益，特提起诉讼，请求判决确认原市规土委于2017年6月15日将涉案房屋转移登记至张乙名下的转移登记行为违法。

被告北京市规划和自然资源委员会(以下简称市规自委)辩称，涉案房屋原登记在张某甲名下，张某甲取得28××13号房屋所有权证。2017年6月15日，"张某甲"(实际为假冒的案外人)、张乙共同向原市规土委申请办理涉案不动产国有建设用地使用权、房屋所有权转移登记，并提交了28××13号房屋所有权证，赠与协议、身份证明等材料。原市规土委经审查，依据《不动产登记暂行条例》《不动产登记暂行条例实施细则》的相关规定，为张乙颁发了006××12号不动产权证书。2017年9月11日，张乙、玄某某共同向原市规土委申请办理涉案房屋国有建设用地使用权、房屋所有权、抵押权首次登记。玄某某取得京(2017)朝不动产证明第006××92号不动产登记证明。后原市规土委依据法院作出的相关法律文书3次查封及轮候查封涉案房屋。原市规土委作出的行政行为依据充分,适用法律、法规正确,程序合法,已尽到审慎审查职责。综上,请求法院在查明事实的基础上依法驳回张某甲的诉讼请求。

第三人张乙述称,同意张某甲的诉讼请求。

第三人(上诉人)玄某某述称,原市规土委为张乙颁发的006××12号不动产权证书依据充分,适用法律正确,程序合法,已尽到审慎审查义务。请求驳回张某甲的诉讼请求。

一审法院经审理,判决撤销原市规土委于2017年6月15日将涉案房屋所有权由张某甲名下登记至张乙名下的房屋登记行为;撤销原市规土委为张乙颁发的006××12号不动产权证书。宣判后,玄某某提出上诉。

二审法院经审理认为:根据《物权法》第10条①的规定,不动产登记由不动产所在地的登记机构办理。同时,《不动产登记暂行条例》②第6条规定,国务院国土资源主管部门负责指导、监督全国不动产登记工作。县级以上地方人民政府应当确定一个部门为本行政区域的不动产登记机构,负责不动产登记工作,并接受上级人民政府不动产登记主管部门的指导、监督。该条例第7条第1款规定,不动产登记由不动产所在地的县级人民政府不动产登记机构办理;直辖市、设区的市人民政府可以确定本级不动产登记机构统一办理所属各区的不动产登记。据此,原市规土委作为本市不动产登记机构,具有办理房屋转移登记的法定职权。

根据《物权法》第11条③的规定,当事人申请登记,应当根据不同登记事项提供权属证明和不动产界址、面积等必要材料。《不动产登记暂行条例实施细则》④第38条规定,申请国有建设用地使用权及房屋所有权转移登记的,应当根据不同情况,提交下列材料:(1)不动产权属证书;(2)买卖、互换、赠与合同;(3)继承或者受遗赠的材料;(4)分割、合并协议;(5)人民法院或者仲裁委员会生效的法律文书;(6)有批准权的人民政府或者主管部门的批准文件;(7)相关税费缴纳凭证;(8)其他必要材料。本案中,当事人提交了上述法律规范规定的应当提交的申请材料,原市规土委经审查,确认了材料的完备性。

---

① 《物权法》已于2021年1月1日因《民法典》的施行而废止,相关规定参见《民法典》第210条。

② 此案适用的是2014年《不动产登记暂行条例》,此条例已于2019年修订,相关法条内容未做修改的,不再逐一标注说明。

③ 参见《民法典》第211条。

④ 此案适用的是2016年《不动产登记暂行条例实施细则》,此细则已于2019年修正,相关法条内容未做修改的,不再逐一标注说明。

《物权法》第12条[1]规定了登记机构应当查验申请人提供的权属证明和其他必要材料、就有关登记事项询问申请人等内容。《房屋登记办法》[2]第18条和第20条对房屋登记机构的审查内容、登记申请应符合的条件及查验、询问、补充材料等进行了规定。《不动产登记暂行条例》第18条及《不动产登记暂行条例实施细则》第15条对不动产登记机构的查验内容进行了规定。本案中,受理转移登记申请后,原市规土委对相关申请材料进行了查验,对当事人双方进行现场拍照,要求二人分别在各自照片旁签字确认,并对到场办理的"张某甲"及张乙进行了调查询问,制作了不动产登记询问笔录,后办理了涉案房屋所有权转移登记,向张乙颁发006××12号不动产权证书。

根据《不动产登记暂行条例》第14条第1款、第15条第1款[3]的规定,因买卖、设定抵押权等申请不动产登记的,应当由当事人双方共同申请。当事人或者其代理人应当到不动产登记机构办公场所申请不动产登记。据此,需要当事人双方共同办理的不动产登记行为,在没有代理人的情况下,应由当事人双方亲自到不动产登记机构办公场所申请不动产登记。他人冒用申请当事人的身份办理不动产登记,违反不动产转移登记行为的法定程序。本案中,司法鉴定意见书能够证明被诉房屋转移登记材料中的赠与协议、不动产登记询问笔录、现场照片中"张某甲"的签名字迹均非张某甲本人所签,张某甲及张乙亦均不认可张某甲曾到原市规土委办公场所办理过涉案房屋所有权转移登记,故到场办理房屋转移登记的"张某甲"并非张某甲本人。

综上所述,二审法院认为,一审法院判决撤销原市规土委于2017年6月15日将涉案房屋所有权由张某甲名下登记至张乙名下的房屋登记行为,同时撤销为张乙颁发的006××12号不动产权证书并无不当,予以维持。

二、相关法律问题分析

(一)违反法定程序足以导致被诉房屋转移登记行为被撤销

根据《行政诉讼法》第70条的规定,法院应判决撤销或部分撤销被诉行政行为的6种情形分别是:(1)主要证据不足的;(2)适用法律、法规错误的;(3)违反法定程序的;(4)超越职权的;(5)滥用职权的;(6)明显不当的。但审判实践

① 相关规定参见《民法典》第212条。

② 《房屋登记办法》已于2019年9月6日因《住房和城乡建设部关于废止部分规章的决定》的施行而废止。

③ 2019年修正的《不动产登记暂行条例》的第15条第1款修改为:"当事人或者其代理人应当向不动产登记机构申请不动产登记。"

中发现,行政行为的违法情形有时会存在多处、多个方面,有的行政行为甚至同时存在超越职权、事实不清、主要证据不足或适用法律法规错误等情形。应如何选择和确定裁判点,审判实践中主要有以下几种观点和做法:(1)全部指出,全面进行裁判。(2)选择最为显著重大、最有把握的理由进行裁判。如果适用撤销判决,撤销后大多会判决限期重作,是否指出其余的违法之处,意义不大;如果撤销后无须重作,那么基于几点理由将被诉行为撤销就更不具有现实意义了。(3)与当事人的诉讼请求相对应,选择当事人也发现的违法之处进行裁判。但《行政诉讼法》第70条的本意确系只要具备6种情形之一就可以判决撤销或部分撤销,故如何选择裁判点可以从以下两个方面考虑:首先,被诉机关超越职权的,对于被诉行为事实是否清楚、程序是否合法、适用法律法规是否正确可以不再审查,据以判决撤销或确认违法的情形即应为超越职权;其次,如果不存在超越职权的情况,那么就要选择最为重大明显的违法情形,同时考虑当事人的诉讼请求,因为诉讼请求是据以界定诉讼类型的标准,也是法院裁判必须回应的课题,以及如何回应的依据。[①] 行政诉讼中确定原告诉讼请求的意义不仅在于启动诉讼,也关系诉的类型确定、审查范围的把握和裁判方式的运用。[②] 在上述两个方面中权衡,如果有必要也可以一并判定,但绝非6种情形都具备或者必须具备某一种情形的情况下,才能判决撤销或部分撤销被诉行政行为。

具体到本案,在一审法院判决撤销被诉房屋转移登记行为的情况下,一审原告张某甲、一审被告市规自委、一审第三人张乙均认可判决结果,没有上诉。一审第三人玄某某上诉的理由之一是办理涉案房屋所有权转移登记过程中,案外人提交了只有张某甲本人掌握的居民身份证和28××13号房屋所有权证等材料,一审法院未查清上述材料的来源及案外人具体身份,也未查明该案外人与张乙办理房屋所有权转移登记的民事法律关系的效力和双方行为是否涉嫌诈骗等,本案审判不能仅仅以被上诉人是否到场为基本事实,而应以上述民事和刑事案件的审理结果为依据,上述事实未查清,一审法院应中止本案诉讼。上述理由的实质是认为一定要将案外人与张乙办理房屋所有权转移登记的民事法律关系效力通过民事诉讼予以查清,即只有在民事法律关系无效或被撤销的情况下,才能判决撤销被诉房屋转移登记行为。这相当于主张必须具备《行政诉讼法》第

---

① 参见王银江:《行政诉讼履行之诉研究》,载中华人民共和国最高人民法院行政审判庭编:《行政执法与行政审判》(2011年第2集)(总第46集),法制出版社2011年版,第71页。

② 参见汤军:《论驳回诉讼请求判决与合法性审查原则之一般关系》,载中华人民共和国最高人民法院行政审判庭编:《行政执法与行政审判》(2004年第3集)(总第11集),法律出版社2004年版,第89页。

70 条规定的 6 种情形中的第一种情形，即主要证据不足，才能判决撤销或部分撤销被诉行政行为。《最高人民法院关于审理房屋登记案件若干问题的规定》（以下简称《房屋登记若干规定》）第 8 条规定，当事人以作为房屋登记行为基础的买卖、共有、赠与、抵押、婚姻、继承等民事法律关系无效或者应当撤销为由，对房屋登记行为提起行政诉讼的，法院应当告知当事人先行解决民事争议，民事争议处理期间不计算在行政诉讼起诉期限内；已经受理的，裁定中止诉讼。据此，先行解决民事争议确认基础民事法律关系的效力并非所有房屋登记行政案件的必经程序，是否需要先行解决民事争议要看当事人对房屋登记行为提起行政诉讼的主张和理由，当然也要看案件的具体情况。就本案而言，登记过程中提交的赠与协议是否有效，并非被诉房屋所有权转移登记是否应予撤销的唯一考量因素。

本案中，张某甲主张自己在完全不知情的情况下被他人冒名处分了涉案房屋，而非仅仅基于对赠与协议效力的民事争议主张撤销被诉房屋所有权转移登记。司法鉴定结论亦证实，被诉房屋转移登记材料中的赠与协议、不动产登记询问笔录、现场照片中“张某甲”的签名字迹与样本中张某甲签名字迹不是同一人所写。尽管赠与协议并非本人签字并不等同于直接否认该协议的效力，但在没有代理人的情况下，张某甲本人未亲自到不动产登记机构办公场所申请和办理不动产登记确实违反了《不动产登记暂行条例》第 14 条第 1 款、第 15 条第 1 款有关登记程序的规定，使被诉房屋所有权转移登记行为具备了《行政诉讼法》第 70 条规定的第 3 种应判决撤销或部分撤销的情形，即违反法定程序，且该程序属于严重侵犯真正权利人合法权益的主要程序或关键程序，直接影响行政行为的正确作出，从而足以导致该行为被判决撤销。即使日后出现有权机关对本案是否涉及犯罪行为的认定以及民事案件对涉案赠与协议效力的认定，亦不会影响本案的裁判结果。

（二）涉案房屋转移登记应判决撤销而非确认违法

违法的行政行为一般应该被判决撤销以恢复原状或重新作出，因为撤销判决是对行政相对人最直接、最有效的救济方式。确认违法判决，是在行政机关的行为确实存在违法情形，但不适宜作出撤销判决、履行判决的情况下，法院所采用的一种裁判方式。确认违法判决方式，应该定位于替代判决方式，是不得已而为之的手段，而不是一个常规判决方式。[①] 撤销判决既否定被诉行政行为的效力，也否定被诉行政行为的合法性；确认违法判决否定被诉行政行为的合法性，

① 参见杨小君：《行政诉讼问题研究与制度改革》，中国人民公安大学出版社 2007 年版，第 559 页。

却保留了被诉行政行为的效力。在涉案房屋转移登记违反法定程序的情况下，如果判决撤销，涉案房屋可以重新登记在张某甲名下；判决确认违法，涉案房屋可以继续登记在张乙名下。

根据《房屋登记若干规定》第 11 条第 2 款、第 3 款的规定，被诉房屋登记行为违法，但该行为已被登记机构改变的、判决撤销将给公共利益造成重大损失或者房屋已为第三人善意取得的，判决确认被诉行为违法，不撤销登记行为。《房屋登记办法》第 81 条亦规定，司法机关、行政机关、仲裁委员会发生法律效力的文件证明当事人以隐瞒真实情况、提交虚假材料等非法手段获取房屋登记的，房屋登记机构可以撤销原房屋登记，收回房屋权属证书、登记证明或者公告作废，但房屋权利为他人善意取得的除外。据此，房屋登记行为违法，但存在已被登记机构改变、判决撤销将给公共利益造成重大损失、房屋已为第三人善意取得这几种情况的，不能判决撤销，应确认违法。本案中，张乙取得涉案房屋所有权后，涉案房屋所有权登记未再发生变化，也不存在撤销将给公共利益造成重大损失的情况，故只需要考虑善意取得问题。

《物权法》第 106 条[①]规定了善意取得制度，无处分权人将不动产或者动产转让给受让人符合下列情形的，受让人取得该不动产或者动产的所有权：(1)受让人受让该不动产或者动产时是善意；(2)以合理的价格转让；(3)转让的不动产或者动产依照法律规定应当登记的已经登记，不需要登记的已经交付给受让人。然而，不动产善意取得中的无权处分是一个需要明确的概念，首先，虽然无权处分无法涵盖登记错误的全部情形，但无权处分首先应为登记错误，且这里的登记错误仅限于权利事项错误，即与不动产物权归属或内容相关的事项。权利事项登记错误符合不动产善意取得理论基础的“权利外观原则”，由于信赖错误的权利事项登记而发生善意取得的可能性，非权利事项不发生登记的推定效力。其次，处分人与登记权利人应为同一人。对于虚假的委托代理关系甚至是冒名处分行为，因权利事项的登记并无错误，只是由于处分人通过违法甚至犯罪的方式违背真实权利人的意思或假冒真实权利人处分不动产，因此不存在对虚假权利外观信赖保护的基础事实，不能适用善意取得。本案中，涉案房屋的所有权登记并不存在错误，张某甲为房屋的真实权利人，房屋也确实登记在张某甲的名下。案外人以张某甲的名义冒名与张乙提交相关材料共同办理了房屋所有权转移登记，即处分人与登记权利人并不同一，不属于不动产善意取得中特指的无权处分，即使张乙并非通过赠与协议而是通过买卖合同、出于善意参与房屋交易，

① 相关规定参见《民法典》第 311 条。

并已经支付合理对价、办理房屋所有权转移登记,亦不能善意取得涉案房屋的所有权。因此,应判决撤销涉案房屋转移登记。

(三)抵押登记行为的存在并不影响本案的裁判方式

本案中存在两个民事法律行为,一个是张某甲与张乙之间的房屋赠与协议,另一个是张乙与玄某某之间的房屋抵押合同,两个民事法律行为分别是房屋所有权转移登记和抵押登记两个行政行为的事实基础。本案被诉行政行为是房屋所有权转移登记行为。法院在一个行政案件中,仅审理行政机关作出的一个被诉行政行为,因为不同的行政行为即使作出的主体相同,存在前后关联性,但所依据的行政实体法和程序法律存在差异,所依据的事实基础不同,合法性审查的范围、内容、强度亦不完全一致。虽然基于行政诉讼规律,房屋抵押登记行为并非本案合法性审查的范畴,但本案中所涉及的玄某某的抵押权作为一种担保物权,也可以适用善意取得,当事人善意取得其他物权的,与善意取得所有权具有同样的法律效果。那么,本案是否需要考虑和认定这一问题?

不动产抵押,是指以不动产为抵押标的物而设定的抵押。根据《物权法》第179条①的规定,抵押人以不动产作为抵押物提供抵押担保,不以转移占有为必要,因此在实践中,不动产抵押是最普遍的抵押形式。但不动产抵押应根据《物权法》第187条②的规定进行抵押登记。抵押登记不仅是抵押权设立的标志之一,也是抵押权的公示手段之一,更是抵押权人确定权利顺位的重要依据。此处所谓的权利顺位,不仅是指登记在先的抵押权人优先于登记在后的抵押权人,也指登记在先的抵押权人的抵押权优先于其后对抵押物取得物权的人。根据《物权法》第16条③的规定,不动产登记簿上记载的不动产抵押权登记是判断抵押权权利归属及内容的根据。据此,即使抵押物在抵押期间发生了权利变动,但因为抵押登记并未因此而改变,抵押权人根据抵押登记享有的抵押权也不发生改变,且具有对抗后续物权人的效力。这也是抵押权的追及效力。我国民法理论和司法实务均承认抵押权的追及效力,《物权法》第2条第3款④和其他相关规定,构成抵押权追及效力之法律依据。抵押权人追及抵押物而行使变价权并以其变价款优先受偿的权利和利益,不因抵押物的归属或者占有的变动而受影响,⑤即使这种变动未经抵押权人同意。这种无条件性当然也应该包括通过法

① 相关规定参见《民法典》第394条。

② 相关规定参见《民法典》第402条。

③ 相关规定参见《民法典》第216条。

④ 相关规定参见《民法典》第114条。

⑤ 参见邹海林:《论抵押权的追及效力及其缓和——兼论〈物权法〉第191条的制度逻辑和修正》,载《法学家》2018年第1期。

院判决方式导致抵押物归属的变动。

就本案而言,玄某某对涉案房屋享有的抵押权是基于抵押合同以及在此基础上作出的抵押登记行为,在抵押登记行为的效力未发生改变的情况下,涉案房屋的所有权存在瑕疵甚至被撤销导致所有权归属的变动,均不影响玄某某继续取得并行使抵押权。影响玄某某抵押权行使的是抵押登记行为本身的效力,而非涉案房屋所有权转移登记行为效力的有无。因此,被诉房屋所有权转移登记被法院判决撤销,但该判决效力不自然及于涉案房屋抵押登记行为的合法性,并不当然影响抵押登记行为的效力,抵押登记行为的存在亦不影响法院对房屋所有权转移登记行为的裁判方式。本案审理过程中也无须考虑玄某某的抵押权是否构成善意取得,玄某某是否构成善意取得是对抵押登记行为进行合法性审查的过程中需要考虑和解决的问题。

(四)本案的裁判方式不会阻却抵押权的实现

由于在本案诉讼之前法院已经对涉案房屋3次查封或轮候查封,所以本案判决撤销被诉房屋所有权转移登记行为后要实现涉案房屋所有权重新登记在张某甲名下,理论上需要先解除查封。然后按照北京市不动产登记机关的操作流程,张某甲可以依据生效的法律文书,向不动产登记机关申请房屋所有权登记。但是,如果抵押登记的效力未被依法否定,基于抵押权的追及效力,房屋重新登记在张某甲名下后,涉案房屋的抵押登记仍然存在。若此后玄某某依据生效裁判或决定要实现对涉案房屋的抵押权,对张某甲的权属确认能否产生阻止强制执行的效力?这也是玄某某上诉的第二个理由,即认为一审判决将造成抵押权无法实现的后果,上诉人作为善意第三人的合法权益受到严重损害,判决结果有违公平正义。

依据《担保法》第33条[①]的规定,抵押,是指债务人或者第三人不转移财产的占有,将该财产作为债权的担保,在债务人不履行债务时,债权人以该财产折价或者以拍卖、变卖该财产的价款优先受偿。债务人或者第三人为抵押人。本案中,只要涉案抵押登记行为有效,张乙为抵押房产的抵押人,玄某某为抵押权人,在抵押权尚未解除的情况下,即使生效裁判撤销被诉房屋所有权转移登记,即使涉案房屋重新登记在张某甲名下,均不影响本案抵押登记行为的效力和抵押房屋的性质,不能产生对抗债权人依据现有抵押登记状况申请执行抵押财产即涉案房屋并优先受偿的效力,亦不能产生以此对抗执行法院对抵押物强制执行的效力。

(责任编辑:项利军)

① 《担保法》已于2021年1月1日因《民法典》的施行而废止,相关规定参见《民法典》第394条。

基于医学教育实践中“指导方式”的认定与审思

——朱某某诉北京市某区卫生和计划生育委员会、北京市某区人民政府、某医院举报投诉回复及行政复议决定案相关法律问题分析

丁少芃*

裁判要旨

我国关于执业医师对参加医学教育临床实践的医学生的指导方式未作出明确规定，亦未限定为“现场指导”，因此不可因执业医师使用电话指导等方式即认定医学生未经执业医师指导进行单独执业而对医院作出行政处罚。

一、据以研究的案例

2015年9月至2016年5月，朱某某先后4次向北京市某区卫生和计划生育委员会①（以下简称某区卫计委）投诉，称某医院肾内科实习医生陈某无执业医师资格为朱某某诊疗。某区卫计委接到投诉后进行了现场检查、调取证据，4次下达《卫生监督意见书》。某区卫计委经调查核实认为，某医院实习医生陈某于2013年12月18日取得医师资格证书，于2014年9月16日交齐申请执业医师注册的相关材料，于同年9月28日取得医师执业证书，执业类别为临床，执业范围为内科专业。陈某为北京大学医学院临床博士在读研究生，按照某医院内科博士培养计划，被安排在肾内科住院部培训，并在进科后通过白某和田某某两位

* 北京市第一中级人民法院民事审判第二庭法官，中国政法大学国际经济法硕士。

① 2018年11月变更为卫生健康委员会。

医师的授权同意,在其电子病历主账号下建立附属账号。2014 年 9 月 18 日 17 时 30 分至 19 日 8 时,陈某在某医院肾内科值夜班期间,曾多次到病房查看朱某某,并在主治医师白某的事前指导和小灵通电话指导,以及二线医师苏某某的电话指导及现场指导下,通过非当班医师田某某的主账号多次下临时医嘱。据此,某区卫计委于 2016 年 6 月 24 日对朱某某作出被诉回复,不能认定陈某为单独从事医师执业活动。朱某某收到上述答复后不服,向北京市某区人民政府(以下简称某区政府)申请行政复议。某区政府于同年 12 月 26 日作出被诉复议决定,以某区卫计委对朱某某的投诉已履行了法定职责为由,驳回其行政复议申请。朱某某亦不服,遂向法院提起诉讼。法院另查,2016 年 1 月 21 日,某区卫计委针对某医院违反《医疗机构病历管理规定》的行为,给予该院医疗机构不良执业行为积分处理。

原告(上诉人)朱某某诉称:某医院的非法行医行为,导致其小肠穿孔坏死、小肠截除的后果。投诉后,北京市某区卫计委出具了"不能认定陈某为单独从事医师执业活动"的被诉回复,存在明显行政不作为。请求法院依法撤销某区卫计委作出的被诉回复,撤销某区政府作出的被诉复议决定;责令某区卫计委履行法定职责,依法确认某医院存在非法执业活动,并依法予以行政处罚。

被告(被上诉人)某区卫计委辩称:某医院的行为符合医学教育临床实践管理的相关规定,不存在非法执业行为。

被告(被上诉人)某区政府辩称:某区卫计委在法定期限内,立案受理并作出决定,程序合法。

第三人某医院发表诉讼意见称:某区卫计委、某区政府依法履行了法定职责。

一审法院经审理认为,根据已查明事实,第三人的实习医生陈某在带教医师指导下从事的诊疗活动,符合《医学教育临床实践管理暂行规定》第 12 条"医学生在临床带教教师的监督、指导下,可以接触观察患者、询问患者病史、检查患者体征、查阅患者有关资料、参与分析讨论患者病情、书写病历及住院患者病程记录、填写各类检查和处置单、医嘱和处方,对患者实施有关诊疗操作、参加有关的手术"的规定;同时,被告某区卫计委已对第三人存在的违反《医疗机构病历管理规定》的行为,给予了医疗机构不良执业行为积分处理。据此,被告某区卫计委已经依法履行了对原告投诉举报事项进行查处的法定职责,其对原告作出的被诉回复认定事实清楚,证据确凿,程序合法,适用法律得当。同时,某区政府作出的被诉复议决定履行了相关复议程序,程序合法。故原告的诉讼请求缺乏事实和法律依据,法院不予支持。综上,一审法院作出判决:驳回原告朱某某的全部诉讼请求。

宣判后,朱某某提起上诉。二审法院经审理认为:

第一,关于陈某的带教医师白某对陈某当晚的值班诊疗行为是否进行了事前指导和电话指导的问题。根据《行政处罚法》第4条第2款[①]的规定,“设定和实施行政处罚必须以事实为依据”。首先,在投诉举报类案件中,应当遵循“疑事从无”的证明责任分配原则。行政机关在对投诉举报事项进行调查后,仅有在具有充分证据证明第三方存在违法行为时,才可作出处罚;如果综合全案证据仍无法确认第三方存在违法事实,则不能对第三方作出不利的认定和处理。关于白某对陈某当晚的值班诊疗行为是否进行了事前指导和电话指导的事实,属于判断某医院是否存在医学生单独执医违法行为的关键性事实,也是本案争议的核心,因此卫生执法机关只有在有充分事实依据的情况下,才能认定院方存在该违法行为。其次,在投诉举报案件中,法院的审查范围为行政机关是否已经尽到了合理审慎的调查义务。就本案而言,某区卫计委并无充分证据证明某医院存在医学生单独执医的违法行为。对于陈某值班时的诊疗行为,白某均明确认可经过其事前指导和电话指导。某区卫计委在法定职权范围内已尽到调查职责。在本案已有证据证明白某对陈某进行过电话指导,又无其他证据能够推翻该证据的情况下,某区卫计委认定白某对陈某当晚的值班诊疗行为进行了事前指导和电话指导,并无不当。

第二,关于电话指导是否违反医学教育临床实践活动管理规定的问题。《医疗机构管理条例》第28条[②]规定,医疗机构不得使用非卫生技术人员从事医疗卫生技术工作。《医学教育临床实践管理暂行规定》第17条第1款规定,医学生和试用期医学毕业生在临床带教教师和指导医师指导下参与医学教育临床实践活动,不承担医疗事故或医疗纠纷责任。上述规定表明,在医学教育临床实践活动中,医学生和试用期医学毕业生的身份具有一定的特殊性,不能简单等同于一般非卫生技术人员。医学生和试用期医学毕业生在临床带教教师和指导医师指导下参与医学教育临床实践活动,既是医学生和试用期医学毕业生学习掌握诊疗技能的重要途径,也是负责指导的执业医师实施诊疗活动的一种方式。

关于“指导”的具体方式,法律法规均未明确限定为“现场指导”,因此认定以电话方式指导构成违法,缺乏明确的法律依据。对于法律概念的解释应当符合行业的规律和特点。实习医学生通过电话或视频等方式取得执业医师的指

---

① 此案适用的是2017年修正的《行政处罚法》,相关规定参见2021年修订的《行政处罚法》第5条第2款。

② 此案适用的是2016年修订的《医疗机构管理条例》,相关规定参见2022年修订的《医疗机构管理条例》第27条。

导,并不违反国内外通行的医学教育临床实践的操作规范和惯例。《执业医师法》[①]第23条第1款中关于"医师实施医疗、预防、保健措施,签署有关医学证明文件,必须亲自诊查、调查"的规定,并不意味着执业医师在指导医学生和试用期医学毕业生时只能采取现场指导的方式。本案中,白某在朱某某术后对朱某某进行了亲自诊查,其以电话方式对陈某进行指导,并不违反我国目前医学生和试用期医学毕业生参与医学教育临床实践活动的相关管理规定。至于指导后的医疗行为是否适当,则属于医疗事故或医疗纠纷责任认定的范畴。

综上所述,二审法院判决:驳回上诉,维持一审判决。

二、相关法律问题分析

(一)投诉举报类案件的证明责任分配与证明标准

1. 证明责任分配

投诉举报类案件应遵循"疑事从无"的证明责任分配原则。行政机关在对投诉举报事项调查后,仅在具有充分证据证明第三方存在违法行为时才可作出处罚,且所作出的处罚应有明确的法律依据。在此类案件中,当事人向行政机关投诉举报第三人存在违法行为,行政机关应及时、全面、合理、审慎地对投诉举报事项进行调查取证。行政机关没有充分证据证明第三人存在违法行为,则不可对其作出行政处罚。

这一证明责任分配原则与医疗损害责任纠纷的民事案件证明责任分配原则不同[②],本案系涉医疗纠纷的行政案件,虽然白某对陈某的指导方式能否达到等同于执业医师诊疗行为的效果存在一定质疑,但该质疑是在法律法规对于指导方式未予明确或禁止的情况下对本案所涉指导方式在诊疗质量上的不确定,但能够确定的是:本案中证明存在执业医师指导行为的证据的证明力强于推定不存在指导行为的证据的证明力。因行政机关作出行政处罚的依据必须充分、明确、公开,故仅对某区卫计委未作出行政处罚的行政行为作出评价,而将涉案指导方式的效果质量排除在本案的评价参考因素范围之外,明确涉案指导方式的效果质量应在医疗损害的民事法律关系范畴中予以考量。

2. 证明标准

依据我国《行政处罚法》第5条、第40条、第54条的规定,行政机关证明第三人存在违法行为的事实和证据材料必须清楚和充分,作出判断所依据的法律

① 《执业医师法》已于2021年3月1日因《医师法》的施行而废止,参见《医师法》第24条第1款。

② 在一般医疗损害责任纠纷民事案件中,医疗机构存在违反诊疗常规过错的证明责任在患方,因此患方常需借助司法鉴定来证明医疗机构存在违法行为,以及该行为与损害后果之间存在因果关系。

规定必须明确和公开，只要不能达到上述证明标准，即使存在争议或质疑的事实，也不能认定第三人存在违法行为而作出行政处罚。

本案中，陈某的指导医师白某是否对陈某值夜班时的诊疗行为给予指导，是判断某医院是否存在违法行为的关键。根据《卫生部关于取得医师资格但未经执业注册的人员开展医师执业活动有关问题的批复》第3条，《医学教育临床实践管理暂行规定》第12条、第14条的规定，医学生需要在执业医师的指导下进行诊疗行为，但上述规范对于“指导”的具体方式并未明确。朱某某上诉认为，应当采信病历记录以及护理记录等客观证据材料，不应单纯采信对存在一定利害关系的医务人员的询问笔录，因客观病历记录中并未记载白某对陈某进行过事前或电话指导，故应认定为没有证据证明存在指导行为。但是，通过本案证据中的病历记载，白某在朱某某术后亲自进行了查体，结合其他证据，白某对陈某的事前指导确有可能为口头方式，而该方式在日常的医学教育实践中较为常见。因此，书面证据材料中未明确记载存在事前指导，不能当然得出不存在事实指导的结论。对于电话指导，朱某某上诉认为，某区卫计委应进一步调查是否存在电话拨打记录，如没有电话拨打记录亦不能认定存在电话指导的事实。根据《电信条例》第65条的规定，某区卫计委无权通过调取通话记录等方式进一步证实事发当晚是否存在陈某拨打白某电话的事实，且某区卫计委在事发近一年后才接到投诉举报，在客观上也无法调取相关通话记录等证据材料，其在法定职权范围内已基本穷尽对举报事项的调查取证，尚不能取得与询问笔录等证据材料证明内容相反的充足证据，因此，某区卫计委根据调查取证的情况认定的事实并无不当。

（二）医学教育临床实践操作规范的漏洞与解释方法

1. 法律漏洞识别与裁判依据检索

朱某某上诉认为，依据《执业医师法》第23条的规定，本案涉及的事前指导和电话指导不属于“亲自诊查”的方式，因此白某并不构成对陈某的指导。二审合议庭检索梳理了我国《执业医师法》《医疗机构管理条例》《处方管理办法》《医学教育临床实践管理暂行规定》《卫生部关于取得医师资格但未经执业注册的人员开展医师执业活动有关问题的批复》《卫生部关于医学生毕业后暂未取得医师资格从事诊疗活动有关问题的批复》等法律法规及规范性文件，以及我国卫生部医疗服务监管司于2010年公开出版的《医院工作制度与人员岗位职责》行业教材，均未涉及执业医师对于医学生的具体指导方式，亦未涉及医院夜间值班医师配备的具体规定。同时，根据对外国法规及案例的查询可知，医学生和试用期医学毕业生通过电话、视频等方式接受指导，并不违反国内外通行的医学教育临床实践操作惯例。

2. 法律解释方法的选择与适用

法律解释的方法有很多，传统上的法律解释方法包括文义解释、体系解释、法意解释、比较解释、目的解释和合宪解释，此外还有社会学解释，偏重社会效果的预测和社会目的的考量。[①] 法律具有时代性，必须反映和适应时代的需求，必须符合而不能脱离国情和实际。甚至在特殊的时空条件下，法律的适用具有权益性。[②] 在社会价值和社会需求日益多元化和多样化的现实条件下，法律适用需要加入多样化的社会价值考量，尊重时代背景和社会条件。本案中对于执业医师指导医学生的方式采用比较法解释，以及立足现实，以平衡社会利益为取向的社会学解释较为适宜，具体分析如下：(1)比较法解释方法。目前国际上对于医学生参与临床实践的教育方法及管理模式中，早已出现执业医师对医学生的电话指导、视频指导、复查指导等方式，且执业医师对医学生进行分级指导，即具体的指导方式与医学生的资历、等级相匹配。[③] 虽然执业医生亲自诊疗和现场指导始终是保证患者生命健康安全的第一原则，但让医学生切实参与临床实践活动是有效培养医学人才的必经之路，其他国家亦对执业医师的指导方式在患者安全与医学生医事能力之间如何平衡与衔接存在困惑，[④]如果不区分被指导对象的具体资历、实践场所的水平条件、具体诊疗的场合等情形，要求执业医师始终时刻对医学生在侧指导，是对医疗资源的低效率使用，亦不符合医学生医事能力培养的客观规律。(2)社会学解释方法。我国实行医师执业注册制度，未经医师注册取得执业证书，不得从事医师执业活动。但医生的培养需要较为漫长的理论学习和临床实践经验积累。医患双方对于医学生单独执业的争议和矛盾往往发生于夜间值班时期，因为在白天的医学教育实践活动中，医学生的行为基本能够由执业医师进行现场指导，而在夜间，病人的抢救情况不可控，值班执

---

① 参见杨仁寿：《法学方法论》(第2版)，中国政法大学出版社2013年版，第191页。

② 参见孔祥俊：《法官如何裁判》，中国法制出版社2017年版，第83页。

③ 例如，临床实践资格等级最低的医学生进行的诊疗行为需要执业医师全程现场指导，不允许以电话、视频等其他电子通信方式进行指导；临床实践资格等级次低的医学生进行的诊疗行为需要执业医师不少于一定时长比例的现场指导，且执业医师即使未在现场，也应能及时赶到现场或能够立即通过电话、视频等其他电子通信方式进行指导，该级医学生应每小时向执业医师汇报诊疗行为；临床实践资格等级最高的医学生可以在执业医师亲自对病患查体后，在由该执业医师通过电话、视频等其他电子通信方式指导的情况下单独承担相对较长时间的简单诊疗行为，该级医学生应每日向执业医师汇报诊疗行为，由执业医师对其诊疗行为进行复查等。

④ See Kennedy T. J., Lingard L., Baker G. R., Kitchen L., Regehr G. Clinical, *Oversight: Conceptualizing the Relationship between Supervision and Safety*, Journal of General Internal Medicine, Vol. 22:8, p. 1080-1085(2007); Kennedy T. J., *Towards a Tighter Link between Supervision and Trainee Ability*, Medical Education, Vol. 43:12, p. 1126-1128(2009).

业医师人力配备较为有限,客观条件下无法实现每一次诊疗行为都有执业医师亲自在场。如果以全天24小时内的每一次诊疗活动均由执业医师亲自完成或亲自在场指导完成的标准理解医学教育实践,在我国国民健康状况与医疗需求的矛盾现状下,则可能会因有效人力资源不足而使本已极为紧张的医疗资源的质量进一步下降,且会不利于执业医师队伍的科学长远储备,背离我国医疗卫生行业健康发展的规律与目标。因此,在法律法规和规范性文件尚未明确的情况下,对"指导方式"的解释也应当符合社会经济发展的客观条件以及医疗行业的规律特点。

(三)本案相关问题的延伸研究与思考建议

第一,完善医学教育临床实践操作规范。根据《医学教育临床实践管理暂行规定》第3条的规定,医学教育临床实践活动根据实践主体的不同,设定的任务和目标呈现逐渐升高的规律。建议进一步制定相关具体操作规范,以明确医学生参加临床见习、临床实习、毕业实习所需具备的具体资质条件,各阶段的医学生和试用期医学毕业生可以参与实施的具体医疗行为的范围,以及各阶段带教教师的资格及指导方式。

第二,建立医学教育临床实践分级指导制度。针对不同资质能力的医学生和试用期医学毕业生,应结合其所在临床岗位的实际需要,限定不同形式的指导方式,尽可能实现指导的及时、充分、正确。对其中必须现场指导的时间比例、非现场指导方式的种类及适用条件等事项予以明确,从而充分兼顾患者权益保护的需要和医学教育的行业特点。

第三,明确夜间医学教育临床实践的操作规范。完善夜间值班制度规定,原则性规定夜班值班执业医师与医学生的配比标准、参考因素以及相关应急预案。

(责任编辑:项利军)

【观点争鸣】

公安机关调处纠纷过程中当事人表示放弃权利应当如何认定

李　蕾*

裁判要旨

现实生活中,很多当事人发生民事纠纷时仍习惯于向公安机关寻求帮助。办案民警处理当事人纠纷时,当事人为达成调解协议或者和解协议作出妥协而认可的事实,不得在后续的诉讼中作为对其不利的证据,除非法律另有规定或者当事人均同意。法院不宜武断认定权利人已放弃权利,而应在探寻当事人真实意思表示后作出裁判。

一、案情简介

门某系北京某投资管理公司职员。郭某委托门某帮助郭某朋友公司募集资金。郭某及其朋友先后向门某及门某指定账户转账共计 36.6 万元。后郭某与门某就募集资金之事产生矛盾。郭某与门某电话联系,要求门某返还相关款项,门某在电话中承诺还款。门某在偿还 30 万元后,拒绝返还其余 6.6 万元。郭某去门某所在公司找门某,双方发生冲突,二人一同前往当地派出所报案。同时,郭某主张门某存在诈骗,派出所办案民警对双方进行了口头调解。而后,郭某又以合同纠纷为案由,将门某诉至法院,要求门某返还 6.6 万元。

郭某起诉称,门某因资金周转困难向郭某借款。郭某分 3 笔将 36.6 万元汇入了门某及门某指定的北京某投资管理公司的账户内。门某仅偿还 30 万元,剩

* 北京市西城区人民法院民事审判第三庭法官,中国政法大学法学硕士。

余款项未还。

门某答辩称,其并无经济困难,无须向他人借款。郭某仅凭6.6万元的银行转账凭证,不能证明双方系民间借贷关系,且郭某在派出所明确表示该笔6.6万元不要了。对此,门某提供了办案民警签字的《情况说明》(民警未出庭),用以证明二人在派出所时,民警问郭某"这钱还要吗",郭某回答说"不要了"。因此,门某认为郭某无权提起诉讼,亦无权再要求其还款。

一审法院经审理认为,该案争议焦点在于双方之间是否系民间借贷法律关系,以及郭某是否放弃主张6.6万元。依据已查明的事实,郭某与门某之间并未就借款达成一致的意思表示,双方之间并非民间借贷法律关系。经法院释明,双方对于该案按照合同纠纷审理并无异议。在门某与郭某通话的录音中,郭某说:"如果到明年4月份你这个钱投不到华龙身上,这个钱6.6万元我可以找你要是吗?"门某明确表示:"可以找我要,没问题。"也就是说,门某承诺如2019年4月未能投资成功则退回郭某6.6万元,该承诺系门某真实意思表示,现门某未能提供充分证据证明其投资成功,故应当按照约定返还郭某6.6万元。门某主张郭某已明确表示放弃主张6.6万元的权利,郭某否认。门某对此亦未提交充分证据证明,应当承担举证不能的法律后果。综上所述,一审法院判决门某返还郭某欠款6.6万元。

一审宣判后,门某提起上诉。二审法院维持了一审判决。

二、争鸣意见

本案的处理难点在于,门某提供了民警的书面《情况说明》,认为郭某曾在派出所表示6.6万元"不要了",此种情况下,法院能否认定郭某已免除门某6.6万元的给付义务?

第一种意见认为,既然郭某作出了放弃债权的意思表示,其就不能再向门某主张还款。首先,有处分能力的权利人有权自行放弃权利,在其放弃权利的意思表示到达义务人时,义务人的义务被免除,债权亦同时消灭。其次,债权人放弃权利后不得反悔,否则,债务人对其未来应否再履行义务将始终处于不安状态,不利于维护社会关系的稳定。

第二种意见认为,门某主张郭某已放弃6.6万元的债权,而郭某否认,门某对此并未提供充分证据证明,故门某应承担举证不能的后果。即使郭某确曾表述"不要了",也是郭某在派出所民警调解过程中对民警作出的行为,不能认为是郭某放弃权利的真实意思表示。故郭某有权反悔,有权再向法院起诉要求门某还款。

三、笔者观点

笔者同意第二种观点。理由在于,第一种观点认为,债权人放弃债权的意思表示需向债务人作出,肯定了债的相对性,虽存在可取之处,但该观点认为意思表示到达即生效,即发生债权消灭的法律后果,有考虑不周之嫌。第二种观点认为,现实生活中,在特定情形下赋予债权人反悔权,更有利于保护债权人的利益。

首先,笔者建议,在合同之债中,债权人单方放弃债权须以书面形式明确作出。债务人手持债权人的书面声明,或者以双方签订的书面协议主张债权人已免除债务人债务的,根据书面声明或协议内容,视为双方协商一致同意变更合同,能够产生终止合同权利、义务的法律后果。此时,如债权人没有证据证明其放弃权利并非其真实意思表示,则债权人无权再反悔,法院应认定双方权利、义务终止,债务人无须再履行义务。如此,有利于维护社会关系的稳定。

具体到本案中,本案系合同纠纷,郭某与门某之间存在6.6万元之债系基于双方之间的合同关系。假使郭某作出免除门某债务的意思表示,根据合同相对性原理,受领人应为债务人(门某),而不是第三人(民警)。门某并未提交证据证明其与郭某已就免除门某6.6万元的给付义务达成了一致,故门某应当承担举证不能的法律后果,其仍应向债权人郭某还款。

其次,在有国家公权力机关的情况下,即使存在书面放弃权利的声明或协议,除非法律对此有明确规定,否则权利人有权反悔。根据《民事诉讼法》的规定,法院审理民事案件,根据当事人自愿的原则,在事实清楚的基础上,分清是非,进行调解;对于不需要制作调解书的,应当记入笔录;接受法庭调解未达成协议或者调解书送达前一方反悔的,法院应当及时判决。根据《最高人民法院关于适用〈中华人民共和国民事诉讼法〉的解释》第107条的规定,在诉讼中,当事人为达成调解协议或者和解协议作出妥协而认可的事实,不得在后续的诉讼中作为对其不利的根据,但法律另有规定或者当事人均同意的除外。上述法律规定,是出于对当事人内心真实意思的尊重,以及对当事人实体权利和程序权利的保护。另外,本案中,民警调解是基于双方起了冲突,当事人作出放弃追偿的意思表示,是不是"作出妥协而认可的事实",难以准确认定,故不允许反悔难免有武断之嫌。

笔者认为,当事人发生纠纷找到派出所,此时派出所民警的调解行为有两种性质,一种是在履行职务过程中,代表国家权力作为第三方的身份进行调解;另一种是其作为平等民事主体的身份,为当事人义务提供帮助。在第一种情形下,民警具有国家执法人员身份,需考虑此种情况是否存在公权力对私权利的过度干涉,是否影响当事人作出真实的意思表示。此种情况下,调解过程中是否事实清楚以及是否公平均无法保证。在第二种情形下,民警作为普通民事主体,为当事人义务提供帮助。此时,当事人可以申请民警作为证人出庭作证,并接受合议庭和当事人的发问。但一旦民警无法作为其中一方的证人出庭作证,最终仍要由负有举证责任的当事人承担相应的举证责任。

具体到本案中,就门某所述,郭某系在派出所表示放弃权利。郭某与门某在派出所经民警调解,并未形成书面记录;郭某与门某在派出所之外亦未形成书面协议;法院亦未成功从派出所调取视频记录;该民警明确表示不出庭作证。因此,民警与郭某、门某三人当时的调解情况不得而知。即使郭某在派出所确曾表述放弃向门某主张6.6万元的债权,但根据我国《民事诉讼法》规定的调解自愿原则,郭某在民警调解过程中表示放弃权利,并不代表其在法院必然丧失反悔的权利。派出所是国家公权力机关,对于派出所民警的调解,应当同样适用调解自愿原则。在民警进行调解的特定情形下,郭某仍然有权对其放弃权利作出反悔,仍然有权再向法院提起诉讼,向门某主张权利。

最后,笔者认为,对于当事人的民事实体权利,只有在法律明确规定或者当事人依法作出约定的情况下,才能对权利的行使进行限制。例如,《民法典》第658条对赠与的撤销作出了特别规定,第1124条对权利的放弃作出了特别规定。对于债权人放弃债权、免除债务人债务的行为,法院应当探寻当事人的内心真实意思,根据具体情况进行认定,既要保护债权人利益,也要维护社会关系稳定。

(责任编辑:王凯)

债权人能否对离婚协议行使撤销权及撤销的标准与规则

郭 威*

裁判要旨

1. 离婚协议中的财产分割约定属于债权人撤销权的标的。除须按照债权人撤销权构成要件审查外，无偿转让财产的判断是该类案件的核心问题，应结合离婚背景、财产来源及性质、财产金额、分配比例、债务承担等因素综合考量。

2. 离婚协议中的抚养费约定原则上不能撤销，同时应明确数额畸高、对债权危害严重情况下的例外情形。

一、案情简介

张某甲与蓁某原系夫妻关系，二人于 2009 年 9 月 12 日结婚，于 2016 年 10 月 14 日协议离婚，双方签订《离婚协议书》，约定：(1)子女抚养问题：双方离婚后孩子(姓名张某 2，性别女，出生日期 2016 年 4 月 21 日)由女方抚养，对方支付抚养费，每月 20 000 元，直至张某 2 独立生活止。(2)财产处理：在女方名下的房产：北京市大兴区×××，离婚后归女方所有；车辆：×××，离婚后归女方所有。(3)债务问题：如有债务，离婚后由男方偿还。

离婚协议所涉房屋购买于 2016 年 6 月 9 日，于 2016 年 8 月 29 日办理产权登记，所有权人为蓁某。关于该房屋市场价值，各方主张价格均在 480 万~510 万元。离婚协议所涉车辆登记时间为 2014 年 11 月 19 日。

原告马某诉称：张某甲、蓁某婚姻关系存续期间，2015 年 6 月，张某甲在马某处分两次借款共计 175 万元。借款到期后，张某甲未全额偿还本金。2017

---

* 北京市西城区人民法院民事审判第二庭法官，中国政法大学刑法学硕士。

年，马某将张某甲、綦某起诉至北京市丰台区人民法院，要求张某甲、綦某共同还款。案件庭审中，马某才得知张某甲、綦某已于2016年10月14日协议离婚，并在《离婚协议书》中约定由张某甲承担所有债务，夫妻共同财产都归綦某所有，张某甲每月支付高达2万元的抚养费。马某认为，张某甲的行为已经侵害了自己的合法债权，故诉至法院，请求：(1)撤销张某甲、綦某于2016年10月14日签署的《离婚协议书》中关于张某甲每月支付20 000元抚养费和张某甲、綦某关于财产处理、债务承担问题的书面约定；(2)张某甲、綦某、张某2承担本案诉讼费、公告费。

一审法院判决：(1)撤销张某甲与綦某于2016年10月14日签订的《离婚协议书》第2条"财产处理"全部条款及第3条"债务问题"全部条款；(2)驳回马某的其他诉讼请求。

宣判后，张某甲、綦某提出上诉。二审法院判决：驳回上诉，维持原判。

二、争鸣观点

债权人撤销权，是指债权人对债务人所为之有害于债权的行为，可向法院申请撤销的权利，与债权人代位权共同构成债权保全制度。[①] 债权人撤销权制度起源于罗马法，后为许多大陆法系国家所继承。我国1999年施行的《合同法》第74条、第75条[②]首次以法律的形式确立了债权人撤销权制度。《民法典》吸纳合理的研究成果，对债权人撤销权制度进一步完善。

随着社会生活的多样化，债权债务纠纷频发，加之离婚率不断攀升，债权人以离婚协议为标的行使撤销权的案件呈上升趋势。[③] 同时，对于离婚协议是否属于债权人撤销权的标的及撤销标准等方面，法律尚未有明确规范，导致法官面临"找法"的困境，确立相关规则及裁判尺度成为亟待解决的问题。

无论是《合同法》及其司法解释还是《民法典》，对离婚协议是否属于债权人撤销权之标的均未作规定。《民法典》第538条对于债权人可行使撤销权的无偿处分财产权益的行为，增加了"等"，但对于"等"之外包括哪些具体情形，尚需通过司法解释和判例予以明确。

《合同法》第74条规定了债务人放弃其到期债权、无偿转让财产、以明显不

---

① 参见史尚宽：《债法总论》，中国政法大学出版社2000年版，第474页。

② 《合同法》已于2021年1月1日因《民法典》的施行而废止，相关规定分别参见《民法典》第538~540条、第541条。

③ 笔者在中国裁判文书网检索债权人撤销权纠纷（同时含有关键字"离婚协议"），搜索到的相关案件数量分别为：2017年115件、2018年249件、2019年484件、2020年702件。

合理的低价转让财产三种债权人可撤销的行为。“《合同法》创设债权人撤销权制度之时，实务案例鲜见，理论研究刚刚起步，究竟哪些无偿行为可以允许债权人撤销，心中无数……为慎重起见，不把债权人撤销权制度的适用范围放大，待判决、学说发展了，形成了较有把握的方案之时再修改法律，予以完善。这是可取的态度和行为准则。”[①]《合同法》第74条对债权人撤销权制度适用情形采取具体列举式而非抽象概括式规定，指引明确具体，便于实践操作，对立法初期慎重确定债权人撤销权的适用范围起到积极作用。

实践中，债务人实施财产处分行为的形式呈现多样化，《合同法》第74条未能周延规定出所有应予撤销的债务人行为，为此《最高人民法院关于适用〈中华人民共和国合同法〉若干问题的解释（二）》[②]采用了目的性扩张的填补方法，进一步规定了对于债务人放弃其未到期的债权或者放弃债权担保、恶意延长到期债权的履行期、以明显不合理的高价收购他人财产等行为，法院可依照或参照《合同法》第74条的规定予以撤销。

然而，随着社会生活的发展，债务人不当减损财产的行为类型日益多样化、复杂化，对变相诈害行为，上述行为类型已不足以囊括。《民法典》吸纳相关司法解释和成功经验，规定了有偿和无偿共7种债权人可撤销的情形，丰富了债权人可行使撤销权的债务人诈害行为的类型，同时增加了“等”，并将《合同法》第74条规定的“对债权人造成损害”修改为“影响债权人的债权实现”，降低了对于债务人诈害行为与债权人债权实现之间因果关系程度的要求。

关于离婚协议是否属于债权人撤销权之标的的问题，审判实践中存在争议，基本有以下两种观点。

一是否定说。从对诈害行为的判断看，否定说认为夫妻双方缔结的离婚协议是夫妻双方对解除婚姻关系、子女抚养、财产分割等问题的“一揽子”解决方案。它基于夫妻这种特殊的人身关系，以解除婚姻关系作为前提，包含对夫妻感情的考量，绝非单纯地处分财产的民事合同。仅以夫妻一方在离婚分割财产时是否获得足够对价来判断该处分行为是否对夫妻一方的债权人造成损害，无疑是对婚姻制度的庸俗化和片面化理解。既忽略了婚姻关系的社会属性和精神价值，也对夫妻另一方不公平。

从债权人撤销权的适用范围看，否定说认为，结婚、离婚等身份行为，就算会导致债务人资力的降低，也不是其作为撤销权标的的理由，虽然保护财产权很重

---

① 崔建远：《论债权人撤销权的构成》，载《清华法学》2020年第3期。

② 此解释已于2021年1月1日因《最高人民法院关于废止部分司法解释及相关规范性文件的决定》的施行而废止。

要，但身份权也同样重要，维护某项权利不应以无限度牺牲另一项权利为代价。如果允许对身份行为进行撤销，是对债务人的人格自由的过分干预，并不妥当。[①] 例如，在林某双诉王某昌、郭某琼债权人撤销权纠纷案中，法院认为，离婚协议对夫妻共有财产进行的分割，系基于身份关系而产生的协议行为，不同于其他民事法律关系中财产的交易和转让行为，不适用关于债权人撤销权的法律规定。[②]

二是肯定说。从对诈害行为的判断上，肯定说认为，夫妻在离婚协议中所做的财产分割，如债务人一方未从离婚协议中获得合理的份额，离婚协议客观上使其可供偿还债务的财产数额降低，并导致其无力清偿债务，等同于无偿转让其财产，该行为对债权人实现债权造成了损害，构成诈害行为。

从债权人撤销权的适用范围考虑，肯定说认为，现行法律对诈害行为进行类型化系为司法实践应用提供便捷，但是类型化不能视为适用的绝对化。法条永远是保守和滞后的，法律的适用，应当随着社会环境的变迁而有所调整。在充分理解了规则背后所蕴含的意义，明确其背后所要保护的法益的基础上，对法律作目的解释和扩张解释，才能既保持法律的稳定，又有效规范社会生活的秩序。债权人撤销权制度，虽然只是在合同法领域加以规定[③]，但不可机械地认为该制度只可以适用于合同领域。[④]

三、笔者观点

（一）债权人对离婚协议行使撤销权之正当性剖析

本案采取肯定说，具体可从以下4方面予以分析。

1. 回归立法初心：债权人撤销权的立法目的

撤销权作为债权保全的重要手段，其根本目的在于纠正债务人滥用财产处分权而侵害债权的行为，恢复债务人的责任财产，确保债权之实现。法律非违法者的避风港，债务人通过离婚行为而引起资产变动，亦可能损害债权，故司法实践中，对变相诈害行为，应以穿透式审判思维予以审查判断，除外在表现形式外，亦需围绕债权人撤销权的立法目的进行实质性分析。若债务人的行为不当减少了其财产，并有害于债权，则应允许债权人对其行使撤销权，而不应“画地为牢”地仅因不属于法律列举的情形而对债权人撤销权排除适用。

---

① 参见韩世远：《合同法总论》（第4版），法律出版社2018年版，第463页。

② 福建省高级人民法院民事判决书，（2015）闽民申字第1174号。

③ 《民法典》中债权人撤销权制度规定于《民法典》合同编。

④ 最高人民法院（2015）民二终字第322号民事判决书采纳此观点。

2. 回归法律本原：离婚协议的复合性和特殊性

"'穿透式审判思维'遵循实质正义理念介入私法自治并不意味着其司法恣意而不受制约……在法律的解释上，在融入相关政策性考量的同时，应该遵循基本形式逻辑规则，尊重规则本身的理性。"①论证债权人对离婚协议行使撤销权之正当性，还需将目光拉回离婚协议本身的性质。离婚协议，既包括解除婚姻关系的条款，也包括财产分割及子女抚养的条款，兼具人身关系处理和财产分割约定的双重内容，是一个包括身份、财产等关系的复合协议。离婚协议的财产分割虽有别于一般的财产处分协议，但其本质是基于解除婚姻关系而对夫妻共同财产的分割处分，性质上属于平等民事主体之间变更民事财产权利义务关系的范畴，故可以成为债权人撤销权的标的。

3. 回归价值认识：价值判断和法益衡量

肯定说和否定说分歧的深层原因在于，债权人撤销权的行使虽保护债权人的债权实现，强化诚实信用，但突破合同相对性，引起现有秩序的不安，对债务人与协议相对人已成立的法律关系产生影响，具有"侵略性"。② 在不同的价值和法益中应如何取舍？本文认为，债权人撤销权可能影响人们从事交易的积极性，而债务人负有不恶意减损责任财产以致损害债权之义务，考虑债权人正当权益和债务人意思自治对债权人撤销权"侵略性"过度严控，可能导致债务人滥用财产处分权，反而对债权造成损害，不仅使双方权利义务失衡，亦将导致社会诚实信用受损，影响交易秩序和交易安全。

4. 回归社会现实：面对"假离婚"发挥司法指引作用的客观需要

实践中，夫妻利用离婚财产分割逃避债务的实例并不少见，且该类案件数量有不断上升的趋势。如夫妻离婚时约定夫妻共同财产全部或者绝大部分归一方所有，同时不分或者明显少分的一方在婚姻关系存续期间存在个人债务，甚至债务人与其配偶通谋虚伪，以离婚的形式掩盖转移财产之非法目的，严重侵害了债权人债权的，这种情况下，如不将离婚协议作为债权人撤销权标的，无异于对该类行为的保护；反之，则有利于发挥司法指引作用，对社会起到引导示范，减少此类社会乱象的发生。

（二）离婚协议撤销标准及裁判规则之初探

具体到债权人撤销权的构成要件，债权人方面，需存在合法有效债权，并先于离婚协议成立；债务人方面，主要衡量其是否实施了无偿转让财产或恶意低价转让财产的行为，该行为是否对债权人造成损害，即构成诈害行为。对于可遵循

---

① 张桦：《"穿透式审判思维"的功能与边界刍议》，载《人民法院报》2021 年 3 月 18 日，第 8 版。

② 崔建远：《论债权人撤销权的构成》，载《清华法学》2020 年第 3 期。

债权人撤销权一般性要件进行判断的构成要件,本文不再赘述。

1. 核心问题——无偿转让财产[①]之判断

和普通交易行为遵循等价有偿原则不同,离婚协议中对财产的分割,是融合了利益博弈、情感因素、照顾子女、离婚背景等诸多因素的最终处理。相对一般减损财产行为而言,离婚协议中的财产分割是否属于不当减损财产的问题则更加复杂。需要判断夫妻达成的财产分割约定是夫妻之间基于权衡利弊和感情因素而作出的权益让渡,还是有意放弃本属于自身的利益以逃避债务,即减损财产行为是否"不当",是该类案件审理判断的核心问题和焦点、难点。离婚协议中的不当减损财产,本质是将夫妻共同财产中属于债务人所有的部分无偿转让给受益方所有,故从诈害行为类型上看,可将离婚协议归入无偿转让财产来考量。

2. 判断无偿转让财产的考量因素

判断离婚协议财产分割约定是否属于无偿转让财产,需要考察少分或不分的一方,即债务人一方,是否本应从夫妻共同财产分割中获得合理份额而未获得,这涉及身份法领域夫妻共同财产分割相关规则,具体可结合离婚背景、财产来源及性质、财产金额、分配比例、债务承担等因素综合考量。

关于离婚背景,该类纠纷中,债务人与受益人往往抗辩少分或不分的一方存在重婚、与他人同居、实施家庭暴力等过错行为,意在说明债务人一方"本不应获得"财产,离婚协议中的财产分割约定系事出有因,或理由正当。债权人对此一般不予认可。法院须根据证据对少分或不分一方是否存在法律规定的分割财产时应对无过错方给予照顾的过错情形进行认定。本案中,债务人及受益人均主张离婚背景为债务人张某甲存在婚内出轨行为,债权人不予认可。债务人及受益人未就其主张提交证据,法院不予采信。

关于财产来源及性质,是否"本应获得",与财产来源亦有着直接关系。我国夫妻财产采用法定婚后所得共同制。一方的婚前财产是夫妻一方的个人财产。离婚协议约定一方少分或不分的财产,如本就属于受益人婚前个人财产,或虽属于夫妻共同财产,但部分源于受益人婚前财产的转化,[②]离婚协议中的财产分割约定是在尊重客观事实的基础上的合理分配,则不属于无偿转让财产。本案中,张某甲与綦某约定归綦某所有的房屋及车辆,均系张某甲与綦某婚姻关系存续期间购买,应为夫妻共同财产,故可认定张某甲"本应获得"合理份额。

---

① 此处分析为更好地与上文案例结合,沿用了《合同法》的表述,《民法典》第538条表述为"无偿处分财产权益"。

② 司法实践中一般认为,因房屋系价值巨大的不动产,进行分割及确定补偿方案时,需要考察购买时的款项来源情况。

关于财产金额、分配比例及债务承担,应结合财产金额、分配比例、债务承担等因素综合考量夫妻双方的权利义务是否明显失衡,是否属于“未获得”合理份额。按照法律规定在分割财产时照顾子女和女方权益①,亦应在合理限度内。本案中,张某甲与綦某约定张某甲对包括房产在内的价值约500万元的夫妻共同财产全部放弃,并负担包括房贷在内的全部共同债务,双方的权利义务明显失衡,应属于无偿转让财产的一种方式。此外需注意,债权人行使撤销权应以债务为限,故须将离婚协议处分的财产金额与债务相较,撤销范围不应超出债务金额。

关于债权人撤销抚养费约定的裁判规则,离异夫妻如有未成年子女,离婚协议则涉及抚养权及抚养费相关约定。“不能回避的一个趋势是:在现代社会债法的适用范围处于持续扩张中。”②《民法典》第464条第2款规定:“婚姻、收养、监护等有关身份关系的协议,适用有关该身份关系的法律规定;没有规定的,可以根据其性质参照适用本编规定。”但对有关身份关系的协议何时以及如何对合同编参照适用未作规定。与财产分割相区别,抚养费的给付基于父母的法定义务,具有更强的人身属性和伦理色彩。如果夫妻双方约定明显超出债务人给付能力的抚养费数额,债权人能否撤销,是该类案件可能碰到的一类特殊问题。

基于两方面的考虑,原则上不应允许债权人撤销离婚协议的抚养费约定:

一是抚养费的特殊性质。抚养权利义务系基于天然亲缘关系和身份关系产生,抚养费是典型的法定之债,身份关系变动讲究类型法定,抚养费给付协议只能约定抚养费的数额。而在财产法和身份法的协调衔接上,存在大量的法律空白或者模糊地带。“虽说婚姻法司法解释表现出强烈的回归财产法的倾向,但何时回归个人主义本位为主的财产法,何时基于身份共同体的特殊性而坚守身份法?仍不明确。”③

二是儿童利益最大化原则。儿童利益最大化原则是1989年联合国《儿童权利公约》确立的4项基本原则之一,《儿童权利公约》规定:“关于儿童的一切行动,不论是由公私社会福利机构、法院、行政当局或立法机构执行,均应以儿童的最大利益为一种首要考虑。”我国是《儿童权利公约》签约国,我国《未成年人保护法》遵循该原则,规定“保护未成年人,应当坚持最有利于未成年人的原则”,

---

① 《婚姻法》(已失效)第39条第1款规定:“离婚时,夫妻的共同财产由双方协议处理;协议不成时,由人民法院根据财产的具体情况,照顾子女和女方权益的原则判决。”《民法典》第1087条增加了处理夫妻共同财产照顾无过错方权益的分割原则。

② [意]桑德罗·斯奇巴尼:《债之概念反思及其在体系中的地位》,陈汉译,载《北方法学》2015年第3期。

③ 王雷:《论身份关系协议对民法典合同编的参照适用》,载《法学家》2020年第1期。

并规定处理涉及未成年人事项,应当给予未成年人特殊、优先保护。

同时不宜对抚养费约定“一刀切”处理,应明确例外情形。法院裁判对社会行为有示范引导作用,如对约定明显畸高的抚养费亦不予撤销,可能导致当事人利用抚养费之名行逃避债务之实,形成法律制度缺口。对数额畸高,严重危害债权的抚养费约定,应允许法院结合是否明显超出子女的实际需要、债务人的负担能力和当地的实际生活水平,债务人逃避债务的意图是否明显等因素综合判断。需要注意的是,对该例外情形应从严掌握,对债权危害是否严重,主要从抚养费的金额、支付方式、债权人债权金额等因素判断。从权利有限性的角度出发,权利的行使和保护应有边界,如撤销财产分割约定能够在一定程度上保护债权人权益,可不予撤销抚养费。

综上所述,对于债权人能否对离婚协议行使撤销权,从正反观点的分歧不难看出,其背后的原因涉及债务人财产处分权与债权人正当权益、合同相对性与秩序安定性、意思自治与诚实信用,是不同价值和法益的考量和取舍。本文认为,在选择路径时,应着眼于个体与整体之间的关系,在现行法律规范的框架下,通过法律解释将离婚协议中的财产分割约定纳入债权人撤销权标的,符合债权人撤销权的立法目的,有利于保护交易秩序和交易安全,维护诚实信用,亦有利于发挥司法指引作用,对社会公众具有引导示范意义,避免形成法律的缺口。同时,严格债权人撤销权成立和行使的条件,可兼顾各方利益,从而促进经济良性发展,保障社会公共利益。

(责任编辑:阚道祥)

就无效合同签订的解除协议的效力认定

尹海萍[*] 张 欣[**]

裁判要旨

对于就无效合同签订的“解除协议”的效力如何认定，存在“当然无效说”“独立有效说”“可撤销说”等争议。就无效合同签订的“解除协议”，不因原合同无效而当然无效，对其效力认定应审查3个方面：(1)解除协议是否双方为阻却无效合同履行作出的真实意思表示，内容相对独立于原无效合同；(2)是否存在法定的无效事由；(3)是否导致原无效合同的过错方因其过错而获利。从而区分情况进行认定。

一、案情简介

2002年7月11日，北京市昌平区某村经济合作社(甲方)与某设备公司(乙方)签订《土地使用权租赁合同》，约定由乙方承租甲方土地。该土地为农村集体土地，租赁用途为工业项目建设，租期20年。

2004年7月28日，某设备公司(甲方)与某技术服务公司(乙方)签订工业园区《房屋使用转让合同》，约定甲方租赁工业用地并自建房屋后转让给乙方使用，土地所有权为农村集体土地所有权，转让期限20年，乙方支付甲方转让费共计180万元；并约定合同生效6年以后，因政府占地或开发商开发此地需拆迁时，给予的任何补贴和赔偿均归乙方所有。2013年7月25日，某设备公司将涉案房屋和院落交付给某技术服务公司。某技术服务公司支付某设备公司180万元。

---

* 北京市昌平区人民法院审判管理办公室(研究室)法官，中国政法大学法学硕士。

** 北京市昌平区人民法院立案庭法官助理，北京航空航天大学法学硕士。

2017年6月9日,某村村民委员会、村经济合作社(甲方)和某设备公司(乙方)签订《解约协议》,约定:腾退乙方正在使用的村南工业大院范围内的集体土地,甲、乙双方已签署的《土地使用权租赁合同》等相关协议自本协议签署之日起解除,乙方可取得解除合同补偿金35 778 558元。

2017年7月9日,某设备公司(甲方)与某技术服务公司(乙方)签订工业园区《房屋使用转让合同解除协议》(以下简称《解除协议》),约定:(1)政府评估乙方名下标的的补偿总价为1 056 626元。经双方协商,将1 056 626元的20%,即211 325.20元作为甲方代替乙方缴纳房产税、土地使用税等的费用;剩余845 300.80元按政府回款比率和时间支付乙方。政府对仓库的腾退补偿费25 296元,由甲方同补偿款一起支付乙方。(2)乙方收到甲方支付的30%腾退补偿款后,同意与甲方解除《房屋使用转让合同》,并且该协议生效。附件二《房屋及附属物估价单》记载,房屋重置成新价和装修、设备及附属物补偿价共计1 056 626元。

2017年7月13日,某设备公司向某技术服务公司支付了腾退补偿款253 590.24元。某技术服务公司于2017年7月18日前搬离了涉案院落和房屋。

此后,双方因拆迁补偿款的分配发生争议。某技术服务公司向一审法院提出诉讼请求:请求判令某设备公司支付拆迁补偿款250万元。某设备公司则提出反诉请求:请求判决双方于2004年7月28日签订的《房屋使用转让合同》、于2017年7月9日签订的《解除协议》无效,某技术服务公司向某设备公司返还253 590.24元。

本案诉讼中,某技术服务公司称某设备公司就涉案院落和房屋实际收到腾退补偿款250万元。某技术服务公司多次到多个单位申请调取腾退补偿款明细等材料,均未调取成功。另查,涉案院落和房屋所在土地为集体土地,地类为建制镇(建设用地),某设备公司建设涉案房屋未办理建设规划审批手续。某设备公司认可已收到全部腾退补偿款。

一审法院经审理认为,《房屋使用转让合同》约定了一方将涉案院落和房屋交付另一方使用及使用期限,另一方支付费用,故该合同应为租赁合同。根据《最高人民法院关于审理城镇房屋租赁合同纠纷案件具体应用法律若干问题的解释》的规定,出租人就未取得建设工程规划许可证或者未按照建设工程规划许可证的规定建设的房屋,与承租人订立的租赁合同无效。本案中,涉案院落和房屋建设在农村集体土地上,且未取得合法的建设规划审批手续,故涉案《房屋使用转让合同》的内容违反了法律法规的强制性规定,应为无效。某设备公司要求确认《房屋使用转让合同》无效的反诉请求,一审法院予以支持。

合同无效,则自始无效,不存在解除问题,故双方签订的《解除协议》中第 3 条“乙方同意与甲方解除《房屋使用转让合同》”的约定亦属无效。但是《解除协议》中的其他内容并不当然无效,原因如下:首先,就合同内容而言,《解除协议》的核心内容系双方当事人在涉案房屋面临腾退时就腾退补偿款分配达成的合意,该内容属于双方当事人的真实意思表示。其次,就立法目的而言,《房屋使用转让合同》之所以无效,是因为房屋未取得建设工程规划许可证,法律为维护城乡建设规划秩序,通过禁止性规定来否定合同效力、阻却合同履行;但是双方的《解除协议》本身即是不再履行合同的意思,并就腾退和补偿问题达成合意,其内容并未违反《城乡规划法》等法律法规的强制性规定,且与合同无效情形下的返还财产、赔偿损失的处理导向并不冲突。再次,就合同的独立性而言,尽管《房屋使用转让合同》与《解除协议》有所关联,但是并无主从合同关系,前者就合同的履行约定了权利义务,后者就权利义务关系终止时双方的债权债务进行了清算,签订两个协议是当事人不同的民事行为,在双方之间形成不同的债,相互具有独立性,不能因前者内容无效,而直接否定后者的效力。最后,就社会效果而言,本案中《房屋使用转让合同》明确记载土地性质为“农村集体土地”以及“甲方应尽快办理土地证”,可见,双方当事人在签订合同时对于涉案土地和房屋的状态及性质均应明知,故双方对于《房屋使用转让合同》无效均具有过错,尤其是出租人某设备公司,对于房屋没有取得建设工程规划许可证的过错更为明显,现某设备公司要求确认《解除协议》无效,目的是作为房屋的建设者而取得绝大部分补偿款,推翻原定的补偿款分配方案,该行为有违诚实信用原则,不应被倡导,在涉案房屋所在园区涉及大量承租人腾退的情况下,更应当尊重当事人意思自治,不能使不诚信的当事人因合同无效而额外获利,以维护社会秩序和交易秩序。综上,一审法院认为,双方当事人签订的《解除协议》,除第 3 条中乙方同意与甲方解除《房屋使用转让合同》的约定无效外,其余内容应属有效。故某设备公司要求确认《解除协议》无效,并要求某技术服务公司返还已支付的拆迁补偿款的反诉请求,一审法院不予支持。

关于某技术服务公司称某设备公司隐瞒了腾退补偿款数额一节,一审法院认为,通常情况下,某技术服务公司在签订《解除协议》时即应对相关补偿款的构成和金额有充分了解,实际上,双方在签订《解除协议》时,将《房屋及附属物估价单》作为附件二,即视为某技术服务公司明确认可了《房屋及附属物估价单》和《解除协议》的金额,某技术服务公司并未提供充分证据证明某设备公司存在刻意隐瞒情形,亦未提出《解除协议》不应得以履行的法定理由,故双方均应按照《解除协议》履行。现某设备公司认可已取得了全部腾退补偿款,某技术服务公司亦同意开具与应付腾退补偿款等额的增值税普通发票,故按照《解除协议》"甲方凭乙方开具有效发票付款"的约定,某设备公司应当在收到相应发票后,向某技术服务公司支付剩余腾退补偿款共计617 006.56元。退一步讲,即使某设备公司实际获得的腾退补偿款与其在《解除协议》中同意付给某技术服务公司的腾退补偿款金额不完全相符,但是由于《房屋使用转让合同》无效,亦无法按照《房屋使用转让合同》的约定全部归某技术服务公司所有。综上,某技术服务公司主张某设备公司支付补偿款250万元的诉讼请求,合理部分一审法院予以支持,过高部分,一审法院不予支持。

据此,一审法院判决:确认某技术服务公司与某设备公司签订的《房屋使用转让合同》无效,签订的《解除协议》中乙方同意与甲方解除《房屋使用转让合同》的内容无效,其余内容有效;本判决生效后,某设备公司自收到某技术服务公司开具的617 006.56元的腾退补偿款增值税普通发票之日起7日内,向某技术服务公司支付腾退补偿款617 006.56元;驳回某技术服务公司的其他诉讼请求与某设备公司的其他反诉请求。

一审宣判后,某技术服务公司不服,提起上诉。

二审法院经审理认为,合同部分无效,不影响其他部分效力的,其他部分仍然有效。《解除协议》中双方对于涉案房屋的补充总价、支付方式和时间均有明确约定,系双方真实意思表示,该部分应为有效。因《房屋使用转让合同》为无效合同,自始没有法律约束力,不存在解除问题,故对于《房屋使用转让合同》解除的约定部分应为无效。原审法院对于合同效力认定正确,二审法院予以确认。

某技术服务公司上诉称某设备公司隐瞒真实拆迁补偿款,因双方已就补偿款数额达成一致意见并已收取了部分补偿款,现某技术服务公司主张补偿款数额有误但并未提供充足证据予以证明,二审法院不予采信。

据此,二审法院判决驳回上诉,维持原判。

二、争鸣意见

通常情况下,无效合同自始无效,不存在解除问题,但有些当事人就不再履行原合同以及返还财产、赔偿损失等问题签订了所谓的"解除协议",其效力如何认定,实务中存在争议。

当前,就无效合同签订解除协议的情形在实务中具有一定的普遍性。在诉讼中,围绕的诉讼标的既包括原合同,又包括双方签订的名为解除协议的合同,对于原合同为无效合同,争议不大,但是对于解除协议的效力,存在较大争议,主要包括以下3种观点:

第一种观点认为,解除协议无效。因原合同自始无效,"解除"无效合同不符合法理,故应当按照无效合同的法定后果即“双返”来处理,不应允许当事人“协议解除”。

第二种观点认为,解除协议有效。解除协议是就原合同的返还和损失赔偿达成的合意,具有独立性,其效力不应依附于原合同而当然无效,在原合同不再继续履行的相关后续权利义务处分上,应当尊重当事人的意思自治。

第三种观点认为,解除协议属于可撤销的合同。因为双方当事人没有意识到原合同无效,在认可原合同具有拘束力的基础上达成的解除协议,应属重大误解,一方当事人可以申请撤销。

三、笔者意见

(一)就无效合同签订解除协议的效力认定的理论基础

所谓合同的效力,是指合同经过法律的评价所反映的效果。① 如王泽鉴先生所言,是“基于契约而生的权利义务”。② 合同无效,是指当事人所缔结的合同因严重欠缺生效要件,在法律上不按当事人合意的内容赋予效力。③ 那么,就无效合同签订的解除协议的效力也不能“一刀切”。

1. 就无效合同签订的解除协议并不当然无效

自 2021 年 1 月 1 日起实施的《民法典》第 147 条规定:“基于重大误解实施的民事法律行为,行为人有权请求人民法院或者仲裁机构予以撤销。”第 153 条规定:“违反法律、行政法规的强制性规定的民事法律行为无效。但是,该强制性规定不导致该民事法律行为无效的除外。违背公序良俗的民事法律行为无效。”第 154 条规定:“行为人与相对人恶意串通,损害他人合法权益的民事法律行为无效。”第 157 条规定:“民事法律行为无效、被撤销或者确定不发生效力后,行为人因该行为取得的财产,应当予以返还;不能返还或者没有必要返还的,应当折价补偿。有过错的一方应当赔偿对方由此所受到的损失;各方都有过错的,应当各自承担相应的责任。法律另有规定的,依照其规定。”因此,合同无效的法定后果,包括返还财产、折价补偿、赔偿损失。反观当事人就无效合同签订的解除协议,尽管内容纷繁复杂,但是大多数围绕返还财产、赔偿损失进行约定,这些约定和上述法律规定并无冲突,原则上法律不应当禁止。换言之,就无效合同签订的解除协议并不当然无效。

---

① 参见韩世远:《合同法总论》(第 4 版),法律出版社 2018 年版,第 196 页。

② 王泽鉴:《债法原理》(第一册),中国政法大学出版社 2001 年版,第 193 页。

③ 参见韩世远:《合同法总论》(第 4 版),法律出版社 2018 年版,第 213 页。

2. 基于无效后果的错误认识是否属于重大误解需区别对待

对于法律效果错误,也就是对法律的无知或认识不足,能否作为重大误解而主张撤销,理论界和实务界也存在不同观点。有的观点倾向于将法律错误归入动机错误,不以之为可撤销事由;[①]有的观点则认为行为后果的错误既包括内容错误,也包括法律效果错误,法律效果错误原则上应准予撤销。[②] 笔者赞同后一种观点,但是具体到对无效合同签订的解除协议是否当然为可撤销的合同,仍应当区别对待。

首先,应当明确举证责任。针对无效合同签订的解除协议,虽名为解除协议或赔偿协议、补偿协议等,但实际上都是双方就原合同不再继续履行以及后续的返还财产、赔偿损失等问题达成的合意。有的当事人可能认为原合同有效才签订该协议,有的即使能够认识到原合同无效,但仍然同意就上述问题签订协议。所以,当事人是否基于对原合同效力认识错误而签订解除协议,难以仅仅通过"解除协议"这一名称来判断。对此,应当由主张撤销的一方负举证责任。

其次,应当达到"重大"的程度。因误解所致的民事行为的撤销制度,主要是为保护误解者而设,鉴于此,法律只允许对内容有重大误解的民事行为撤销。[③] 在判断是否为"重大"时,需要结合当事人的过错认定。比如,主张撤销一方对于合同无效有主要过错,解除协议约定其承担的赔偿义务与其过错亦相适应,那么,即使存在认识错误,也并没有造成严重损失的后果,不足以成为主张撤销权的正当理由。

3. 正确认识合同的独立性及争议解决条款

实务中,有的无效合同中会约定"如遇拆迁,补偿款按如下规则分配"等条款,有观点认为,该种条款属于《民法典》第507条规定的"合同不生效、无效、被撤销或者终止的,不影响合同中有关解决争议方法的条款的效力",即使原合同无效,也不影响该条款的效力。

笔者认为,该种条款不属于合同部分有效、部分无效的情形。《民法典》第507条规定的"合同中有关解决争议方法的条款",包括:(1)仲裁条款;(2)选择受诉法院的条款;(3)法律适用条款;(4)约定检验、鉴定机构的条款。[④] 因此,存在于原合同当中的一些类似合同不再履行时的补偿款分配内容的条款不属于争

---

① 参见李永军:《民法总论》,法律出版社2006年版,第551~553页。

② 参见班天可:《论民法上的法律错误 对德国法和日本法的比较研究》,载《中外法学》2011年第5期。

③ 陈国柱主编:《民法学》(第2版),吉林大学出版社1987年版,第90页。

④ 最高人民法院民法典贯彻实施工作领导小组主编:《中华人民共和国民法典合同编理解与适用(一)》,人民法院出版社2020年版,第331~332页。

议解决条款,和独立于合同之外签订的所谓的解除协议,存在本质区别。

（二）就无效合同签订解除协议的效力认定的实务考量因素

基于以上理论分析,笔者认为,就无效合同签订的解除协议的效力认定,在实务中,应当综合考虑以下 3 个因素。

第一,解除协议是否为双方为阻却无效合同履行作出的真实意思表示,且内容相对独立于原无效合同。就无效合同签订的解除协议与无效合同之间并无法律上的依附关系,二者相互独立。在判断解除协议的效力时,应主要审查解除协议是否为双方当事人的真实意思表示,是否为原合同不再履行而对后续问题的处理达成的一致意见,如损害赔偿、财产返还、腾退、补偿等。以本文案例为例,解除协议系当事人就不再履行原租赁合同后如何分配腾退补偿款达成的合意,是双方的真实意思表示,虽然与原租赁合同存在一定关联,但二者并无主从合同关系。因此,原合同和解除协议在当事人之间形成不同的债,相互具有独立性,一方当事人以原合同无效为由否定解除协议关于补偿款分配等条款的效力,依据不足。

第二,解除协议是否存在法律规定的无效事由。如果解除协议的主体内容独立于原合同,则应重点审查其本身是否存在法律规定的无效事由。如以虚假的意思表示实施的民事法律行为;恶意串通,损害他人合法权益的;违反法律、行政法规的强制性规定的;违背公序良俗的;等等。在本文案例中,原租赁合同无效系因房屋未取得建设工程规划许可证,违反了《城乡规划法》等法律的强制性规定,而双方的解除协议亦是不再履行合同的意思,其内容并未再次违法,且与合同无效情形下的返还财产、赔偿损失的处理导向并不冲突,故应当认定为有效。

第三,对解除协议效力的认定,还应考虑双方当事人的过错程度。解除协议的效力审查应当以当事人对合同无效的过错为重点。虽然解除协议与原合同相互独立,法律不应简单地以解除协议是在无效合同基础上达成的而认定其无效。但是无效合同中当事人的意思表示有重大瑕疵,故在认定解除协议的效力时,就解除协议中双方当事人的意思表示应当受到限制,需要根据当事人对合同无效的过错程度判断其责任,进而认定解除协议的效力,具体如下:(1)如果双方约定由无过错的一方赔偿有过错的一方,一方当事人能够举证证明赔偿约定相较于其过错责任而言显失公平的,或者如前文所述,能够举证证明存在重大误解的,可以主张撤销解除协议;(2)如果双方约定由有过错一方赔偿无过错一方,应认定为有效;(3)双方都有过错时,约定一方赔偿另一方的,只要不是与过错程度明显不相适应,应当认定为有效。例如,在本文案例中,出租人对于租赁合同无效有主要过错,其要求确认解除协议无效、返还补偿款,有违诚实信用原则,其主张与其过错不相适应。在涉案房屋所在园区大量腾退的情况下,更应尊重当事人意思自治,不能使不诚信的当事人因合同无效而额外获利,故认定解除协议有效,才能更好地维护社会秩序和交易秩序。

(责任编辑:凌巍)

【参阅案例】

北京法院参阅案例第 42 号

陈某某诉刘某某合同纠纷案

关键词:未答辩　一审缺席审理　违约金调整

参阅要点

一审中违约方未答辩、未出庭,一审法院缺席审理,在二审中违约方提出违约金过高,请求减少违约金的,二审法院应当对是否调整违约金进行审理。当事人存在不诚信诉讼情形的,依照《民事诉讼法》及相关司法解释的规定进行处理。

相关法条

1.《中华人民共和国合同法》第 114 条

2.《中华人民共和国民事诉讼法》第 13 条、第 65 条、第 144 条

3.《最高人民法院关于审理买卖合同纠纷案件适用法律问题的解释》第 27 条

4.《最高人民法院关于适用〈中华人民共和国合同法〉若干问题的解释(二)》第 17 条

5.《最高人民法院关于适用〈中华人民共和国民事诉讼法〉的解释》第 102 条、第 431 条

当事人

原告(被上诉人):陈某某

被告(上诉人):刘某某

基本案情

2014 年 6 月 13 日，陈某某与刘某某签订《合作协议书》，约定二人共同承办“第四届中国警察汽车拉力赛”，陈某某负责先期垫付筹备期间及运营期间的资金，陈某某支付刘某某 150 万元前期顾问费。刘某某负责在 2014 年 8 月 16 日前办理赛事全部审批手续，否则，刘某某须在 2 日内将 150 万元全部无条件退还陈某某，每逾期一天，刘某某应承担 5‰的违约金。协议签订后，陈某某支付了 150 万元顾问费，但刘某某未办理完审批手续。陈某某诉至法院，要求刘某某返还 150 万元，并要求刘某某支付自 2014 年 8 月 18 日起至实际返还之日止的违约金，标准为每日 5‰。刘某某在一审期间未出庭，也未做答辩。一审判决后，刘某某不服提起上诉，主张违约金标准过高，请求按照中国人民银行同期贷款利率计算违约金。

审理结果

2016 年 10 月 21 日，北京市朝阳区人民法院作出(2016)京 0105 民初 32945 号民事判决：(1)刘某某于判决生效之日起 7 日内返还陈某某前期顾问费 150 万元；(2)刘某某于判决生效之日起 7 日内支付陈某某违约金(以 150 万元为基数，自 2014 年 8 月 18 日起至实际返还之日止，按日 5‰的标准计算)。

2016 年 12 月 28 日，北京市第三中级人民法院作出(2016)京 03 民终 13939 号民事判决：(1)维持北京市朝阳区人民法院(2016)京 0105 民初 32945 号民事判决第一项。(2)变更北京市朝阳区人民法院(2016)京 0105 民初 32945 号民事判决第二项为：刘某某于判决生效之日起 7 日内支付陈某某违约金(以 150 万元为基数，自 2014 年 8 月 18 日起至实际返还之日止，按年利率 24%的标准计算)。(3)驳回陈某某的其他诉讼请求。

裁判理由

法院生效裁判认为：本案的争议焦点是违约金标准的确定问题。《中华人民共和国合同法》第 114 条规定，当事人可以约定一方违约时应当根据违约情况向对方支付一定数额的违约金，也可以约定因违约产生的损失赔偿额的计算方法。约定的违约金低于造成的损失的，当事人可以请求人民法院或者仲裁机构予以增加；约定的违约金过分高于造成的损失的，当事人可以请求人民法院或者仲裁机构予以适当减少。本案中，双方虽在《合作协议书》中约定了违约金标准，但刘某某上诉提出双方约定的违约金标准过高，请求法院予以适当减少，法院结合具体案情，综合考虑当事人过错程度、预期利益、公平原则、诚实信用原则等因素,确定刘某某向陈某某支付违约金的标准。法院认为以150万元为基数,按年利率24%的标准计算为宜。据此,二审法院予以改判。

解说

一审期间违约方未答辩且未出庭,在二审中提出违约金调整请求,法院应当如何处理,存在不同观点:

一种观点认为,二审法院应当不再审理该申请。违约方当事人在一审中未答辩、未出庭视为放弃参与答辩和庭审的权利,其已经丧失了请求法院调整违约金的机会。否则,恶意的违约方当事人可以故意在二审中申请调整违约金,甚至以申请调整违约金为由申请再审,这无疑会破坏法院判决的严肃性、公信力和权威性。

另一种观点认为,应参照证据适时提出制度,结合诚实信用原则分情形考虑。一审中违约方未出庭且未答辩,其在二审中提出违约金过高,要求减少违约金的,法院可以对该请求进行审理。但法院认定违约方违反诚实信用原则,在一审中故意不答辩、不出庭以达到拖延诉讼、证据突袭等不正当目的的除外。

第三种观点认为,违约方请求法院减少违约金的权利是一种实体权利,只有在法律规定的情形下才能认定丧失实体权利。而未出庭、未答辩并非法律规定的丧失请求减少违约金权利的情形,不应仅依据违约方一审未出庭、未答辩,即对违约方在二审中减少违约金的请求不予审理。

从全国法院的裁判情况看,[①]不同法院在一审中对违约方未出庭情形下违约金的处理方式有所不同,有的一审法院依照合同约定缺席判处被告承担违约金;[②]有的原告主动自愿降低违约金,一审法院予以确认;[③]还有的一审法院依照职权对违约金进行调整。[④] 但无论何种情况,二审或再审中,违约方提出违约金过高,请求进行调整时,二审或再审法院大多数进行了审理,并根据案件实际情况进行了裁判,即持上述第三种观点。本案中,本案法院生效裁判也持此观点,具体理由如下。

首先,在一审法院未对违约金调整进行审理的情形下,二审法院根据当事人请求调整违约金不会损害当事人的审级利益。一是当事人对申请调整违约金的

---

① 相关裁判观点源于中国裁判文书网发布的最高人民法院、全国各高级人民法院、北京市各中级人民法院的相关裁判文书。

② 参见贵州省高级人民法院(2016)黔民终119号民事判决书、北京市第一中级人民法院(2016)京01民再41号民事判决书、北京市第三中级人民法院(2016)京03民终13939号民事判决书。

③ 参见江西省高级人民法院(2015)赣民二终字第84号民事判决书。

④ 参见山西省高级人民法院(2017)晋民终209号民事判决书。

请求是一种抗辩权，在合同纠纷中不构成独立的诉讼请求，二审中提出调整违约金的请求不属于增加诉讼请求或提出反诉，不属于《最高人民法院关于适用〈中华人民共和国民事诉讼法〉的解释》第328条规定的情形，二审法院直接审理，不损害当事人的审级利益，不必发回重审。二是《最高人民法院关于审理买卖合同纠纷案件适用法律问题的解释》第27条规定了二审法院在一审法院未对调整违约金的问题进行释明和审理的情形下，二审法院可以向当事人释明是否申请调整违约金并在二审中对违约金是否调整的问题做出审理和改判。此情形下，是否调整违约金的问题未经一审审理，仅经过了二审审理，即形成终审裁判。可见，二审中直接对违约金进行调整，并不会损害当事人的审级利益。

其次，从实体权利的保护看，请求调整违约金的权利属于实体权利，非因法定原因不应限制当事人的权利。违约方请求减少违约金是《合同法》第114条中规定的实体权利。《民法总则》第132条规定，“民事主体不得滥用民事权利损害国家利益、社会公共利益或者他人合法权益”，第153条规定：“违反法律、行政法规的强制性规定的民事法律行为无效，但是该强制性规定不导致该民事法律行为无效的除外。违背公序良俗的民事法律行为无效。”违约方在二审中提出减少违约金请求并不损害国家利益、公共利益和他人合法利益，也不属于强制性法律规定或者违背公序良俗的行为，而且在其他实体法律和诉讼法律中也没有限制缺席的违约方在二审中请求减少违约金的权利。因此，不宜限制当事人在二审中请求调整违约金的权利。

再次，违约方未答辩、未出庭并不能视为违约方放弃请求减少违约金的权利。《民法总则》第140条规定：“行为人可以明示或者默示作出意思表示。沉默只有在有法律规定、当事人约定，或者符合当事人之间的交易习惯时，才可以视为意思表示。”据此，要将违约方未答辩、未出庭的行为视为放弃请求调整违约金的权利的意思表示，必须有法律规定、当事人约定，或者符合当事人之间的交易习惯，显然这并无法律规定，当事人之间亦无约定，也不存在此方面的交易习惯，故不应将未答辩、未出庭的默示行为视为放弃请求减少违约金调整的行为。

最后，从诉讼中违反诚实信用原则的法律后果看，违约方一审未答辩、未出庭，又以违约金过高为由提起上诉请求减少违约金不会导致其实体权利失权；对于不诚信诉讼行为，可以通过《民事诉讼法》和相关司法解释的规定进行处理。诚实信用原则作为民事诉讼的基本原则，包括禁止当事人滥用诉讼权利、如实陈述、禁止反言等内容。对于未答辩、未出庭的不利法律后果，我国现行法律只规定了证据实权的相关内容，根据我国《民事诉讼法》及司法解释规定的证据失权制度，当事人未及时提供证据的，需要综合考虑该证据在案件中的作用、当事人主观恶意的大小、逾期提供证据造成的损害等进行判断,即当事人故意或者重大过失以致未能及时提交证据的,会导致证据失权的后果,但若该证据与案件基本事实有关,从实事求是的角度出发,法院应当采纳并可以对当事人予以训诫、罚款;如果当事人基于客观原因,或轻微过失、一般过失逾期提供证据的,并不必然发生证据失权的法律后果。但减少违约金的请求权并不属于证据失权问题,因此不应适用该规则,而应适用实体权利受到限制的相关规则。另外,根据诚信原则的一般法理,违反诚信原则不必然导致权利丧失,[①]只有在严重违反诚信原则时才可能导致权力丧失。[②] 未出庭、未答辩只是当事人自我处分诉讼权利的一种方式,并非法律所禁止。即便当事人二审中再行使相关权利存在拖延诉讼、证据突袭的不正当主观目的,一方面,证据突袭问题可以适用上述证据失权的相关规则进行处理;另一方面,拖延诉讼虽有一定程度违反诚信原则,但目前司法实践中还存在管辖权异议等更为严重的拖延诉讼的情形并未对相关实体权利进行限制,故不宜将违约方一审未出庭答辩、二审提出减少违约金请求认定为严重违反诚信原则的情形,对其减少违约金的请求应予审理。

本案中,违约方刘某某一审未出庭、未答辩,后以一审判决的违约金过高为由提起上诉,请求减少违约金,其有权在二审中请求减少违约金,二审法院综合考虑合同约定的违约金标准、当事人的过错程度、预期利益、公平原则、诚实信用原则等因素,进行审理并作出判决是恰当的。

---

① 参见于飞:《公序良俗原则与诚实信用原则的区分》,载《中国社会科学》2015 年第 11 期。

② 参见王利明:《论公序良俗原则与诚实信用原则的界分》,载《江汉论坛》2019 年第 3 期。

北京法院参阅案例第 43 号

莫某诉张某及北京链家房地产经纪有限公司房屋买卖合同纠纷案

关键词:申请减少违约金　举证证明责任转移　守约方证明责任

参阅要点

违约方主张约定的违约金过高请求予以减少的,应当承担违约金过分高于损失的举证证明责任。当违约方履行了相应的证明义务,法院认定其减少违约金的请求具有一定合理性时,若守约方主张违约金合理,应当承担相应的举证证明责任。

相关法条

1.《中华人民共和国合同法》第 114 条第 2 款

2.《最高人民法院关于适用〈中华人民共和国合同法〉若干问题的解释(二)》第 29 条

3.《最高人民法院关于当前形势下审理民商事合同纠纷案件若干问题的指导意见》第 8 条、第 11 条

4.《最高人民法院关于民事诉讼证据的若干规定》第 2 条

当事人

原告(被上诉人):莫某

被告(上诉人):张某

第三人:北京链家房地产经纪有限公司(以下简称链家公司)

基本案情

2016年1月31日,经链家公司(丙方)居间,莫某(买受人、乙方)与张某(出卖人、甲方)就位于北京市西城区×××南街2号院4号楼1601室房屋签订买卖合同,合同约定张某以总价5 165 000元的价格将涉案房屋出卖给莫某。三方签订补充协议约定:“……第二条　关于房屋交易具体事宜的约定 1. 定金:乙方于2016年1月31日将第一笔定金人民币(大写)壹拾万元整以自行支付的方式支付甲方。……第四条　违约责任……2. 甲方若出现下列情形之一的,甲方构成根本违约,且乙方有权以书面通知的方式解除房屋买卖合同……(4)拒绝将该房屋出售的。甲方出现上述根本违约情形之一的,甲方应在违约行为发生之日起十五日内,以相当于该房屋总价款的20%向乙方支付违约金;丙方收取乙方的所有费用不予退还,由甲方直接赔付乙方。”合同签订后,莫某按约支付了张某10万元定金。后张某以链家公司经纪人不具备经纪资格因而补充协议未成立为由拒绝签订网签合同,导致双方签订的买卖合同无法继续履行。莫某起诉请求:(1)解除房屋买卖合同及补充协议;(2)张某返还已支付定金10万元;(3)张某赔偿违约金103.3万元;(4)张某承担本案诉讼费用。一审判决后,张某不服提起上诉,请求撤销一审判决第3项,依法改判。

二审庭审中,张某主张合同约定的违约金过高,并提出在合同履行期间房屋差价损失远低于合同约定的违约金数额。莫某主张因张某违约,造成的损失为10万元定金利息损失、家具保存的租金损失、房屋差价损失,但就其损失未向法院提供证据证明。

审理结果

北京市西城区人民法院作出(2016)京0102民初15100号民事判决。判决:(1)莫某与张某就北京市西城区×××南街2号院4号楼1601室房屋签订的《北京市存量房买卖合同》及《补充协议》解除;(2)自判决生效之日起10日内,张某返还莫某定金10万元;(3)自判决生效之日起10日内,张某给付莫某违约金103.3万元。

北京市第二中级人民法院作出(2017)京02民终2814号民事判决:(1)维持北京市西城区人民法院(2016)京0102民初15100号民事判决第1、2项;(2)变更北京市西城区人民法院(2016)京0102民初15100号民事判决第3项为自本判决生效之日起10日内,张某给付莫某违约金50万元;(3)驳回莫某的其他诉讼请求。

裁判理由

法院生效裁判认为：《最高人民法院关于适用〈中华人民共和国合同法〉若干问题的解释（二）》第29条规定，当事人主张约定的违约金过高，请求予以适当减少的，法院应当以实际损失为基础，兼顾合同的履行情况、当事人过错程度以及预期利益等综合因素，根据公平原则和诚实信用原则予以衡量，并作出裁决。当事人约定的违约金超过造成损失的30%的，一般可以认定为《合同法》第114条第2款规定的“过分高于造成的损失”。本院在衡量是否应当减少违约金时，以莫某的实际损失为基础予以审查判断。经询，莫某主张因张某违约，造成的损失为10万元定金利息损失、家具保存的租金损失、房屋差价损失，但莫某就其损失未向本院提供证据证实。因双方于2016年1月31日签订买卖合同，莫某于同年5月30日起诉要求解除合同，故本院兼顾合同的履行情况、当事人的过错程度、预期利益，根据公平原则和诚实信用原则，并结合本案实际情况，对张某应支付给莫某的违约金数额酌情调整为50万元。据此，二审法院对一审法院判决依法予以改判。

解说

关于合同约定的违约金是否过高的举证证明责任承担问题，通过在中国裁判文书网检索，在审判实践中存在3种不同的观点[①]：第一种观点认为，由违约方承担违约金过分高于损失的举证证明责任；[②]第二种观点认为，由守约方承担违约金合理的举证证明责任；[③]第三种观点认为，违约方主张约定的违约金过高请求予以减少的，应当承担违约金过分高于损失的举证证明责任。当违约方履行了相应的证明义务，法院认定其减少违约金的请求具有一定合理性时，若守约方主张违约金合理，应当承担相应的举证证明责任。[④]

本案生效裁判采用了第三种观点，具体理由如下：《合同法》第114条第2款规定，约定的违约金过分高于造成的损失的，当事人可以请求人民法院予以适当减少。根据该条规定，若当事人主张减少违约金，应当承担约定的违约金过分高

① 裁判观点源于中国裁判文书网相关裁判文书。

② 参见北京市第一中级人民法院（2017）京01民终4507号民事判决书、内蒙古自治区呼和浩特市中级人民法院（2017）内01民终4095号民事判决书等。

③ 参见山东省济南市中级人民法院（2016）鲁01民终1159号民事判决书、江西省景德镇市中级人民法院（2017）赣02民终692号民事判决书等。

④ 参见四川省高级人民法院（2018）川民再640号民事判决书、辽宁省沈阳市中级人民法院（2017）辽01民终10843号民事判决书等。

于损失的证明责任。由于违约金过高的认定是以因违约所造成的损失数额为基础,因此,违约金过高的举证证明责任最终落脚于对违约损失的举证证明。《最高人民法院关于当前形势下审理民商事合同纠纷案件若干问题的指导意见》(法发〔2009〕40 号)第 8 条规定:“……人民法院要正确确定举证责任,违约方对于违约金约定过高的主张承担举证责任,非违约方主张违约金约定合理的,亦应提供相应的证据……”该意见第 11 条进一步对双方举证责任和举证范围进行了明确:“人民法院认定可得利益损失时应当合理分配举证责任。违约方一般应当承担非违约方没有采取合理减损措施而导致损失扩大、非违约方因违约而获得利益以及非违约方亦有过失的举证责任;非违约方应当承担其遭受的可得利益损失总额、必要的交易成本的举证责任。对于可以预见的损失,既可以由非违约方举证,也可以由人民法院根据具体情况予以裁量。”可见,对于违约方要求减少违约金的,不仅违约方要承担举证证明责任,非违约方也应当承担一定的举证义务。

对于违约方而言,其主张违约金过高请求减少违约金的,需证明约定的违约金过分高于违约所造成的损失。具体而言,其应当提供证明合同约定的违约金存在不公平、不合理的证据,该部分证据应当足以让法官形成约定违约金过分高于实际损失的内心确信。

对于守约方而言,虽然违约金过高的证明责任由违约方承担,但实践中可以证明违约实际损失的证据一般都由守约方掌握,若在审判过程中机械地要求违约方举证证明非违约方所产生的损失,存在一定的难度,不利于法院查清案件事实,容易造成客观上的不公平。因此,有必要在违约方履行完其举证证明责任后,根据法官的心证情况,将证明违约金合理的责任转移给守约方承担。具体而言,守约方应当对损失的总额、范围、大小等作出陈述并进行适当的证明,法院根据守约方所证明的损失数额及范围来确定违约方在订立合同时应当预见到的因其违约而造成的损失范围及数额,再以此为基础兼顾合同的履行情况、当事人过错程度以及预期利益等综合因素,根据公平原则和诚实信用原则予以衡量,进而判定约定的违约金是否过高。

本案中,二审法院在衡量是否应当减少违约金时,以莫某的实际损失为基础予以审查,合理分配了举证证明责任。张某主张约定的违约金过高,法官形成违约金过高的内心确信之后,要求莫某证明违约金合理,莫某陈述了损失范围及数额,但未能就其陈述的损失提供证据。法院最终根据双方举证情况,结合违约期限、过错程度、房地产市场行情、预期利益,并根据公平原则及诚实信用原则,认定合同约定的违约金数额过高并予以调整,是公平合理的。

北京法院参阅案例第44号

丁某某诉种某某股权转让合同纠纷案

关键词：实际损失　违约金调整　经营成本　经营风险损失

参阅要点

股权转让合同履行过程中，股权出让人继续经营目标公司，因买受方违约致使股权未能转让，出让人请求支付违约金的，合同履行期间标的企业的正常经营性支出，不应当认定为《合同法》第114条第2款中的"损失"。

相关法条

1.《中华人民共和国合同法》第119条、第142条

2.《最高人民法院关于适用〈中华人民共和国合同法〉若干问题的解释(二)》第29条

当事人

原告(上诉人)：丁某某

被告(被上诉人)：种某某

基本案情

2014年6月4日，丁某某与种某某签订了《股权转让意向协议书》，合同约定：丁某某将持有的北京鑫博安消防车辆技术开发有限公司(以下简称鑫博安公司)100%股权转让给种某某，转让价格税后800万元，种某某应于2014年6月4日支付合同定金30万元，本协议签订之日起60日内，支付股权转让款300万元。在办理完工商变更登记手续后3日内，种某某支付剩余股权转让款470万元。合同生效后60日内，种某某如未按约定支付第二笔股权转让款，每逾期

1日加收合同总价款1%的违约金,逾期超过15日,丁某某有权无条件解除合同。当日,种某某支付合同定金30万元。

2014年6月9日,鑫博安公司全体股东召开临时股东会,一致作出决议,同意丁某某以持有鑫博安公司100%股权的名义,与种某某签订股权转让协议,完全同意2014年6月4日丁某某与种某某签订的《股权转让意向协议书》。2014年7月1日,丁某某向种某某交付样车5辆和相关资料。丁某某认可种某某未实际控制鑫博安公司。此后,种某某一直拒绝履行合同义务,丁某某多次以各种方式催告种某某交付第二笔股权转让款300万元,种某某以种种理由拖欠。

丁某某诉至法院,请求解除丁某某与种某某签订的《股权转让意向协议书》,并要求种某某支付违约金240万元并赔偿相关损失。丁某某提出的损失包括:(1)根据房屋租赁合同和工资表计算房屋租金损失253 000元和人员工资损失114 346元。(2)因股权转让导致鑫博安公司与案外公司签订的产品购销合同未履行造成的违约损失170万元。(3)样车损失33万元。

一审判决后,丁某某不服,提起上诉,请求撤销一审判决,依法改判支持丁某某的一审诉讼请求或者发回重审。

关于30万元定金,一审中丁某某表示,定金作为违约金,不同意退还。二审中双方当事人均表示同意将该款项作为违约金处理,种某某亦明确表示不再主张要求返还。

审理结果

北京市通州区人民法院作出(2015)通民(商)初字第17310号民事判决:(1)确认原告丁某某与被告种某某于2014年6月4日签订的《股权转让意向协议书》于2015年10月14日解除;(2)驳回原告丁某某的其他诉讼请求。

北京市第三中级人民法院作出(2016)京03民终4156号民事判决:驳回上诉,维持原判。

裁判理由

法院生效裁判认为:丁某某与种某某签订的《协议书》系双方真实意思表示,且不违反法律及行政法规的强制性规定,应为合法有效,双方均应恪守履行。现种某某确未按照《协议书》第1条第3款之约定将股权转让款打入指定账户,因此种某某的行为构成违约,丁某某有权主张违约金。根据《最高人民法院关于适用〈中华人民共和国合同法〉若干问题的解释(二)》第29条,违约金过分高于实际损失,应当予以调整。本案丁某某主张其实际损失包括房屋租金损失、人工损失、因签订合同未履行造成的损失、样车损失。关于房屋租金、人工损失均是诉争股权的标的企业的正常经营成本,与股权转让的损失并非同一概念,且鑫博安公司始终未由种某某控制,将经营成本作为股权转让的损失明显不妥,不予支持。关于样车损失,样车已经交付种某某,在股权转让合同解除后,相应的法律后果应当是样车返还给丁某某,种某某也表示所涉5辆样车可以返还,丁某某虽称消防车不宜返还,但未提供相应证据证明,故丁某某在本案中无权直接要求赔偿损失,但可就车辆另行主张权利。关于与案外公司签订的产品购销合同损失,鉴于鑫博安公司始终未由种某某控制,因此相应的经营风险不宜直接转移给种某某。在股权转让前,股权的出让人应当妥善经营标的企业,保持企业的价值才是诚实信用履行合同的方式,现仅由于股权转让原因导致该产品购销合同不能履行有扩大损失之嫌。综合以上因素考虑,本案不宜将产品购销合同损失作为股权转让的损失。本案中丁某某所主张的股权转让损失均不能成立,故其主张的违约金显然明显高于其实际损失,应予以酌情调整。考虑种某某已经向丁某某支付了30万元定金,双方当事人均表示同意将该款项作为违约金予以处理,种某某亦明确表示其不再主张要求返还30万元,则该笔款项作为违约金数额适当。

解说

本案的主要争议焦点为:股权转让合同履行过程中,股权出让人继续经营目标公司,因买受方违约致使股权未能转让,出让人请求支付违约金的,合同履行期间标的企业的正常经营性支出,是否应当认定为《合同法》第114条第2款中的“损失”。通过在中国裁判文书网检索,在审判实践中存在两种不同的观点[①]:

第一种观点认为,可以认定为损失。[②] 从股权转让合同签订时起,股权转让双方就对标的公司及其对应价值具有了期待利益,公司的损失与收益直接影响公司的价值,与股权转让双方的利益直接相关。因此,如果一方违约导致合同无法继续履行,可以将股权合同履行期间公司的支出作为认定调整违约金基础的实际损失的依据。

第二种观点认为,不能认定为损失。[③] 股权转让合同签订后,各方当事人应当秉持诚实信用原则履行自己的各项义务,作为实际控制的一方应当妥善经营

① 裁判观点源于中国裁判文书网相关裁判文书。

② 参见陕西省高级人民法院(2013)陕民二终字第00002号民事判决书、江西省高级人民法院(2014)赣民二终字第35号民事判决书等。

③ 参见广东省深圳市中级人民法院(2013)深中法商终字第921号民事判决书、上海市青浦区人民法院(2015)青民二(商)初字第1126号民事判决书等。

标的企业,企业的经营成本及营业风险损失均是公司运行中发生的正常事项,在合同履行完毕,股权交割前,相关的风险应当由公司自行负担,不能以此作为认定股权转让合同中调整违约金基础的实际损失的依据。

本案生效裁判采用了第二种观点,具体理由如下:《最高人民法院关于适用〈中华人民共和国合同法〉若干问题的解释(二)》第29条规定,当事人主张约定的违约金过高请求予以适当减少的,人民法院应当以实际损失为基础,兼顾合同的履行情况、当事人的过错程度以及预期利益等综合因素,根据公平原则和诚实信用原则予以衡量,并作出裁决。由此,违约金的调整以实际损失为基础,实际损失是因违约造成现有财产的减少和费用支出,通常是指已经发生的实际的损害。实际损失的认定需要考虑损害、违约行为与损害之间因果关系及违约行为免责事由等因素。在股权转让纠纷中,股权转让合同履行期间的经营成本、正常经营风险与股权转让合同中转让方产生的实际损失系不同的法律关系,但股权的价值与公司经营及资产密不可分,股权转让中实际损失与公司经营损失不能截然分开。因此,在多重法律关系下,当事人主张股权转让合同履行期间产生的房屋租金、人工损失、因签订合同未履行造成损失等是否应当包含在实际损失范围予以考量,应当考虑违约行为与损失之间的因果关系。

检验是否具备因果关系的最基本的方法是必要条件规则,即"无彼即无此"的关系,即如果没有受让方的违约行为,标的公司的经营成本、正常经营风险是否会发生。房屋租金、人工费用等项目,系公司正常运营均需要支出的成本,经营风险属于公司经营过程中一般的商业风险,即使将受让方违约行为从整个案件事实中剔除出去,该项支出成本仍然无法避免。

本案中,股权转让前守约方控制公司经营管理,股权亦未交割,房屋租金、人工损失属于标的企业的经营成本,标的企业不履行与案外公司签订的产品购销合同产生的风险成本及相应责任与违约方的违约行为难以成立因果关系。综上,守约方主张的标的企业的实际损失包括房屋租金、人工损失、因签订合同未履行造成损失、样车损失,与违约行为不存在因果关系,不应认定为股权转让中产生的实际损失。因双方当事人均同意将定金30万元作为违约金处理,故法院综合合同履行情况、当事人的过错程度以及预期利益等综合因素,根据公平原则和诚实信用原则将违约金调整为30万元是合理的。

【热点问题聚焦】

打造法院新媒体参与区域诉源治理“中央厨房”

——以12个账号1714篇内容为调研样本

北京市海淀区人民法院课题组*

诉源治理,即将矛盾化解在源头,调和潜在纠纷和已出现的纠纷,减少诉讼性纠纷。最高人民法院将诉源治理纳入《关于深化人民法院司法体制综合配套改革的意见——人民法院第五个五年改革纲要(2019—2023)》,着眼于“源头预防为先,非诉机制挺前,法院裁判终局”,以司法引领基层社会治理的社会化、法治化、智能化、专业化实践。[①] 北京市法院将诉源治理工作放到提升首都超大城市治理体系和治理能力现代化水平中去思考,放到建设国际一流的和谐宜居之都的战略目标中去定位。北京市高级人民法院将诉源治理确定为全局性的重点工作,紧紧依靠党的领导,主动融入党委统一领导下的诉源治理大格局。海淀区作为市域治理的首批试点地区,将诉源治理工作列入政法领域全面深化改革重点工作。

近年来,兼具交互性、即时性、便捷性等功能的新媒体,日益融入社会治理能力现代化过程中,引导和培养群众成为社会治理主体。随着网络业态、传媒形态的深刻变化,各级法院高度重视自媒体建设,“两微一端”的标配之外,更是广泛布局了新型网络平台并入驻深耕,渐渐弱化对传统媒体的依赖,做大做强网上舆论场新阵地,夺取话语的主动权。当前,法院新媒体主要承担信息公开、诉讼服务、以案释法这3项功能,并通过类案指引为社会公众提供合理预期,引导预防可能出现的法律风险,从而在源头减少矛盾纠纷的发生。这与诉源治理的价值追求一致。《北京法院进一步深化诉源治理工作方案》中亦明确要求,加强法治

---

* 课题主持人:戴国;课题执笔人:周元卿、李婧怡。

① 薛永毅:《“诉源治理”的三维解读》,载《人民法院报》2019年8月11日,第2版。

宣传教育,依托“京法巡回讲堂”、以案释法讲师团等形式,定期发布典型案例,增强人民群众的规则意识和法治意识,提升基层自治组织运用法治思维和法治方式预防化解矛盾纠纷的能力,推动基层社会自治、法治、德治融合。

鉴于此,海淀区人民法院以地方三级法院新媒体为样本,深入调研法院新媒体融入区域诉源治理大格局的特点、困境及成因。借鉴媒介融合领域“中央厨房”[①]理念,提出从区域整体需求出发,优化内容生产、加强平台融合、提升集成和分发能力的可行之道,并为区委、区政府提供参考,让法院新媒体与区域诉源治理需求形成有效联动,推动纠纷高效化解、凝聚法律共识,进一步推动社会管理机制创新。

一、法院新媒体参与区域诉源治理情况

本报告相关数据基于如下方式产生:综合新浪微博榜单、新榜指数,以简单随机抽样法从地方高、中、基层法院中各选取 1 家,分别为湖南省高级人民法院、济南市中级人民法院和厦门市思明区人民法院;为使调研报告能更好地为北京地区提供参考,课题组从北京市三级法院中各抽取 1 家,分别为北京市高级人民法院、北京市第一中级人民法院、北京市海淀区人民法院。[②] 以其官方微博和微信作为研究对象,在 2021 年内抽取 2 个构造周进行内容分析。[③] 样本在抽样期间共有 206 篇微信推送、1508 条微博,共计 1714 篇内容。

围绕信息传播规律,课题组认为,法院新媒体在参与、推进诉源治理过程中呈现以下 4 个特点:

(一)传播内容具备普法、引导的基础性功能

新媒体已成为当下信息传播、社会沟通、舆论引导、公共服务的前沿阵地。功能性内容则是法院利用新媒体在诉源治理大格局中发挥阵地作用的基础。

在样本的 206 篇微信推送的 11 类内容主题中,普法、案例、法律惩戒与风险

---

① “中央厨房”,指采集同一个内容素材进入全媒体数据库,媒体内各类传播渠道、自媒体根据需要对这些素材进行二次加工,生产出各种形态的新闻产品;最后,按照介质特点、传播速度、传播需要,通过多种媒介逐级发布、传播。参见陈国权:《中国媒体“中央厨房”发展报告》,载《新闻记者》2018 年第 1 期。

② 基于此法抽样的原因有三:第一,地方法院接触群众较为直接,更符合向纠纷源头防控的研究初衷;第二,本文并非比较研究,选择不同层级的法院可对法院新媒体参与诉源治理的情况有总体把握;第三,我国法院新媒体数量众多、表现不一,上榜法院对全国法院具有引领作用,能更高效地反映近年来法院新媒体参与诉源治理工作的情况。

③ 内容分析法,即通过对现存内容进行分析而认识它所产生的联系、发送者的意图、对接收者或社会情境的影响。内容分析法认为,一个构造周的媒介内容的均值比任意连续一周或随机抽样的均值更接近全年总体的均值。本文参考一年日报研究的样本规模,在一年 52 周中随机抽出 2 个周一、2 个周二……以此类推形成 2 个构造周。

提示、诉讼服务指南等5类共124篇具备上述功能；1508篇微博内容涵盖14类内容主题，普法、司法资源整合分享、诉讼服务指南等6类879篇具备该项功能。总体而言，当前法院新媒体参与区域诉源治理的基础相对扎实，其传播内容具备以下三项功能属性：(1)预防性、纠偏性普法内容，将矛盾风险化解在当事人之间；(2)规范性、评价性案例指导，为法官工作站、街道社区、调解组织等基层解纠场景提供解决方案；(3)教育性、指引性裁判文书说理，引导群众增强法治意识，推动社会治理的法治化。

同时，课题组发现了内容层面的两项不足：(1)微信样本中专业性较强、长篇幅的法院机制建设类内容，和未经改编、提取的政府公文等官方宣传性内容占比较高；(2)微博样本中娱乐性、生活性等与法律无关的内容占比较高，如厦门市思明区人民法院的微博"思鸣法槌"推送的187条微博中，功能性内容占比仅约为22%，而"生活提示"(如菜谱、健身等)一类就占近30%，一方面，导致诉源治理功能性内容的密度较低；另一方面，也可能降低该账号作为法院官微的特点和辨识度。

(二)传播方式多元化，但功能性内容传播仍有局限

法院诉源治理的对象可细化到每一位辖区群众，新媒体用户市场也在不断"下沉"。功能性内容要触及辖区群众，还依赖于传播方式是否为群众喜闻乐见、是否好用易用。新媒体平台上的传播方式主要体现在内容的表现和推广上。如今，动画、视频等灵活多样的表现方式已成为新媒体生产者提高传播效率和用户黏性的重要手段。

课题组综合考察了1714篇内容的表现形式，发现法院新媒体总体上正广泛探索新媒体传播方式，但在微信平台上，功能性内容仍主要以传统传播方式抵达诉源。

微博作为广场式、开放式社交平台，天然具有参与度高的优势①，样本大量使用视频、长图，并能够借助微博的各类开放性社交功能，运用多种表现形式传播功能性内容，降低辖区群众的理解门槛。如"湖南高院"频繁将热点新闻与普法结合，从微博"热搜榜"切入解释法律问题。此外还通过主动@明星"大V"、加话题标签等方式综合拓展传播渠道"弯道超车"，提高用户接触、使用的概率。

相比法院微博广泛使用视频、长图等新媒体方式普法，法院微信则是在单一化叙事方式中开拓触及诉源的新渠道。微信样本呈现14类表现形式，在视频、漫画、普法剧、长图等方面进行了积极探索，但传统图文、文字仍占据较大比例

① 参见程晓宇：《移动社交媒体用户自我表露行为影响因素研究》，武汉大学2019年硕士学位论文，第12页。

(约为62%)。而在推广诉源治理功能性内容的过程中法院微信力度较弱:在124篇诉源治理功能性内容中,只有57篇使用了新媒体表现形式,其余皆为传统的图文、文字。仍主要使用传统方式传播的功能性内容,较难直接为诉源治理的对象所用。

(三)账号间相似度较高

课题组发现,法院间账号还存在相似度较高的问题。

对法院间账号进行对比可知,法院发布的内容中,只有“案例”类内容区分度较高,基本能反映各地、各层级法院在受案、管辖、审判业务等方面的特点,与法院对应的诉源范围结合较为紧密。其余发文在内容和形式上重复度较高,在微博平台尤为显著:(1)整体上,原创369篇,平均原创率约为24.5%;(2)大量转发相同的非法律类内容,除“思鸣法槌”大量发布厦门地区新闻外,其他5个微博账号地域性特征不强,与其他政法单位账号也存在较大相似性;(3)在2个构造周的推送内容中,除节日问候、热点新闻外,6个微博账号出现16次内容完全相同的情况,北京市法院的3个微博账号则出现25次内容完全相同的情况;(4)在诉源治理功能性内容层面,“普法”“法律风险提示”“法律惩戒”“司法资源整合分享”等类目重复度高,地域性、层级性特征不显著。

从同一法院不同平台的角度看,微信推送的内容为微博推送内容的真子集,部分内容会结合平台特点进行改编,但频繁出现机械复制的情况,如将微信中推送的“点击图片查看答案”“选择题”,直接复制到微博制成长图,使互动性功能完全消失。机械复制对采用图文、文字类传统表现形式的内容影响较小,但运用于新媒体表现形式的内容上,就会直接影响其传播和互动效果。

(四)传播效果呈现单向活跃

12个新媒体账号均有可观的发文量,但存在发布时间和频次不稳定的问题,如“厦门市思明区法院”微信公众号只在其中10天发布了内容。微信样本共有407条精选留言,回复13条;微博样本大量使用@、转发等增加活跃度,通过投票、留言等强化互动,但除天气、节日、问候外,与法律相关的评论极少得到回复。

法院新媒体的传播效果呈现“单向活跃”的特点,即传播主体自发声、弱回应,发布频次高、量大,微博评论、转发和点赞数也很可观,但与用户的实质性互动十分有限。这使法院新媒体难以拉近与辖区群众的距离,未能营造出强参与感、强互动性的使用环境。

二、法院新媒体参与区域诉源治理的困境

样本中,北京法院新媒体在积极探索参与诉源治理的过程中,均不同程度地表现出上述问题。结合近年来各级法院新媒体参与区域诉源治理的实践,课题

组总结出法院新媒体在区域诉源治理中发挥作用时存在的困境,并试图探讨其背后的深层原因。这些原因主要源于人民群众对于高效化解社会矛盾的迫切需求,与新媒体用户在使用媒介时产生的自我表达与实现、参政议政、娱乐互动等新需求①的结合点。

从二者的结合点出发,影响法院新媒体在区域诉源治理中功能发挥的因素主要有以下三点:

(一)对新媒体参与诉源治理的定位尚不明晰

诉源群众的需求之一是通过法院新媒体对所处区域的纠纷风险进行环境监测。从上文的数据分析可以看出,法院新媒体在诉源治理层面的传播内容具备普法、引导的基础性功能,但目前仍未能做到紧密结合辖区实际,从易发、多发纠纷出发提供价值较高的功能性内容;未能充分结合不同层级管辖范围、受理案件的特征明确新媒体定位,提供面向不同层级诉源所需的功能性内容;未能迅速对辖区新情况、新变化作出反应,给出提示。

目前,地方法院开设新媒体账号一方面为实现普法、信息发布等功能;另一方面也是法院目标责任考核的重要项目。法院账号间相似度较高、品牌建设不足,与诉源治理需求对接不紧密,与系统外政法账号也有较大相似度,尚未能针对区域特点和不同层级诉源特点,做好功能性内容本身的资源调配和差异化设计。以北京法院为例,北京法院自 2017 年已实现微信、微博、"今日头条"全覆盖。考核主要针对数量统计及原则性规范,新媒体的内容、功能等均由各法院自行掌握。实践中,各法院针对各平台榜单评价标准运营、追逐流量,易偏离设立初衷,与区域实际结合不够紧密、对区域情况反应不及时。

同时,法院新媒体仍存在内外宣混同的问题。新媒体平台会因管理程度不同而在运营上采取不同策略。如微博和头条号依附独立的客户端,发文视编辑喜好而定,微信公众平台因与微信直接关联,审核更加严格,讲话、调研等"机制建设"类内容比重也随之增加,甚至出现内外宣混同,影响辖区群众对法院新媒体的功能性评价,且制约表现形式的多样化,进一步降低法院新媒体在诉源群众中的被使用率。

法院新媒体尚未能从"用户想看到什么"和"应该发布什么"的选择相容性和规范吻合性出发,在诉源治理中发挥更大效用。

(二)未能在区域层面建立良性互动

通过新媒体加强本区域社会参与,是新媒体与诉源治理结合的重点之一。

---

① 参见帅静:《新媒体语境下"使用与满足"理论的发展》,载《视听》2017 年第 9 期。

结合数据分析可知,法院新媒体与辖区群众对于区域热点、法律疑难尚未建立起实质的良性互动,这使法院新媒体在满足辖区群众社会参与需求上的能力较为有限。这项困境主要与当前法院新媒体的运营模式相关。

一方面,法院新媒体矩阵建设存在"多头多线"问题。在试图覆盖更多辖区群众的尝试中,各级法院继"两微一端"后纷纷入驻人民日报政务号、抖音、快手等平台。各平台传播规律不同,对运营者的时间、精力、专业水平均有一定要求,但实践中并未辅之以人员数量和运营水平的提升。同时,法院新媒体缺乏专门运营人员,编辑或者缺乏法律专业知识,或者对于互动性议题设置重视不足或存在抵触、畏难心理,极少尝试诉源治理方面的互动性实践。因此造成法院新媒体形式单一,不同平台内容重复度高,甚至出现机械重复,互动性较差,在诉源治理过程中容易陷入"自说自话"的"单向活跃",难以实质性回应辖区群众的社会参与需求。

另一方面,新媒体运营资源也未能向诉源倾斜。在地方法院层面,法院层级越低,距离诉源越近,功能性内容落地的效率不可忽视。在实践中,在新媒体能力建设上,层级较低的法院在发文量、发文频率、人力资源配备上,大多会低于层级较高的法院,不足以实现通过新媒体与诉源群众良性互动、及时回应的效果。

(三)未能主动拓宽推广渠道

辖区群众对法院新媒体更高层级的需求体现在具体纠纷发生或化解场景中,辖区群众是否能将法院新媒体视作身边环境里的真实交流对象,直接"为我所用",参考其意见建议。

在调研中课题组发现,当前法院新媒体的推广模式和范围制约了其信息扩散效率和被使用率。法院新媒体系由法院本身的功能派生,用户来源以诉讼群众为主,用户黏性远低于新闻类或兴趣类平台。相比于微博,微信公众号依托具有"强关系、封闭式"特点的微信,要求用户自主关注订阅,更易受推广渠道和覆盖面的制约。当前,法院新媒体推广主要靠内部人员松散组织,传播范围有限,其内容往往需要借助新闻媒体的二次传播。在现有推广条件下,伴随着内容、形式的一些缺陷,法院新媒体较难成为辖区群众用以满足诉源治理需求的使用选择,目前尚无法真正浸入区域诉源治理的场景中。

三、内部革新路径:以"中央厨房"优化内容供给

在以下内容中,课题组将提出优化法院新媒体参与区域诉源治理的思路和建议。为突破上述三大困境,课题组提出诉源治理的"中央厨房"概念,即构建辖区的网格化诉源治理体系,通过深入收集治理需求,实现供需精准衔接,最大限度减少和避免社会纠纷的发生,如图1所示。这一机制的核心就是再造接口,

塑造一个重新编辑内容和高效分发内容的平台，原有内容经过平台改造以后产生某种传播的“魔力”。[1]

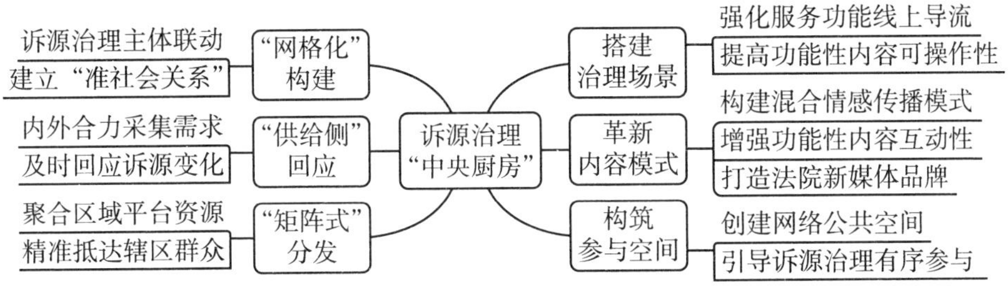

图1　法院新媒体参与诉源治理“中央厨房”改革模式

首先需从内部入手，通过以下三个层面，对内容编辑和生产方式进行优化。

（一）场景搭建：强化服务性与可操作性

法院新媒体需进一步明确自身在诉源治理中的定位，主动作为，构建依托新媒体的诉源治理线上服务场景。

一方面，强化服务功能的线上导流。当前各级法院已建立起体系化的纠纷化解和诉讼服务机制。诸多法院已尝试将服务内容嵌入新媒体平台，如借助微信公众号菜单功能置入相关小程序等。但嵌入内容存在更新慢、操作难度大、场景性弱等缺点。法院新媒体平台需与法院信息化建设同步，将现有诉讼服务功能及时嵌入，并以扁平化方式搭建服务场景，优化用户体验，建立起“随时随地被使用”的服务价值。未来，法院新媒体还可跟进法院人工智能技术的发展，有前瞻性地主动作为，例如，基于典型案例开发如类案调解方案、胜诉率、赔偿金计算等参考性功能，并链接到相应内容，让法院新媒体进一步发展为可参考具体解纷方式的“智能化”服务者；还可基于调研和司法大数据及时了解诉源治理领域的热点、难点，进行主动策划。

另一方面，需提高功能性内容的可操作性。将目前探索的新媒体表现方式更多地向诉源治理功能性内容倾斜。由于功能性内容多展现多元主体和复杂的法律关系，“清单体”“表格体”“算式体”能够较好融合用户自主性与内容专业性的传播方式，适合被法院新媒体广泛使用。“清单体”就是把丰富庞杂的内容提炼为某种清晰、简化、轻量的排序形式。[2] 如“济南中院”采用的“人身损害赔偿

① 参见王斌、李峰：《平台型媒体的运营模式分析——以新闻聚合网站 BuzzFeed 为例》，载《新闻战线》2015 年第 15 期。

② 参见王斌、李峰：《平台型媒体的运营模式分析——以新闻聚合网站 BuzzFeed 为例》，载《新闻战线》2015 年第 15 期。

的13项赔偿项目+计算方式”“2021年民间借贷最新算法”等,可由用户自主选择,精准对应需求进行体系化回应。

(二)模式革新:构建强互动的新媒体品牌

内容为传播的基础,为推动传播内容更好地落地,法院新媒体需在起点,即内容文本上不断强化与用户的情感交流。法院新媒体参与诉源治理时可借鉴近年来《人民日报》《中国青年报》等主流媒体在抖音、快手等新媒体平台上广泛使用的“混合情感传播模式”,即以情感为内核,整合运用信息模式、政论模式和故事模式①,在大幅提高功能性内容比重的同时及时转变传统思维,多使用带入式、场景化表达向用户传递情感。如样本中多次出现在“普法”“案例”类推送开头的“假如你……”“一分钟带你了解民法典”,就是通过场景化聚焦,将用户带入普法内容中。

除文本外,法院新媒体需不断增强功能性内容本身的互动性。微信样本中“京法网事”“北京海淀法院”使用的“答题”式普法,部分借鉴了在互动性传播中效率高、黏性大的“心理测试”模式,围绕一个法律问题设置答题模块,引导用户在答题的过程中学习法律知识、排查认知误区。微博样本中,“济南中院”借鉴“错题”模式,从社会热点、热门影视切入,抓住其中的法律易错点,设置投票、问答,在分析错误选项、解读法律原理的过程中实现热点普法。

在内容的基础上,法院新媒体可以逐步构建起一个面向诉源,甚至更广范围用户的“独立人格”。为强化独特性,法院新媒体可从以下渠道有意识地打造内容品牌,提高账号的辨识度:(1)提高内容原创率,除优质、必要的内容外,尽量减少与其他法院账号、其他政法类账号内容不必要的重复;(2)强化内容的地域特点,反映不同法院管辖区域多发纠纷、向对应诉源提示潜在风险,还可在提供的非法律类内容中增加地域性信息,如“思鸣法槌”发布的内容中虽然功能性内容比重较低,但其大量转发厦门本地的交通、生活、环境信息,也有利于提高厦门地区用户的黏性;(3)进一步打造功能性内容品牌,如“京法网事”“京小槌普法”“北京海淀法院”“海法小微”“问答Hi法”坚持打造特色栏目的做法,有利于培养用户使用习惯。

(三)空间构筑:引导有序参与诉源治理的网络公共空间

在用户通过新媒体进行社会参与的需求日渐上升时,法院新媒体可构建引

---

① 媒体生产模式包括以下4类:信息模式指客观呈现作为信息的新闻;政论模式以传播政治言论为主要目的;故事模式以戏剧化方式描写吸引人的事件;解读模式则分析新闻因果、意义和发展趋势。参见张志安、彭璐:《混合情感传播模式:主流媒体短视频内容生产研究——以人民日报抖音号为例》,载《新闻与写作》2019年第7期。

导公众有序参与诉源治理的网络公共空间。

“公共领域”理论由尤尔根·哈贝马斯提出,指一个国家和社会之间的公共空间。民众聚集在一起讨论所关注的公共事务,或对政治权力进行批判性的理解,形成接近于舆论的一致性意见,以维护公民利益和公共福祉。[①] 由新媒体技术构建的网络空间在一定程度上接近哈贝马斯“咖啡馆讨论”式的“公共空间”概念。我国也已有“微博问政”“两会直播”等由新媒体构筑公共空间促进政治参与的成功实践。

课题组在此基础上提出的“有序参与诉源治理的网络公共空间”概念,是指在纠纷源头化解的过程中,通过法院新媒体平台鼓励用户的自我表达,促进纠纷化解力量的广泛参与。具体可参考如今生活调解类电视节目开放网络讨论的形式,如针对法院受理较多,但有充分化解空间的矛盾议题,在微博设置问答、讨论话题,在微信开放投票等;或针对热点事件选取法律角度开放讨论,鼓励用户积极表达。

同时,“有序参与”强调了该空间的边界,即不可由媒介意见左右法院正常的依法审判,该空间的开辟与维护主要集中于诉前,系一种借助新媒体传递民众多元话语表达、推动纠纷源头化解的尝试。

通过上述内容生产方式的变革,法院新媒体可在内容生产与用户使用之间构建一个积极的、良性运转的供需链条,优化参与诉源治理的效果。

四、外部融合路径:以“中央厨房”推动协同联动

《北京法院进一步深化诉源治理工作方案》指出,全市各基层法院要紧紧依靠区委领导,争取政府支持,推动形成治理合力。海淀区人民法院建立双主动、多联动“2+N”联动联治诉源治理机制,通过积极争取党委和政府支持,促进纠纷化解从法院单打独斗向社会联动共治转变。该机制入选市委全面深化改革委员会“微改革、微创新”典型案例。

在整体的诉源治理工作框架下,在诉源治理信息整合和集中分发层面,法院新媒体的“中央厨房”可从以下三个层面突破推广困境,有效利用社会网络再造接口,塑造一个信息集成、资讯分发的高效协同体系,如图 2 所示。[②]

① See Habermas Jurgen, *Civil Society and the Public Sphere*, trans. by Thomas Burger, MIT Press, 1962, p. 56.

② 王斌、李峰:《平台型媒体的运营模式分析——以新闻聚合网站 BuzzFeed 为例》,载《新闻战线》2015 年第 15 期。

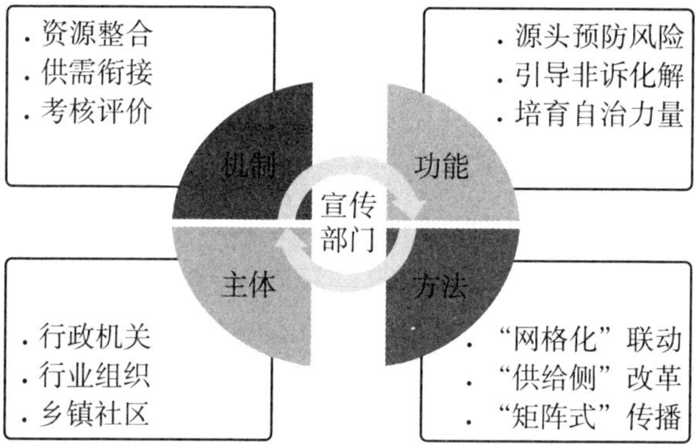

图2　协同联动运转模式

（一）“网格化”构建“准社会关系”

用户及用户关系，是移动互联网时代一切产业逻辑的中心和基点。传媒业已经进化为一个以用户为中心，实时互联，高效协同的产业生态网络。[①] 法院新媒体在参与诉源治理的过程中，应以加强用户管理的态度对待辖区群众，构建新媒体与诉源之间的“准社会关系”。

现实中法院新闻宣传部门接触辖区群众的范围有限，无法精准了解治理需求，限制了新媒体产品制作的针对性，故法院新媒体“中央厨房”需要主动融入党委和政府领导的社会矛盾纠纷预防化解机制建设，在区域治理网络中与其他主体建立协同合作关系。辖区行政机关、乡镇社区、行业组织等，作为承担一定的管理和服务职能的机构，既属于诉源治理的用户对象，也属于诉源治理的参与主体，可以起到诉源治理枢纽作用。

以北京市海淀区为例，通过划分“三级网络”，搭建“三级工作平台”，实现区、街道（镇）、社区（村）三级大循环、小循环、微循环“三位一体”的问题处置流程，基本形成了覆盖全区的“横向到边、纵向到底、多方参与、协调联动”网格化工作体系。以此网格化工作体系为基础，本文提出在每个网格增加设立“诉源治理联络员”，构建诉源治理“网格式”联动机制，保持资源、人员、信息等要素畅通，消除多元主体间的信息、渠道不对称。

目前，该项工作正在逐步实现过程中。海淀区人民法院全院27个党支部均已完成“一支部一社区”共建，构建多元解纠、互访培训、精准普法、资源共享、协同送达等合作机制，从源头预防、减少社区矛盾纠纷发生，促进社区矛盾纠纷及

① 罗娅文：《新闻+，传统媒体运营模式的转型方向》，载人民网，http://media.people.com.cn/n1/2018/0912/c420762-30288569.html。

时、高效、就地化解，以强化党建引领，助推提升社区治理社会化、法治化、智能化、专业化水平。指定专门对接人，该对接人完全可以承担起诉源治理联络员的职能。

在与行政机关的合作机制方面，海淀区人民法院与海淀区各派出所建立“院所联动”的标准化合作机制，开展“靶向式”精准普法活动。此外，海淀区人民法院还以行政审判庭为枢纽，积极联合区政法委，与各行政机关、乡镇街道等机关建立自上而下的长效沟通协调机制，保障了沟通的顺畅。

海淀区人民法院还与相关行业组织，如北京市知识产权保护中心、中关村知识产权保护中心、中关村民营科技企业家协会等建立了紧密联系。海淀区人民法院率先与北京市知识产权保护中心及中关村知识产权保护中心合作共建，连续 8 年进园区开展巡回审判，知识产权“源头回溯”诉源治理机制入选市“两区”建设改革创新实践案例。

借助该机制，法院新媒体可主动参与培育区域诉源治理自治力量，搭建富有活力的多主体联动网络。[①] 在此基础上建立与辖区群众的“准社会关系”，真正融入纠纷源头化解和多元解纠场景中。

（二）“供给侧”精准回应治理需求

借鉴《人民日报》“中央厨房”的“需求⟷供给”双向互动模式，媒介平台生产内容，需不断与受众双向互动，在“需求⟷供给”带来的“刺激⟷回应”中即时反应与自我完善，如图 3 所示。[②]

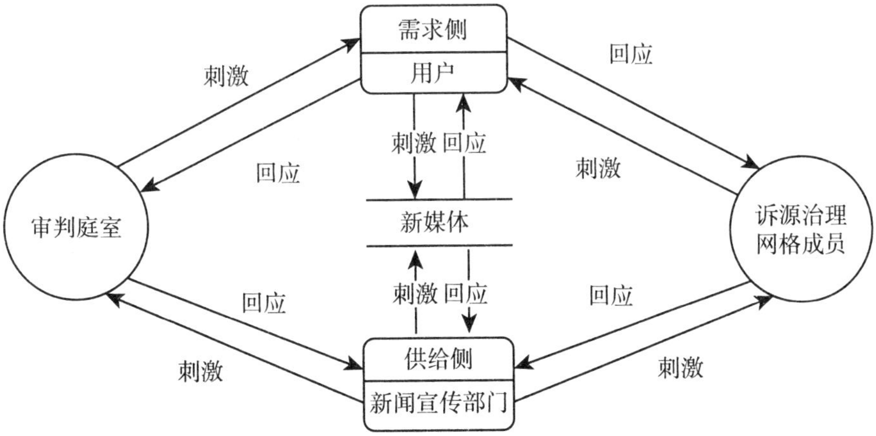

图 3 “需求⟷供给”模式

① 参见罗昕、蔡雨婷：《县级融媒体创新基层社会治理的模式构建》，载《新闻与写作》2020 年第 3 期。

② 参见王君超、张焱：《中央厨房的创新模式与传播生态重构》，载《中国报业》2019 年第 15 期。

为敏锐感知、及时回应辖区诉源治理的新情况、新需求，法院新媒体须对内衔接审判庭室，对外衔接诉源治理各联动网格，将被动接受投稿转变为向庭室定制选题、主动组稿。通过循环往复，精心打磨，制作切合诉源治理工作实际的新媒体产品。

具体而言，在法院内部，新闻宣传部门与审判庭室应主动作为，对法院案件受理结构进行分析，研判纠纷高发类型，从而了解区域诉源治理重点。当前，金融借款、信用卡、民间借贷、物业供暖、交通事故等均为批量成诉案件，宣传部门可通过司法大数据的应用分析，与审判庭密切协作，深入排查剖析案件成诉原因，通过类案统计、生效裁判分析、典型案例示范等方式制作新媒体产品。同时，对于辖区群众关心的社会热点，或区域性的政策规范，及时组织专业法官释法解惑，制作针对性的新媒体产品。

近五年来，海淀区人民法院组织召开新闻发布会31场，通过新媒体发布的涉教育培训纠纷典型案例、民间借贷纠纷典型案例、性侵害未成年人之熟人作案典型案例、不正当竞争纠纷典型案例、竞业限制纠纷典型案例等，立足海淀区域特色及群众关注热点，给出了法律指引和纠纷防范秘籍，对于减少同类纠纷、维护辖区稳定起到了有益作用。

在法院外部，新闻宣传部门则需依赖诉源治理联络员收集治理需求。此时的需求有两个层面：

一个层面，是各网格成员在行使组织管理职能过程中，作为诉源治理用户对象的需求。如涉及辖区大范围的疏解整治项目，群众往往与相关的行政机关、街道社区存在对抗情绪，为合法有序地开展工作，避免后续矛盾纠纷，网格成员均可通过联动平台将治理需求反馈至法院新闻宣传部门。新闻宣传部门可通过与行政审判庭、民事审判庭等庭室沟通，制作风险防范指南，规范行为、提示风险，有力指导网格成员在合法规范的前提下开展工作，将产生纠纷的风险降至最低。海淀区人民法院行政庭针对“疏解整治促提升”专项行动中矛盾突出的案件，制作普法手册《小HI说拆违》，提出规范行政行为指引，提升行政机关依法行政的水平。四季青人民法庭结合永定路街道经常遇到的精神残疾者和智力残疾者监护问题，以及辖区群众普遍咨询的设立遗嘱和遗嘱见证问题等社会治理现实需求，选派法官前往永定路地区社区文化中心为该街道60余名社区工作者及部分残疾人工作者开展了针对性法律培训，海淀区人民法院随后推出新媒体作品，方便社区工作者随时学习。

另一个层面，是通过网格成员收集网格内群众的治理需求。不同的网格，因所处的地理环境、人员组成背景不同，会产生不同的个性化需求。而网格成员作为最接近群众的组织，有时也是处理矛盾纠纷的第一道防线，因此可以精准掌握需求。对于通过该两个层面收集上来的治理需求,法院宣传部门可迅速组织人员、整合素材、包装形式,制作诉源治理的“大礼包”,有序引导纠纷解决。

2021年,海淀区人民法院持续推广“人和海淀”诉源治理需求响应平台,将其作为智能“网格员”,与“12345”热线“接诉即办”工作相衔接,智能化收集诉源治理需求。2021年6月,海淀区人民法院启动“人和海淀”百人普法宣讲团,由普法宣讲员扮演网格员角色,赴社区、学校、军营、园区开展“法律十进”活动百余次,做好《民法典》宣传普及,面对面解答法律问题,惠及群众5万人次。并在活动后及时制作新媒体产品,整理、回应普法活动中收集的诉源治理需求。

除此之外,法院新闻宣传部门还可通过诉源治理的网络公共空间,直接与治理对象开展互动,“面对面”收集诉源治理需求及用户针对新媒体产品的意见建议,在刺激与回应的往复中,做到不断优化与完善。同时,在做好风险提示,使治理对象正确评估诉讼成本的同时,引导已经形成纠纷的当事人优先选择其他非诉纠纷解决方式,从而低成本、高效率解决纠纷。

(三)“矩阵式”分发拓展传播范围

为打破有限的社会网络给推广范围设置的“天窗”,法院新媒体需要借助联动网格力量抵达更多辖区群众。

当前,法院新媒体的关注用户有限,以海淀区人民法院的微信平台为例,用户规模为8万余人,单篇内容的有效阅读量在1200次左右;这与海淀区300余万人的常住人口数不相匹配。在海淀区,纳入考核范围的政务新媒体账号有156个,其中微博16个、微信114个、移动客户端4个、其他政务新媒体22个,这些账号可以覆盖诉源治理的联动网格。但是,根据2020年考核结果,合格率为83%,大部分账号发布频率较低。同时,全区共登记注册社会组织726家,备案的社区社会组织2593家,这些组织大多拥有自己的自媒体平台。

功能性内容传播力有限,加上辖区内大量的新媒体平台缺乏优质内容,故课题组建议将上述新媒体平台的资源、品牌、渠道聚合,建立诉源治理宣传矩阵,可以获得法院无法比拟的受众用户群,极大地拓展和延伸传播的覆盖面和影响力。根据不同的自媒体平台分发有针对性的内容,经由网格精准到达辖区群众。当诉源治理工作不再仅仅靠法院一家单打独斗,传播的裂变效应将发挥到最大,法治宣传内容才有可能在最大范围被用户选择使用并最大化满足其需求。例如,随着海淀区人民法院“上地法官工作站”揭牌,“北京海淀法院”与“e动上地”两家官方微信互相开通白名单,“e动上地”转发了“北京海淀法院”关于民间借贷纠纷典型案例发布会相关内容,在辖区内开展精准推送。

为了确保诉源治理工作的实效,正如最高人民法院支持将诉源治理纳入地方平安建设考评体系,地区也可在推进自媒体联动方面,建立单独的考评机制,如通过建立榜单、发布报告等方式，评价诉源治理成效，有效促进条块力量高效履职。

结　语

党的十九届六中全会提出，要完善社会治理体系，健全党组织领导的自治、法治、德治相结合的城乡基层治理体系，推动社会治理重心向基层下移，建设共建共治共享的社会治理制度，建设人人有责、人人尽责、人人享有的社会治理共同体。作为以诉源治理推进社会共治的参与力量，包括法院在内的政法单位应当充分发挥政法新媒体的作用，用蕴含法治精神的网络表达，绘制党心民心同频共振的数字“同心圆”，以民意认同巩固价值支撑，让公平正义触达9亿用户。

关于“接诉即办”机制民意甄别与运用的调研报告

——以B市S区法院群众投诉数据与相关调查访谈为样本

北京市顺义区人民法院课题组*

引　言

“接诉即办”是政务新词，法院版“接诉即办”机制通过完善的诉讼服务机制有效收集群众的各类司法诉求，甄别合理合法的民意并以此完善法院各项制度设计的优化落实，是司法参与社会治理的重要实践路径，更是审判体系、审判能力现代化目标的重要内容。① 群众可以通过“接诉即办”机制咨询问题、提出建议或表达质疑和不满。“接诉即办”以诉讼服务为起点，但落脚点却不止于更好地为群众服务和增强群众获得感，还包括促进审判质效的提升、审判管理的优化以及法治群众基础的夯实。群众通过该机制表达投诉，对群众有增加表达机会、拓展制约司法权途径等功效，对法院有外部舆情防控、完善群众工作等功效。该机制的各项功效中最容易被忽视的一点是法院可通过对民意分类甄别运用，有针对性地开展更丰富层面的诉源治理，尤其是通过引导非理性民意和惩戒恶意投诉者，实现对民意法治的培育。以群众投诉数据为基础，结合调查访谈，找准“病因”对症下药，能够有效提升“接诉即办”机制民意甄别与运用的功效。

---

* 课题主持人：郭立军；课题负责人：金伟；课题参与人：毕龙娟；执笔人：韩啸。

① 参见骆锦勇：《全面推进审判体系和审判能力现代化》，载中国法院网2020年5月6日，http://www.chinacourt.ory/article/deta:/12020105/id/5172092.shtml。审判体系、审判能力现代化目标，是指“努力让人民群众在每一个司法案件中感受到公平正义”。

一、实证考察："接诉即办"机制运行现状分析

"接诉即办"，即通过各种途径接收来自群众的各项诉求，根据群众的诉求及时采取相应措施进行处理。

（一）基本描述："接诉即办"机制的渊源、构成与优势

1. 法院版"接诉即办"机制的渊源与构成

根据《最高人民法院关于深化人民法院司法体制综合配套改革的意见——人民法院第五个五年改革纲要》（2019—2023）（以下简称《五五纲要》）、《最高人民法院关于建设一站式多元解纷机制一站式诉讼服务中心的意见》（以下简称《两个一意见》），北京市法院创新"接诉即办"机制，形成法院版特色诉讼服务机制，并形成《"诉讼服务一体化应用系统"网络工单办理规范》（以下简称《网络工单规范》）、《关于处理"给大法官留言"网民诉求的工作规范》（以下简称《大法官留言规范》）、《12368人工语音诉讼服务热线工作规范》（以下简称《热线工作规范》）、《北京市高级人民法院关于全面推行"接诉即答""接单即办"联系法官工作机制的意见》（以下简称《双接意见》）等制度成果（如表1所示）。

表1 "接诉即办"机制渊源梳理

文件名称	重要表述摘选与归纳
《五五纲要》	●坚持以人民为中心。始终坚持司法为民宗旨，确保人民法院司法改革始终为了人民、依靠人民、造福人民。准确把握人民日益增长的美好生活需要同司法工作发展不平衡、不适应之间的矛盾，着力解决人民群众最关切的问题，不断提升人民群众的获得感、幸福感、安全感 ●加强诉讼服务体系建设。加快推进诉讼服务中心现代化建设，努力提供普惠均等、便捷高效、智能精准的诉讼服务
《两个一意见》	●深入贯彻落实习近平总书记全面依法治国新理念新思想新战略。全面建设集约高效、多元解纷、便民利民、智慧精准、开放互动、交融共享的现代化诉讼服务体系，推动纠纷解决和诉讼服务理念更新、机制变革。努力让人民群众在每个司法案件中感受到公平正义 ●健全立体化诉讼服务渠道。打造"厅网线巡"为一体的诉讼服务中心，通过诉讼服务大厅、诉讼服务网、移动终端、"12368"诉讼服务热线、巡回办理等多种渠道，为当事人提供一站通办、一网通办、一号通办、一次通办的诉讼服务

续表

文件名称	重要表述摘选与归纳
《网络工单规范》 《大法官留言规范》 《热线工作规范》 《双接意见》	• 全面落实党的十九大和十九届四中全会精神，践行公正司法、司法为民宗旨，坚持“民有所呼、我有所应”，深度整合全市各级法院诉讼服务、监督管理等资源，推行“接诉即答”“接单即办”联系法官工作机制，努力让人民群众在每个司法案件中感受到公平正义 • 各院办理联系法官诉求应当坚持便民、及时、规范、高效的工作原则，服务当事人，充分保障人民群众合法权益；服务法官，切实减轻审判团队工作负担；服务审判管理，有效积极辅助领导科学决策 • 鼓励各院创新“接诉即答”“接单即办”工作机制，及时总结推广先进经验做法

法院版“接诉即办”机制[①]，紧密对接北京市党建引领“街乡吹哨、部门报到”机制。由“厅、网、线、微”群众表达渠道、“收、转、办、督”诉求办理模式、“考、评、汇、报”综合管理机制组成的现代化司法诉讼服务体系。旨在实现意有所表、诉有所应、材有所用的诉讼服务目标，法院通过该机制可实现对群众投诉所代表的民意的收集、甄别与运用。

2. 群众通过“接诉即办”机制进行投诉的功效

通过“接诉即办”渠道，当事人可表达对案件或特定相关人的不满或质疑，从增加当事人表达机会、加强当事人对审执人员司法权的制约来看，可实现其改善诉讼服务的功效；从吸收投诉民意以完善法院工作、防控外部舆情风险、丰富诉源治理来看，可实现其提升审判质效、完善审判管理的功效；从对民意的引导惩戒来看，可实现其反向法治理性培育的功效（如图 1 所示）。

① 参见魏悦：《北京法院推出联系法官便民服务新机制打造市委“接诉即办”机制法院实践版》，载中国法院网 2019 年 11 月 20 日，https://www.chinacourt.org/article/detail/2019/11/id/4645653.shtml。

图1 “接诉即办”机制群众投诉的功效

（二）数据分析：“接诉即办”机制中投诉数据的特征

笔者抽取B市S区法院2020年1月1日至12月31日通过“接诉即办”各类渠道接收到的群众诉求工单10 326条，经条件自动筛选与人工整理选择，选取涉及群众投诉案件1487条（包含重复投诉78条），此样本可满足一定代表性。

1. 投诉涉及案件类型和诉讼阶段

群众投诉涉及的案件类型及诉讼阶段情况分别如图2、图3所示。由此可见，一方面，群众对司法的满意度不足涉及面广，这与群众司法需求的广泛性、多元化息息相关，反映目前法院改革工作质效的提升与群众获得感的提升之间仍有差距。另一方面，群众对司法的不满意集中在民商事案件和执行环节，原因可能有两个：一是民商事案件具有数量多、简易程序受限、当事人对抗性强等特点，群众容易产生不能充分表达的不满;二是群众除对可见的公平正义有需求外,对切身利益是否能够执行到位更为在意。

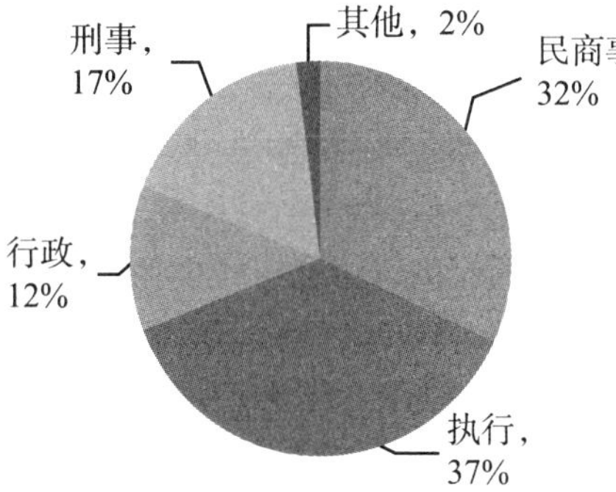

图2　投诉涉及案件类型分类

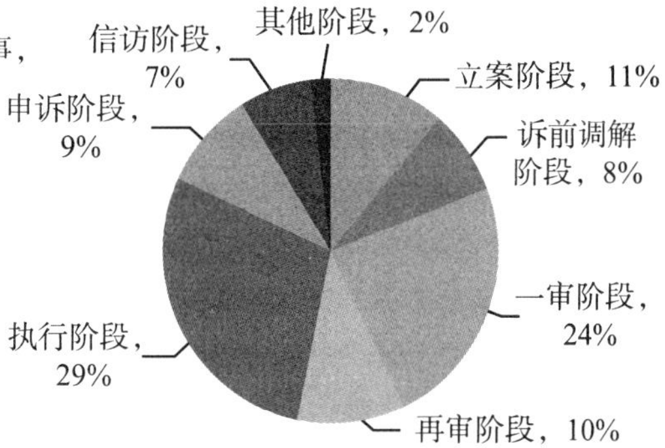

图3　投诉涉及诉讼阶段分类

2. 投诉所反映的司法问题的要素类别

投诉所反映的问题要素主要分布在司法公正、司法效率、司法不作为、司法作风等方面,也有少部分问题涉及非司法方面,部分投诉涉及上述两个或两个以上问题(如图4所示)。由此可见,群众对司法的不满既表现为对审判执行实质公正的要求,也表现为对希望尽快获得诉讼结果的效率方面的要求,同时对司法作风、主动而为方面也有很强期待;另有部分群众对司法结果心理上认同,但认为自己的表达受限,通过投诉获得充分表达的满足感;还有部分群众把诉讼后的非司法问题不当归类为法院判决执行性问题。

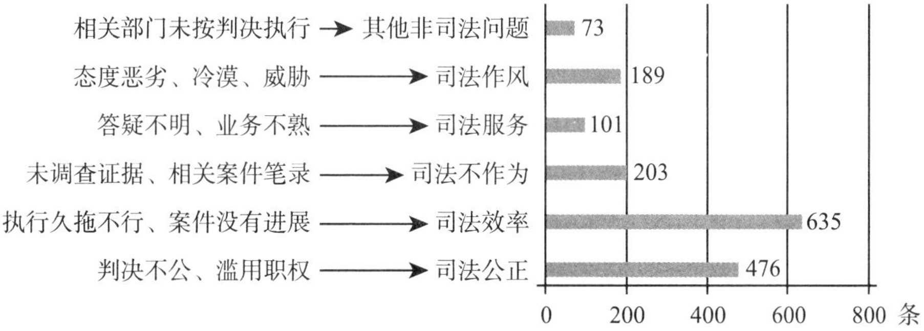

图4　投诉反映问题各类型频次及常见表述

3. 投诉集中纠纷和涉及群众身份类别

投诉人反映的司法问题涵盖各类纠纷,投诉反映最集中的案件直接涉及群众切身利益,经济利益与人格利益兼有,与标的额无明显关系(如图5所示)。

投诉者中,透露身份情况的大多表明其是特殊弱势群体(约占32.6%),需要更多的司法人文关怀,包括老人、妇女、残障人士、农民工、低保户等。由此可见,特殊群体在司法满意度、获得感方面更难满足,特殊案件容易引发群众不满,提供司法服务时应对特殊群体和案件有所侧重。

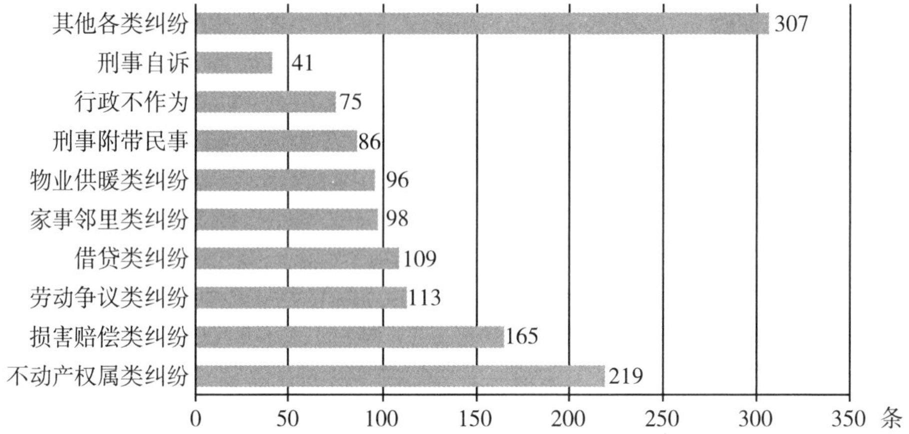

图5 投诉集中纠纷类型分布

4.投诉分类集中问题总结

根据投诉集中性,对执行、审判、立案诉服等阶段的投诉问题进行分类总结,情况分别如图6、图7、图8所示。执行方面的投诉主要包括:(1)久拖不执等执行效率方面的问题;(2)执行文书、执行措施、执行程序不合法等执行规范方面的问题;(3)法人与公司责任界限等被执行主体方面的问题;(4)被执行人唯一住房、生活用品等执行财产界限方面的问题;(5)被执行人下落、被执行人财产线索等提供主体等执行线索方面的问题;(6)终本、失信惩戒、失信人黑名单、拘留、司法拍卖瑕疵担保等执行结果方面的问题;(7)态度恶劣、耐心缺乏、人情干扰等执行作风方面的问题。而审判方面的投诉主要包括:(1)送达方式、缺席审理判决、滥用职权、鉴定有问题等程序违法问题;(2)未主动调取证据,对证人证言、相关能力证明、补充证据的审查等证据审查问题;(3)态度恶劣、耐心缺乏、人情干扰等审判作风问题;(4)迟迟不开庭、迟迟未判决等审判效率问题;(5)调解员行为不规范、裁判文书瑕疵补正、审判人员对法律不熟悉等公信力问题;(6)由上述问题导致的判决不公等问题。可见,群众获得感不足的集中点既与司法诉讼本身的难点问题相关,也与当事人诉求是否实现,以及实现的情感体验相关。

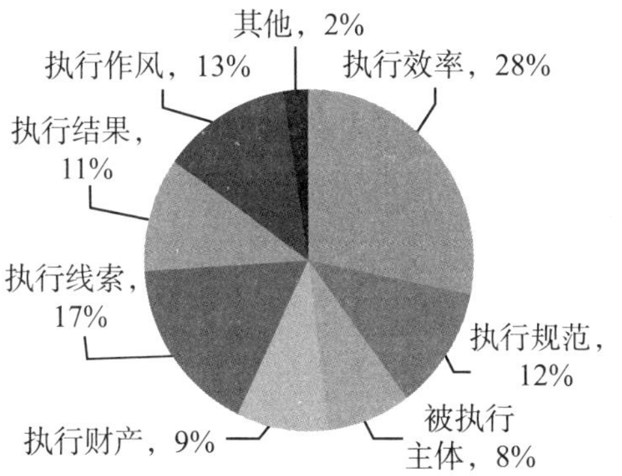

图6　执行问题投诉分类

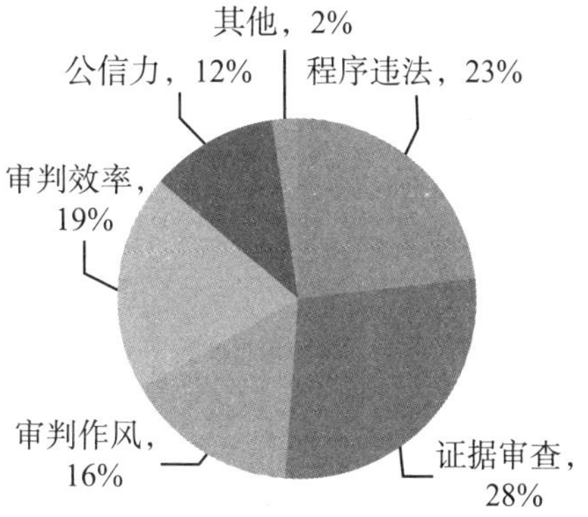

图7　审判问题投诉分类

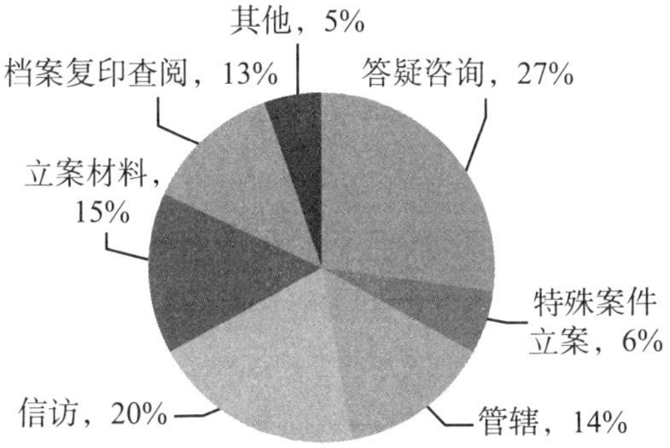

图8　立案诉服问题投诉分类

5. 民意对司法不满的深层原因总结

通过分析群众投诉可以发现，民意对司法不满的原因除司法案件确有一定问题或工作方式不妥当外，还有一些深层次的原因。从司法范围来看，群众希望司法全能，然而司法是有限的，一些纠纷不属于司法范围，但由于立案登记制诉讼门槛较低，在审判阶段才进行的驳回诉讼难免被某些群众误解；从司法性质来看，由于群众根深蒂固的“青天”思想，其期待司法是能动的，认为其将问题诉之法院，法院就应该调查清楚，为其维权，而司法介入的原则是“不诉不理”与“谁主张谁举证”，当事人因无法理解司法的消极性而产生不满；从司法效率来看，当事人希望司法效率越高越好，然而司法效率应不超脱于保证司法公正、遵循程序正义的双重前提；还有部分投诉是因案件本身可能存在情理法冲突，导致当事人对判决结果无法接受；除此之外，法院与社会公众对案件事实的关注点不同，也可能导致当事人在诉讼过程中感觉表达受限而选择投诉。

二、多维通视："接诉即办"机制民意甄别与运用困境分析

调查访谈方式通过"问卷星"电子问卷、纸质版调查问卷、电话访谈三种方式向特定群体发送。共计向法院工作人员发放问卷500份，有效问卷回收429份；向非法院内工作人员发放问卷1000份，有效问卷回收837份。深度访谈则是选取有代表性的法院不同部门、不同身份和工作年限的同人、典型投诉者、当事人进行面谈和电话访谈。

（一）直击问题：民意甄别与运用的制约困境分析

针对"接诉即办"目前在民意甄别运用方面的特点，并结合调查访谈数据分析，笔者认为，目前该机制在如下方面存在不足：

1. 重"时效"轻"实效"，重复投诉或外部舆情风险大

某些干警回应民意重"及时性"而轻"实效性"，投诉者普遍认为投诉答复得比较及时、友好耐心，但仍存在部分投诉人在接受答复处理后，对处理案件的方式和结果不理解或不满意，认为未实质解决投诉问题或未能改变自己对投诉问题的认识（如图9所示）。还有部分投诉涉及重复投诉（变换投诉言辞与主体进行多次投诉，系统无法有效智能筛选），重复投诉率约为5.25%，甚至有部分主体选择在社交媒体如微博、微信朋友圈表达对相关法院的不满。

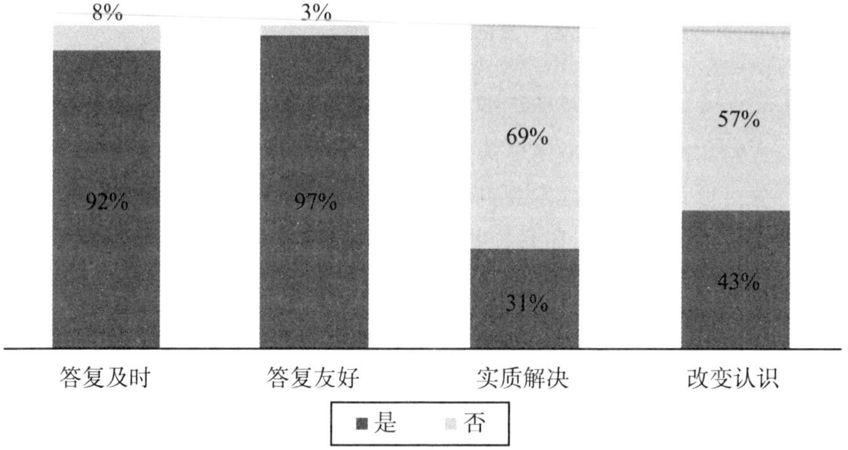

图9　投诉答复处理情况调查数据分析

法院外受访者认为，法院的答复未能有效针对疑问、处理未改变实质结果是导致重复投诉居多的两大原因，因为当事人最关注案件审理结果是否符合自己期望、投诉问题是否按其意愿解决。而法院内受访者则认为，投诉者不能接受案件结果、存在一定执念、企图通过重复投诉获得法外特权等是导致重复投诉的主

要原因。法院内外受访者对重复投诉的原因要素基本认同,但对其原因力大小的认识却有所不同(如图 10 所示),原因在于群众投诉背后存在不同身份的利益博弈。

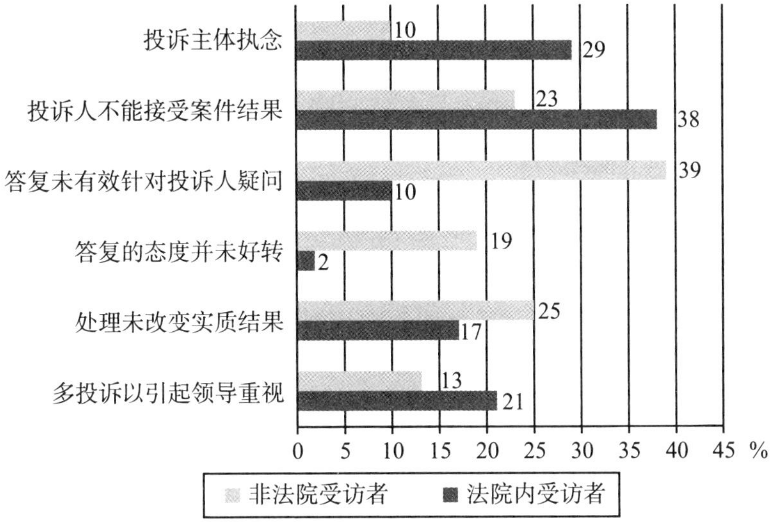

图 10 重复投诉原因力调查数据对比

保障回应民意实效性方面的措施欠缺会造成两方面的危害,一方面,容易导致出现“为答复而答复”的偏离,可能使投诉人因投诉后未得到可接受的解释、问题未解决而更加不满,甚至有转化为外部舆情的风险;另一方面,若投诉人对处理实效不满选择重复投诉,继续分配人员办理此类诉求工单,在一定程度上会消耗有限的司法资源。

2. 重“倾听”轻“惩戒”,错过引导民意走向理性法治的机会

不区分群众投诉的客观性与主观性方面,为提高群众满意度而对任何投诉有求必应,却未大胆抓住时机甄别民意、通过教育惩戒引导民意,也是群众投诉机制功效未发挥充分的制约因素。根据调查,法院内外受访者均认可投诉所代表的民意并非均具备理性或法治理念,双方仅对投诉代表民意的理性程度认识有差异(分别如图 11、图 12 所示)。某些投诉者由于对法官或案件存在认识偏颇或误解,可能在投诉中夸大情节表述,甚至有少数主体恶意编造投诉理由,抹黑法院相关工作人员。

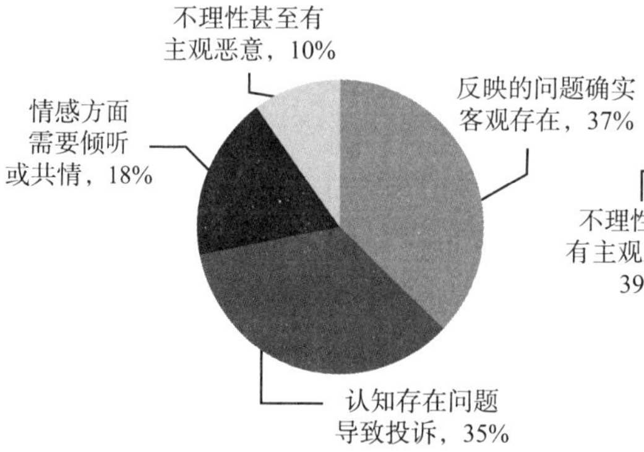

图11　非法院内调查数据

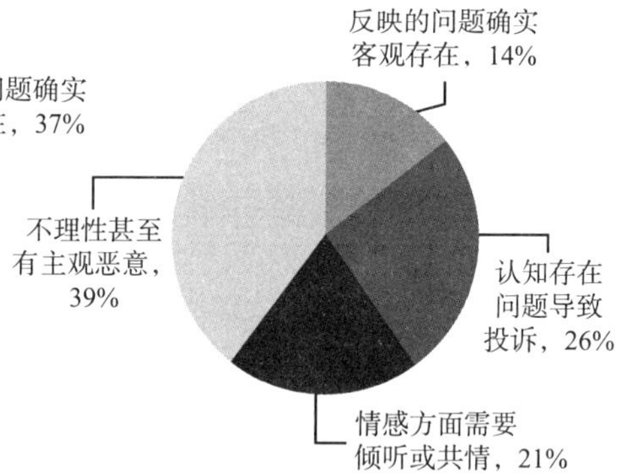

图12　法院内调查数据

群众投诉机制对不良恶意投诉的甄别规制不足，未能使无理投诉者有所顾忌、规范行为，在一定程度上放任了某些投诉的非理性因素。关于现有措施能否有效引导、培养民意的法治现代化的问题，法院内约79%的受访者、法院外约53%的受访者选择了有放任非理性民意风险的选项。低成本零风险消耗司法资源，在民意促进司法方面有矫枉过正之嫌，而在司法培育民意方面则作用寥寥。

3. 重“形式”轻“效果”，考核倒逼干警重视民意的动力不足

“接诉即办”答复情况作为考核因素纳入法院考评和干警考评，确实有助于提高相关主体对其的重视，增强其执行力。但因效率指标的提升远远快于质量指标和效果指标，目前考评指标更侧重于答复是否超期，考评应诉局限于形式和操作性而忽视了行为结果相适应的合理性（如图13所示）。仅有约16%的法院干警认为通过考评，相关主体能够注意投诉内容，以民意为导向，促进其注意投诉事项的规范性，以提升群众满意度（如图14所示）。可见，目前对“接诉即办”投诉的相关考评指标设计中，民意对干警改善行为的规制有效性不足，考核未充分激发倒逼干警重视民意的动力。

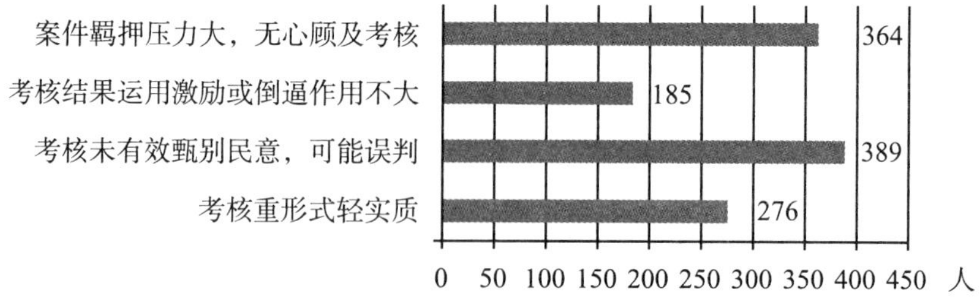

图13　受访者认为群众投诉处理纳入绩效考核不合理的原因

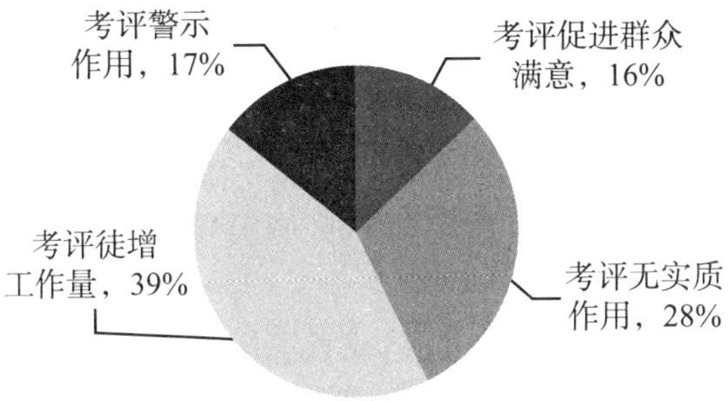

图 14　受访者认为群众投诉处理纳入绩效考核的作用

考评不能起到倒逼相关主体结合民意规范行为的作用，不能调动相关主体积极分析群众投诉，不能利用民意促进其司法行为兼顾良好的法律效果与社会效果，使考评的实质作用大打折扣，甚至有成为形式工作而为法院徒增工作量的风险。

4. 重“应对”轻“主动”，未能充分运用投诉民意开展诉源治理

当事人通过投诉和质疑所表达的民意在诉源治理方面具有不可忽视的价值，而目前的“接诉即办”机制的侧重点更多停留在应对投诉，在主动运用民意开展诉源治理方面虽然有所突破，却仍有很大提升空间。主要表现在以下 3 个层面：第一个层面，未能全面总结民意满意度较低的纠纷类型，进行深度调研分析，有针对性、有倾向性地开展纠纷诉源治理；第二个层面，未能结合投诉民意，对法院干警的工作方式与工作作风、诉讼程序的特定事项进行改进，从源头化解群众投诉问题；第三个层面，未能针对投诉民意所反映的群众对司法认识理解的盲区加强普法宣传释法释理，从源头培育、强化群众的法治思维，以促进其对司法工作的深入理解，自觉自发接受、维护诉讼结果。而受访者普遍认为在第二、第三个层面运用民意开展诉源治理工作存在较大不足（如图 15 所示）。

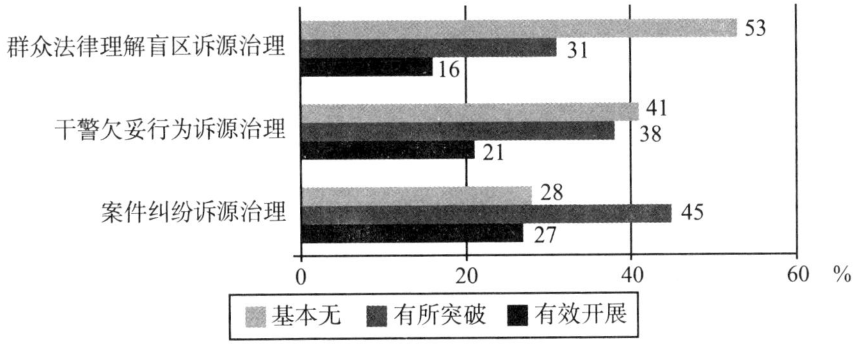

图 15　受访者对运用投诉民意开展不同类型诉源治理的评价

未能充分挖掘并发挥“接诉即办”群众投诉数据的价值,在合理分配司法资源、精准施策群众的多元司法需求方面无法充分做到有的放矢,事半功倍。同时,公众的认识理解误区与盲区的存在,使法院内部评价与公众对司法改革的质效的评价产生一定脱离,改革未得到群众客观支持,公众的主观获得感不足。

(二)探究缘由:民意甄别与运用制约的原因分析

1. 民意甄别引导机制阙如

诉讼双方利益是基本对立的,诉请或者答辩意见未被支持的一方往往很难保持理性,无法在法治理念主导下思考问题,因此投诉可能是因有些群众宣泄情绪而产生,甚至有少量投诉主体威胁或恶意抹黑司法工作人员。目前对“接诉即办”群众投诉对应民意的甄别意识不强、规则欠缺,尤其是对民意是否客观、是否存在恶意,以及民意产生的类型等判断规则的缺失,导致无法有效、高效甄别投诉的真实客观性。在这种情况下,如果单纯以民意为导向修正完善司法改革制度的具体落实,可能会误导相关执行主体;同时,未有效甄别的民意投诉作为该项指标纳入相关主体考核,为确保考评的公正性增加了难度;而甄别规则的欠缺,会影响对肆意投诉者及恶意投诉者的查明,进而导致无法有针对性地对之进行教育警示或惩戒,最终严重影响对民意走向法治的引导。

2. 考核激励倒逼规则失范

将群众投诉纳入考核评价机制的初衷在于监督并激励相关主体运用民意规范司法行为、修正欠妥行为或作风,从而更好地服务群众,提升群众对司法改革的满意度和获得感。但是,目前群众投诉的考评机制的施行效果并不理想,存在失范情形:一是未将群众投诉内容及处理结果细分,导致考核内容不明;二是考核指标的设计困难,进而导致考核无法科学量化;三是考核流程不够明确,导致考核公开透明性有所欠缺、具体操作无据可依;四是考核结果运用不足、与审判质效的关联性差,导致考核流于形式;五是对回复处理敷衍塞责的主体实质惩戒欠缺,导致相关主体不够重视;六是考核单位无论是确立为团队还是个人,均存在一定不足,前者可能存在“背锅”现象,后者缺乏可操作性,执行困难。

3. 民意数据应用效果不佳

一方面,某些主体对投诉数据的应用价值认识不够全面深入,例如,有些主体认为,对投诉按照程序进行答复即可,无须过多思考;另有些主体认为,只要自己案件办理得没有问题,当事人的投诉无足轻重;还有些主体主张仅需要关注自己曾经的问题,避免再犯即可。持有上述想法的主体并未充分认识投诉所反映的民意在诉源治理方面的作用,因而错失了主动权。另一方面,对于投诉的具体数据的应用价值挖掘不够,具体表现为:投诉数据所分析的问题传达到相关主体的覆盖面不足;领导的重视程度要高于一般干警,自上而下式的预警强,而自下而上式的预警差;投诉数据的分析报告未能及时转化成相关问题的整治机制,进而影响到了民意对司法改革的促进作用。

4. 精准施策司法需求欠缺

群众的司法需求不仅急速增加,而且更加多元化,司法供需的主要矛盾从量的不足演变为质的不足,即在针对不同类型的司法需求进行精准施策方面存在供需不足,也即精准回应民意的不足。目前的司法改革及各项配套措施的跟进落实在增加司法供给方面的效果相对明显,但是在满足不同群众的合理司法需求、抑制群众非法或不合理的司法需求①、引导群众理性合法实现其司法需求、加大对特定弱势群体或特定案件的倾向性供给等方面的发力尚存在不足。群众通过“接诉即办”机制表达投诉的过程,恰好能够反映特定类型司法需求供给不足的集中点,但是由于针对不同类型的司法需求精准施策的不足,在提升群众获得感方面,司法改革的不断推进并未完全达到与其初衷相匹配的效果。

三、完善路径:对症改进“接诉即办”民意甄别与运用机制

完善“接诉即办”群众投诉机制,实现民意的有效甄别与充分运用,是司法自我完善审判体系现代化,以更有效地参与社会治理的重要内涵。

(一)增设投诉处理的民意甄别机制

对投诉的民意进行有效甄别,一方面,能够甄别出真正客观的民意,有助于改善法院司法行为作风与专项诉源治理;另一方面,能够甄别出非理性民意,区分情节进行教育、引导以及惩治;同时,对民意的有效甄别,也有助于将客观民意纳入考核,提升考核的真正价值。

1. 对投诉民意进行分类甄别

结合对群众投诉数据的分析,对群众投诉所反映的问题进行分类甄别,并据此设定民意甄别的具体内容与机构。如前所述,投诉所反映的问题主要集中在4大类:司法公正、司法效率、司法不作为、司法作风。对于司法公正类的问题,应审核案件是否符合法定程序,法律适用是否存在问题,是否存在上诉、再审、申诉情况及相应的结果。对于司法效率问题,则应重点审核是客观情况还是人为因素导致案件程序出现进展障碍;对于司法不作为、司法作风问题,应结合投诉和相关的行为规范审核被投诉人员是否存在处理方式不当或确有问题。思路是先以反映问题是否客观真实存在或者是否已经过特定程序确认来甄别民意投诉是否客观,之后再结合各类要素判断非客观民意投诉的投诉者的主观方面,在技

---

① 参见胡昌明:《透视司法供给与民众需求的张力——从“政法民声热线”出发的实证分析》,载《法律适用》2013年第4期。

术层面应开发相应的程序对投诉进行非法言辞过滤抓取，提高甄别效率。

2. 甄别投诉民意的机构与程序

结合工作职责相关性，司法公正、司法效率和司法不作为的问题由审判监督管理部门进行调查核实，司法作风问题则由纪检部门进行调查核实。牵头部门为诉服部门（大部分法院为立案庭诉讼服务中心），由各部门内勤与廉政监察员协助甄别民意部门收集、提交相关材料及被诉主体的陈述意见。程序设计如下：（1）投诉涉及相关主体陈述对民意投诉的意见，司法作风问题由廉政监察员负责收集提供材料，其他三类问题由内勤负责收集提供素材；（2）由诉服部门牵头将材料分派给审监部门和纪检部门进行核查，优先在现有司法全程留痕基础上对投诉事项进行追踪调查；（3）根据投诉表述就可判定要求不合理的投诉归为一类，经调查核实或者其他审判程序确认案件或主体不存在问题而重复投诉的归为一类，经调查核实或者其他审判程序确认案件或主体确存在一定问题的投诉归为一类，民意客观性、投诉主体主观过错存疑，需深度回访确认的归为一类，分类甄别合理配置资源，提高甄别效率。

3. 甄别投诉民意后的结果运用

对于投诉属实的民意应提取相应的需求，针对相应问题形成整治办法；对采取非法言辞者进行劝解与疏导，引导其理性合法表达诉求；对夸大情节者给予相应的教育；对经调查不存在问题而重复投诉者或恶意诋毁者予以约谈训诫，触犯法律的（包括诽谤、扰乱司法秩序等）依法予以相应责罚。将相应处置依据、过程及结果在相关诉讼服务平台公示，以起到警示作用；建立“投诉恶意者名单”，对此类人关联相应的个人征信记录。

（二）细化投诉处理的考评标准规则

完善细化相关实施规则的思路是保证考核规则的可行性和成本的可控性，符合成本收益的比例原则。

1. 考核的内容指标

考核的内容指标主要围绕投诉办理结果评价（如表2所示）。考核指标应当合理分配分值权重，根据岗位性质的不同，确定不同指标的权重。司法办案公正指标和司法效率评价指标在审执人员中应重点突出，且以团队为单位考核更适宜；司法不作为指标和司法作风指标在立案诉服等其他人员中应重点突出，且以个人为单位考核更妥当。严格按照考核结果确定等次，并将考核结果纳入干警业绩考核体系，因行政编、事业编干警与其他干警的基本考核管理不同，应区分考核，行政编、事业编干警所受约束比其他干警多，对于后者反而要加大此项考核分值配置。

表 2 投诉办理结果评价

指标	完成情况	具体评价
司法办案公正	案件无问题，解释清楚	经审查案件不存在问题，向投诉者详细耐心解释清楚
	案件瑕疵改正	经审查案件办理确有一定瑕疵，经合法途径改正
司法办案效率	案件存在客观情况效率受限	经审查确实因客观情况效率受限，向投诉者详细耐心解释清楚
	案件效率推进	在审执进程可推进的前提下，克服送达、审执等难题，实现程序进展
司法不作为	不存在司法不作为，解释清楚	经调查不存在懈怠履职不作为问题，向投诉者详细耐心解释清楚
	司法不作为问题改正	经调查确实存在司法不作为，经合法途径改正并向投诉者说明
司法作风	司法作风无问题，解释清楚	经调查工作人员司法作风无问题，向投诉者详细耐心解释清楚
	司法作风瑕疵改正	经调查工作人员司法作风确有一定瑕疵，依法改正并向投诉者解释或者致歉

2. 考核的机构设计

成立统筹考评委员会，负责统筹此项考核的各项具体性事务，由诉服部门（大部分法院为立案庭、诉讼服务中心）主导牵头；诉服分管负责人，由审监部门、政工部门、纪检部门中层正职或副职为该项考评委员会主任委员；立案分管负责人，由审判庭、执行庭、纪检部门中层正职或副职为考评普通委员；政工部门内勤为常务秘书；其他各部门内勤为普通秘书。考核委员会由主任委员、常务秘书组成考核常务委员会，负责该项内容的考核常务，普通委员与普通秘书在考核常务委员会的组织下，协助考核并行使相关职权。

3. 考核的程序设计

"接诉即办"群众投诉事项年度考核，应当按照以下程序进行：(1)干警个人对群众投诉的司法办案公正、司法办案效率、司法不作为、司法作风情况进行自评，并对群众投诉处理过程与意见进行自评；(2)部门负责人对普通干警自评情况进行初步复核，分管院领导对部门负责人自评情况进行初步复核；(3)司法办案公正性、司法办案效率性、司法作为等事项由各部门内勤对分属被投诉案件进行检索，对被投诉问题进行信息化核查并向审监部门提交相关材料，由审监部门结合民意甄别结果进行核查后出具初步意见,提交考评委员会最终决定考核问题性质以及处理是否妥当;(4)司法作风事项由各庭廉政监察员收集相关材料后提交纪检部门,纪检部门结合民意甄别结果进行核查后出具初步意见,提交考评委员会考评考核问题性质以及处理是否妥当;(5)重复投诉案件或问题依靠信息化设置自动推送给审监部门,审监部门核查后出具初步意见并提交考评委员会考评;(6)考评委员会应当将考核得分及评审的等次意见在本院范围内进行公示,公示期内被考评者对群众投诉相关绩效考核等次如果有异议,可以申请复议。

(三)加强投诉数据的诉源治理应用

加强投诉数据的分析应用,并丰富诉源治理形式,积极推进以群众投诉民意为基础开展的专项诉源治理。

1. 丰富投诉数据的分析应用形式

应使数据分析多层次、多角度、更深入,具体操作如下:(1)丰富诉服一体化数据标签要素,以便数据可被多个关键词抓取;(2)诉服部门定期结合其情况,整合投诉要素的不同内容进行专项分析,形式可是周报、月报、季刊、年刊;(3)定期以具体被投诉主体为对象,对其被投诉事项、答复及时性、答复内容和案件后续处理进行分析,开展针对特定主体问题的整治或者加强对其专项培训,优化其群众工作方法;(4)诉服部门定期对投诉者满意度进行抽检回访,并将回访数据形成分析报告发送给各庭室负责人,形成监督效应。

2. 运用投诉数据进行相关风险预警

运用投诉数据形成相关风险预警,未雨绸缪,促进普通干警对群众投诉数据的重视。具体如下:(1)各庭室应设置专门联络员,通过微信工作群等简便易扩散的方式向庭室人员传递数据分析结果,确保覆盖主体全面性;(2)总结易投诉事项风险预警,在案件系统同类事项要素关联,使相关人员能够预先采取措施;(3)及时总结各类问题答复模板、答复注意事项及答复误区,为答复处理投诉者提供智力支持。

3. 透视投诉代表民意多层面开展诉源治理

第一个层面,全面总结民意满意度较低的纠纷类型,进行深度调研分析,找准最容易引发群众不满或误解的问题,有针对性地开展特定纠纷的诉源治理,并及时总结成熟整治经验,不断拓展案件类型。第二个层面,整合客观投诉所反映的民意,对法院干警的工作方式与工作作风、诉讼程序的特定事项等确有问题的依法严格整改;无问题或瑕疵但是工作方式、效果不佳的,敢于吸纳群众意见在法律范围内完善工作方式方法,从源头化解群众投诉问题。第三个层面,针对投诉民意所反映的群众对司法认识的理解盲区,采取与司法所社区村落合作加强普法宣传,制作普法故事视频、漫画等在诉服大厅、微信公众号进行播放宣传,加强新闻通报会等方式破解群众认识盲区,加强从源头培育、强化群众的法治思维,以促进群众对司法工作的深入理解,自觉自发接受、维护诉讼结果。

(四)针对投诉精准调节司法供需矛盾

一方面,要结合群众投诉增加供给,满足合理的司法需求,可倾向于优先满足特定敏感群体和特殊案件;另一方面,也应敢于采取一些措施抑制不合理的司法需求。①

1. 结合群众投诉痛点增加司法供给

合理配置有限的司法资源,增加司法供给:一是将送达等可社会化事务集约购买社会服务,解放法院内审执力量,使其从事更为专业的司法事项;二是增强诉讼外化解纠纷的有效性以改善司法供给的结构体系,②深入基层开展巡回审判、民调指导、法律咨询、法治宣传,指导完善村规民约,夯实基层社会治理基础,实现无缝衔接,尤其注重诉前调解专业化程度,使群众信任诉前调解力量的公正性;三是进一步深化案件繁简分流,简案快审、难案精审,以满足不同案件当事人的优先司法需求。

2. 引导民意抑制不合理的司法需求

解决供需不平衡问题应该双向调整,引导民意具备法治理性,抑制不合理的司法需求同样重要,法治发展需要相应的群众基础。具体而言:一是针对执行难问题,细化执行申请人须知,包括提供财产线索、执行流程、执行风险、执行措施条件等,由审判人员在庭审结束后、判决前发放给当事人,以促使当事人对其案件涉及执行内容预先获知、做好准备,产生合理预期;二是针对审判风险问题,细化诉讼告知书,包括诉讼需提交的证据具体要求、申请调取证据条件、举证不利后果、审判流程,与可能影响审判效率的常见因素、诉讼风险等,在立案阶段和庭审前发放给当事人,产生合理预期;三是规范当事人诉讼行为,尤其是投诉行为,对明知合法合理却坚持多次投诉的当事人进行教育训诫,对情节恶劣者或者主观恶意者应敢于惩戒,形成示范效应。

3. 对特定案件、群体、事项预先适当关注

一是针对群众反映问题较集中的纠纷类型,科学研判,结合案件繁简分流机制,对此类案件重点突破,因案施策,精准介入矛盾纠纷源头,提升群众满意度和司法获得感;二是对司法案件或事项办理过程中的特定弱势群体多关注、多倾

---

① 参见梁小民编著:《西方经济学基础教程》(第2版),北京大学出版社2003年版,第17~26页。

② 参见方乐:《司法供给侧改革与需求侧管理——从司法的供需结构切入》,载《法制与社会发展》2017年第5期。

斜，除为其解决法律困惑外，还应多给予司法人文关怀，让其理解尊重法律；三是针对判决疑问，可由审判监督管理部门抽调具有一定审判经验的一线工作人员，进行专门的判后答疑；四是针对诉讼服务和立案问题，对不同群众进行合理分流，对不熟悉人工智能的群众分配更多人力服务，对熟悉人工智能，学习能力强的群众则以自助智能服务为先；五是制定诉讼风险告知书，对易引发群众投诉的诉讼风险预先告知。

结 语

实现司法善治，一方面，要紧密围绕“为了人民”的明确指向；另一方面，要充分发挥“依靠人民”的共治导向。“接诉即办”是基层社会治理的有效创新形式，对群众投诉及时回应、有所作为，努力做好“接诉即办”，是司法改革目标的应有之义，是民意促进司法改革的正当有效途径。司法在基层社会治理中实现善治，应以此为契机，在尊重法律精神、司法规律的前提下，敢于对非法民意说“不”，进而培育、引导民意走向法治现代化，以实现司法改革和民意的良性互动。这既需要改革“接诉即办”的群众投诉机制本身，也需要司法改革基础性举措持续深化、关键性配套举措的协同发力。①

① 参见李少平：《深化司法责任制综合配套改革　推动审判体系和审判能力现代化》，载《人民法院报》2020年4月23日，第5版。

北京市第四中级人民法院
民事判决书

（2020）京 04 民初 277 号

公益诉讼起诉人：北京市人民检察院第四分院。

被告：朱某良，男，1978 年 3 月 19 日出生，汉族，户籍所在地北京市房山区，现在北京市少年犯管教所服刑。

被告：朱某涛，男，1986 年 6 月 17 日出生，汉族，住北京市房山区。

二被告共同委托诉讼代理人：朱某栓（系朱某良之兄），男，1975 年 12 月 13 日出生，汉族，住北京市房山区。

公益诉讼起诉人北京市人民检察院第四分院（以下简称市检四分院）与被告朱某良、朱某涛土壤污染责任纠纷环境民事公益诉讼一案，本院于 2020 年 3 月 12 日立案后，依法适用普通程序，于 2020 年 3 月 13 日书面告知北京市生态环境局。经查，市检四分院于 2019 年 11 月 27 日公告了案件的相关情况，公告期内未有法律规定的机关和有关组织提起民事公益诉讼。本院依法组成合议庭，于 2020 年 7 月 21 日召开庭前会议，于 2020 年 11 月 17 日公开开庭进行了审理。公益诉讼起诉人市检四分院指派检察员王志国、检察官助理郝利凡出庭履行职务，被告朱某良、朱某涛的委托诉讼代理人朱某栓到庭参加诉讼。本案现已审理终结。

公益诉讼起诉人市检四分院向本院提出诉讼请求：1. 判令被告朱某良、朱某涛对其造成的生态环境损害承担恢复原状的民事责任，或者判令其承担生态环境修复费用 2 254 578. 58 元；2. 判令被告朱某良、朱某涛赔偿生态环境受到损害至恢复原状期间的服务功能损失，2019 年 12 月 31 日前为 600 787. 17 元，如不能按期恢复，则 2020－2024 年每年依次增加 139 605. 2 元、141 306. 2 元、

143 081.2 元、150 477 元、157 872.8 元;3.判令被告朱某良、朱某涛在一家全国性媒体上就其破坏生态环境损害社会公共利益的行为公开赔礼道歉;4.判令被告朱某良、朱某涛承担生态环境损害鉴定评估费用 115 000 元。

事实和理由:

北京市房山区人民检察院(以下简称房山区检察院)在履行公益诉讼检察职责中发现,被告朱某良、朱某涛非法采矿的行为损害社会公共利益,将该线索移送市检四分院提起民事公益诉讼。市检四分院于 2019 年 11 月 27 日立案,同日履行公告程序。

经依法审查查明:2015 年 5 月 12 日,朱某良从他人处转包位于北京市房山区长阳镇朱岗子村西的土地 20 余亩。2015 年 10 月 22 日至 2015 年 12 月 28 日间,在未取得采矿许可证的情况下,朱某良指使朱某涛等人在前述承包的土地内非法开采建筑用砂。经原北京市国土资源局鉴定:北京市房山区长阳镇朱岗子村的建筑用砂属于矿产资源;朱某良、朱某涛等人非法开采建筑用砂量为 89 370.8 立方米,价值人民币 4 468 540 元。

2015 年 12 月 29 日,朱某涛因涉嫌非法采矿罪被北京市公安局房山分局羁押,2016 年 2 月 5 日被逮捕。2016 年 9 月 19 日,房山区检察院指控朱某涛犯非法采矿罪,向北京市房山区人民法院(以下简称房山区法院)提起公诉。房山区法院于 2016 年 11 月 25 日作出(2016)京 0111 刑初 621 号刑事判决书,判决朱某涛犯非法采矿罪,判处有期徒刑三年,并处罚金人民币一万元。朱某涛不服一审判决,提出上诉,北京市第二中级人民法院于 2017 年 1 月 24 日作出(2017)京 02 刑终 12 号刑事裁定书,裁定驳回上诉,维持原判。

2017 年 8 月 3 日,朱某良因涉嫌非法采矿罪被北京市公安局房山分局羁押,同年 9 月 8 日被逮捕。2018 年 5 月 14 日,房山区检察院指控朱某良犯非法采矿罪,向房山区法院提起公诉。房山区法院于 2018 年 7 月 30 日作出(2018)京 0111 刑初 422 号刑事判决书,判决朱某良犯非法采矿罪,判处有期徒刑四年六个月,并处罚金人民币二万元。朱某良不服一审判决,提出上诉,北京市第二中级人民法院于 2018 年 9 月 27 日作出(2018)京 02 刑终 494 号刑事裁定书,裁定驳回上诉,维持原判。

2018 年 12 月 18 日,经房山区检察院申请,北京市人民检察院委托北京市环境保护科学研究院(以下简称环科院)对朱某良、朱某涛非法开采建筑用砂造成的生态环境损害情况进行评估鉴定。环科院于 2019 年 11 月出具《房山区朱某良等人盗采砂石矿案生态环境损害鉴定评估报告书》(以下简称《鉴定报告》),该报告认定,损害人的盗采行为直接导致原生土壤丧失,致使该地块土壤的物理结构和土壤养分均被改变或破坏,地块原有植被生长所依赖的生境遭到严重破坏,因此,盗采行为直接导致了该地块土壤及植被提供相关生态服务的能力丧失,地块本该存在的土壤及果园生态系统不能发挥原有功能,综合考虑该地块所属区位特征、土地本身养分价值和生产功能等因素,确认产生了防风固沙、土壤养分保持、水源涵养、产品生产四类主要生态系统服务能力损失。且为保障地块以上主要生态系统服务能力恢复,需对地块开展生态修复工程,即恢复至能够继续开展果树种植活动。经评估,盗采行为产生的生态系统服务价值损失总计 600 787. 17 元,生态修复工程费用 2 254 578. 58 元。如不能按期恢复,则 2020-2024 年每年依次增加 139 605. 2 元、141 306. 2 元、143 081. 2 元、150 477 元、157 872. 8 元的损失价值。

2019 年 12 月 23 日,市检四分院到现场察看时,涉案地块仍然存在数米深的大坑,盗采坑内部分土地上覆盖杂草,周边部分区域被垃圾掩埋。涉案地块并未得到有效修复和治理。

认定上述事实的主要证据有:房山区法院(2016)京 0111 刑初 621 号刑事判决书、北京市第二中级人民法院(2017)京 02 刑终 12 号刑事裁定书、房山区法院(2018)京 0111 刑初 422 号刑事判决书、北京市第二中级人民法院(2018)京 02 刑终 494 号刑事裁定书、《鉴定报告》、检察机关询问笔录等。

市检四分院认为,被告朱某良、朱某涛在未取得采矿许可证的情况下,在涉案土地内非法开采矿产资源,违反了《中华人民共和国矿产资源法》第三条的规定。被告朱某良、朱某涛非法采矿的行为导致涉案地块土壤及植被提供防风固沙、土壤养分保持、水源涵养、产品生产四类主要生态系统服务能力损失,破坏了生态环境,损害了社会公共利益,同时损害了社会公众所享有的追求美好生态环境的精神利益。虽然非法采矿的行为已经停止,但是朱某良、朱某涛并未采取有效措施修复受损的生态环境,生态环境受破坏的状态仍然持续存在。根据《中华人民共和国环境保护法》(以下简称环境保护法)第六十四条、《中华人民共和国侵权责任法》第八条、第十五条,《最高人民法院关于审理环境民事公益诉讼案件适用法律若干问题的解释》(以下简称环境民事公益诉讼司法解释)第十八条、第二十条、第二十一条、第二十二条之规定,被告朱某良、朱某涛应承担恢复原状、赔偿损失、赔礼道歉的民事责任。市检四分院发现被告违法行为后,依法在正义网进行了公告,公告期满,法律规定的机关和有关组织没有提起民事公益诉讼,社会公共利益仍处于持续受侵害状态。现根据《中华人民共和国民事诉讼法》第五十五条第二款、《最高人民法院、最高人民检察院关于检察公益诉讼案件适用法律若干问题的解释》(以下简称检察公益诉讼解释)第十三条第二款的规定,提起本案环境民事公益诉讼,请人民法院依法裁判。

被告朱某良、朱某涛答辩称,同意公益诉讼起诉人的全部诉讼请求,其中第一项诉讼请求，已经自行修复完成，且经房山区相关部门验收合格。对于第二项诉讼请求，因为案涉地块上有其他人倾倒的大量渣土，但不知道谁卸的，评估下来有两万一千多立方米，在修复过程中各单位经协调，由朱某良、朱某栓的委托诉讼代理人朱某栓负责修复并承担修复费用。共计花费清理渣土的人工、机械费、车费等 754 000 元，请求这些费用冲抵第二项诉讼请求的赔偿费用。

当事人围绕诉讼请求依法提交了证据，本院组织当事人进行了证据交换和质证。市检四分院向本院提交了以下证据：证据 1《正义网》2019 年 11 月 27 日公告版面，证明市检四分院已经通过网络刊登公告的方式履行完毕诉前程序，符合提起本案环境民事公益诉讼的要求。证据 2-5 房山区法院（2016）京 0111 刑初 621 号刑事判决书、北京市第二中级人民法院（2017）京 02 刑终 12 号刑事裁定书、房山区法院（2018）京 0111 刑初 422 号刑事判决书、北京市第二中级人民法院（2018）京 02 刑终 494 号刑事裁定书，证明朱某良、朱某涛实施污染环境违法行为；证据 6 北京市国土资源局房山分局地籍科出具的《关于工作协助的复函》，证明涉案地块被盗采前土地利用现状以果园为主，有部分林地和农村道路；证据 7、8 北京市房山区人民检察院对王某成、王某山的询问笔录，证明涉案地块周边农业用地近几年的农产品生产量和产品价值等事实。证据 9 环科院《鉴定报告》、补充证据 1、3、4 环科院出具的《鉴定报告》补充说明、《鉴定报告》部分原始材料、中国科学院空天信息创新研究院出具的《国家公益诉讼遥感综合应用监测分析报告》，证明被告违法行为与生态环境损害之间存在因果关系及生态环境损害后果。证据 10-11，市检四分院对朱某良的询问笔录、市检四分院现场调查照片，证明 2019 年底案涉地块受损害现状。补充证据 2 北京增值税专用发票复印件，证明检察机关垫付了本案的鉴定评估费用 11.5 万元，属于诉讼费用，依法应由朱某涛、朱某良负担。市检四分院将上述证据在庭前会议及庭审中出示。

朱某涛、朱某良对公益诉讼起诉人提交的证据均予以认可，本院对上述证据予以确认。

朱某涛、朱某良提交了《朱某良、朱某涛民事公益诉讼案生态环境修复工程验收报告》（以下简称《验收报告》）及收据证明其在诉讼过程中已委托朱某栓代为履行了生态环境修复责任，并自行承担费用对案涉土地上两万一千余方渣土进行处理，支付 754 000 元。市检四分院认为《验收报告》具有证据资格和可采性，但仍存在如建筑垃圾用于基层土就地回填是否有依据、回填土质量符合审查标准，种植土有无标准等不明确、不完善之处；支付 754 000 元的清理垃圾费用收据基本都是当事人自制证据，证明力较弱，需要结合其他证据佐证支出。对此，本院认为，双方当事人对《验收报告》的真实性、合法性和关联性均不持异议,本院予以采信。清理渣土费用的收据主要是支付挖掘机司机的租赁工时、租用洒水车、现场导运、筛检渣土以及人工费用,收据均有相关人员的签字,记载的开立时间、工程内容、工程量范围与《验收报告》记载的填埋物处理措施相吻合,且根据《验收报告》载明的环境修复过程均有房山区长阳镇政府的全程驻守、实时监督,故在没有反驳证据的情况下,对该组证据的真实性、合法性可以认定,本院予以采信。

根据上述认证,本院认定事实如下:

2015 年 5 月 12 日,朱某良从他人处转包位于北京市房山区长阳镇朱岗子村西的土地 20 余亩。2015 年 10 月 22 日至 2015 年 12 月 28 日间,在未取得采矿许可证的情况下,朱某良指使朱某涛等人在前述承包的土地内非法开采建筑用砂。经原北京市国土资源局鉴定:北京市房山区长阳镇朱岗子村的建筑用砂属于矿产资源;朱某良、朱某涛等人非法开采建筑用砂量为 89 370.8 立方米,价值人民币 4 468 540 元。

2015 年 12 月 29 日,朱某涛因涉嫌非法采矿罪被北京市公安局房山分局羁押,2016 年 2 月 5 日被逮捕。2016 年 9 月 19 日,房山区检察院指控朱某涛犯非法采矿罪,向北京市房山区人民法院(以下简称房山区法院)提起公诉。房山区法院于 2016 年 11 月 25 日作出(2016)京 0111 刑初 621 号刑事判决书,判决朱某涛犯非法采矿罪,判处有期徒刑三年,并处罚金人民币一万元(刑期自 2015 年 12 月 29 日起至 2018 年 12 月 28 日止)。朱某涛不服一审判决,提出上诉,北京市第二中级人民法院于 2017 年 1 月 24 日作出(2017)京 02 刑终 12 号刑事裁定书,裁定驳回上诉,维持原判。

2017 年 8 月 3 日,朱某良因涉嫌非法采矿罪被北京市公安局房山分局羁押,同年 9 月 8 日被逮捕。2018 年 5 月 14 日,房山区检察院指控朱某良犯非法采矿罪,向房山区法院提起公诉。房山区法院于 2018 年 7 月 30 日作出(2018)京 0111 刑初 422 号刑事判决书,判决朱某良犯非法采矿罪,判处有期徒刑四年 6 个月,并处罚金人民币二万元(刑期自 2017 年 8 月 3 日起至 2022 年 2 月 2 日止)。朱某良不服一审判决,提出上诉,北京市第二中级人民法院于 2018 年 9 月 27 日作出(2018)京 02 刑终 494 号刑事裁定书,裁定驳回上诉,维持原判。

2018 年 12 月,房山区检察院委托环科院对位于北京市房山区长阳镇朱岗子村西朱某良非法开采建筑用砂造成的生态环境损害情况进行鉴定评估,评估事项内容包括生态环境损害确认、基线确认、生态环境损害行为对区域生态系统服务能力损害评估,生态修复方案确定与修复费用评估。环科院于 2019 年 11 月作出《鉴定报告》,认为:根据北京市规划和国土委员会房山分局提供的 2015 年土地利用现状地类资料及遥感影像资料,朱某良非法开采的土地地块长期以来土地覆被类型为果园,损害发生前即2015年秋季果树被砍伐,形成裸地。损害发生后形成盗采坑,地表土壤完全丧失,土层下部沙土暴露。损害后直至2018年初,采矿坑内土地持续为裸地,零星分布有少量杂草。结合房山区检察院提供的2018年8月现场照片和2019年1月鉴定人员至现场踏勘照片,发现由于2018年降雨量充沛,当年8月,地块内已自然生长出草本植被,地块中央及侧坡处有裸露地表,裸露部分为砂土,至2019年1月,植被枯萎后,地表裸露面积增大。盗采坑侧坡多处有垃圾倾倒现象,至2019年1月垃圾未见增多,也无人清理。地块周边均为农业用地,有设施农业和果园分布。综合以上资料和现状调查结果,地块内原生土壤丧失,原生态系统被完全破坏,生态系统服务能力严重受损,确认存在生态环境损害。评估报告认为损害人的盗采行为导致了原生土壤丧失,致使该地块土壤的物理结构和土壤养分均被改变或破坏,地块原有植被生产所依赖的生境遭到严重破坏。基线确认:综合各类证据,结合专家意见,判断损害评估基线为果园。根据上述分析结果,评估报告认为:(1)受损地块面积为14 650.95平方米,受损地块由于植被丧失导致年产生风沙量为57.33049吨。受损地块年防风固沙价值约为18 427.66元。经评估受损地块防风固沙功能损失价值2015年为4606.91元、2016年为18 427.66元、2017年为18 427.66元、2018年为9213.83元,2019年为9213.83元,2020年为12 285.1元,2021年为6142.55元,合计78 317.54元。(2)两个坑的盗采行为损失的土壤养分保持价值为21 000元。(3)2015-2019年盗采区损失的水源涵养价值共为255 469.63元。(4)产品生产的功能量为果品的实际产量;价值量为果品价值,果品价值为果品产量和果品消费价格的乘积。本项目依据案宗中的相关询问笔录确定果树种植品种、亩产量及北京市对应果品消费价格,计算从损害开始到覆土后果树成熟期(三年)期间的产品生产价值。根据受损地块2016-2022年所损失的产品生产总量61.54吨及李子消费价格,计算到非法开采坑面积为14 650.95平方米的坑损失的产品生产价值为24.6万元。如2019年未能如期完成恢复工程,则每推迟一年,增加相应的生态系统服务价值:(1)防风固沙功能损失价值参照2018年损失价值为9213.83元;(2)土壤养分保持功能为存量,一次性破坏,不涉及年度问题;(3)水源涵养功能在水库造价成本随居民消费价格指数改变的情况下,损失价值分别为2020年64 491.37元、2021年66 192.41元、2022年67967.40元、2023年75363.20元、2024年82 759元;(4)产品生态功能损失价值参照2018年损失价值为65 900元;(5)以上累计相应年份的生态服务价值年损失分别为2020年139 605.2元、2021年141 306.2元、2022年143 081.2元、2023年150 477元、2024年157 872.8元。

生态环境损害恢复方案为将损害地块恢复为园林地,恢复其损害前主要提供的产品生产、防风固沙、水源涵养和土壤养分保持功能。将地块内缺失土壤进行客土回填,下层回填普通土,表层覆盖 60 厘米种植土,使地块重新具备果树种植条件。恢复工程费用评估核算为 2 254 578.58 元。

检察机关支付本案生态环境损害鉴定评估费用 115 000 元。

2020 年 11 月 11 日,房山区检察院、北京市房山区城市管理委员会(以下简称房山区城管委)、北京市规划和自然资源委员会房山分局(以下简称房山区规自委)、北京市房山区生态环境局(以下简称房山区生态环境局)、北京市房山区长阳镇人民政府(以下简称房山区长阳镇政府)联合出具《验收报告》。《验收报告》载明:诉讼过程中,经工作,朱某良表示愿自行对其造成的生态环境损害承担修复责任。2020 年 6 月 3 日,朱某良委托朱某栓作为代理人,履行本案生态环境修复工程的一切事项。2020 年 6 月 24 日,朱某栓代朱某良向房山区检察院签署生态环境修复承诺书,承诺按照该承诺书载明的生态环境修复方案开展修复工作。根据生态环境修复的专业技术要求和涉案地块的实际情况,本着依法合规、环境保护、安全生产、保质经济的原则,在房山区政法委组织下,经各方多轮磋商,形成生态环境修复工程方案。该修复工程分为涉案地块填埋物的处理和客土回填两个部分。该修复工程自 2020 年 6 月 25 日开始,至 2020 年 10 月 15 日完成。首先,对地块北侧存在的 21 392.1 立方米的渣土采用人工、挖掘机进行筛检,确认渣土均为建筑垃圾,不存在生活垃圾及有毒有害垃圾。该项工作在五家单位的工作人员监督下开展,渣土所述垃圾类型亦由上述单位工作人员予以确认。其后,2020 年 6 月 29 日至 9 月 16 日的修复工程房山区长阳镇政府派驻工作人员全程驻守施工现场,对此项工程施工进行实时监督。房山区检察院、房山区城管委、房山区规自委、房山区生态环境局对工程施工进行抽查、监督指导。2020 年 10 月 16 日租用播种机等农用设备在已修复地块播种小麦种,并租用洒水车进行灌溉。

2020 年 10 月 15 日,北京市房山区政法委员会牵头会同房山区检察院、房山区城管委、房山区规自委、房山区生态环境局、房山区长阳镇政府对该修复工程施工过程中各相关单位监督管理情况进行汇总并对施工质量进行现场勘验。五家单位认为修复工程依法合规、施工安全有序开展、施工过程中未出现安全性问题、环境污染问题,施工程序、工程质量均符合修复方案要求。施工过程严格按照生态环境修复方案各项具体要求进行,回填土壤质量符合标准,地块修复平整,表层覆盖超过 60 厘米的种植土,已重新具备果树种植条件。

朱某栓就上述涉案地块内存在的 21 392.1 立方米渣土处理支付工程费用 754 000 元。

本案审理过程中,针对案涉受损地块已于 2020 年 9 月 16 日完成覆土,且于

2020年10月15日由房山区验收的情况,环科院出具补充计算报告,确认案涉受损地块内土壤已恢复至基线水平,案涉受损地块2020年1-9月生态环境损失价值为52 109.58元。公益诉讼起诉人市检四分院明确其第二项诉讼请求判令被告朱某良、朱某涛赔偿生态环境受到损害至恢复原状期间的服务功能损失的具体数额为:2019年12月31日前为600 787.17元,2020年1月-9月为52 109.58元,两项合计652 896.75元。朱某良、朱某涛对此表示无异议。

本院认为,结合在案证据及查明的事实,本院确认本案审判要点如下:第一,朱某良、朱某涛的行为是否造成了生态环境损害;第二,朱某良、朱某涛应否承担将其造成的生态环境损害恢复原状或承担生态环境修复费用的责任;第三,朱某良、朱某涛应否赔偿生态环境受到损害至恢复原状期间的服务功能损失以及该项赔偿费用能否用其清理案涉地块上的渣土所支付费用进行折抵;第四,朱某良、朱某涛是否应当承担赔礼道歉的民事责任。本院分项评述如下:

第一,朱某良、朱某涛的行为是否造成了生态环境损害。

根据本院已经查明的事实,2015年10月22日至2015年12月28日间,在未取得采矿许可证的情况下,朱某良指使朱某涛等人在朱某良承包的土地内非法开采建筑用砂。经原北京市国土资源局鉴定:北京市房山区长阳镇朱岗子村的建筑用砂属于矿产资源;朱某良、朱某涛等人非法开采建筑用砂量为89 370.8立方米,价值人民币4 468 540元。生效刑事判决已认定朱某良、朱某涛构成非法采矿罪。经环保鉴定机构评估,朱某良、朱某涛的上述盗采行为被制止后,非法开采形成的采砂坑地块长期为裸地,表层土丧失,下层砂土裸露,植被完全被破坏,使该地块提供生态系统服务能力遭到损伤。根据生态环境损害确认结果,损害人朱某良、朱某涛的非法采矿行为导致了原生土壤丧失,地块土壤及植被提供相关生态服务的能力丧失,地块本该存在的土壤及果园生态系统不能发挥原有功能。因此可以认定朱某良、朱某涛非法开采砂土的行为造成了生态环境损害。根据环境保护法规定,一切单位和个人都有保护环境的义务。《中华人民共和国民法总则》也确立了绿色原则,规定民事主体从事民事活动,应当有利于节约资源、保护生态环境。朱某良、朱某涛作为组织实施破坏生态环境的责任人,违反了保护环境的法定义务,应对造成的生态环境损害承担民事责任。

第二,朱某良、朱某涛应否承担将其造成的生态环境损害恢复原状或承担生态环境修复费用的责任。

环境民事公益诉讼的目的在于通过及时改善与修复的方式保护生态环境。本案中,朱某良、朱某涛非法开采砂石的行为对其租赁的土地土壤生态环境造成了损害,导致了受损地块土壤及植被提供相关生态服务能力的损失,危及社会公共利益。根据环境民事公益诉讼司法解释第十八条规定:“对污染环境、破坏生态,已经损害社会公共利益或者具有损害社会公共利益重大风险的行为,原告可以请求被告承担停止侵害、排除妨碍、消除危险、恢复原状、赔偿损失、赔礼道歉等民事责任。"对于市检四分院提出的朱某良、朱某涛承担修复环境责任的诉讼请求,本院予以支持。在本案诉讼过程中,朱某良、朱某涛主动委托其代理人朱某栓代为履行恢复原状的修复义务,并于2020年6月25日至2020年10月15日期间按照承诺书载明的生态环境修复方案对案涉地块进行了回填修复。且该修复工程经房山区长阳镇政府、房山区检察院、房山区规自委、房山区城管委、房山区生态环境局联合验收合格。朱某良、朱某涛在诉讼过程中主动进行生态环境修复的行为,符合环境法要求侵权人损害担责的原则,以及通过环境民事公益诉讼及时修复受损环境、保护生态的目的,本院给予肯定。诉讼中,虽然市检四分院提出验收报告没有系统、明确的检测数据作为支撑,应当以有权机构或第三方评估报告,或者以验收报告为基础进一步调查核实,或者要求被告补充完善相关证据,但朱某良、朱某涛的修复工程系按照环科院出具的鉴定报告中确定的修复方案要求进行,且工程全程在房山区长阳镇政府的监管下进行。房山区规自委、房山区城管委、房山区生态环境局亦基于各自的监管职责进行了过程监督并出具相应的验收结论。而从上述单位的法定机构职责来看,其进行过程监督并出具相应的验收结论符合其职责范围,且具备相应的专业判断能力。参照《最高人民法院关于审理生态环境损害赔偿案件的若干规定(试行)》第九条"负有相关环境资源保护监督管理职责的部门或者其委托的机构在行政执法过程中形成的事件调查报告、检验报告、检测报告、评估报告、监测数据等,经当事人质证并符合证据标准的,可以作为认定案件事实的根据"之规定,上述五家行政机关出具的验收合格报告,可以认定被告实施的生态修复工程质量符合标准。故可以认定被告朱某良、朱某涛已经实际履行完毕公益诉讼起诉人提出的承担修复环境责任。

第三,朱某良、朱某涛应否赔偿生态环境受到损害至恢复原状期间的服务功能损失,以及其处理涉案地块他人倾倒的垃圾所支出的费用能否与服务功能损失赔偿进行折抵。

从环境法的角度而言,生态环境具有供给服务(如提供食物和水)、调节服务(如调节气候、控制洪水和疾病)、文化服务(如精神、娱乐和文化收益),以及支持服务(如维持地球生命生存环境的养分循环)等。因此,生态环境受损将导致其向公众或其他生态系统提供上述服务的功能减少或丧失。根据环境民事公益诉讼司法解释第二十一条规定,"原告请求被告赔偿生态环境受到损害至恢复原状期间服务功能损失的,人民法院可以依法予以支持。"朱某良、朱某涛在其租赁的林果地上非法开采,造成地块土壤受损,属于破坏生态环境、损害社会公共利益的行为，在共同承担恢复破坏地块土壤责任的同时，还应当赔偿生态环境受到损害至恢复原状期间的服务功能损失。根据已查明的事实，朱某良、朱某涛于 2020 年 9 月 16 日完成案涉地块的生态修复，故二人应当赔偿自 2015 年 10 月至 2020 年 9 月期间的服务功能损失。朱某良、朱某涛对环科院出具的《鉴定报告》不持异议，故本院根据《鉴定报告》对生态服务价值损失的评估意见，确定朱某良、朱某涛应承担案涉地块生态环境受到损害至恢复原状期间的服务功能损失赔偿金额为 652 896. 75 元。

关于朱某良、朱某涛提出的以其支付的清理案涉地块内垃圾渣土的费用 754 000 元折抵上述服务功能损失赔偿的意见。本院认为，环境民事公益诉讼司法解释第二十四条规定，人民法院判决被告承担的生态环境修复费用、生态环境受到损害至恢复原状期间服务功能损失等款项，应当用于修复被损害的生态环境。故，被告人承担的生态环境受到损害至恢复原状期间服务功能损失的款项应当专项用于该案环境修复、治理或异地公共生态环境修复、治理。本案案涉土地除因遭受朱某良、朱某涛非法采矿行为的破坏外，还有其他侵权人倾倒的渣土 21 392. 1 立方米。该大量渣土同样对土地的生态环境造成破坏。朱某良、朱某涛并非该 21 392. 1 立方米渣土倾倒的环境侵权人。朱某良、朱某涛对案涉土地进行生态修复时，对上述渣土处理实际支出的 754 000 元，系用于案涉环境的修复、治理，这与法律、司法解释规定的被告承担生态功能损失赔偿责任的目的和效果是一致的。同时，本院认为，侵权人在承担修复责任的同时，积极采取措施，对他人破坏环境造成的后果予以修复治理，有益于生态环境保护，在修复效果和综合治理上亦更能体现及时优化生态环境的特点。上述行为系本案公益诉讼审理过程中，在检察机关和相关部门的监督下，对生态功能损失赔偿款项进行合理使用和专项执行的有效途径。因此，综合两项费用的功能目的以及赔偿费用专项执行的实际效果考虑，本院认为该费用可以折抵朱某良、朱某涛需要承担的生态功能损失赔偿责任，对超出部分视为二人自行承担环境修复责任。故，本院对公益诉讼起诉人关于判令朱某良、朱某涛赔偿生态环境受到损害至恢复原状期间的服务功能损失 652 896. 75 元的诉讼请求予以支持，对朱某良、朱某涛在进行生态修复治理中所支出的渣土处理费用折抵服务功能损失赔偿。

同时，根据环境民事公益诉讼司法解释第二十二条规定："原告请求被告承担检验、鉴定费用，合理的律师费以及为诉讼支出的其他合理费用的，人民法院可以依法予以支持。"故对于市检四分院提出的朱某良、朱某涛负担本案鉴定费用 115 000 元的诉讼请求，本院予以支持。

第四，朱某良、朱某涛是否应当承担赔礼道歉的民事责任。

优质的生态环境是人们健康生存发展、追求美好生活的基础，破坏生态、污染环境的行为会导致社会公共利益以及公众精神性环境权益受到侵害。朱某良、朱某涛非法开采的行为已经造成了生态环境损害,也必然会损害社会公众所享有的追求美好生态环境的精神利益。从权利救济与过错担责并重的角度出发,污染者不仅应认真吸取教训,采取环境保护措施,履行生态环境保护义务,更应对其造成社会公众生态环境精神利益的损害,通过向社会公开表达悔过与歉意的方式,承担民事责任。依据环境民事公益诉讼解释第十八条的规定,对污染环境、破坏生态,已经损害社会公共利益的行为,公益诉讼起诉人可以请求被告承担赔礼道歉的民事责任。对于市检四分院提出的朱某良、朱某涛承担赔礼道歉责任的诉讼请求,本院予以支持。本案具体赔礼道歉方式由本院结合侵权过错与程度、污染范围、造成环境损害结果与社会影响等情况综合判定。本院亦认为朱某良、朱某涛在本案诉讼过程中主动承担并完成环境修复,已表明二人对自己过错的悔过与歉意。本院希望二人能吸取教训,自觉维护生态环境。

综上所述,市检四分院针对朱某良、朱某涛非法采矿破坏生态环境的行为,在法律规定的机关和有关组织未向人民法院提起诉讼的情况下,从保护生态环境、保障人体健康安全、保护社会公共利益的角度出发,提起本案公益诉讼,体现了检察机关的积极履职和对社会公共利益的维护。在本案公益诉讼审理过程中,检察机关亦坚持保护思维和恢复性理念,积极协调相关行政机关,主动履行相应生态保护职责,协调督促被告朱某良、朱某涛进行案涉土地生态修复,发挥了环境公益诉讼引导公众有序参与环境治理的作用。朱某良、朱某涛非法开采的行为,造成了生态环境破坏,侵害了不特定多数人的合法权益,损害了社会公共利益,构成环境民事侵权。朱某良、朱某涛作为非法开采行为的侵权人,违反了保护环境的法定义务,应对造成的生态环境损害承担民事责任。对于已经受到破坏的土壤环境,朱某良、朱某涛应承担修复及赔偿期间生态功能损失的责任。对于市检四分院为确定本案修复费用以及生态功能损失费用所申请评估而垫付的鉴定费用,依法应由朱某良、朱某涛承担。朱某良、朱某涛对于损害生态环境、损害社会成员追求美好环境的精神利益和社会公共利益的行为,应向社会公开赔礼道歉。

依照《中华人民共和国侵权责任法》第四条、第二十一条、第六十五条,《中华人民共和国环境保护法》第六条、第六十四条,《中华人民共和国民事诉讼法》第五十五条,《最高人民法院关于审理环境民事公益诉讼案件适用法律若干问题的解释》第十八条、第二十条第一款、第二款、第二十一条、第二十二条、第二十四条,《最高人民法院、最高人民检察院关于检察公益诉讼案件适用法律若干问题的解释》第四条、第十三条、第十七条第二款规定,判决如下:

一、朱某良、朱某涛对其造成的北京市房山区长阳镇朱岗子村西的

14 650.95 平方米土地生态环境损害承担恢复原状的民事责任，确认朱某良、朱某涛已根据《房山区朱某良等人盗采砂石矿案生态环境损害鉴定评估报告书》确定的修复方案将上述受损生态环境修复到损害发生之前的状态和功能(已履行完毕)；

二、朱某良、朱某涛赔偿生态环境受到损害至恢复原状期间的服务功能损失652 896.75 元；朱某良、朱某涛在履行本判决第一项修复义务时处理涉案地块上建筑垃圾所支付费用754 000 元折抵其应赔偿的生态环境受到损害至恢复原状期间的服务功能损失652 896.75 元；

三、朱某良、朱某涛于本判决生效之日起七日内给付北京市人民检察院第四分院鉴定费115 000 元；

四、朱某良、朱某涛在一家全国公开发行的媒体上向社会公开赔礼道歉，赔礼道歉的内容及媒体、版面、字体需经本院审核，朱某良、朱某涛应于本判决生效之日起十五日内向本院提交，并于审核通过之日起三十日内刊登，如未履行上述义务，则由本院选择媒体刊登判决主要内容，所需费用由朱某良、朱某涛负担。

如果未按本判决指定的期间履行给付金钱义务，应当依照《中华人民共和国民事诉讼法》第二百五十三条规定，加倍支付迟延履行期间的债务利息。

案件受理费31 679 元，由朱某良、朱某涛负担，于本判决生效之日起七日内交纳。

如不服本判决，可以在判决书送达之日起十五日内，向本院递交上诉状，并按对方当事人或者代表人的人数提出副本，上诉于北京市高级人民法院。

审判长　马军
审判员　梅宇
审判员　赵佳
人民陪审员　王鹏宇
人民陪审员　张桂荣
人民陪审员　张凤光
人民陪审员　衡军

二〇二〇年十二月二十一日

法官助理　马志文
书记员　白硕

北京市丰台区人民法院
刑事判决书

（2019）京0106刑初1813号

公诉机关北京市丰台区人民检察院。

被告人蔡某苗，男，1995年5月30日出生于福建省泉州市，大学肄业，泉州市星援网络科技有限公司法定代表人，户籍地福建省泉州台商投资区；因涉嫌犯破坏计算机信息系统罪，于2019年3月8日被羁押，同年4月11日被逮捕，现羁押于北京市丰台区看守所。

辩护人赵正达，北京市盈科律师事务所律师。

北京市丰台区人民检察院以京丰检二部刑诉〔2019〕1711号起诉书指控被告人蔡某苗犯提供侵入、非法控制计算机信息系统程序、工具罪，于2019年11月27日向本院提起公诉。庭审前，本院召开了庭前会议，组织控辩双方展示证据以及就本案的管辖、有专门知识的人出庭等程序性事项听取意见。本院依法组成合议庭，公开开庭进行了审理。北京市丰台区人民检察院指派检察员刘亮、检察官助理李梦哲出庭支持公诉，被告人蔡某苗及其辩护人赵正达、被害单位北京微梦创科网络技术有限公司的诉讼代理人北京市冠衡律师事务所律师张俏睿到庭参加诉讼。其间，退回补充侦查二次，本案现已审理终结。

北京市丰台区人民检察院指控：

2018年1月至2019年3月间，被告人蔡某苗在未获得新浪微博授权的前提下，自行开发"星援"APP，有偿为他人提供不需要登录微博客户端即可转发微博博文及自动批量转发微博博文的功能。后大量软件用户以向"星援"APP充值的形式有偿使用该软件，并通过运行上述软件侵入新浪微博公司服务器。经鉴定，"星援"APP通过截取新浪微博服务器中对应账号的相关数据，后使用与其截取数据相同的网络数据格式向该服务器提交数据，完成与该服务器的交互，以实现在不登录微博客户端的情况下，可转发新浪微博博文的功能，也可以实现自动批量转发新浪微博博文的功能。经统计,至案发时该软件已有用户使用19万余个控制端微博账号登录,上述控制端账号绑定微博账号5000余万个,被告人蔡某苗获取充值金额人民币600余万元。

被告人蔡某苗于2019年3月8日在福建省泉州市丰泽区东海街道东海泰禾soho12栋2226室被民警抓获。

针对起诉的事实,公诉机关向本院提供了被告人供述、证人证言、鉴定意见以及相关书证等证据,认为被告人蔡某苗的行为触犯了《中华人民共和国刑法》第二百八十五条第三款之规定,构成提供侵入、非法控制计算机信息系统程序、工具罪。提请本院依法惩处。

被告人蔡某苗对起诉书指控的事实无异议,但认为该行为并不构成犯罪。

辩护人赵正达认为公诉机关指控的提供侵入、非法控制计算机信息系统程序、工具罪不能成立:第一,现有证据无法证实星援APP系专门用于侵入、非法控制计算机信息系统的程序。(一)现有证据无法证实星援APP具有避开或者突破新浪服务器安全保护措施的功能,电脑、手机等涉案物品的扣押过程不规范,检材来源不明且过程方法不符合相关专业规范要求;(二)与新浪微博服务器发生交互具有授权。第二,星援APP不是专门用于侵入、非法控制计算机信息系统的程序。(一)星援APP与新浪服务器属于通信协议的交互行为,不是侵入行为;(二)蔡某苗使用的技术具有合法性;(三)关于本案中存在争议的ua值限制、关闭微博登录保护、切换ip事项,不是星援APP具有的避开或者突破计算机信息系统安全保护措施的功能;(四)星援APP属于自动化操作,转发的结果与使用微博客户端没有区别。第三,使用星援APP的用户不属于犯罪行为,对被告人蔡某苗定罪将违背共犯理论。第四,刑法具有谦抑性,对于本案应谨慎入罪。第五,如果认定被告人蔡某苗构成犯罪,其具有主观恶性较小、社会危害性小、初犯、偶犯、如实供述等情节,故建议对其适用缓刑。

诉讼代理人张俏睿认为本案事实清楚、证据确实充分,但被告人蔡某苗的行为应以破坏计算机信息系统罪论处,并应赔偿北京微梦创科网络技术有限公司经济损失:第一,本案与李某杰等破坏计算机信息系统案(检例第34号)高度类似,应参照适用;星援APP属于破坏性程序;星援APP破坏了微博明星势力榜信息系统的排序功能;直接使用星援APP的明星粉丝实际上也涉嫌破坏计算机信息系统。第二,被告人蔡某苗的行为给北京微梦创科网络技术有限公司造成了巨大经济损失,其中应急人工支出45 986.2元、2018年第四季度因星援APP投入10 376 934元。第三,被告人蔡某苗开发的星援APP对社会危害性极大,严重妨碍了社会管理秩序。

经审理查明:

2018年1月至2019年3月间,被告人蔡某苗未获得北京微梦创科网络技术有限公司授权而自行开发“星援”APP,有偿为他人提供不需要登录新浪微博客户端即可转发微博博文及自动批量转发微博博文的服务。后大量用户以向“星援”APP充值的形式有偿使用该软件,并通过运行上述软件侵入新浪微博服务器。经鉴定,“星援”APP通过截取新浪微博服务器中对应账号的相关数据,后使用与其截取数据相同的网络数据格式向该服务器提交数据并完成与该服务器的交互,以实现不登录新浪微博客户端即可转发微博博文的功能以及自动批量转发微博博文的功能。经统计,至案发时该软件已有用户使用19万余个控制端微博账号登录,上述控制端账号绑定微博账号5000余万个,被告人蔡某苗获取违法所得人民币6 253 752.86元。

被告人蔡某苗于2019年3月8日被北京市公安局丰台分局太平桥派出所民警抓获,到案后如实供述基本犯罪事实。

上述事实,有下列证据证明:

1. 证人苏某春证言证明:我和蔡某苗是男女朋友关系。我于2018年10月份到蔡某苗公司帮忙,没有具体职务。公司靠星援和应援宝两款手机软件盈利,但我不清楚具体怎么盈利。星援软件获利的钱在蔡某苗处,应援宝软件获利的钱直接打到我的银行卡里。我们通过应援宝获利人民币10万元左右,这些钱被我用于日常开销了。

2. 证人曾某兴证言证明:我于2019年3月4日入职星援网络技术有限公司,担任UI设计师。公司地址位于泉州市泰禾广场12号楼2226号。公司法人蔡某苗主要负责写软件程序。员工陈某芳主要负责公司人事。员工苏某春是蔡某苗的女朋友,主要负责公司产品的平面设计。我也负责公司产品的平面设计,但刚入职几天。公司产品为星援软件,但我不清楚星援软件具体是干什么的、有什么功能以及公司靠什么盈利。我问过蔡某苗星援软件的功能,蔡某苗说软件就是一个社区,具体有什么功能以后再告诉我。

3. 证人陈某芳证言证明:2018年8月至今,我在星援网络科技有限公司做人事行政,担任主管职务。公司法人代表是蔡某苗,主要负责程序开发和运营。人事主管是我,主要负责公司的人事和行政。UI设计是苏某春、曾某兴,主要负责公司星援软件的界面设计。蔡某苗是我表弟,有一次我俩吃饭时他说要成立一个软件公司让我过来帮忙,我就同意了。蔡某苗在泰禾广场12号楼2226号房间租了房子,并将泉州市星援网络科技有限公司的地址登记在这里。蔡某苗负责研发软件,我负责招人。2018年9月30日,苏某春应聘进入公司。2019年3月,曾某兴入职公司。星援软件是粉丝用来追星的软件,可以让微博用户批量点赞、转发和应援。我不清楚公司是如何盈利的。星援有些功能是需要爱豆的,用户可以充值购买爱豆,具体多少比例在 APP 上有。公司没有财务,支出项由我负责。工资是蔡某苗转给我尾号 9760 的建设银行卡,我再转给其他员工。

4. 证人蔡某雄证言证明:蔡某苗是我儿子。蔡某苗说的“花费 100 余万元在泉州城东中骏世界城购买一处房产,花费 300 余万元以我父亲的名义在泉州城东中骏世界城购买了两个底商”是属实的。该三处房产的实际支付人是我儿子蔡某苗,购房价格大概 300 多万元。我不清楚具体的金额。购房资金是我儿子的钱,可能是他开公司挣的钱。

5. 证人崔某豪证言证明:我是北京微梦创科网络技术有限公司技术员工,负责网络安全。我们公司在新浪微博手机客户端的源代码有加密机制,防止其他非新浪微博客户端向新浪服务器发起请求。星援 APP 是一款不需要登录新浪微博客户端,可以在星援手机客户端直接转发新浪微博的手机软件。这款软件没有得到我公司授权。

我们公司在新浪微博手机客户端的源代码有加密机制。星援 APP 利用非法的技术手段获取了我们公司的密钥,还获取了微博账号的唯一身份标识(UID),并破解了加密算法,伪装成不同手机硬件设备,最终实现不登录新浪微博客户端而只登录星援 APP 手机客户端就能够绑定大量微博账户、设置参数、实现批量转发。星援 APP 破坏了微博热搜榜单的真实性和稳定性。星援 APP 对我们的源代码没有影响,但是他在我们的服务器上增加了大量的数据。

6. 证人李某证言证明:我们发现有一个叫星援的 APP 破解了新浪微博的技术参数、算法,能对微博进行转发、评论、点赞等,影响了正常业务和系统稳定。2018 年 5 月份的一天,我用手机刷微博时发现一个叫星援的 APP。这个 APP 可以大量转发或者评论同一条微博。我感觉这个 APP 可能有损我公司的利益,就跟公司领导进行了汇报。我们做了技术分析,直到现在才破解出来。过程中我们也收到用户的投诉,说星援 APP 影响了微博的正常榜单和内容,同时也影响了系统的稳定和正常运行。

星援 APP 是一款非微博公司授权的 APP,功能主要是刷微博转发量和评论量,该 APP 每绑定一个账号收费 0.3 元人民币。使用方法是登录大量的微博小号,绑定到软件中,设置完信息后,大量地转发或评论同一条微博。我用这个 APP 登录的时候,系统会提示购买小号,我觉得部分账号是从网上购买的,我不知道具体什么情况。我们对该 APP 进行审计追踪,该 APP 通过黑客技术分析伪造微博技术参数、算法破解正常业务功能的请求,然后进行转发、评论等操作。我们把这个 APP 下载下来后,通过逆向分析该软件源代码、日志分析等技术手段,发现该软件破解了微博服务器通信加密算法以非法请求服务器。该软件破坏了我们系统的稳定和正常的运行,破坏了微博热搜榜单的真实性,引发用户的强烈投诉,间接造成公司经济损失。

7.公安机关出具的搜查笔录、扣押清单证明:民警对泉州市星援网络科技有限公司住所及被告人蔡某苗居住地进行搜查,并扣押红色苹果8手机1部、金色苹果6手机1部、黑色Meizu手机1部、银色苹果一体机2台、银色苹果笔记本电脑1台、银色联想笔记本电脑1台、白色联想笔记本电脑1台。

8.北京中海义信信息技术有限公司司法鉴定所【2019】鉴字第157号司法鉴定意见书证明:鉴定人在星援网络的公众号上提取固定星援安卓安装包文件的过程。

9.北京中海义信信息技术有限公司司法鉴定所【2019】鉴字第169号司法鉴定意见书证明:鉴定人安装运行【2019】鉴字第157号司法鉴定意见书所提取固定的星援安卓安装包并进行鉴定。

(一)经对星援APP进行软件功能性检验,结果如下:(1)使用新浪微博账号信息登录星援APP,在不登录微博客户端的情况下,可实现转发新浪微博博文的功能。(2)使用新浪微博账号登录星援APP,通过该软件提供的配置界面,在配置相关参数后,可实现自动批量转发新浪微博博文的功能。

(二)经对星援APP运行时产生的js代码进行转发功能原理的检验分析,结果如下:(1)星援APP通过绑定微博账号的操作获取到微博用户的账号信息后,请求微博的服务器,从微博服务器返回的请求中获取相应账号的UID等信息,再通过结合密钥和特定算法的方式,生成微博加密数字签名s值,结合其他参数,使用与“新浪微博客户端”转发微博时相同的网络数据格式,将该数据提交给“新浪微博服务器”,该数据被“新浪微博服务器”误认为是“新浪微博客户端”提交的网络数据,进而和星援APP发生了数据交互,从而实现了不需要登录“新浪微博客户端”即可转发新浪微博博文的功能。(2)通过绑定多个账号、多次重复请求,同时在转发微博博文时随机生成不同的硬件设备信息,实现自动批量转发新浪微博博文的功能。

(三)经对星援APP转发微博时网络数据中的特征参数进行检验分析,星援APP在转发新浪微博博文时,其网络数据中存在的特征参数情况。

10.北京中海义信信息技术有限公司司法鉴定所【2019】鉴字第244号司法鉴定意见书证明:鉴定人对扣押的手机、电脑进行数据恢复的情况。

11.阿里云计算有限公司回函证明:用户注册信息及该用户阿里云ecs实例id、镜像文件名、IP情况。

12.公安机关出具的电子数据检查笔录证明:民警对被告人蔡某苗涉案的阿里云服务器提取的镜像文件进行电子数据检查的情况。

13.公安机关出具的工作说明及截屏证明:民警加载阿里云服务器的数据镜

像文件的备份文件,被告人蔡某苗对显示数据进行说明。显示的服务器数据中,分别使用 mblog、mblog2 两个列表进行记录,其中 mblog 列表记录所有绑定在星援软件内的微博账号共 56 127 259 条,所有绑定在星援软件内的控制端微博账号共 195 141 条记录;mblog2 列表记录所有绑定在星援软件内的微博账号共 2 902 189 条,所有绑定在星援软件内的控制端微博账号共 5652 条记录。

14. 深圳市腾讯计算机系统有限公司提供的资金交易记录及中国工商银行提供的借记卡账户明细证明:被告人蔡某苗获取违法所得数额,其中微信收入人民币 4 765 562. 24 元,银行卡收入人民币 1 488 190. 62 元。

15. 涉案银行账户明细及冻结文书证明:截至 2020 年 10 月 20 日,泉州市星援网络科技有限公司尾号 8209 的中国工商银行账户余额为人民币 49 761. 07 元,蔡某苗尾号 1238 的中国工商银行账户余额为人民币 373 798. 83 元,苏某春尾号 1427 的交通银行账户余额为人民币 0. 08 元,上述银行账户均于当日被民警冻结。

16. 北京微梦创科网络技术有限公司出具的说明证明:(1)该公司租用中国联合网络通信有限公司北京市分公司的服务器位于北京市丰台区。(2)登录保护亦叫双重登录验证,是一套保障微博账号安全的机制。开启双重登录验证后,当在陌生手机上登录需要短信进行安全验证;当在陌生电脑上登录需要扫描二维码;当在其他陌生设备上登录时将收到微博私信提醒。(3)安全部门对同一客户端的连续请求有相应的限制措施,且该措施基于 UA 和 IP 产生,并根据实际情况动态调整。限制原理在于短时间内大量同 IP、同 UA 的请求可能是批量刷接口的行为。

17. 微博服务使用协议证明:(1)用户在使用微博服务过程中应当严格遵守微博运营方所发布的 Robots 协议。未经微博运营方事先书面同意,任何用户不得以任何方式自行或委托任何第三方以违反上述规定的方式访问微博平台或收集任何微博内容。(2)未经微博运营方事先书面许可,任何人不得擅自在微博平台上实施自动化行为或发布垃圾信息。自动化行为,是指未经微博运营方同意,用户自行或授权、协助第三方采用自动化手段或明显异于常人的、远高于正常用户频率地发布微博、评论、私信、头条文章或作出关注、点赞、抓取数据等行为。(3)未经微博运营方及相关权利人同意,用户不得对上述功能、软件、服务进行反向工程、反向编译或反汇编等。

18. 泉州市星援网络科技有限公司营业执照证明:公司法定代表人系蔡某苗、类型系有限责任公司(自然人独资)、成立日期系 2018 年 8 月 13 日等登记情况。

19. 公安机关出具的破案报告、到案经过以及户籍信息证明:本案破获、被告人蔡某苗于2019年3月8日被民警抓获以及被告人蔡某苗的自然人身份等情况。

20. 被告人蔡某苗供述:2018年3月,我自己做了一个名为星援的手机APP软件,并注册了一个网络工作室。2018年8月,我成立了泉州市星援网络科技有限公司,并担任公司法定代表人。我公司主要经营两款手机应用软件,分别是星援和应援宝。这两款软件均是对接新浪微博的,客户通过这两款软件可以登录自己的微博账号实现批量转发、点赞和评论操作,而且绑定的微博数量没有上限,不用再人工登录每个微博账号进行重复操作。星援、应援宝两款手机软件通过用户的微博账号、密码登录,登录的时候不需要再另行注册。这两款软件的用户可以批量操作在软件端绑定的账号,更加快速地进行微博转发(行话叫抡博)、评论、点赞。微博客户端只能使用一个账号登录进行操作,而星援、应援宝两款软件可以同时登录多个微博账号进行相关操作。这两款软件在功能上是一样的,只是名字不一样,每次客户可以预充值一定数量的"爱豆"用于注册会员和绑定新浪微博账号。这两款软件分别对应一个微信公众号,星援对应的是"星援网络",应援宝对应的是"应援宝",这两款软件均是使用微信支付方式进行充值。

新浪微博没有授权星援、应援宝两款手机应用软件进行相关业务。我通过截取新浪微博的数据包,并对数据包进行反编译,之后获取到了新浪微博所使用服务器的接口,之后我将这些能够直接与新浪微博服务器进行交互的接口通过编码的方式写入到这两款手机应用程序内提供给我的客户。星援、应援宝是从微博客户端提取和微博后台交互的接口,实现在星援、应援宝和微博后台交互,通过数据交互时进行抓包,并通过反编译微博客户端得到星援、应援宝APP和微博后台的交互规则,实现在软件上进行登录,而且可以和登录微博有同样的操作。我自己测试得知新浪微博24小时内,会限制同一个微博账号最多转发4条微博,超过之后会提示用户转发过于频繁。还有限制IP,在短时间内不允许同一IP地址多次请求相同接口。

星援APP在登录账号说明中提到"账号登录需要关闭微博保护"以及"如遇到验证问题或登录错误,可以尝试切换IP或在微博内清除最近登录记录"。之所以设置该操作是因为开启微博登录保护,只能接收手机验证后才能登录,星援APP没有对接这项功能。这个操作就是为了节省星援APP的开发量。如果遇到验证问题或登录错误,可以尝试切换IP或在微博内清除最近登录记录可能是微博服务器对于IP或授权的缓存有问题。微博的安卓客户端是由Java编写,我通过Java提供的反编译工具对其进行反编译获取源代码,从源代码中获取密钥H和加密算法。星援、应援宝两款软件的数据存放在阿里云服务器内。民警使用电脑上的仿真系统加载我阿里云服务器内的数据镜像文件的备份文件。显示的服务器数据中，mblog 列表记录所有绑定在星援软件内的微博账号共 56 127 259 条记录，所有绑定在星援软件内的控制端微博账号共 195 141 条记录；mblog2 是 mblog 的一个备份数据库，显示所有绑定在星援软件内的微博账号共 2 902 189 条记录，所有绑定在星援软件内的控制端微博账号共 5652 条记录。

星援、应援宝两款软件可以加快明星粉丝，提升转发评论的数据量，满足数据的需求。我于 2019 年 2 月份查看后台数据，星援、应援宝共有微博“大号”用户 17 余万个，这 17 余万用户大约绑定了 3000 余万个微博“小号”。星援、应援宝一共有微博中的明星群管理员 5000 余个。微博“大号”是常用的微博账号，有粉丝的老号。微博“小号”是新注册或注册时间短的账号，也就是为转发增量而准备的账号。2019 年 2 月份左右，我查了一下银行账户，星援累计充值人民币 700 余万元。前期公众号充值收入都进入我个人微信钱包内。2018 年八九月份，我绑定了我个人的工商银行卡，充值收入都直接进入我的工商银行卡内。应援宝使用人数比较少，大概充值有 10 余万元，这个公众号绑定的是我女朋友苏某春的交通银行卡。资金我主要用于买房和公司开销了。我在泉州城东中骏世界城买了一处住宅，目前还在建设没有交房，费用大约 100 余万元。我还在泉州城东中骏世界城买了两个底商登记在我父亲蔡某雄名下，费用大约 300 万元到 400 万元之间，具体多少钱记不清了。其余资金用于日常开销、员工工资支出等。公司人事是陈某芳，每月工资 7000 元。UI 设计是苏某春和一个男孩，每月工资 7000 元。

21. 诉讼代理人在本院审理期间提供的证据：(1) 星援 APP 对新浪微博明星势力排行榜影响的说明，拟证明被告人蔡某苗恶意开发的星援 APP 在未经北京微梦创科网络技术有限公司授权的情况下自动批量转发微博，大量转发的微博严重干扰了明星势力榜排行的数据，并导致排行系统功能受到实质性的影响；(2) 星援 APP 请求参数特征的情况说明，拟证明通过星援 APP 转发的微博博文有自己的参数特征；(3) 星援 APP 造成损失的统计说明，拟证明被告人蔡某苗的行为给北京微梦创科网络技术有限公司造成应急人工支出 45 986. 2 元、2018 年第四季度的服务器支出 10 376 934 元。

上述证据，经当庭质证，证据间相互印证部分能够证实本院审理查明的事实，本院予以确认。

关于控辩双方的主要意见，本院结合在案证据综合评判如下：

第一，侵入的本质在于未经授权或者超越授权。被告人蔡某苗通过反编译等手段获取微博服务器与客户端之间的网络数据格式，自行开发星援 APP，使得微博用户仅登录星援 APP 而无需登录微博客户端即能够实现转发微博博文等功能。综合被告人蔡某苗的供述、证人崔某豪和李某的证言以及微博服务使用协议,能够证实被害单位北京微梦创科网络技术有限公司既未授权被告人蔡某苗设计开发具有相关功能的软件,又未同意将星援 APP 接入微博平台,亦未同意用户可以绕过微博客户端而通过未经授权的软件登录微博并实现微博客户端的功能。故星援 APP 具备侵入计算机信息系统的本质特征。辩护人认为星援 APP 与新浪微博服务器发生交互具有授权以及星援 APP 与新浪服务器属于通信协议的交互行为而非侵入行为的意见本院不予采纳。

第二,专门性的体现在于软件功能用途的单一性。从星援 APP 设计之初的目的以及最终实现的功能来看,该软件只针对新浪微博用户,使新浪微博用户不登录微博客户端便可转发微博博文,并能通过绑定多个账号、发起多次重复请求以及在转发微博博文时随机生成不同硬件设备信息,最终实现自动批量转发微博博文。该软件在日常运用中亦集中于用户在新浪微博中刷赞、刷榜、刷转发等,以制造虚假数据流量。故星援 APP 具备专门性的特征。

第三,避开或突破安全保护措施的方式具有多样性。一方面,被告人蔡某苗通过反编译等手段获取源代码,并从源代码中获取密钥和特定算法。星援 APP 在运行过程中通过调取上述密钥及特定算法生成微博服务器所需数据格式,从而使得星援 APP 得以伪装成正常的客户端和被害单位服务器之间进行数据交互,且在转发微博博文时随机生成不同的硬件设备信息,避开了微博服务器对同一客户端连续请求的限制措施。另一方面,星援 APP 在登录账号说明中明确提到"账号登录需要关闭微博保护"并载明在微博客户端进行关闭登录保护的具体操作步骤。从被告人蔡某苗对该登录说明的解释以及被害单位出具的说明可以看出,登录保护作为保障微博账号安全的机制对于微博登录过程中客户端与服务器的数据交互过程亦起到了一定的安全保护作用。星援 APP 因开发量问题未对接该项功能,而让用户采取人工关闭方式使得该项安全保护措施被避开。故星援 APP 具备避开计算机信息系统安全保护措施的特征。辩护人认为星援 APP 未避开微博安全保护措施的意见本院不予采纳。

第四,在刑法已经将提供侵入、非法控制计算机信息系统程序、工具的行为单独规定为犯罪的情况下,使用者是否构罪以及是否被追诉并不影响对提供者的行为评价,故对被告人蔡某苗进行定罪处罚不违背共犯理论。在案发时星援 APP 已有用户使用 19 万余个控制端微博账号登录,在该 19 万余个控制端账号下共绑定微博账号多达 5000 余万个,被告人蔡某苗由此获取充值金额 600 余万元。星援 APP 用户充值后使用该软件进行批量的博文自动转发,营造虚假数据流量,对网络空间的公共秩序、实名制用户的账户安全以及被害单位的服务器稳定等多方面均造成严重影响。故辩护人认为被告人蔡某苗主观恶性及社会危害性小,并建议对其适用缓刑的意见本院不予采纳。此外,被告人蔡某苗的行为在已经具有社会危害性且已经符合刑法规定的罪刑条款的情况下,对其定罪处罚并不违背刑法的谦抑性。

第五,关于诉讼代理人认为本案应参照适用李某杰等破坏计算机信息系统案(检例第 34 号)以及星援 APP 属于破坏性程序,故对被告人蔡某苗应以破坏计算机信息系统罪论处的意见。经查,检例第 34 号中被告人的行为系其冒用购物网站买家身份进入网站内部评价系统删改购物评价,从而被评价为对计算机信息系统内存储的数据进行修改操作,故被认定为破坏计算机信息系统罪。而本案被告人蔡某苗的行为主要系设计开发星援 APP 并将该软件有偿提供给他人下载使用,本案行为模式与检例第 34 号并不相似。且本案尚无充分证据证实星援 APP 属于破坏性程序,故对诉讼代理人的上述意见本院不予采纳。此外,诉讼代理人认为被告人蔡某苗给被害单位造成经济损失人民币 10 422 920. 2 元的意见,经查,相关证据均为被害单位单方材料,尚不足以证实与星援 APP 的关联性,故本院不予采纳。

第六,星援 APP 的功能原理主要是将与微博客户端转发微博时相同的网络数据格式提交给微博服务器,使微博服务器误认为是微博客户端提交的网络数据,进而与星援 APP 发生数据交互,实现了转发微博博文的功能,星援 APP 尚未达到控制微博服务器或客户端的程度,且星援 APP 系软件程序,故本院对刑法第二百八十五条第三款的选择性罪名予以准确适用,以提供侵入计算机信息系统程序罪对被告人蔡某苗定罪处罚。控辩双方的其他合理意见本院酌予采纳。

本院认为,被告人蔡某苗提供专门用于侵入计算机信息系统的程序,情节特别严重,其行为已构成提供侵入计算机信息系统程序罪,应予处罚。鉴于被告人蔡某苗到案后如实供述基本犯罪事实,故本院对其予以从轻处罚。根据被告人蔡某苗犯罪的事实、性质、情节及社会危害程度,本院依照《中华人民共和国刑法》第二百八十五条第二款、第三款,第五十二条,第五十三条,第六十七条第三款,第六十四条,第六十一条之规定,判决如下:

一、被告人蔡某苗犯提供侵入计算机信息系统程序罪,判处有期徒刑五年,并处罚金人民币十万元(刑期自判决执行之日起计算。判决执行以前先行羁押的,羁押一日折抵刑期一日。即自 2019 年 3 月 8 日起至 2024 年 3 月 7 日止。罚金于判决生效后三十日内缴纳)。

二、继续追缴被告人蔡某苗违法所得人民币六百二十五万三千七百五十二元八角六分予以没收。

三、在案冻结的银行账户内资金人民币四十二万三千五百五十九元九角八分及其产生的孳息并入本判决第二项执行。

四、随案移送的扣押物品本院依法予以处理。

如不服本判决，可于接到判决书的第二日起十日内，通过本院或直接向北京市第二中级人民法院提出上诉。书面上诉的，应提交上诉状正本一份、副本一份。

审　判　长　杨　堃
人民陪审员　马　靖
人民陪审员　王法农

二〇二〇年十二月三十一日

书　记　员　刘佳俊

北京市高级人民法院
关于进一步推进人身损害赔偿标准城乡统一试点工作的通知

市第一、第二、第三、第四中级人民法院，北京知识产权法院，北京金融法院；各区人民法院，北京互联网法院；市高级法院相关审判庭：

为深入贯彻落实中央决策部署，更好地为城乡融合发展提供司法服务和保障，按照《最高人民法院关于进一步推进人身损害赔偿标准城乡统一试点工作的通知》（法明传［2021］601号）要求，经北京市高级人民法院审判委员会2021年第40次会议审议，决定在全市法院进一步推进人身损害赔偿标准城乡统一试点工作，具体事项通知如下：

一、全市法院受理的侵权行为发生于2021年10月1日（含本日）后的全部人身损害赔偿类民事纠纷案件、交通肇事刑事案件的附带民事诉讼案件不区分城镇居民与农村居民，试行按统一赔偿标准计算残疾赔偿金、死亡赔偿金及被扶养人生活费（被扶养人生活费计入残疾赔偿金或死亡赔偿金）：残疾赔偿金、死亡赔偿金按照北京市上一年度城镇居民人均可支配收入标准计算；被扶养人生活费按照北京市上一年度城镇居民人均消费性支出标准计算。

二、各法院按照上述要求开展试点工作时要确保通知精神传达到位，法律适用规范统一，并注意做好对当事人的解释说明工作，力争服判息诉，避免涉诉信访的发生。要落实“三同步工作”要求，加强舆论引导工作，避免发生舆情事件。试点中遇到的有关问题，应及时报告市高级法院民一庭。

委托司法鉴定规范指南

法医临床鉴定

（本类项下鉴定事项可一并委托）

一、损伤程度鉴定

Ⅰ 含义

依据相关标准规定的各类致伤因素所致人身损害的等级划分，对损伤伤情的严重程度进行鉴定，评判是否构成重伤（包括重伤一级和重伤二级）、轻伤（包括轻伤一级和轻伤二级）、轻微伤。

Ⅱ 技术标准

《人体损伤程度鉴定标准》（两院三部联合发布，2014 年 1 月 1 日起施行）

Ⅲ 规范委托表述

对×××的损伤程度进行鉴定。

Ⅳ 鉴定材料及要求

1. 被鉴定人的全部涉案病历材料，包括门/急诊病历、住院病历（含入/出院记录、手术记录、临床检验报告单、临时及长期医嘱单，下同）、诊断证明书等；

2. 被鉴定人的全部涉案影像学资料。

以上鉴定材料需经过办案机关确认后方可提交鉴定机构，下同。

Ⅴ 注意事项

1. 损伤程度鉴定针对活体损伤，一般需要被鉴定人前往鉴定机构查体；

2. 损伤程度鉴定需区分损伤的类型来确定鉴定时机。以原发性损伤为主要鉴定依据的，伤后即可进行鉴定；以损伤所致的并发症为主要鉴定依据的，在医疗终结、伤情稳定后进行鉴定；

3. 涉及专项检查的，被鉴定人要配合鉴定机构的检查。

二、伤残程度及因果关系评定

Ⅰ　含义

依据相关标准规定的各类损伤(疾病)后遗人体组织器官结构破坏或者功能障碍所对应的等级划分,对后遗症的严重程度及其相关的劳动能力等事项进行鉴定。

Ⅱ　技术标准

《人体损伤致残程度分级》(两院三部联合发布,2017年1月1日起施行)

《劳动能力鉴定　职工工伤与职业病致残等级》(GB/T 16180-2014)

Ⅲ　规范委托表述

a. 对×××的伤残等级进行评定,并明确赔偿指数。

b.(在对某伤情/病情有争议的情况下)对×××的伤情/病情与涉案×××事件是否存在因果关系及参与度进行鉴定。若存在因果关系,则对存在因果关系的损害后果进行伤残等级评定,并明确赔偿指数。

Ⅳ　鉴定材料及要求

1. 被鉴定人的全部涉案病历材料,包括门/急诊病历、住院病历、诊断证明书等;

2. 被鉴定人的全部涉案影像学资料;

3. 被鉴定人达到评残时限后复查的报告单及影像学资料。

Ⅴ　注意事项

1. 伤残程度鉴定针对活体损伤,一般需要被鉴定人前往鉴定机构查体;

2. 伤残程度鉴定需被鉴定人医疗终结、伤情稳定后进行(根据不同损伤类型来确定鉴定时机,普通案件一般为伤后3-6个月);

3. 涉及专项检查的,被鉴定人要配合鉴定机构的检查。

三、伤病关系鉴定

Ⅰ　含义

人体所受损伤与疾病之间的因果关系,即当损伤与原有伤、病共存时,应对外界致伤因素在损害后果中原因力大小进行分析。

损伤是指人体受各种外界致伤因素作用,直接导致机体组织正常结构破坏和(或)功能障碍的状况,也称外伤。

疾病是人体在一定条件下,由致病因素所引起的一种复杂而有一定表现形式的病理过程。

Ⅱ　技术标准

尚无相应的技术规范。

Ⅲ　规范委托表述

（在×××自身患有疾病或既往损伤的情况下）对×××在涉案×××事件中所受损伤和×××原有伤、病在残疾后果中的作用力大小进行鉴定。

Ⅳ　鉴定材料及要求

1. 被鉴定人的全部涉案病历材料，包括门/急诊病历、住院病历、诊断证明书等；

2. 被鉴定人的全部涉案影像学资料；

3. 被鉴定人自身患有疾病或既往损伤的就诊病历材料（此项材料可待委托机构受理后由鉴定人审查决定是否需要补充）；

4. 双方当事人的陈述材料；

5. 如被鉴定人死亡的需提供被鉴定人的尸检报告；

6. 需要提交的其他涉案材料。

四、致伤物和致伤方式推断

Ⅰ　含义

致伤物推断：根据人体体表损伤的形态学特征推断引起损伤的可能的致伤物或致伤因素的种类。推测与认定致伤物，主要根据损伤的特征，并与可疑致伤物进行比对。

致伤方式推断：根据人体所受损伤的形态推断外界暴力的作用方式。通常是在致伤物或致伤因素、成伤机制明确的基础上推断具体的损伤过程。

Ⅱ　技术标准

尚无相应的技术规范。

Ⅲ　规范委托表述

根据×××在涉案×××事件中所受损伤的形态、特征进行致伤物和/或致伤方式的推断。

Ⅳ　鉴定材料及要求

1. 被鉴定人的全部涉案病历材料，包括门/急诊病历、住院病历、诊断证明书等；

2. 被鉴定人的全部涉案影像学资料；

3. 受伤当时身体损伤的彩色照片；

4. 案发现场的勘验记录及照片；

5. 相关证人证言；

6. 双方当事人的陈述材料；
7. 如被鉴定人死亡的需提供被鉴定人的尸检报告；
8. 需要提交的其他涉案材料。

五、护理依赖程度评定

Ⅰ　含义

护理依赖：躯体伤残或精神障碍者在治疗终结后，仍需他人帮助、护理才能维系正常日常生活。

护理依赖程度：躯体伤残或精神障碍者需要他人护理所付出工作量的大小，分为完全、大部分和部分护理依赖。

Ⅱ　技术标准

《人身损害护理依赖程度评定》(GB/T 31147-2014)

Ⅲ　规范委托表述

对×××的护理依赖程度进行评定。

Ⅳ　鉴定材料及要求

1. 被鉴定人的全部涉案病历材料，包括门/急诊病历、住院病历、诊断证明书等；
2. 被鉴定人的全部涉案影像学资料；
3. 当事人家属关于被鉴定人日常生活情况的陈述材料；
4. 需要提交的其他涉案材料。

Ⅴ　注意事项

1. 需要被鉴定人前往鉴定机构进行查体；
2. 躯体残疾护理依赖程度评定应在本次损伤治疗终结后进行(根据不同损伤情况确定评定时机，一般在伤后3-6个月，具体情况由鉴定人判断)；精神障碍护理依赖程度评定应在治疗满1年后进行。

六、误工、护理、营养时限评定

Ⅰ　含义

误工期：人体损伤后经过诊断、治疗达到临床医学一般原则所承认的治愈(即临床症状和体征消失)或体征固定所需的时间。

护理期：人体损伤后，在医疗或者功能康复期间生活自理困难，全部或部分需要他人帮助的时间。

营养期：人体损伤后，需要补充必要的营养物质，以提高治疗质量或者加速损伤康复的时间。

Ⅱ　技术标准

《人身损害误工期、护理期、营养期评定规范》(GA/T 1193-2014)

北京司法鉴定业协会《关于“三期”评定实际操作的专家共识(试行)》(2020年11月2日)

Ⅲ　规范委托表述

对×××因涉案×××事件导致的护理期、营养期、误工期进行评定。

Ⅳ　鉴定材料及要求

1. 被鉴定人的全部涉案病历材料,包括门/急诊病历、住院病历、诊断证明书等;

2. 被鉴定人的全部涉案影像学资料;

3. 被鉴定人达到评残时限后复查的报告单及影像学资料。

Ⅴ　注意事项

1. 需要被鉴定人前往鉴定机构进行查体;

2. 评定时机应以外伤直接所致的损伤或确因损伤所致的并发症经过诊断、治疗达到临床医学一般原则所承认的症状及体征稳定为准(根据不同损伤类型确定评定时机,一般在伤后3-6个月鉴定,具体情况由鉴定人判断);

3. 可单独委托其中一项进行鉴定;

4. 护理期指的是伤残评定之前所需要的护理,不同于护理依赖的终身性护理。

七、医疗费用合理性评定

Ⅰ　含义

医疗费合理性评定是对伤者治疗终结前已发生医疗费用的必要性和合理性进行评审核定,主要是为了确定人体遭受损伤后治疗过程中与损伤相关联的、必要的且在正常医疗时限内发生的合理医疗费用。

Ⅱ　技术标准

本鉴定项目无规范标准,由鉴定人参考相关临床规范进行。

Ⅲ　规范委托表述

对×××在×时间段的医疗费用进行合理性审查。

Ⅳ　鉴定材料及要求

1. 被鉴定人的全部涉案病历材料,包括门/急诊病历、住院病历、诊断证明书等;

2. 被鉴定人的全部涉案影像学资料;

3. 提起医疗费用合理性评定的需要提供被鉴定人治疗的费用清单及结算明

细、票据等，住院病人需提交医嘱单。

Ⅴ　注意事项

1. 针对已经发生的医疗费用；

2. 本项鉴定包含了诊疗项目合理性评定。

八、后续诊疗项目评定

Ⅰ　含义

在原始损害的病情稳定或针对原始损害的治疗结束后，伤者仍遗留系统、器官或组织的功能障碍时，为降低这些功能障碍而必需的后期治疗、康复以及残疾辅助器具配置等项目。

注：一般包括二次手术、继续用药、康复、残疾辅助器具等项目。

Ⅱ　技术标准

《法庭科学　人身损害受伤人员后续诊疗项目评定技术规程》（GA/T 1555-2019）

Ⅲ　规范委托表述

对×××后续诊疗项目及残疾辅助器具进行评定。

Ⅳ　鉴定材料及要求

1. 被鉴定人的全部涉案病历材料，包括门/急诊病历、住院病历、诊断证明书等；

2. 被鉴定人的全部涉案影像学资料；

3. 评定后期继续用药者，需提供连续的用药记录明细。

Ⅴ　注意事项

1. 针对医疗终结后尚未发生的诊疗项目；

2. 现行评定规范中尚未规定的内容、而确需给予后续诊疗的，应依实际情况并结合临床、康复医生的建议加以评定确认。

九、治疗时限评定

Ⅰ　含义

人身损害直接导致的损伤或损伤引发的并发症治疗终结所需要的时间。

Ⅱ　技术标准

交通事故导致的人身损害，适用《道路交通事故受伤人员治疗终结时间》（GA/T 1088-2013）。

其余损伤类型尚无相应的技术规范。

Ⅲ　规范委托表述

对×××的治疗时限进行评定。

Ⅳ　鉴定材料及要求

1. 被鉴定人的全部涉案病历材料,包括门/急诊病历、住院病历、诊断证明书等;

2. 被鉴定人的全部涉案影像学资料。

Ⅴ　注意事项

1. 对于交通事故导致的人身损害,适用《道路交通事故受伤人员治疗终结时间》(GA/T 1088-2013);非交通事故人身损害,委托单位若有要求,可比照 GA/T 1088-2013 进行评定或按临床实际治疗情况进行评定;

2. 鉴定人可视具体情况决定是否对被鉴定人进行身体检验。

十、骨龄鉴定

Ⅰ　含义

骨龄鉴定,是指鉴定人基于个体骨骼发育过程中初级、次级骨化中心出现时间、骨化程度、骨骺与干骺端闭合顺序以及形态变化规律进行的生物学年龄鉴别或判断并提供鉴定意见的活动。

通常可通过个体骨关节的影像学特征对青少年的骨骼年龄进行推断。

Ⅱ　技术标准

《法庭科学　汉族青少年骨龄鉴定技术规程》(GA/T 1583-2019)

Ⅲ　规范委托表述

对×××本次摄片时的活体年龄(骨龄)进行法医学鉴定。

Ⅳ　鉴定材料及要求

1. 基本案情介绍;

2. 被鉴定人出生日期证明材料(出生医学证明或居民身份证明或户籍资料等);

3. 躯体多个骨骺的 X 线摄片(双侧比对拍摄)。一般包括:双侧胸锁关节正位 X 线片、双侧肩关节正位 X 线片、双侧肘关节正侧位 X 线片、双侧腕关节及双手正位 X 线片、双侧髋关节及骨盆正位 X 线片、双侧膝关节正侧位 X 线片、双侧踝关节正位 X 线片、双足正位、双侧跟骨侧位。必要时可行双侧胸锁关节 CT 薄层扫描+图像重组。

Ⅴ　注意事项

1. 案情介绍:除外被鉴定人涉案案情经过的介绍,还应包括委托活体骨龄鉴定的缘由,如:××户籍资料记载其出生日期为××年××月××日,本人自报出生于×

×年××月××日，监护人或家属称其出生于××年××月××日；

2. 特殊情况下，可能确实无法提供被鉴定人出生日期证明材料；

3. 躯体多个骨骺的 X 线摄片，一般会在鉴定时在具备影像学检查条件的司法鉴定机构拍摄或者到医院（建议三级甲等医院）拍摄；

4. 委托鉴定事项中的“本次摄片时”即本次拍摄躯体多关节影像学资料的具体时间。

十一、医疗损害鉴定

Ⅰ　含义

应用法医临床学与临床医学相关学科的理论与技术，对医疗机构实施的诊疗行为有无过错、诊疗行为与患者损害后果之间是否存在因果关系及其原因力大小的鉴定，还包括对医疗机构是否尽到了说明义务、取得患者或者患者近亲属书面同意义务的鉴定（不涉及病理诊断或死亡原因鉴定）。

Ⅱ　技术标准

本鉴定项目尚无明确的行业技术规范。

通常情况下，临床医学的诊疗规范、诊疗常规、临床路径、专家同识等，可作为重要参考资料。

Ⅲ　规范委托表述

××医院对×××的诊疗行为是否存在过错；如存在过错，该过错行为与×××的损害后果是否存在因果关系；如存在因果关系，明确原因力大小。

Ⅳ　鉴定材料及要求

1. 被鉴定人的全部涉案病历材料，包括门/急诊病历、住院病历等；

2. 被鉴定人的全部涉案影像学资料；

3. 依法作出的有关检查、检验、鉴定、调查等报告；

4. 医患双方的陈述材料（医患双方分别对诊疗经过的描述、双方对过错事项的陈述理由及答辩理由）；

5. 需要提交的其他涉案材料。

Ⅴ　注意事项

1. 一般需要被鉴定人前往鉴定机构查体；

2. 若经多个医疗机构诊治，需提供所有经治医疗机构的病历材料，以便于鉴定机构判断。

3. 医疗损害鉴定暂无程序规范，北京地区的鉴定机构均会召开听证会，并根据案件难易程度聘请不同数量临床医学专家出具专家意见；专家意见归入鉴定档案留存，不对当事人公开，鉴定意见由鉴定人负责。

文件及手印鉴定

（本类项下鉴定事项可一并委托）

一、笔迹鉴定

Ⅰ 含义

具有专门知识的鉴定人，通过将检材与样本字迹的笔迹特征进行比较检验，对检材字迹的书写人或与样本字迹的同一性进行检验和鉴别的专门技术。

Ⅱ 技术标准（包含但不限于）

笔迹鉴定技术规范 GB/T 37239－2018、篡改（污损）文件鉴定技术规范 GB/T 37238－2018 中 8. 文件形成方式鉴定

Ⅲ 规范委托表述

检材上×××签名/字迹与样本中×××签名/字迹是否为同一人书写。

Ⅳ 鉴定材料及要求

检材①原则上要求是原件，样本②需要与检材同时期的文件材料，数量最好不低于 5 份，原则上数量越多越好。

以上鉴定材料需经过法庭质证并确认后提交鉴定机构，下同。

Ⅴ 注意事项

1. 样本原件保存在第三方单位的，先行提交复印件，并在材料清单中注明原件保存单位及联系人、联系方式。

2. 样本需与检材笔迹书写条件相同或相近（如检材是楷书体，要求样本字迹中也有楷书体），并且与检材相同或相近时间客观形成的“自然样本③”（时间上一般上下相差三年以内为宜）。

3. 可提取“案后样本④”。

4. 在自然样本数量不够充分的情况下，可提取“实验样本⑤”作为补充，建议

---

① 检材：案件中双方当事人存在争议，真实性不明，需要鉴定其真实性的文件材料。

② 样本：案件中双方当事人认可的，能确定其真实来源，用于与检材进行比对的文件材料。

③ 自然样本：指书写人在正常的身心状况条件下书写形成的笔迹样本，一般指书写人日常生活中形成的笔迹样本。在笔迹鉴定事项中，应尽量多提供与检材标称时间接近的自然样本。

④ 案后样本：指书写人在起诉后自然形成的样本，一般包括案件卷宗中的各种文件：如起诉书、答辩状、委托书、庭审笔录等文件上的签名，以及当事人在送达回证中的签名字迹等。

⑤ 实验样本：指由于鉴定的需要书写人当庭书写的样本，书写模式要与检材字迹的书写模式一致，实验样本一般按慢速、中速、快速三种书写速度来提取。

每种书写速度的样本数量不少于2页纸(以写满A4纸为计数标准)。

5. 委托方不能判断检材是原件还是复印件的,建议由检材提交方在材料的空白处签字确认。

6. 由于年龄原因或其他身体原因,导致书写人的书写技能和书写水平下降,书写习惯发生变化的(如老年人或者濒危病人的笔迹),建议收取与检材标称时间相近的(一年以内为宜)且数量充分的样本。

风险提示:样本条件是否满足鉴定要求,最终由鉴定人依据具体案件情况判断。

二、印章印文鉴定

Ⅰ 含义

具有专门知识的鉴定人,通过将检材与样本印文的印文特征进行比较检验,对检材与样本印文的同一性作出检验和鉴别的专门技术。

Ⅱ 技术标准(包含但不限于)

印章印文鉴定技术规范 GB/T 37231-2018、篡改(污损)文件鉴定技术规范 GB/T 37238-2018 中 8. 文件形成方式鉴定

Ⅲ 规范委托表述

检材为原件的:检材上×××印文与样本中×××印文是否为同一枚印章盖印形成。

检材为复制件的:检材上×××印文与样本中×××印文是否出自同一枚印章。

Ⅳ 鉴定材料及要求

检材原则上要求是原件,且印文大部分内容要清晰可辨;样本需要与检材同时期的文件材料,数量最好不低于3份,原则上数量越多越好。

Ⅴ 注意事项

1. 样本材料上的印章印文要完整、清晰可辨,而且数量要充分。

2. 建议提供与检材时间上下相差一年以内为宜的样本。

3. 样本原件保存在第三方单位的,先行提交复印件,并明确原件保存单位及联系人、联系方式。

三、印刷文件鉴定

Ⅰ 含义

具有专门知识的鉴定人,根据检材或检材与样本承印物上反映出的印刷文件的种类特征,对其印刷方法和印刷机具种类进行检验和鉴别的专门技术。

印刷文件是指采用凸版印刷、凹版印刷、平版印刷、孔版印刷等传统制版印

刷技术及特种制版印刷技术、或利用打印机、复印机、传真机等办公设备,制作形成的各类机制文件的总称。

Ⅱ 技术标准(包含但不限于)

印刷文件鉴定技术规范 GB/T 37232-2018

Ⅲ 规范委托表述

1. 检材中的××页文件是否为同种/同台印刷机具印刷形成(无比对样本)。

2. 检材中文件与样本中文件是否为同种/同台印刷机具印刷形成(有比对样本)。

Ⅳ 鉴定材料及要求

检材必须是原件,需提供与检材同时期的比对样本,数量最好不低于3份。

Ⅴ 注意事项

必须提供检材原件。

四、篡改(污损)文件鉴定

Ⅰ 含义

具有专门知识的鉴定人,对检材是否存在变造事实及变造内容进行检验和鉴别,或对受污损的检材进行清洁整理、恢复固定、显示和辨认模糊或不可见内容的专门技术。

Ⅱ 技术标准(包含但不限于)

篡改(污损)文件鉴定技术规范 GB/T 37238-2018

Ⅲ 规范委托表述

1. 对检材的××内容是否存在涂改、添加等变造痕迹进行鉴定。

2. 对检材上的×××字迹是否由××字迹添改而成进行鉴定。

3. 对检材上的××内容被涂改部分原来的内容进行鉴定。

Ⅳ 鉴定材料及要求

检材必须是原件。

Ⅴ 注意事项

此项鉴定无需样本。

五、文件形成方式鉴定

Ⅰ 含义

具有专门知识的鉴定人,对检材上可疑字迹、印文、手印等文件要素形成的具体方法进行检验和鉴别的专门技术。

Ⅱ　技术标准(包含但不限于)

篡改(污损)文件鉴定技术规范 GB/T 37238-2018 中 8. 文件形成方式鉴定

Ⅲ　规范委托表述

1. 检材中的××字迹是否为直接书写形成;

2. 检材中的××印文是否为直接盖印形成。

Ⅳ　鉴定材料及要求

检材必须是原件。

Ⅴ　注意事项

此项鉴定无需样本。

六、特种文件鉴定

Ⅰ　含义

具有专门知识的鉴定人,通过对可疑特种文件的检验或通过可疑特种文件与标准样本或有关特种文件制作的技术标准进行比较检验,根据特种文件的构成要素和信息,以及制作工艺和采用的防伪技术等,对可疑特种文件的制作方法及真伪进行检验和鉴别的专门技术。

特种文件是指货币、证照、票据等有特定用途的文件。

Ⅱ　技术标准(包含但不限于)

特种文件鉴定技术规范 GB/T 37236-2018

Ⅲ　规范委托表述

检材××是否为真实特种文件。

Ⅳ　鉴定材料及要求

检材原则上要求是原件。样本须与检材同版本同型号。

Ⅴ　注意事项

无

七、朱墨时序鉴定

Ⅰ　含义

具有专门知识的鉴定人,对检材上印文、文字之间交叉部位形成的先后顺序进行检验和鉴别的专门技术。

Ⅱ　技术标准(包含但不限于)

文件制作时间鉴定技术规范 GB/T 37233-2018 中 7. 朱墨时序鉴定

Ⅲ　规范委托表述

确定检材中的××印文与该处手写/印刷字迹形成的先后顺序。

Ⅳ　鉴定材料及要求

检材必须是原件。

Ⅴ　注意事项

1. 检材上的打印或书写字迹与印章印文必须有交叉重叠部位。

2. 此项鉴定不需要样本。

八、文件材料鉴定

Ⅰ　含义

具有专门知识的鉴定人,采用理化检验方法对可疑文件的物质材料特性进行检验,或通过检材与样本文件材料的比较检验对其种类进行检验和鉴别的专门技术。

文件材料常见的有文件上的墨迹、印迹等。

Ⅱ　技术标准(包含但不限于)

文件材料鉴定技术规范 GB/T 37235-2018

Ⅲ　规范委托表述

检材文件材料与样本文件材料的种类是否相同。

Ⅳ　鉴定材料及要求

检材样本均必须是原件。

Ⅴ　注意事项

文件材料鉴定可能运用理化方法等破坏性检验手段,对检材原件进行部分破损,需委托方在委托前告知双方当事人此项鉴定的风险。

九、基于痕迹特征的文件形成时间鉴定

Ⅰ　含义

具有专门知识的鉴定人,根据构成检材的系统要素的特性及其在时间和空间上的变化规律,对其形成时间及形成顺序和过程进行检验和鉴别的专门技术。

阶段性特征:构成文件的各要素在文件的使用过程中形成的或产生变化的,能够客观反映文件各要素随时间的推移在不同时间阶段反映出的在时间和空间上变化规律的各类特征的总称。

共时性特征:构成文件的各要素在文件的使用过程中形成的阶段性特征中,在某时间阶段内保持相对稳定的各类特征的总称。

Ⅱ　技术标准(包含但不限于)

文件制作时间鉴定技术规范 GB/T 37233-2018

Ⅲ　规范委托表述

1. 检材是否为某时间段打印/复印/盖印形成。

2. 多份检材是否一次或相近时间打印/复印形成。

Ⅳ　鉴定材料及要求

检材要求是原件，样本为同一台印刷机具印刷或印文盖印的从标称时间至怀疑时间内的连续的比对样本，数量原则上越多越好。

Ⅴ　注意事项

该鉴定事项能否最终受理，取决于检材是否存在阶段性特征以及样本数量是否充分，由鉴定人依据具体案件情况判断。

十、手印鉴定

Ⅰ　含义

具有专门知识的鉴定人，通过将检材与样本手印的纹线特征进行比较检验，对检材与样本手印的同一性进行检验和鉴别的专门技术。

Ⅱ　技术标准（包含但不限于）

文件上可见指印鉴定技术规范 SF/ZJD0202001-2015、篡改（污损）文件鉴定技术规范 GB/T 37238-2018 中 8. 文件形成方式鉴定

Ⅲ　规范委托表述

1. 检材中××处的指印是否为×××所留。

2. 检材中××处的指印与检材/样本上××处的指印是否为同一手指捺印形成进行鉴定。

Ⅳ　鉴定材料及要求

检材必须是原件，且检材上的指印纹线清晰可辨、特征稳定。样本指印需清晰完整。

Ⅴ　注意事项

1. 检材与样本必须要求是原件。

2. Ⅲ1. 项鉴定事项可以不提交样本。委托后由鉴定人员对当事人进行十指指印采集取证，取证时需委托方及双方当事人见证。

3. 如果当庭提取“实验样本”；建议使用专业的指纹捺印印油，采集平面捺印及滚动式三面捺印的十指指纹，并由双方当事人及见证人签字确认。

注：每项司法鉴定委托是否能够受理，最终由司法鉴定人依据委托案件具体情况来决定。

【征稿启事】

《审判前沿》是北京市高级人民法院与法律出版社联合推出的以北京市法院系统审判案例为基础面向全国的，具有权威性和指导性的综合性学术出版物。《审判前沿》针对审判实践中存在的"疑、难、新"问题，采取个案或一类案件分析的方法，力图加强案件审判工作中法律适用的深层次理论和实务研究，旨在及时反映全市法院新类型案件审判法律适用中存在的新情况和新问题，及时传递全市法院新类型案例审判信息，增大广大审判人员的案件审判信息量，开阔视野，为审判人员办案提供有益的借鉴和参考，也为法学研究提供新鲜的案例。

本出版物设有以下栏目：

【案例研究】以个案为基础，针对个案审判中存在的法律适用问题，进行深层次的理论和实务研究，研究评述部分字数一般在5000字以上，多写不限，研究中力求理论联系实际。

【疑案探讨】以个案为基础，针对个案审判中的疑难问题进行探讨或者对争议问题进行研究。

【案例分析】以个案为基础，针对审判中已终审的裁判，对案件审判中法律适用中的关键问题把握或者理解进行总结。

【观点争鸣】针对个案审判中出现的争论比较大的不同意见进行分析归纳，并表明作者的观点，以期引起争鸣。

【参阅案例】编发审判实践中比较典型的案例，供全市法院在审判实践中进行参考，稿件来源主要是北京市高级人民法院研究室编发的《北京法院指导案例》。

【热点问题聚焦】主要是登载当前北京市法院审判工作热点问题及对策思路，如会议纪要、调研报告、决策参考等。

【法律文书之窗】登载一些有典型意义的法律文书。

【司法文件】主要是及时登载北京市高级人民法院的有关审判业务规定。

本出版物在决定是否采用来稿时只考虑稿件的学术水准,对篇幅没有限制。来稿注释体例应当符合学术规范,清楚表明被引注作品的相关信息。欢迎作者惠稿。稿件一经采用,按有关规定支付稿酬;高质量稿件,稿酬从优。

来稿请寄本出版物编辑部,地址:北京市朝阳区建国门南大街10号北京市高级人民法院研究室《审判前沿》编辑部;邮政编码:100022;或者通过北京市法院局域网(内部)发至编辑部电子信箱:gyspqy@bjcourt.cn;编辑部电话:85268677。

此外,在报送稿件时,请写明作者身份。

欢迎对本出版物提出意见或建议。

《审判前沿》编辑部